高等职业院校文化素质教育改革创新教材

中华优秀传统文化

ZHONGHUA YOUXIU CHUANTONG WENHUA

主　编　莫宇芬　王小逢　韩明睿

副主编　张方方　王业　王晗　朱性哲

参　编　龚燕雯　王超然　袁彦博　李兵岩
　　　　黄岩　金鼎力　冯金冉　韩林馨
　　　　王劲松　朱恩义　赵征　陈方琳
　　　　王艺琳　张恒睿　刘端端　王嬿
　　　　马子涵　苗苗　韩全睿

中国教育出版传媒集团

高等教育出版社·北京

内容提要

本书是高等职业院校文化素质教育改革创新教材。

本书旨在帮助高职学生全面、深入地了解中华优秀传统文化的内涵与发展历程，着力增强高职学生的文化自信。全书的编写以"以小见大，以点带面，榜样引领，精神导航"为指导理念，内容分为九章，包括文化概论、文明溯源、古代哲学思想、古代文学、传统艺术、古代教育、古代科技、古代生活方式、传统民俗，丰富全面。在内容体例上，本书设计了导读概览、经典选粹、作品选注、品悟赏析、思考与启发、实践活动等，兼顾理论与实践，活泼多样。为利教便学，部分学习资源以二维码形式提供在相关内容旁，可扫描获取。

本书适合用作高等职业院校人文素质类课程教材，也可作为传统文化爱好者的兴趣读本。

图书在版编目(CIP)数据

中华优秀传统文化/莫宇芬，王小逢，韩明睿主编
. —北京：高等教育出版社，2023.7(2025.2重印)
ISBN 978 - 7 - 04 - 060414 - 6

Ⅰ.①中… Ⅱ.①莫… ②王… ③韩… Ⅲ.①中华文
化-高等职业教育-教材 Ⅳ.①K203

中国国家版本馆 CIP 数据核字(2023)第 094750 号

策划编辑 周静研	责任编辑 周静研	封面设计 张文豪	责任印制 高忠富

出版发行	高等教育出版社	网 址	http://www.hep.edu.cn
社 址	北京市西城区德外大街 4 号		http://www.hep.com.cn
邮政编码	100120	网上订购	http://www.hepmall.com.cn
印 刷	上海盛通时代印刷有限公司		http://www.hepmall.com
开 本	787 mm×1092 mm 1/16		http://www.hepmall.cn
印 张	21.25		
字 数	430 千字	版 次	2023 年 7 月第 1 版
购书热线	010 - 58581118	印 次	2025 年 2 月第 4 次印刷
咨询电话	400 - 810 - 0598	定 价	45.00 元

前　言

文化是民族的血脉，是人们的精神家园。一个国家要走向富强、走向现代化，除了要有强大的政治、经济、军事实力，还需要有与之相匹配、相对应的优秀的民族文化。中华民族是一个厚德载物、尚中贵和、自强不息的民族。在五千多年的文明历史长河中，中华民族创造了源远流长、博大精深的传统文化，在世界文明史上独树一帜。中华优秀传统文化是中华民族最根本的精神基因和独特的精神标识，是我国在世界文化激荡中卓然屹立的坚实根基。

文运同国运相牵，文脉同国脉相连。党中央高度重视传承发展中华优秀传统文化。党的十八大以来，习近平总书记做出一系列重要论述，提出一系列明确要求，为传承发展中华优秀传统文化提供了根本遵循。党的二十大报告指出，中华优秀传统文化源远流长、博大精深，是中华文明的智慧结晶，号召我们坚定历史自信、文化自信，坚持古为今用、推陈出新，把马克思主义思想精髓同中华优秀传统文化精华贯通起来。推动中华优秀传统文化创造性转化、创新性发展，创造中华文化新的辉煌，是时代和人民赋予我们的历史使命。

何其有幸，生我华夏家！何其有幸，我之名为炎黄！何其有幸，我是中国人！在人类历史流变中，任何一个民族走过的路都不是一帆风顺的。贯穿于中华优秀传统文化之中的思想理念、传统美德、人文精神，为中华民族生生不息、发展壮大提供了强大的精神支撑。

让我们一起走近中华优秀传统文化，开启一段神奇的文化寻根之旅。我们试图通过这场溯源性质的探寻，去邂逅华夏文明成长发展历程中祖先给我们留下的一件件国之瑰宝、一位位国之脊梁，去感受其中展现的经典的力量、榜样的力量，通过经典和榜样，去更深层地了解、体悟中国人的责任担当、人格品格和道德追求。

在这里，你会发现中华文明起源的密码；

在这里，你会感叹中国古代哲学思想中闪耀的智慧光芒；

在这里，你会体悟古典文学中蕴含的中国精神；

在这里，你将享受中国古典艺术中蕴含的审美意趣；

在这里，你将触摸古代生活方式传达的生活品位；

在这里，你将唤醒中华节庆留下的岁月记忆；

在这里，你将一次又一次地感叹中华文化的博大精深、源远流长；

在这里，你将因老祖宗的勤劳智慧折服、赞叹，油然而生敬意；

在这里，你将震撼于一个又一个可歌可泣的美丽故事，了解一个又一个依然活着的魂魄……

你必将热泪盈眶，由衷地为她唱一首热恋的歌；

你也必将拿起如椽的巨笔，饱蘸浓浓的墨，挥洒出新时代的壮阔！

唐代诗人白居易说："夫源远者流长，根深者枝茂。"中华优秀传统文化是中华民族的灵魂，是中华沃土的根基。中华民族能够在顺境中从容淡定、在逆境中奋进崛起，从根本上说，就是因为中华优秀传统文化的持久涵养。特别是贯穿其中的思想理念（道法自然、天人合一的整体性思维，阴阳相对、阳生阴长的朴素辩证法，尚和合、求大同的社会追求等）、传统美德（天下兴亡、匹夫有责的担当意识，舍生取义、精忠报国的爱国情怀，崇德向善、见贤思齐的优良品格，孝悌忠信、礼义廉耻的荣辱观念等）、人文精神（崇尚仁爱、坚守正义的为人之道，修齐治平、兼济天下的理想抱负，自强不息、厚德载物的进取精神，兼收并蓄、开放包容的博大胸怀，形神兼备、情景交融的美学追求，俭约自守、中和泰和的生活理念等），为中华民族的发展壮大提供了强大的精神支撑。在努力实现中华民族伟大复兴中国梦的今天，开展中华优秀传统文化教育，让学生更全面地把握中国文化发展的历史、振奋民族精神、提升文化自信显得特别重要，而这也是我们编写这部教材的初衷与动力。

本书编写的理念是"以小见大，以点带面，榜样引领，精神导航"，很好地融入了课程思政元素，寓价值观引导于知识传授和能力培养之中，帮助学生塑造正确的世界观、人生观、价值观，做到春风化雨、沁人心田，切实达到育人成效，很好地落实了立德树人根本任务。同时，本书避免了宽泛的、庞杂的理论阐述，通过一篇篇经典、一件件国宝、一个个人物去挖掘榜样力量，用其精神去引领学生的人生。选材不仅限于文学，还涉及历史、哲学、艺术、民俗各个领域，展现出一种宏大气度，有高度的典型性、思想性和辨识度。我们努力用深入浅出的语言解释各种文化现象，使本书做到切实可读，用翔实的案例或延伸阅读来让学生具体感知文化的无处不在，用图文并茂的形式活泼而灵动地展示中国文化的生动画卷，用具体的问题引领大家去思考千年文化变迁留给我们的启迪与教训。

我们希望读者在浏览全书时能统揽全局、开阔视野，在深入阅读时能够思学结合、见微知著、学有所悟。这样，我们就能了解中华优秀传统文化的发展过程和具体表现，还能感悟到中华优秀传统文化的精髓与内涵。

在本书的编写过程中，我们参阅了大量文献和资源，在此一并表示感谢。我们虽然在教材框架的设计、体例的编排、内容的选择、语言风格的采用、思考与练习的编制上都倾注了自己的心血与汗水，但由于编者水平有限，缺漏或不当之处在所难免，敬请读者批评指正！

编　者

2023年3月

目　录

第一章

文化概论

第一节 关于文化

一、文化的概念

文化是个内涵丰富、外延宽广的多维概念。国内外有关文化的阐述十分丰富。在我国，"文化"一词最早出现在西汉刘向的《说苑·指武》中："圣人之治天下也，先文德而后武力，凡武之兴，为不服也。文化不改，然后加诛。""文化"在这里是指统治者对民众的"以文教化"，是和"以武征服"相对的。其后，"文化"成了双音节的常用词，多为"以文德治天下"之意，或用于与表示未经教化的"野蛮""质朴"相对。

在18、19世纪的西方学术界，"文化"是一个被广泛使用的基本概念，它来源于拉丁文 cultural，具有制作、掘垦、居住、培育动植物等与物质生活相关的意义，并引申出对人的性格的陶冶及品德的教养之意。1871年，英国人类学家泰勒在其《原始文化》一书中对文化做了系统阐释，他提出："文化或文明，就其广泛的民族的意义来说，乃是包括知识、信仰、艺术、道德、法律、习俗和任何人作为一名社会成员而获得的能力和习惯在内的复杂整体。"泰勒强调了文化作为一个精神的综合整体的基本含义，对后世产生了重要影响。近代，随着西学东渐，这一概念也传入中国。翻译家就从我国古代典籍中拈出"文化"一词予以表达，实际上，西方文化概念的内涵与我国古代的"文化"的内涵已大相径庭。

我国当代学者对文化的概念做了深入的研究，《辞海》对"文化"一词所下的定义是："从广义来说，指人类社会历史实践过程中所创造的物质财富和精神财富的总和。从狭义来说，指社会的意识形态，以及与之相适应的制度和组织机构。"广义的文化包括物质文化、制度文化与精神文化。在人与自然的关系中，人类改造自然、征服自然的活动与成果构成了物质文化。在人与社会的关系中，人类建立社会制度和人的行为规范的活动及其成果构成了制度文化。在人与自我的关系中，人类主体意识的创造活动的过程和成果构成了精神文化。

物质文化是指人类的物质生产过程及其实体性、器物性成果。它们当中也凝聚了人类认识、改造自然的精神因素，但主要显示物的实体性质，在物质生产领域内显示人的本质力量的对象化、客观化程度。制度文化是适应物质文化发展水平而形成的各种社会制度，包括经济制度、政治制度、法律制度、军事制度、教育制度等。精神文化是人们在精神生产活动中所创造的精神财富的总和，包括审美情趣、价值观念、道德规范、宗教信仰、思维方式等。

二、文化的特征

从文化的内涵、定义出发，我们可以把文化看作人类生活的写照和人类活动的结晶，因此，文化必然具有相当的普遍性。而人类的活动是在不同的时间、不同的地域和不同的社会环境下进行的，这又使文化具有了差异性。对文化的普遍性和差异性进行研究、概括，可以看到，文化具有如下四个显著特征。

1. 民族性

不同民族的文化具有不同的特色，反映不同民族的个性。一个民族的文化又决定着这一民族不同于其他民族的特殊规定性，可以理解为每一个民族独一无二的特征，以及思维和组织生活的方式。

2. 地域性

不同地域的文化具有不同的特色，诸如特殊的历史传统、风土人情等。就中国传统文化而言，其可分为长白文化、齐鲁文化、中州文化、三晋文化、关中文化、西北文化、吴越文化、荆楚文化、巴蜀文化、滇黔文化、闽台文化、岭南文化等。地域文化具有相当程度的兼容性、渗透性和互补性，与民族文化又具有同一性，是民族文化整体中的若干部分。

3. 传承性

一个民族的文化一旦形成，总是代代相传、不断延续的，在继承的基础上有所创新、有所发展。

4. 时代性

文化是一种社会历史现象，每一个时代都有与其相适应的文化，并随着社会物质生产的发展而发展。一定的文化是一定的社会的政治和经济状况在观念形态上的反映，文化又作用于一定的社会的政治和经济。

三、中国文化与中华优秀传统文化

中国文化是中国各族人民在华夏大地上所创造的文化。中华优秀传统文化是指摒除了传统文化中的那些糟粕的、中华民族的先辈在中国本土创造的优秀文化，从远古延续到今天，已有五千年的发展历史。其中从夏、商、周以来至清末鸦片战争前的文化属于中国传统文化，是在特定的地理环境、经济形式、政治结构、意识形态的作用下形成、积淀，并为大多数人所认同而流传下来的，至今仍在影响着我们生活的方方面面。

中华优秀传统文化博大精深，它的充满智慧的哲学思辨、极为丰富的文化典籍，对当代世界产生了重要影响力。它对人与自然关系的深刻思考，在现代条件下焕发着勃勃生机。它的沉积丰厚的道德伦理与人文追求，对现代人不无深刻启迪。

绚丽多彩、奇幻美妙的中国古代文学、艺术，更以其富于魅力的东方意境而越来越吸引着世界的注意。

第二节　中国传统文化的形成因素

中国传统文化是在一个相当长的历史阶段中形成的，在形成过程中，既受到自然因素的影响，又受到社会、经济、政治等因素的影响。

一、中国传统文化形成的自然环境

中国传统文化形成的自然环境，是指中国进入文明社会以来的整个历史时期的地理环境。地理环境包括人文地理环境和自然地理环境两个方面。人文地理环境主要指疆域、民族、人口、城市、交通、农业、牧业等，自然地理环境主要指地形、地貌、气候、水文、植被、海陆分布等。这两个方面的因素都是动态的、不断发展变化的，只是变化的速度有快有慢。二者是相互联系、相互作用的。因此，我们必须在二者辩证统一的关系中来考察和研究中国传统文化形成的历史过程。

1. 中国传统文化形成的人文地理环境

人文地理环境对独具特色的中国传统文化的形成、发展与延续产生了重大影响。其中影响比较大的有疆域、人口和民族等。

（1）疆域简况。

中国辽阔疆域的最终形成，经过了上百万年的历史过程。其间屡经变动，变动的原因，既有自然地理因素，又与社会政治状况有关。历史上，凡是国力强盛的王朝，统治者都极力地扩充帝国的版图，而一旦国势衰微，又不得不向后退缩。中国古代疆域的边界就是这样不定发展的，但基本的趋势是在逐渐扩大、逐渐巩固。中华人民共和国成立以来，我国疆域才得以最终确定下来。

早在原始社会，中华先人的活动足迹就已遍布在松花江、黄河、长江、珠江流域，以及蒙古高原、黄土高原和云贵高原的广大地区。夏、商、西周时期，其活动的地域主要集中在黄河流域和长江流域一带。春秋战国时期，诸侯争霸，竞相拓展领地，岭南、漠北及云贵地区与中原的各方面联系日益密切。

秦始皇建立了历史上第一个中央集权的统一的多民族国家，秦控制的疆域北起河套、阴山山脉和辽河下游流域，南至今越南东北，西部边境在今银川、兰州、成都、昆明一线，东至辽东。

汉代是中国历史上的强盛王朝，疆域大大扩展。北至大漠，南至大海，西至巴尔喀什湖、贾尔干纳盆地、葱岭，东至朝鲜半岛的东北部。

唐代疆域在汉代基础上又有拓展。在其全盛期，疆域北至贝加尔湖和叶尼塞河上游，西北至里海，东北至日本海。

两宋时期各族政权并立，赵宋王朝控制区域不断缩小，而北方少数民族政权辽、西夏、回鹘等的版图则在动荡之中呈扩大之势。

元代又一次统一中国，诸政权并立的局面结束。北至西伯利亚大部，西至今新疆，东、南临海，规模空前辽阔的版图被置于中央政权管辖之下。这是中国历史上中央政权直接控制地区最大的时期。

明代瓦剌、鞑靼人控制了蒙古高原及其以北地区，明中央政权统治区域有所缩小。但是奴儿干都指挥使司的建立，大大强化了东北地区与中原的联系。

清朝最终奠定了今日中国疆域的基础，形成了一个北起萨彦岭、戈尔诺阿尔泰，南至南海诸岛，西起巴尔喀什湖、楚河及塔拉斯河流域、帕米尔高原，东至大海的统一国家。

（2）人口简况。

中国是世界第一人口大国。据《汉书·地理志》记载，公元2年，在汉朝设置行政区的范围内有近6 000万人口。未列入统计的少数民族和此范围之外的中国人，估计还有数百万人。北宋末年，其境内的人口已经超过1亿，加上辽、西夏境内和其他少数民族地区的就更多。当然，在过去的两三千年间，中国的人口并不是直线上升的，严重的自然灾害和连年的战争往往造成人口的大幅度下降，但就是在中国人口低谷时期也占到世界人口的五分之一以上。

中国庞大的人口分布很不均衡。早期，大量人口分布在太行山、中条山以东，豫西山地、淮河以北，燕山山脉以南的区域内。而长江以南大多数地区人口稀少。根据分布状况可以看出，当时的人们主要聚集在首都及其近郊一带。以后，随着经济的发展、政治中心的转移、人口的迁移和自然条件的变迁，人口的分布发生了很大的变化。历史上发生了多次大规模的人口迁移。14世纪中叶以前，移民的主流是由北向南，其中以西晋末年永嘉之乱后、唐朝安史之乱后、北宋末年靖康之乱后的三次南迁影响最大，移民人数最多。在明朝初年，数百万人口被迁往山东、河南、河北一带，以弥补战争造成的人口短缺。此后，随着沿海城市和工矿城市的兴起，又有大量人口从农村和小城镇迁入这些城市。此外，都城一般都是历代王朝的政治、经济、文化中心，人口的多少能够折射出王朝的繁华程度，因此统治者们往往会以行政或军事等各种手段将人口集中在首都附近，人口也会随着都城迁移。另外，北方游牧民族、边疆少数民族的大规模内迁，也曾发生过多次。

（3）民族简况。

中华民族大家庭中的56个成员，是经过了漫长的历史年代演变而成的。据考证，占全国人口90%以上的汉族是由先秦时代的华夏诸族发展而来的，分布于全国各地。少数民族占人口比例不到10%，主要分布于西北、西南、东北地区，也有的散居于内地。人口在百万以上的有蒙古族、回族、藏族、维吾尔族、苗族、彝

族、壮族、布依族、朝鲜族、满族、侗族、瑶族、白族、土家族、哈尼族、哈萨克族、傣族、黎族 18 个民族，其余民族均不足百万人。56 个民族中绝大多数都是在中国本土形成的。除汉族外，许多民族都曾建立过统治中原地区的政权，其中蒙古族和满族还曾统治过整个中国。但无论哪个民族建立的国家，都是由多民族组成的国家。许多民族都有自己的语言、文字。由于历史、地理原因，各民族的社会、经济、文化发展水平存在着不同程度的差异，但各民族互相学习、交流、合作，共同发展，共同开拓了祖国辽阔的疆域，创造了灿烂的文化。

2. 中国传统文化形成的自然地理环境

中国属东亚，是一个多山的国家，山地、高原和丘陵众多，地形多种多样，以山脉为骨架交错分布。

我国的地势特点是西北高东南低，高山、高原及大型内陆盆地主要分布在西部，丘陵、平原及较低的山地多位于东部，宽阔缓斜的大陆架则从大陆东南延伸至海下。地势自西而东层层下降，形成落差显著的"三级阶梯"的复杂地形，高原、平原、大山、大川，构成许多独立的地理单元，使中华文化具有多样性、吸纳性和开放性。

著名的"世界屋脊"青藏高原与柴达木盆地是"三级阶梯"中的最高一级。那里雪峰林立，平均海拔在 4 000 米以上，许多山峰超过 7 000 米，气候以高寒为特点。我国与南亚往来的交通被其阻隔，在古代，只能经丝绸之路与之交往。即使是中原通往西藏腹地的交通也充满艰险，直到唐代，翻越重重雪峰、峡谷的"唐蕃古道"才得以开通。

祁连山、横断山脉以东，大兴安岭、太行山脉、巫山、雪峰山以西，昆仑山脉以北为第二级阶梯。其间湖泊、盆地星罗棋布，地形相当复杂，海拔高度降至 1 000 ～ 2 000 米。第二级阶梯面积广阔，地形多样，大部分深居内陆，干旱少雨，盆地中荒漠广布。

再往东就是第三级阶梯。这一地区平均海拔在 500 米以下，由三大平原（东北平原、华北平原、长江中下游平原）和三大丘陵（辽东丘陵、山东丘陵、东南丘陵）构成，是地势最低的一级阶梯。这一阶梯区域受东南季风的影响显著，气候湿润多雨。不过，该区域与国外交往受到浩瀚的海洋阻隔。沿海的交通早在先秦就已兴起，唐以后日益发达，只是大多局限于近海。

从总体看，中华大地又是一个巨大的、封闭的地理单元，三级台地，依山傍水，外对海洋而内向大陆，产生的中国传统文化是农业文化而不是海洋工商文化。

3. 自然环境对中国传统文化的影响

从文化地理学的角度看，中国这片广袤土地的鲜明特征，对中国传统文化的产生、发展具有深远的影响。

（1）对中国传统文化多样性的影响。

复杂的地形和多样的气候，形成了中国传统文化的多样性。我国大地东西跨经度 60 度以上，南北跨纬度近 50 度，加上地形复杂，形成了多样的气候，产生了不同的经济圈。东西方向来看，黑河—腾冲一线，基本上是我国气候及古代农牧经济的分界线。南北方向来看，长城以北为游牧经济区；长城以南、淮河以北的黄河流域中原地区为干旱农业区，粮食以粟、黍、麦为主；淮河以南的长江、珠江流域基本为水稻农业区。不同的经济区与多元的地理单元形成了民族的多样化文化。在春秋战国时期，各具特色的地区文化即大体形成。东临沧海、山海兼备的齐鲁文化，位处"四塞之地"的秦文化和地居中原的三晋文化迥然相异，同在长江流域而分处上、中、下游的巴蜀文化、楚文化与吴越文化也各具特色，至于"天苍苍，野茫茫，风吹草低见牛羊"的北方草原文化与岭南文化更是大异其趣。它们都有自己的文化传统和风俗习惯。自然环境为多种多样文化的产生、发展、交流、融汇提供了基础，使中国传统文化更加丰富多彩。

（2）对中国传统文化相对独特性的影响。

我国地势三面有壁障、一面临海，形成了中国传统文化的相对独特性。我国地域广大，东濒浩瀚无际的太平洋，北临茫茫戈壁和原始森林，西方是万里黄沙与高山雪峰，西南壁立着世界上最庞大而高峻的青藏高原，通行穿越困难，与外部世界相对隔绝。文化发生学告诉我们，一种文化的特性，首先由该文化的发生期决定。而中国文化的发生，大体是在东南亚文明区以外诸文化相隔离的情况下独立完成的，因此，中华民族是一个颇具独创性的民族，其文化有着鲜明的独特性和自主性。当然，历史地看，中国文化曾广采博纳外来文化的精华，但在大体完成文化的发生过程以后，才渐次与其他文化相交会。这种交会虽然对文化的影响相当深刻，但并没有实质性的改变。中国文化这种相对独特性虽不排除其他因素的作用与影响，但中国地貌复杂，通行穿越困难造成的与其他文明区域相对隔绝的状态无疑是其中至关重要的缘由。

（3）对中国传统文化延续性的影响。

辽阔的疆域和众多的民族、人口，形成了中国传统文化的延续性。我国疆域广大，黄河流域、长江流域、辽河流域及西南地区也有长达数千年的文明史，同样是中国文化的摇篮。先秦时的版图划分为冀、兖、青、徐、扬、荆、豫、梁、雍九州，这是上古以来中华先民着力开发的地区，在同期的世界文明古国中，其疆域之辽阔是罕见的。这为中国文化的传播、延续提供了充足的空间和回旋余地，这从各朝代都城的迁移中可见一斑。与多数国家拥有较稳定、单一的首都不同，中国的都城多次转移。著名的古都就有七个，即安阳、西安、洛阳、开封、南京、杭州、北京。古都位置的更替迁移，是文化中心转移的绝好地理表征。中国文化因都城转移而得以在广阔的疆域内传播、延续，同样，随着历代王朝的开疆拓土，大量汉族人口不断从黄河流域迁往南方、西北、东北各地，文化和数量上的优势，使这些移民最终成为迁入地区的主体人口，他们所传递的文化自然也成为迁入地的主体文化，使中国传统文化能辐射、传播、延续在更为辽阔的疆域中。

纵观数千年中国文明史，其呈现一种东方不亮西方亮、北方衰落南方盛的此起彼伏状态。中国疆域辽阔，民族、人口众多，回旋余地大，使得中国传统文化曲折延续而不至于中断。

（4）对中国传统文化相对封闭性的影响。

优越的地理环境形成了中国传统文化的相对封闭性。中国历史上长期缺乏开放的动力，除受地理障碍的阻隔外，最根本的原因是中国的地理条件优越。中亚、阿拉伯的商人可以不畏艰险、不远万里来到中国，而往返于丝绸之路上的中原人却少得可怜。当西方人千方百计寻找通向中国的航道时，中国的统治者却要禁止海上交通，连早已开辟的航道也不加以利用。这些都无疑是由于中国所处的优越地理位置。因为在西方近代文明兴起以前，中国的确是当时东亚乃至全世界最强大、最富有的国家，完全可以自给自足，无求于人，这使当时的中国人逐渐形成了自我中心主义。加上中国古代文化始终保持着独立的、一以贯之的发展系统，而且长久以来其文化的总体水平明显高于周边地区，这使得中国人把地处中原，黄河、长江滋润的那片沃土视作唯一拥有高度文明的"化内之区"，而周边及远方则是荒僻野蛮的"化外之地"。久而久之，这种观念便升华为一种"世界中心"意识，自认为占据世界主体地位，并处于地理及文化上的中心，把自己的国家看成"天朝上国"，外域不过是环绕着的"蛮夷之邦"，理应如众星捧月般"万国来朝"。如果说在15、16世纪以前，中国确实在世界上占据领先地位的话，那么，自16、17世纪以后，当欧洲率先迈入近代文明社会的门槛，中国落后于西方的态势逐渐形成以后，那种自以为处在世界文化中心的封闭意识就不仅显得可笑，而且在某种意义上加重了中国近代历史的悲剧色彩。

中国一面向海、三面深入大陆腹地的地理环境从古至今基本未变，但人文、社会因素发生了重大改变。尤其是进入20世纪以来，中国人以艰难的步履逐渐走出闭塞状态。近几十年来，西部公路、铁路和航空线的开辟，特别是陇海、兰新、北疆铁路接通的"欧亚大陆桥"，正改变着中国腹地的封闭状态。至于那曾经阻碍中华民族通向外部世界的浩渺无际的太平洋，近代以来更成为对外开放的重要方向。中国走向世界、世界走向中国的双向进程，正随着社会的发展和科技的进步不断加快。

二、中国传统文化形成的经济环境

人类的生存是以在同自然界的斗争中，通过一定的生产方式不断创造财富为基础的。这种经济活动不仅养育了人类，而且产生了人类文化。中国传统文化的形成同样离不开其深厚的经济土壤。

1．以农耕经济为主的中国古代社会经济

早在四五千年前兴起于黄河中游地域的新石器文化——仰韶文化和龙山文化，已经展现了华夏民族的祖先从渔猎向农耕生产过渡的历史风貌，中华农耕文明在气

候适宜、土壤肥沃的黄河中游流域开始形成。长江中下游的屈家岭文化及长江下游的河姆渡文化也都显示了我们的祖先在那里辛勤耕耘、繁衍生息的时代痕迹。从仰韶文化遗址中，挖掘出可见谷壳压痕的器物。从河姆渡文化遗址中，挖掘出大量的稻谷遗迹。从龙山文化遗址中，发现了石锄、石镰、蚌镰等农具和各种谷物。中原地区的殷人、周人于三千多年前进入有文字可考的青铜时代，铜、石农具并用，农耕业发展达到新的水平。殷墟甲骨文中出现黍、稷、麦、稻等农作物名称的字样，并有农事活动的记载。

农耕文化随农业的发展也在发展，特别是牛耕技术的运用，表明农耕经济得到了空前的发展。战国时辅佐魏文侯的李悝倡导"尽地力之教"，为列国所仿效。发展农业生产成为各国富国强兵的基础。秦汉以后，大一统的中央集权更把"上农除末，黔首是富"定为基本国策，各朝以"帝亲耕，后亲蚕"之类的仪式和奖励农事的政令鼓励百姓勤于农桑之业。农耕区的范围也随着生产工具和耕作技术的改善，以及朝廷移民拓边屯田政策的推行而不断扩大。

中国的农耕业随着时代的不同、历史地理环境和自然地理环境的变化，重心不断向南转移。虽然同时发祥于黄河、长江流域，但由于黄河流域细腻而疏松的黄土层较适宜于远古木、石、铜器农具的运用和粟、稷等抗旱作物的种植，农业生产首先在黄河中下游达到较高水平，黄河中下游地区自然也成了当时的政治、经济和人文中心。随着农业生产力的发展，特别是铁制农具和牛耕的普及，中国的农耕区域逐渐向土肥水美的长江流域扩展，而秦汉大一统局面的形成，更为中国农耕区域的向南扩展创造了有利的社会条件。魏晋以来的数百年间，北方的边患日趋严重，战火的蹂躏使黄河流域的农业生态环境迅速恶化，在战乱的压迫下，中原的农耕男女大批向南迁徙，足迹遍布长江中下游区域及东南沿海各地。于是，中国农耕区的中心逐渐从黄河流域向长江中下游转移，而中国南方因优良的自然气候条件和生态环境，很快就显示出发展农耕经济的巨大潜力。隋唐以后，长江中下游地区迅速成为京都及边防粮食、布帛的主要供应地，"苏杭熟，天下足"和"湖广熟，天下足"的谚语即反映了唐宋以来经济重心南移的历史事实。

当黄河流域以南的农耕经济日益发展的时候，中国的西北部地区正繁衍生存着剽悍善战的游牧民族，他们世世代代逐水草迁徙，依靠畜牧、狩猎为生，形成了以游牧为主的游牧经济。传诵千古的《敕勒歌》中"天苍苍，野茫茫，风吹草低见牛羊"的名句，便是对这一区域自然景观与经济类型的生动概括。

从先秦到两汉，戎、羌、匈奴活动于黄河河套以西的广大山地和荒原间。秦汉以后，唐代的突厥、回纥，宋代的契丹、党项，以及后起的蒙古，都在西北一带活动。他们都以游牧为生，居无定所，善骑射，民风勇猛剽悍。

农耕经济与游牧经济作为两种不同的经济类型，在中国历史上曾经发生过冲突，但更多的是融合与互补，共同构成了中国传统文化的经济基础。

生产、生活方式及文明发展水平的差异，必然导致农耕民族与游牧民族之间发

生冲突。一般而言，当牧区水草丰茂之时，游牧民族是满足于自己的草原生活的。游牧区和农耕区的人们在平时通过交换来获得日常生活必需品。游牧人以畜产品同农耕人交换粮食、茶叶、布帛和铁器等，在农耕区与游牧区的分界线如长城和各关口频繁进行，这种物资交换形式后来被称为"茶马互市"。然而在草枯水乏之际，饥饿使游牧民族经常南下劫掠，给中原的农耕民族造成很大的威胁。而当某一游牧部落出现了具有政治远见和号召力的领袖，游牧人短暂的经济劫掠便可能发展成为大规模的征战，甚至入主中原，建立起包含游牧区和农耕区的王朝。

游牧民族的军事组织和生产组织是合二为一的，游牧与狩猎活动既是生产实践，又是军事演习。游牧人只需稍加编组，即可成为装备齐整的骑兵。而长期的不安定生活和艰苦自然条件磨炼之下形成的强健体魄和剽悍性格，更使这种武装具备所向披靡的巨大威力。而农耕民族必须依附土地，稳定和安定是其经济发展的前提，面对游牧民族的不断侵扰，历代王朝无不竭尽全力加以抵御。然而安居乐业的农耕民族终究无法与往来转徙、时至时去的游牧人在军事上做长期的争锋，虽然在历史上也曾出现汉武帝、唐太宗、明成祖等远征漠北的短暂行为，但总体上，农耕与游牧两种经济类型和生产生活方式决定了古代中国的军事格局是经济、文化先进的农耕人处于防守地位，而经济、文化落后的游牧人则往往掌握着军事的主动权，常常处于攻势。

处于守势的农耕人不得不历尽艰辛，耗费巨大的财力、物力、人力，在长达两千年的时间内多次修筑长城，以抵御游牧人的侵扰。长城始建于春秋战国时期。当时列国所建长城因防范对象不同，其作用也不同，分为"互防"和"防胡"两种。公元前221年，秦统一中国。"互防"长城不仅失去了本来的意义，而且成为统一的障碍，因此被拆除。而"防胡"的重要性则更为突出。因此，秦始皇为驱逐匈奴又筑长城，秦长城西起甘肃岷县，经黄河河套以北的阴山山脉，东至鸭绿江，长达万余里。秦以后至明代，各朝代几乎都修筑或增建过长城。人们现在看到的是明长城遗迹。它东起鸭绿江口，经辽东、沿燕山山脉，巍然耸立，屏护北京，然后斜穿黄河河套，直抵甘肃嘉峪关，全长8 851.8千米。其走向说明，长城是湿润的农耕区与干旱的游牧区的边界，是农耕人护卫发达的农业经济、先进的中原文化的防线。它不仅维系了农耕区的安全及各王朝的统治秩序，更重要的是它护卫了先进的农耕文明，使其不至于遭游牧人频繁的袭击而归于毁灭。

农耕民族与游牧民族的长期对垒、冲突只是一个侧面，而另一个侧面则是二者以迁移、聚会、和亲、互市等形式为中介，实行民族融合和经济文化互补。从一定意义上讲，战争本身也是民族融合、文化互补的一种特殊形式。游牧民族不断侵扰农耕区，固然给农耕人民带来许多痛苦，但也促进了中华民族血统的合流。汉族的"百家姓"中有相当一部分是由羌、胡等游牧民族的姓氏直接转化而来的。许多较为古老的汉族姓氏，也都在不同程度上融合了少数民族的血统，"四夷如同一家"是中华农耕与游牧民族血统融合的整体趋势。

两个民族的文化也随之融合。况且就总体关系而言，兵戎相见毕竟只是部分内容，双方更是以和平方式，大体沿长城一线，向对方更广阔的地域延伸，进行文化、经济等多方面的交流。一方面，虽然游牧民族的社会文明发展水平比农耕民族的社会文明发展水平低，但他们具有的勇武善战、精于骑射、粗犷强劲、富于流动性及善于吸取异域文化等优点，无疑成了稳健儒雅的农耕文化的补充。战国时秦人学西戎"击技"、赵武灵王"胡服骑射"和汉唐时期开通西域的丝绸之路，都是农耕民族从游牧民族处吸纳文化养分、增强生命活力的生动事例。

另一方面，游牧人从农耕人那里学习先进的生产技术、政治制度和文化，促使其自身的社会意识形态发展。北魏孝文帝热爱汉文化，手不释卷，积极实行以三长制、均田制为基本内容的汉化改革，使北魏社会迅速发展。元代蒙古人入主中原后，渐次归依汉文化，元世祖忽必烈将首都从游牧区迁至农耕区的大都（今北京），便是归依汉文化的决定性步骤。后来，女真、满族等许多游牧或半农半牧的民族，在接触农耕文化的过程中无一例外地被同化。这一结果说明，农耕文化作为一种"高势能"文化，对游牧文化有巨大的引导、同化作用。

这一切不仅进一步充实了农耕文明的内涵，而且促进了中原华夏农耕经济的周边扩展和多元交汇。农耕与游牧作为东亚大陆上两种基本的经济类型，是中华文化的两个彼此不断交流的源泉，它们历经数千年的融合，互为补充，使中国传统文化更具优势、更加气势恢宏。

2. 农耕经济对中国传统文化的影响

农耕经济在中国古代社会经济生活中居于主导地位。中国传统文化的主体，无论是作为精英文化的诸子百家学说，还是作为大众文化的民间信仰和风俗，大多可以归结到这种耕作居于支配地位、社会分工不发达、生产过程周而复始的农业文明的范畴之内。中国传统文化一系列基本性格、特点的形成，都深深根植于这种经济基础中。

（1）导致重农习俗及务实品格的形成。

中国人很早就认识到了农耕的重要性。夏、商、周三代都以农业立国。三代分封，小国寡民，人附着于土地，依赖农业，积久形成传统。《周易》云"不耕获，未富也"。《管子·治国》中也讲："民事农则田垦，田垦则粟多，粟多则国富，国富则兵强，兵强者战胜，战胜者地广。"成书于战国末年的《吕氏春秋》中有专门阐明发展农业是成就霸业的基础的语句："霸主有不先耕而成霸王者，古今无有，此贤不肖之所以殊也。"这一明训被中国历代君王普遍接受。重农，就是奖励农耕。中国古代在重农的同时还要抑商。重农抑商作为一项基本国策，起始于战国时秦国的商鞅变法。春秋战国时代，兼并战争不断，国家要富强和发展，一要兵，二要粮，所以商鞅变法奖励耕战，是现实形势所迫。秦始皇统一中国后，巡游各地，以刻石的方式表明自己的建国方略，琅琊台刻石称"上农除末，黔首是富"，认为崇尚农业（上农）、限制工商业（除末）是富民的根本。此后的君王和有识之士对重农务

本以安邦的道理都有明示。汉文帝刘恒昭示天下曰："农，天下之大本也，民所恃以生也。"历代统治者都把重农抑商定为治国的基本国策。保护农业自然经济，有利于封建中央集权制度的巩固，但抑制了中国工商业的发展，对历史产生的负面影响也是不言而喻的。

同时，农耕生活的一分耕耘一分收获，还形成了中华民族的务实品格。人们在农事劳作中领悟到一条朴实的真理："利无幸至，力不虚掷。"说空话无益于事，用心做必有收获。这种农人的务实之风也感染了文化领域，"大人不华，君子务实"是中国贤哲们一贯倡导的精神。久而久之，重实际而轻玄想的民族性格根深蒂固。中国古代基于实用基础的农学、天文学、医学等十分发达，而亚里士多德式的不以实用为目的，而由探求自然奥秘的好奇心所驱使的文化人较少在中国产生。农耕对中国人务实品格影响的另一个突出表现是他们对各种宗教的态度，其自始至终未陷入迷狂，世俗的、入世的思想始终压倒神异的、出世的思想。就总体而言，中国人对生命终极意义的追求，从未去"彼岸世界"寻求解脱，而是在"此岸世界"学做圣贤，力求人生"三不朽"——立德、立功、立言。这正是中国传统文化的主流是儒学而不是宗教的原因所在。

（2）导致恒久意识与中庸之道的形成。

农耕社会的人们满足于维持简单再生产，缺乏扩大再生产的动力，因而社会运行缓慢迟滞，大体呈相对静态。在这样的生活环境中，极易滋生恒久意识，认为世间万事万物都是悠久、静定、守常、永恒的，因而在日常生活中表现出袭故蹈常、好常恶变的习性。反映在传统文化中，是求"久"、求"常"观念盛行。反映在民间心态中，便是对器物追求经久耐用，对统治秩序希望稳定守常，对家族祈求延绵永远。

为使自身的行为适应、顺从自然规律和社会秩序，中华文化的先哲们创造性地提出了中庸之道，作为立身处世的基准。孔子说："中庸之为德也，其至矣乎！"其以中庸为最高美德。儒家的中庸、中和观念对中国传统文化有巨大影响。基于这种崇尚中庸、少走极端、安居一方、企求稳定平和的农耕型自然经济造成的民众心态，在政治家、思想家那里，中庸之道成为调节社会矛盾、使之达到中和状态的高级策略。用于政治，是打击豪强，抑制兼并，均平田产、权利；用于文化，则是在多种文化交汇时，讲究异中求同，求同存异，兼容并包；用于风俗，便是不偏颇，不怨尤，入情入理，内外兼顾；用于人格，是倡导温、良、恭、俭、让的君子之风。

（3）导致变易观与循环论的形成。

农业生产的春耕夏耘、秋收冬藏，向人们反复昭示着事物的变化发展与生生不息。因此与农业生产四季反复变化相一致的变易观便应运而生，且与恒久观念相辅相成，在中国源远流长，影响深远。《周易》《老子》等著作里有很多变易的观点，其鲜明特征是寓变易于保守之中。

这种变易观的思路与思维方式与循环论紧密相连。我国以农耕为主体经济，受到农耕播种、生长、收获这一循环过程及四季周而复始现象的启示，很早便建立起循环论的思维方式。最早致力于循环论研究的是春秋战国时期的阴阳家，他们"深观阴阳消息"，认为万物皆如日照的向背，阴盛则阳衰，阳盛则阴衰，矛盾双方互为消长，一生一灭，循环往复。后来其代表人物邹衍和董仲舒又创立和发展了"五行"说，即木、火、土、金、水相生相克论，木生火，火生土，土生金，金生水，水生木；木克土，土克水，水克火，火克金，金克木。这种相生相克循环构成了一个完整的体系。

这种循环论思维方式也体现在伦理修养领域。儒家经典《大学》云："知止而后有定，定而后能静，静而后能安，安而后能虑，虑而后能得。"宋儒朱熹在《四书章句集注》中解释道："谓得其所止。"这样，就使"知止—有定—能静—能安—能虑—能得，得即止"构成修养循环，达到"得其所止"的佳境后，回到"止于至善"的起点。

这种从伦理观念出发，又归结到伦理观念的循环模式，是盛行于农业社会的一种"推原思维"。其最大特点是出发点与归宿"重合"，而这恰恰是农作物从种子到种子的周而复始的演化。

（4）导致和谐观念与大同理想的形成。

中国文化是追求和谐的文化，视和谐为至上，也是中国传统价值观念的一个重要特点。作为农耕民族，固守家园、起居有定、耕作有时、安土重迁、和平相处是中国人民的固有观念。由此派生的民族心理也是防守自卫。国家和民族所孜孜以求的基本战略目标是"协和万邦"。这种观念在维护封建社会的长期稳定上起到了关键性的作用，在稳定社会秩序、稳定家庭结构等方面起着重要作用。

农耕人的和谐观念表现在对待国家乃至世界的态度上，便是追求"天下为公"的"大同"理想。儒、道两家虽学术宗旨大异其趣，"大同""大和"的社会理想却根系相通，正是农耕经济文明土壤培育出的并蒂之花，共同构成了中国传统文化互补互摄的主流。和谐观念以孔子的"和为贵"为发端，贯穿于儒、道、佛等各种学说和主张中，和谐成为中国人着力追求的目标，也是生活的价值，由此一步一步地推衍到社会生活的各个层面，由个人和谐推展到家庭的和谐、社会的和谐乃至国家的和谐、天下的和谐。中国传统的和谐观念与中国的农耕经济是息息相关的。

（5）导致集权主义和民本主义的形成。

中国古代农耕型经济的特点决定了实现国家的大一统，必须依靠政治上和思想上的君主集权主义。我们的祖先黄帝的权力是用武力取得并加以扩大的。所以，中华民族刚刚进步到文明的边沿，就形成了一个祖先、一个权力、一个核心的局面。中国古代绝大多数学派和思想家都有不同程度的尊君思想。而春秋战国时代的法家则是绝对君权论的始祖。商鞅、慎到、申不害是法家的重要理论代表，韩非是集大成者。韩非从天下"定于一尊"的构想出发，提出"事在四方，要在中央。圣人执

要，四方来效"的中央集权政治设计，他认为君主应拥有无上权威，在君主统辖之下的臣民不具备独立人格，视、听、言、动皆以君主之旨意为转移。君主以法（政令）、术（策略）、势（权势）制驭天下，天下以君主为头脑和枢纽，如此，方可使天下定于一尊，四海归于一统。秦统一全国后，秦始皇以韩非的思想让中央集权制达到了一个新的高度。明代，绝对君权主义又达到登峰造极的程度。

与集权主义相伴而生的是民本主义。中国古代农耕经济是民本主义产生的基础。农业社会存在和发展的前提是广大劳动人民的安居乐业。只有在农民安居乐业的情况下，社会生产才能稳定有序，"天下太平，朝野康宁"才有保障。否则，对统治者的统治地位将造成巨大威胁。因此，统治阶层中的一些有识之士开始意识到"众怒难犯，专欲难成"的道理。上古时代的"圣君""贤臣"们很早就提出了"知人""安民"，这就是中国"民本主义"的萌芽。

到周朝晚期，民本思想呈强化之势。老子认为，统治者必须顺应民意，"圣人无常心，以百姓心为心"。孔子倡导"仁政"，主张"节用而爱人，使民以时"，统治者应"博施于民而能济众"。孟子提出"民贵君轻""政得其民"的观点，对民本思想做了进一步的系统发挥。荀子又论证君民关系："君者，舟也；庶人者，水也。水则载舟，水则覆舟。"因此，"为君之道必须先存百姓"。"存百姓"只是手段，"为君"才是目的。这是中国古代民本主义的实质。

三、中国传统文化形成的社会政治环境

一个民族文化的产生、演变和发展，除受特定的自然因素、经济因素和其他外在因素的制约外，社会政治结构对其影响也是至关重要的。中国古代社会政治结构的特点是"家国同构"。这种带有某种血缘温情的宗法制度和中国一脉相承的专制制度相结合的社会政治结构，深刻影响着中国传统文化。其影响深入到占主导地位的意识形态、史学、文学、艺术、民风民俗，甚至科学技术等领域里。

1. 宗法制度的形成

宗法制度是由原始社会氏族公社成员之间牢固的亲族血缘关系在新的历史条件下演化而成的，是这种血缘关系与社会政治等关系密切交融、渗透、凝结的产物，是一种庞大、复杂但井然有序的血缘政治社会构造体系。

阶级社会以前，人类都是以血缘关系为纽带建立起组织的。先是原始群居，其后是氏族，继而发展为部落。中华民族在广袤的东亚大陆上独立发展起来，这里地形、地貌复杂，气候适宜，有河流湖泊，有高山峻岭，有一望无际的平原，面积广大，以至于在先民的眼里，中国就是天下。但是他们的活动范围相当狭小，很早就过着"日出而作，日落而息"的定居农业生活。与世隔绝、聚族而居的生活方式，即使在从野蛮阶段进入文明阶段以后，亦无法冲破人类原有的血缘关系，血缘家族的社会组织形式被长期保留下来。当然，氏族社会的血缘关系与文明时代的血缘关

系有着本质的区别，前者是原始民主制的基础，后者则是阶级专制的基础。

从现存文献和地下发掘材料看，中国古代的宗族制度产生于商代后期。西周建立以后，统治者在商代宗族制度的基础上，建立了一套体系完整、等级严格的宗法制度。宗法制是周代一项重要的社会和政治制度。其核心内容是嫡长子继承制，所谓"立子以嫡不以长""立嫡以长不以贤"，其原则在于区别嫡庶和大小宗，目的在于确保财产和权力继承的稳定性。在宗法制度下，始祖的嫡长子继承宗统，此后历代继承宗统的都是嫡长子，这个系统称作大宗，嫡长子称为宗子，为族人共尊；嫡长子以外的众子及其系统则叫作小宗。在各个小宗范围内，仍实行宗法，即第一代的始祖，其财产、权力由一代一代的嫡长子继承，由此形成这个宗族内的大宗，相对于这个大宗系统而言，余子系统则为小宗。这个系统内的小宗仍可按宗法制再进行大小宗的划分。显而易见，嫡长子只有一个，只有他可以占据最高王位，这就杜绝了兄弟为争王位而造成的祸乱，对稳定西周的社会和政治秩序起到了一定的作用。这种制度是从父权制社会演化而来的，用父子血缘亲情来维系王权的威严和稳定。

分封制是周代的另一个重要政治制度，它以宗法制为依托，其主要内容是大宗对小宗的层层分封，即从周天子开始，把周族政治势力控制的领土、统治权和人口层层地分给下级的宗法贵族，史书上称为"授民""授疆土"。具体做法是，周天子封自己的余子、姻亲贵族和功臣为诸侯，称国；诸侯封自己的小宗为大夫，称家；大夫再封自己的小宗为士，士是周代贵族系统中最末的一等，士以下不再分封。可见，在分封系统中，诸侯和大夫具有大宗和小宗的双重身份。按照周代分封制的规定，天子和受封的诸侯之间有一定的权利和义务，天子有巡狩、解决诸侯间争端、统领诸侯进行军事行动的责任；诸侯有定期朝觐天子、进献贡纳、入朝服役之义务。其他的封主和封臣之间也有类似的关系。

宗法制度以血缘亲疏来辨别同宗子孙的尊卑等级关系，以维护宗族的团结，所以十分强调对祖先的崇拜，强调尊祖敬宗。宗族中有严格的宗庙祭祀制度，宗庙祭祀制度就是为维护宗族网络而发展起来的一种重要手段。历代君主都十分重视宗庙的营建，将其与社稷并重，作为国家权力的象征，王宫前左宗（太庙）右社（社稷坛）的建筑格局一直沿袭到明清时代。今北京故宫前左侧的北京市劳动人民文化宫便是明清的太庙，右侧的中山公园是明清的社稷坛。在民间则普遍建有祠堂、家庙，是家族祭祖之地。中国的家族具有超稳定性，往往超越朝代而不绝，家族制度的基础就是宗法制度，它仰赖祠堂。对祖宗的崇拜和对父亲的崇拜是一致的，并由此而延伸为对"君"的崇敬；对家、对家族的热爱，则扩大为对国的忠诚。在中国古代"忠""孝"是相通的，对个人而言，忠孝不能两全时，忠为重；对国家而言，则"求忠臣，必于孝子之门"，使其在家尽孝，在外尽忠。

家国同构是宗法社会最鲜明的结构特征。严格的宗法制虽然在周代以后不复存在，但家国同构精神深深地植根于数千年的中国古代社会结构中。所谓"家国同

构"，是指家庭、家族和国家在组织结构方面具有共同性，均以血亲–宗法关系来统领，存在着严格的父家长制。家族是家庭的扩大，国家则是家族的扩大和延伸。在家国同构的格局下，家是小国，国是大家。在家庭、家族内，父家长地位至尊，权力至大；在国内，君王地位至尊，权力至大。父家长因其血统上的宗主地位，理所当然地统率其族众家人，且这一宗主地位并不因其生命的终止而失去，而是通过血脉遗传，代代相继。同样，君王自命为"天子"，君王驾崩，君统不辍，由其嫡长子自然承袭，如是不绝。父家长在家庭内是一把手，君王是国家的一把手，是全国子民的严父。不仅国君如父，各级地方政权的首脑亦被视为百姓的"父母官"。简言之，父为"家君"，君为"国父"，君父同伦，家国同构，宗法制度因而渗透于社会整体中，甚至掩盖了阶级和等级关系。

延续数千年的中国社会结构，使国家结构也打上了家族结构的印记，家与国的组织系统与权力配置都是严格的父家长制。在中国，奴隶制国家和封建制国家尽管是按地缘原则建立起来的，不同于原始的氏族部落，但始终未能摆脱氏族、血亲、宗法关系的纠缠；在一定意义上说，中国的奴隶社会是宗法奴隶制，是家族的政治化。

宗族和宗法关系在中国长期存在，导致了"家国同构"的格局，即所谓"忠孝相通"。社会组织的"家国同构"及由此而来的"忠孝同义"，都是宗法制度长期遗存的结果。

2. 君主专制制度的形成

在战国时代，就已建立起以君主为最高统治者的中央集权制度。秦统一后，中央集权达到一个新的高度，至明清时期发展到顶峰。中国的君主专制政治的阶级基础是地主阶级，在一定程度上还包括数量极大的自耕农。他们所依赖的生活方式一开始就是小农经济和家庭手工业相结合的自给自足的自然经济，这种自然经济对商品经济形成了巨大的抑制力量。为了保护这种自然经济并进而维护地主阶级的根本利益，统治者普遍采取对工商业和贸易进行压制的态度，"重农抑商"成为历代的基本国策，严重阻碍了中国新的资本主义生产关系的萌生和发展。

中国君主专制制度具有以下几个特点。

（1）产生时间早，持续时间长。

中国君主专制制度出现在春秋战国时期，列国诸侯在自己的封疆内实行专制统治，用郡县制取代分封制，用官僚制取代世卿世禄制。公元前221年，秦王嬴政统一全国，更严厉地实行中央集权，君主专制开始正式实行于疆域广大的一统帝国中。秦以后直至明、清，专制主义中央集权政治持久不衰，愈演愈烈。从春秋战国直到辛亥革命推翻清朝统治，专制政权在中国存在了两千多年，这在世界上是绝无仅有的。

（2）经济基础深厚稳固。

中国君主专制制度的经济基础是国有的土地和自给自足的小农经济。商周时期，全国的土地都是君主的私有财产，所谓"普天之下，莫非王土；率土之滨，莫非王臣"，就证明了这一点。春秋以后，虽然出现了土地为多极所有的局面，但土地主要还是集中在贵族及地主阶级的手里。在整个封建时代，国家对土地占有绝对多数。再加上官僚、地主对农民土地的大量兼并和残酷的剥削、压迫，农民的生活极度困苦。所以，广大的自耕农和佃农抵御天灾人祸的能力是十分有限的。封建统治者和广大农民是对立统一的，没有广大农民的存在，也就没有封建地主的统治，所以当农民失去土地、流离失所时，统治者就会采取一些措施，比如释放奴婢为庶民，限制对土地的占有，抑制兼并，进行土地制度和赋税制度的改革，严厉打击不法豪强等，都是为了维护君主专制制度赖以存在的经济基础，使得社会各阶级的力量保持一种动态平衡状态，从而维护国家的生存根基。

（3）君主专制集权趋于极端。

中国君主专制的集权程度，总趋势是逐步上升的。皇帝本人集立法、司法、行政、军事指挥大权于一身，将中央集权专制推至极端。从秦始皇开始，"天下之事无大小，皆决于上"，至清朝，这一传统从未断绝。言出法行，一言兴邦，全在帝王的闪念之间，使得法律失去了原本的严肃意义，成为帝王手中随意捏搓的面团。中国社会发展早期，帝王为治理地广人多的国家庞杂的政务，设置了丞相一职。相权是作为绝对君权的工具被设立的，与君权不应有冲突，但在实际行使过程中，二者时常产生矛盾。其基本发展趋势则是君权日益加强，相权日益削弱。到了明代，君主专制走向极端。朱元璋干脆废除丞相职位，规定吏、户、礼、兵、刑、工六部长官直接对皇帝负责，君权全然取代了相权。此后，明、清两朝均不设立丞相，真正达到"朕即国家"的程度。相权由盛而衰、最终消亡的过程，说明中国君主专制集权之强。

（4）对臣民人身控制严密。

我国是世界上最早实行人口户籍管理的国家，周代就设大司徒一职，掌管土地与人民数量。战国时秦简中的"傅律"规定每人都必须傅籍于官府，否则就要被治罪。古代中国地域广大，时常会因为一些天灾人祸而出现人口大量迁移。因此，历代君主都十分重视对人口数量的核查。如周代的"料民"、东汉的"算民"、隋代的"大索貌阅"、唐代的"团貌"等，都属于这一类的行动。统治者为了更好地把农民控制在土地上，想尽各种办法。中国很早就有一种什伍组织，以10家为一什，5家为一伍，什有什长，伍有伍长，并修筑围墙、堵塞缺口，只定一条进出通道，只设一个进出的门户。大家都要细心看管门户，如发现异常，要随时上报，如不上报被发现，伍长、什长及同伍同什的人都要受处罚。商鞅变法与此一脉相承，也按一伍一什编制户籍，制定连坐法，同伍同什中有"奸人"，告发者有奖，不告发者要被腰斩。10家中有1家藏奸，其余9家若不检举告发，要一起被治罪。旅客住宿要有官府凭证；旅店主人如果收留了无证之人，与"奸人"同罪。这些制度和法令使居民失去了流动的可能，国家便可轻易地按郡县、乡里、什伍系统征赋税、徭役和兵役，君王的诏令也就容易到达每一个家庭了。

3．社会政治结构对传统文化的影响

（1）形成中国传统文化伦理型模式。

伦理型模式的影响，正面的表现一是具有浓烈的"孝亲"情感；二是使中华民族凝聚力强；三是对传统极端尊重；四是宗法伦理观念及其理论形态构成了中华文化意识形态系统的核心。伦理型模式负面的影响也相当大，三纲五常的伦理说教、"存天理、灭人欲"的修身养性、"非我族类，其心必异"的盲目排外心理等，成为中国文化健康发展的障碍。

（2）形成中国传统文化政治型模式。

这种模式给社会带来的作用，一是导致了中国传统文化大一统思想的形成；二是导致民众产生强烈的服从心态，迷信权威、权力；三是导致了文化人入世的人生态度、经世的社会抱负，自觉地服从君主专制政治对其的笼络利用、恫吓镇压。

思辨启发

1. 文化的概念是什么？文化的基本特征有哪些？
2. 文化根据内在逻辑可分为哪几个层次？
3. 中国传统文化经历了怎样的发展过程？
4. 举例说明中国历史上影响中国传统文化形成的地理因素。
5. 农耕经济对中国传统文化的影响有哪些？

综合实践活动

一、活动主题

中华文明亘古绵延，一脉相承。在漫长的历史岁月中，中华民族用辛勤的劳动和卓越的智慧创造了举世瞩目的中华文化，留下了极其丰富的文化遗产。这些文化遗产是中华民族自强不息的精神追求和历久弥新的精神财富，是建设中华民族共同的精神家园的重要支撑。让我们走近历史文化，共同寻找身边最美的文化遗产。

二、活动目的与意义

文化遗产是我们祖先智慧的结晶，直观地反映了人类社会发展的重要过程，有历史的、社会的、科技的、经济的和审美的价值，是人类社会发展历程不可或缺的物证。因此，保护文化遗产就是保护人类文化，有利于培植社会文化的根基，维护文化的多样性和创造性。

每年六月的第二个星期六为中国文化遗产日。开展寻找身边的文化遗产活动，从身边的文化遗产学起，在查阅寻找、整理学习中了解中国文化，认识中国文化遗产，接受中国文化的熏陶和文明历史的洗礼，可以使中华优秀传统文化成为激励我们前进的精神力量，激发我们对中华优秀传统文化的兴趣及传承中华优秀传统文化的责任心，进而增强我们的民族自豪感和文化自信。

三、活动内容

1. 每 5 ～ 7 人为一小组，了解什么是文化遗产、文化遗产的历史价值及其对国家和民族的发展的意义，小组讨论。

2. 列举出身边的文化遗产，填写表 1-1，小组汇总交流。

表 1-1　身边的文化遗产

名　　称	年　　代	来源与背景

3. 小组讨论：你认为自己列举出的文化遗产中，最美的文化遗产是哪一个？原因是什么？

4. 各小组分别派一名代表，向全班介绍本小组选出的最美文化遗产。

第二章

文明溯源

主题诠释

五千多年连绵不断的文明史，形成了博大精深的中华文化。文明的源头产生了中华文明的最初可能，勾勒出了中华文化的最初模样。

在中华文明有历可考、有迹可循之前，神话是了解中华文明的主要媒介，盘古开天、女娲造人、女娲补天等上古神话给中华文化蒙上了一层神秘的面纱。

仰韶文化作为中国新石器时代最重要的考古发现，分布于黄河中下游及其边缘地区，大约处于北纬32—41度、东经106—114度。仰韶文化的绝对年代在公元前4933—公元前2923年间（即距今7 000至5 000年，持续时长2 000年左右），其地位十分显赫，影响也十分久远。

在内蒙古中南部至辽宁西部一带发现的红山文化距今5 000至4 000年，也是华夏文明留下的最早的文化痕迹之一。在辽宁牛河梁遗址内，发现了中国迄今最早的史前神殿——女神庙。庙内出土的女神头像面容完好、仪态高贵。神庙不远处的积石冢内，墓葬规格高低不同，体现出等级差异。这些特征向人们展示了文明社会的曙光。

距今5 300至4 200年前，兴起于长江下游的良渚文化蔚为壮观。作为这一地区进入文明社会的代表的是规模宏大的良渚古城。墓葬中出土的精美陶器和玉器，折射出贵族阶层的权势与审美。重达2吨的炭化稻米，印证了良渚社会农业经济的发达。

这个时候，中华文明驶入发展的快车道。黄河、长江流域大部分地区相继跨过文明的门槛，进入"古国时代"。

在长江中游，以石家河城址为代表的城址群快速崛起。在黄河流域，位于晋南的陶寺遗址成为同时期该流域最大的城址。其面积约300万平方米，相当于4个故宫。那座庞大的宫城，以及宫殿基址、门道上残存的路土，向人们无声地显示着生活于其中的王者足迹。

在陕西神木，石峁遗址气势恢宏。高大的门楼、完备的军事防御设施、近十米高的城墙，向世人诉说着当年的权威与辉煌。

距今3 900至3 600年的河南二里头遗址一直吸引着世人的目光。建制完整的宫城、成熟的礼乐、明确的等级分化，这一切都向人们传递着一个强烈的信号：中华文明开始踏入成熟文明的门槛，由"古国时代"迈向"王朝时代"，其标志是青铜器、甲骨文的出现和礼制的形成和建立。

自此以后，循着文明的源头，我们一路向前。在兼容并蓄中延绵不断，缔造出中华文明永续传承的璀璨诗篇。

第一节　神话传说

一、导读概览

　　每一个民族都拥有神话，神话是最古老的一种文化形态，是文化的源头，是民族文化的记忆。它塑造、强化着后世的民族性格。虽然早期文明并不都体现在神话里，但是神话可以勾勒出一个大致的历史轮廓。"盘古开天""女娲补天""后羿射日""精卫填海""鲧禹治水""混沌日凿七窍"等神话故事伴随着我们这个古老的东方文明成长，最终成为华夏儿女的文化基因，被熔铸在我们的灵魂深处。

　　神话是古人对神秘事物不能解释而产生的恐惧、敬畏与好奇想象。它极富浪漫色彩，而我们今天提倡的创新，不正是从合理的想象中而来的吗？如果人类没有对飞鸟自由翱翔天际的向往，也不会有胁下生双翼的浪漫幻想，更不会有今天的飞船遨游宇宙。更为关键的是我们的神话到现在还是活态的，还在发展。这是中国神话最富有魅力的地方。我们应该汲取这些古老神话中自强不息、舍己为人的精神，并把这些精神的力量传承下去。

二、经典选粹

1. 盘古开天地①

　　天地浑沌②如鸡子③，盘古生其中。八万四千岁④，天地开辟，阳清为天，阴浊为地⑤，盘古在其中。一日九变⑥，神于天，圣于地⑦，天日高一丈，地日厚一丈，盘古日长一丈。如此满八万四千岁，天极高，地极深，盘古极长。后乃有三皇⑧。

盘古开天地

作品选注

① 选自［宋］乐史：《太平寰宇记》，中华书局 2007 年版。
② 浑沌：传说中宇宙形成以前清浊不分、模糊一团的状态。
③ 鸡子：鸡蛋。
④ 岁：年。
⑤ 阳清为天，阴浊为地：按古人的理解，阴阳两种元素是构成宇宙万物最基本的东西。阳这种元素是清而轻的，就上升为天空；阴这种元素是浊而重的，就下降为大地。
⑥ 九变：变化极多。
⑦ 神于天，圣于地：他的智慧超过了天，能力胜过了地。
⑧ 三皇：传说中的三位神人，说法不一，一说是天皇、地皇、人皇，一说是燧人氏、伏羲氏、神农氏。

品悟赏析

中国神话认为盘古开天辟地，演化出世间万物，有了盘古之后才有了人类历史。一个民族的神话是它最原始的文化思维的体现，影响着这个民族的发展进程及方向。盘古开天地给现在的我们带来了怎样的智慧？盘古开天地隐含着怎样的文化密码？

盘古，又称盘古氏，是中国神话中开天辟地、创造人类世界的始祖。还有一种说法，即盘古是中国南方少数民族的一个神话崇拜人物。瑶族有祭祀盘古的传统，如有大旱之年，则要抬盘古像到农田之中，巡视禾稼。三国时期，徐整根据这些传说，编辑、整理、加工成了我们熟知的盘古开天地的神话，这也填补了华夏民族历史鸿蒙时代的一段空白。

这则神话中，盘古开天地之前"天地浑沌如鸡子"。最初的世界混沌不分，像一个鸡蛋，黑暗一片。盘古就生长在其中。从此之后，中国人的文化血液中就有了宏大的关于天地的文化观念。

也许，这里用"鸡子"还与原始崇拜有关。远古时代，很多部落崇拜飞鸟。《诗经·商颂·玄鸟》曰："天命玄鸟，降而生商。"商朝人认为自己是玄鸟的后代。这其实是神话，并非事实。实际情况可能是远古时期，人们的医疗水平很低，常常受到野兽的侵袭，饥饿、疾病等困扰着他们，部落的人口增长比较缓慢。人们观察到鸟类的生育能力很强，鸟蛋动辄有几枚、十几枚，飞鸟还有翅膀，可以翱翔于天地间。古人幻想，有朝一日，自己也能有如飞鸟一样的生育能力和畅游天地的本领。

八万四千年后，盘古孕育生成。盘古开辟天地的过程并不是西方神话中的那种突变，比如说用一把大斧子劈开混沌，然后金光四射，出现一个新天地，这不是中国人的叙事情感。中国人习惯的叙事是像《三五历纪》里面描述的那样，是一个从容、和缓而值得憧憬的漫长过程。这体现了中国人的文化思维。传统的文化视域中，中国人是日出而作、日落而息的，并不急躁。这体现了一种从容不迫的气度和谦抑的态度，这也正是中国文化崇尚的庄严理性和温和敦厚之美。

天地是怎么形成的？"阳清为天，阴浊为地。""阳清"为何？"阴浊"为何？如果用《周易》思想去解读，可能有新的发现。乾代表天，代表阳，代表万物生长，是创造、运化的意思；坤代表地，代表阴，代表水土滋润，是哺育、滋养的意思。在《周易》六十四卦中，乾卦是第一卦，表刚健中正，象征纯粹、强健。象辞曰："天行健，君子以自强不息。"这是德才兼备的君子之象。君子处世，应像天一样，刚毅坚卓，发愤图强。坤卦表柔顺、宽柔，象辞曰："地势坤，君子以厚德载物。"君子也应该像大地般厚实和顺、容载万物，要有"藏"的品质，就是安居、守成、守拙，韬光养晦，虚心学习，审时度势，厚积薄发。天道之刚健有力与地道之柔顺宽和双向互补、协调并济，共同促成了万物的化生，这是中国哲学中的最高境界。

"神于天，圣于地。""神"和"圣"何解？为什么不用"顶于天，立于地"？我们来看"神"和"圣"的甲骨文。"神"的本字是"申"。申，甲骨文℣是象形字，其形像神秘而令人惊恐的闪电。加"示"（"示"有祭祀的意思），就成了"神"。"圣"本义是通达事理、有智慧的人。甲骨文℣突出人的口和耳，表示其是用耳用口、不必劳作的有特殊能力的人。神是神秘的，圣是大地之上的人。"神于天，圣于地"，代表了中国人的人格理想，既要翱翔天际，又要脚踏实地。

天每日升高一丈，地每日增厚一丈，盘古也每日长高一丈。这样又过了八万四千年，天升得非常高，地积得非常厚，盘古也长得非常高大。天地开辟了以后，才出现了世间的三皇。

盘古创造了天地，又把一切都献给了天地，让世界变得丰富多彩。天人本为一体，盘古是人的样子，他垂死化生，才有了世界，人是大自然的一部分，因此人破坏环境就意味着残害自己的身体。天人合一不是静态的，而是动态的，所以中国人做任何事都要师法自然，绘画、书法、文学都是如此。盘古开天地的神话不仅解释了世界从哪里来的问题，而且深刻地阐释了天人合一的理念，这就是中国的创世神话，舒缓而不急躁，深刻而不艰涩。

2.女娲神话两则

女娲造人 ①

俗说：天地开辟，未有人民，女娲抟黄土作人，务剧②力不暇供③，乃引绳④于泥中，举以为人。故富贵者黄土人也；贫贱者绳人也。

女娲补天 ⑤

　　往古之时，四极 ⑥ 废，九州 ⑦ 裂 ⑧，天不兼覆，地不周载 ⑨，火爁焱 ⑩ 而不灭，水浩洋而不息，猛兽食颛民，鸷鸟 ⑪ 攫老弱。于是女娲炼五色石以补苍天，断鳌 ⑫ 足以立四极，杀黑龙以济 ⑬ 冀州 ⑭，积芦灰以止淫水 ⑮。苍天补，四极正，淫水涸，冀州平，狡虫死，颛民生。

女娲造人

女娲补天

作品选注

① 选自［汉］应劭：《风俗通义校注》，中华书局1981年版。

② 务剧：工作繁忙。

③ 力不暇供：没有多余的力量来满足需要。

④ 緪（gēng）：大绳。

⑤ 选自［汉］刘安《淮南子集释》，中华书局1981年版。

⑥ 四极：天的四边。远古的人认为在天的四边都有柱子支撑着。

⑦ 九州：泛指中国。

⑧ 裂：土地崩裂。

⑨ 天不兼覆，地不周载：天不能完整地覆盖大地，地也不能周全地承载万物。

⑩ 爁（làn）焱（yàn）：大火蔓延燃烧的样子。

⑪ 鸷鸟：凶猛的鸟。

⑫ 鳌：海里的大龟。

⑬ 济：救济。

⑭ 冀州：古九州之一，此处泛指中原地区。

⑮ 淫水：泛滥的洪水。

品悟赏析

　　女娲，中国上古神话中的神。她是人类之母，是华夏民族的人文先祖，与先圣伏羲共同生活在昆仑山，是福佑社稷之正神。相传女娲以黄泥仿照自己的形象造人，创造人类社会，并建立婚姻制度；后因世间天塌地陷，熔彩石以补苍天，斩鳌足以立四极，留下了女娲补天的神话传说。女娲不但是抟土造人的女神和补天救世的英雄，还是一位创造万物的自然之神，神通广大，化生万物。她开世造物，因此被称为大地之母，是被民间广泛而又长久崇拜的创世神之一。

女娲补天的神话故事反映了古代劳动人民与大自然抗争的不屈不挠的精神，女娲挺身而出、救民于水火的高尚，源自人类渴望征服自然、创造美好生活的愿望。当有限的人力、物力解决不了人与自然的矛盾，人们便用想象创造了无所不能的神和英雄，来完成自己无法完成的征服自然的任务。可以说，表达与自然抗争的精神是这则故事的主题，也是世界各民族神话传说中经久不衰的主旋律，而之所以产生这种想象，是因为原始社会低下的生产力。因为能力有限、希望无限，所以要用想象来填补、来发挥、来创造。

3. 精卫填海①

又北二百里，曰发鸠之山②。其上多柘木③。有鸟焉，其状如乌，文首④白喙赤足，名曰精卫，其鸣自詨⑤。是炎帝之少女，名曰女娃。女娃游于东海，溺而不返，故为精卫。常衔西山之木石，以堙⑥东海。

精卫填海

作品选注

① 选自郭世谦：《山海经考释》，天津古籍出版社2011年版。

② 发鸠之山：古代传说中的山名。

③ 柘（zhè）木：柘树，桑树的一种。

④ 文首：头上有花纹。文，同"纹"，花纹。

⑤ 其鸣自詨（xiào）：它的叫声是在呼唤自己的名字。

⑥ 堙（yīn）：填塞。

品悟赏析

对于精卫填海的神话，人们认为其表现了遭受自然灾害的先民征服自然的渴望，有较高的精神价值。古人认识水平有限，无法正确认识自然、反映自然，故以想象、虚构、夸张的手段来描述史事而创造出神话。精卫填海用执着、矢志不渝的主旨体现了先民战胜自然的信念和理想，歌颂了精卫战天斗地的豪情壮志。

第二节　文化曙光

一、导读概览

仰韶文化制陶业发达，人们较好地掌握了选用陶土、造型、装饰等工序，陶器多采用泥条盘筑法成型，用慢轮修整口沿，在器表装饰各种精美的纹饰。不少出土的彩陶器为艺术珍品，如水鸟啄鱼纹船形壶、人面鱼纹彩陶盆、鱼蛙纹彩陶盆、鹳衔鱼纹彩陶缸等。陶塑艺术品也很精美，有附饰在陶器上的各种动物塑像，如隼形饰、羊头器钮、鸟形盖把、人面头像、壁虎及鹰等，皆栩栩如生。仰韶文化因此也被称作彩陶文化。

红山文化初期处于母系氏族社会的全盛时期，主要社会结构是以女性血缘为纽带的部落集团，晚期逐渐向父系氏族社会过渡。经济形态以农业为主，牧、渔、猎并存。它的遗存以独具特征的彩陶与之字型纹陶器为主，且兼有细石器。从考古发掘来看，玉器的使用和丧葬的礼仪是红山文化的两大特点。红山人的墓地多为积石冢。当时的流行文化是原始的萨满教，主要是相信万物有灵、灵魂不灭和崇拜多神，认为宇宙有上、中、下三界之分，上界为神灵所居，中界为人类所居，下界为鬼、魔和祖先灵魂所居。

2019 年 7 月 6 日，联合国教科文组织正式将中国良渚古城遗址列入世界遗产名录。中华五千年文明得到进一步证实，对于每一个华夏儿女来说，毫无疑问都是莫大的荣誉和骄傲。良渚古城遗址中出土了大量玉器、陶器、漆器、骨角器等，其中琮、璧、钺等玉器的出现，标志着礼仪制度的形成。

二、经典选粹

1. 人面鱼纹彩陶盆

人面鱼纹彩陶盆（新石器时代）

品悟赏析

　　人面鱼纹彩陶盆是新石器时代仰韶文化的遗存，高 16.5 厘米，口径 39.8 厘米，1955 年于陕西省西安市半坡出土，现藏中国国家博物馆。

　　这件人面鱼纹彩陶盆由红陶制成，呈红色，器型较大，造型古朴，口沿涂有黑彩，盆内壁用黑彩绘出两幅人面鱼纹和两幅单鱼纹，对称排列。人面上的眼、鼻、嘴、耳不写实，而用几何图形表示。人面双目为两条横线，鼻呈三角形，嘴呈"工"字形，头顶上绘有三角形饰物，左右两耳部位各绘一条相向的小鱼，嘴角两侧亦各饰小鱼一条，构成了人口衔双鱼和鱼衔人耳的形态奇特的人鱼合体纹饰。其绘图笔法简练，形象生动，充分显示了原始社会的匠师们的聪明才智。

　　陶器是人类在长期劳动和生活中的实践中的一项伟大创造。陶器的发明是人类社会发展史上划时代的标志。陶器中，用鱼纹做装饰的非常多，它既是当时人们生活中的实用器物，也是精美的工艺品，反映了原始先民的高超审美，也展示着半坡氏族社会化的形态——捕鱼在半坡氏族的生活中已占有重要地位。

　　人面鱼纹彩陶盆出土近七十年来，人们从来没有停止过对它的猜想。这个数千年前的陶盆中又隐藏着什么样的密码呢？主要猜测有以下几种。

　　一是反映当时的某种神话传说。人们按照自己的样子描绘出了祖先的形

象，又绘上了具有明显特征的鱼类躯体，因而产生了"人面鱼身"这一图腾形象，把自己的祖先描绘成半人半鱼的形象。鱼在中国文化的语境中有生殖繁盛、福泽绵绵的含义，正说明他们认为自己就是人与鱼合婚后所繁衍的后代。

二是一种渔猎巫术仪式的表现。这种装饰的图案有可能是部落成员在举行宗教仪式或祭祀仪式等活动时的特殊装饰。在远古时代，人们对自然万物充满了神秘感，因而产生了万物有灵的观念，在这样的观念下，原始巫术盛行。基于对这一历史文化背景的认识，有人提出，人面鱼纹实际是巫师在进行巫术活动时所戴的一种面具的纹样。原始人在渔猎活动中，通过巫师进行的巫术活动，祈求鱼可以自动投入网中，反映了当时人们祈求渔业丰收的愿望。

三是与当时氏族的图腾崇拜有关，可能是一种图腾标志。当代学者李泽厚在《美的历程》一书中指出"从动物形象到几何图案的陶器纹饰，具有氏族图腾的神圣含义"，并认为鱼纹就是半坡氏族的图腾。

无论是哪一种可能，这件 6 000 年前的文明遗存都昭示着华夏文明发端期人们了不起的智慧和创造力，直到今天还会给我们无尽的启迪和滋养。

2. 良渚玉琮

良渚玉琮（新石器时代）

品悟赏析

这件新石器时代的良渚玉琮收藏于浙江省博物馆。此玉琮通高 8.9 厘米，孔外径 5 厘米，孔内径 3.8 厘米。琮是一种内圆外方、中心贯通的筒形器物，外围用浅刻的横凹槽将琮身分成若干节。玉琮中，体积最大、雕刻最精、分量最重的就要数这件了。普通的玉琮俯视像玉环，而这件的孔径特别小，俯视像玉璧，可能是有意设计的。这件玉琮由软玉制成，色泽嫩白，略偏浅黄，一侧有紫红色、不规则的瑕斑，整件器物制作极为精细，代表了良渚文化琢玉技术的最高水平。

其正面凹槽内有神人兽面像，高约 3 厘米，宽约 4 厘米。眼睛为重圈，两侧有短线，鼻子宽阔，以弧线勾画鼻翼，嘴巴扁阔。放大镜下，我们看到了所绘神人兽面的细部画面，只见它头戴卷云纹方帽，嘴中两排平齐的牙齿，双手叉向腰部、张开五指，三爪鸟足……所有图案线条细如发丝，一气呵成，微雕技艺卓绝，让人感到匪夷所思，在尚未发现有青铜器的良渚时代，似鬼斧神工，令人感到不可思议。

《周礼》中有"苍璧礼天，黄琮礼地"的记载。在古代，玉琮主要做礼器用，或是巫师通神的法器之一，需要小头朝下、大头向上摆放，这也印证了"璧圆象天，琮方象地"的说法。除了祭祀，玉琮还是权势和财富的象征，从考古发掘的现场可以看出，殉葬品中的琮、璧越多，墓主身份越显赫。玉琮的出现也昭示着良渚文化已经有了较为成熟的文明形式，闪耀着远古时代文明的光芒。

3. 红山玉龙

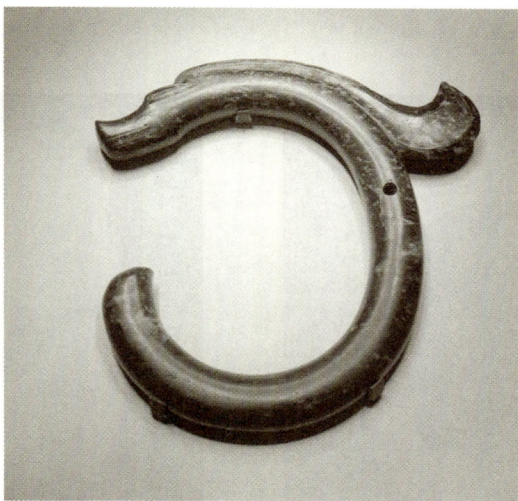

红山玉龙（新石器时代）

品悟赏析

红山玉龙呈勾曲形，口闭吻长，鼻端前突，上翘起棱，端面截平，有并排的两个鼻孔，颈上有长毛，尾部尖收而上卷，形体酷似甲骨文中的"龙"字。

玉龙为墨绿色，体卷曲，平面形状如"C"字，龙体横截面为椭圆形。

红山玉龙的发掘还有一段传奇故事。1971年的一天下午，天气晴朗，内蒙古自治区翁牛特旗三星塔拉村的村民张凤祥与往日一样，正在村子后面干农活，一锹下去，挖出了一个人工砌成的石洞。张凤祥伸手摸去，竟摸出一个黑乎乎、像钩子的东西，干完农活就顺带把这个物件带回了家，送给弟弟当玩具。几天后，张凤祥发现它外面的污渍开始脱落，露出了一抹玉的墨绿色，这就是极具盛名的国宝——红山玉龙。

这件玉龙被翁牛特旗文化馆征集了，但并没有引起当时文物研究者的注意。几年后，在牛河梁，考古人员挖开了一座五千年前的古墓。墓主人的胸前摆放着两个精美的玉猪龙，经鉴定，它们属于红山文化时期。牛河梁的考古发现引起了考古学界的极大反响，消息传到翁牛特旗，文化馆负责人突然想起当年征集到的那件"C"形玉龙，它极有可能是红山文化的文物。在被忽视了十多年以后，1986年，《人民画报》刊登了红山玉龙的图片。1989年6月，红山玉龙入藏中国国家博物馆。宝物蒙尘多年，终于显现出了璀璨光芒。

红山文化讲求"唯玉为葬"，玉器在红山文化中承担着沟通天地、人神的作用。《说文》云："灵，灵巫也。以玉事神。"中国是龙的国度，中华民族是龙的传人。龙是中国古人心目中的神。玉龙的出现，表明中华民族祖先的图腾崇拜正是龙。

红山文化玉龙的造型分为两类：一类为"C"形玉龙，另一类为玉猪龙。

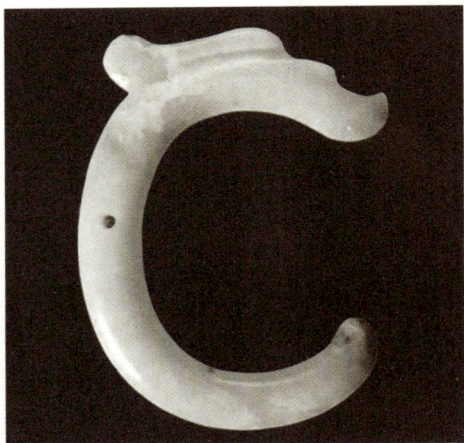

"C"形玉龙（新石器时代）　　　　　玉猪龙（新石器时代）

龙图腾的出现，源于我们民族的情感。祖先们将龙的特征总结为"九似"：角似鹿，头似驼，眼似虾，颈似蛇，腹似蜃，鳞似鲤，爪似鹰，掌似虎，耳似牛。古人取各种动物之长，组合成了这样一个无所不能的"神龙"。中国远古传说中的神或英雄，基本都是"人首蛇身"。除了女娲、伏羲，《山海经》和其他典籍中的很多神（如共工）也是这样。龙源于图腾，是原始先民的自然崇拜与祖先崇拜的结合，是中华民族发祥与文化肇始的象征。

第三节　成熟文明的门槛

一、导读概览

从仰韶文化、良渚文化、红山文化的遗迹走来，中华文化即将踏入成熟文明的门槛。

文明成熟的标准是什么？第一是这种文明必须有成熟文字。一百多年前我们发现了4 000多年前的十余万片甲骨，上面赫然有4 000多个祖先留下的文字。第二，必须有城市式的居住方式。如我们在洛阳偃师发现的二里头文化遗址。第三，必须有金属冶炼技术。中国已发现的最古老铜制品是陕西姜寨遗址出土的黄铜残片，经检测为冶炼所得，距今已有6 500至6 700年历史。文字、城市、青铜器成为华夏文明绵延至今的渊源。

二、经典选粹

1. 甲骨文

甲骨（商）

中国在新石器时代晚期就已出现占卜用的甲或骨，商代甲骨盛行，到周初或更晚仍有甲骨存在。商周时期的甲骨上还刻有占卜用的文字——甲骨文。殷墟出土的甲骨已有 15 万片左右。甲骨文是中国古代比较完整的一种文体。甲骨文的出土发现，将汉字乃至世界承认的中华文明提前至距今四千年左右的商代。

发现刻有文字的甲骨的是清代金石学家王懿荣。光绪二十五年（1899）秋，王懿荣购买"龙骨"入药，无意中看到上面刻着一些符号，似乎是文字，也好像是图画。

所谓龙骨，就是古代脊椎动物的骨骼。这上面怎么会刻有符号呢？这引起了他的好奇。为了进一步研究，他以每片二两银子的高价，把药店所有刻有符号的龙骨全部买下，共收集了 1 500 多片。王懿荣发现每片龙骨上都有相似的图案，经过长时间的研究，他确信这是一种殷商时期的文字，即甲骨文。

据传，当时药铺的老板们不收刻有痕迹的龙骨，村民就用小刀将上面的痕迹刮掉，以六文钱一斤的价格将挖出的龙骨卖给药铺。于是，许许多多的商代史料被磨成粉，被当作药吃进肚里，这就是所谓的"人吞商史"。

这些古代甲骨上刻着的符号被确认为商代文字。甲骨文和敦煌石窟、周口店猿人遗迹被并称为 19 世纪末 20 世纪初的中国考古三大发现。

甲骨文的出土把中国有文字记载的可信历史提前到了商朝，而且甲骨文内容丰富，涉及殷商历史、文化、政治、经济的各个方面，被称为中国古代乃至人类最早的"档案库"。对甲骨的研究也产生了一门新的学科——甲骨学。文字的出现意味着中华民族迈进了成熟文明的门槛。甲骨文是中国有据可查的最早的文字体系，它提供了中国古代特有的造字法则，对中国文化产生了巨大的影响。

2. 单刃青铜刀

单刃青铜刀（新石器时代）

品悟赏析

　　这件看上去其貌不扬的青铜刀出自甘肃马家窑文化遗址，距今约 5 000 年，含锡量 8% ～ 10%，是已知的中国最古老的青铜器，同时也是世界上最古老的青铜刀。

　　此刀由两块范浇铸而成，刃部经轻微冷锻或戗磨，以提高锋利度。刀身厚薄均匀，表面平整，有较厚的深灰绿色锈。其短柄长刃，刀尖圆钝，微上翘，弧背，刃部前端因使用磨损而凹入。柄端上下内收而较窄，并有明显的镶嵌木把的痕迹。

　　马家窑文化的青铜器制品年代在公元前 3000 至公元前 2300 年间。在世界冶铜史上，与古代埃及、印度、爱琴海文明比较，古代中国在青铜器的冶铸方面处于世界领先水平。

　　青铜器的出现标志着文明向青铜时代迈进，表明中国在 5 000 年前就迈进了成熟文明的门槛。

3. 二里头文化遗存

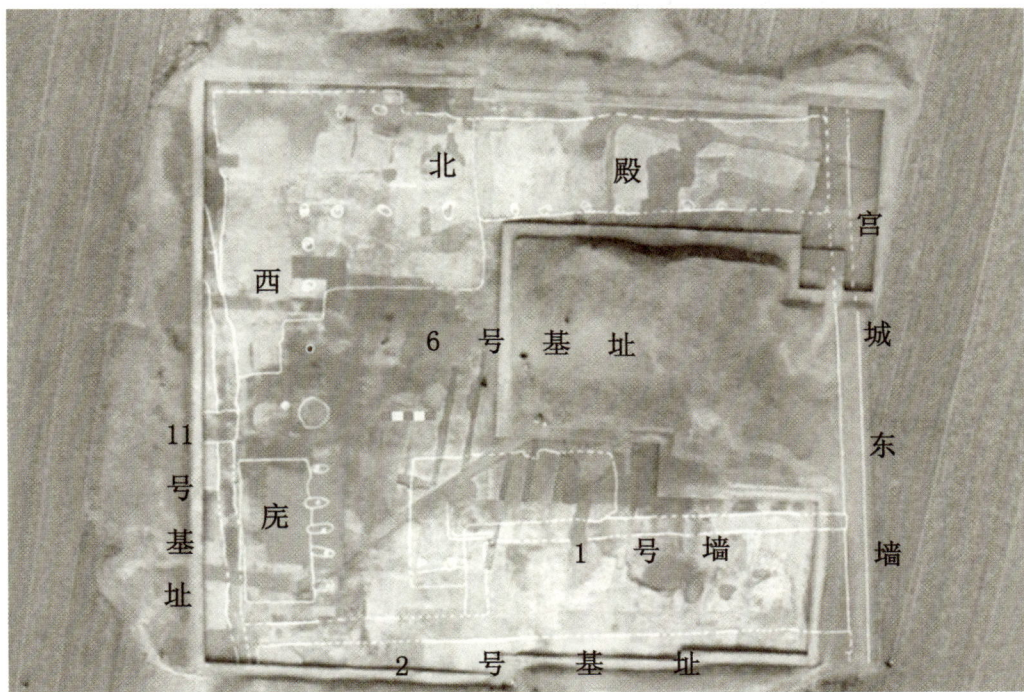

二里头遗址（夏）

绿松石镶嵌铜牌饰（夏）

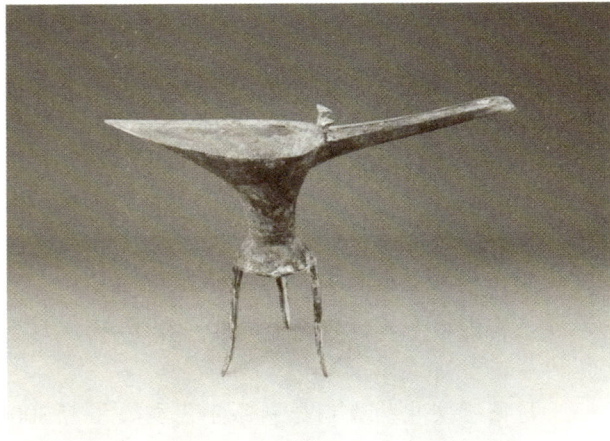

乳钉纹铜爵（夏）

陶爵（夏）

玉璋（夏）

品悟赏析

　　二里头文化是中国最早的青铜时代文化之一，因二里头遗址而得名。它主要分布于以河南西部为中心的黄河中游地区，时代约相当于公元前1900—公元前1600年。该遗址南临古洛河、北依邙山、背靠黄河，范围包括二里头、圪垱头和四角楼三个自然村，面积不小于3平方公里。遗址内有宫殿、居民区、制陶作坊、铸铜作坊、窖穴、墓葬等遗迹。

　　二里头文化具有特色鲜明的陶器群，数量巨大，种类繁多，酒器、食器、炊器、盛贮器、汲水器、食品加工器等应有尽有。玉礼器也是其主要遗存，大型的有刃器如玉钺、玉戚（两侧边缘有扉齿的钺）、玉刀、玉璋、玉圭和玉戈。

　　其绿松石制品技艺高超，展示了二里头文化时期高超的玉石工艺水平。绿松石镶嵌铜牌饰为盾牌形，面微突起，以镶嵌绿松石为最大特征，它是先铸好牌形框架，再用数百块方、圆或不规则的绿松石粘嵌成突目兽面的，是集铸造和镶嵌于一身的神秘艺术品。这件牌饰出土于死者胸前，很可能是一件佩戴饰品，是迄今发现的最早也是最精美的镶嵌铜器，开创了镶嵌铜器的先河。

二里头遗址中的青铜器约有200件，包括容器、兵器、乐器、礼仪性饰品和工具等。其中的乳钉纹铜爵是目前所知中国最早的青铜容器。其长流尖尾，束腰平底，三锥足细长，流折处有两钉形短柱，腹部一面有凸线两道，两线之间横列五枚乳钉装饰，器壁甚薄。二里头文化的青铜容器铸造需要由多块内、外范拼合铸出整器，显示出原创性与独特性。这种合范铸造技术的出现在中国金属冶铸史上具有划时代的意义，开启了中国青铜时代的先河。

二里头文化粟作与稻作并举，铸铜、制玉、制陶和制骨等手工业高度发达，它是东亚大陆上最早的"核心文化"。目前一般认为它是探索夏文化的重要对象。

思辨启发

1. 中国古代的天地日月神话体现了什么样的天人观念？
2. 中国早期的文明形态，如仰韶文化、红山文化、良渚文化等有什么共同之处？
3. 早期陶制品为什么喜欢采用鱼形图案？这反映了当时人们怎样的观念？
4. 商周时代为什么被称为青铜时代？

综合实践活动

一、活动主题

汉字是中华文化的瑰宝，在烟波浩渺的岁月长河中书写着中华民族的璀璨历史，文学则是一种语言文字碰撞、交融的美妙艺术。今天，我们将开启一场奇妙的汉字之旅——"字"从遇见你。

二、活动目的与意义

汉字是中华民族文化的化石，是历史的载体，是前人智慧的结晶，有着浓厚的文化意蕴、独特的文化魅力和深厚的民族情结。从甲骨文、金文到大篆、小篆，再到隶书、楷书，汉字写下了商王的梦境、孔子的思考、司马迁的史书，记录了唐诗宋词的风韵……今天，从提笔忘字到落笔错字，汉字似乎成了我们"最熟悉的陌生人"。兴书写之风，知汉字演变，在对形、音、义的把握中，便能获得独特的审美体验。开展关于汉字的综合性学习活动，可以让我们了解关于汉字历史和现状的知

识，树立规范使用国家通用语言、文字的意识，在潜移默化中升华爱国热情、民族自豪感和社会责任感。

三、活动内容

1. 每 5 ~ 7 人为一小组，在表 2-1 中列举的活动中任选一项完成。

表 2-1　汉字交流会活动任务

活动任务	认领小组
搜集字谜	
查找体现汉字特点的歇后语、对联、故事等	
搜集有关汉字来历的资料，了解汉字的起源、演变	
搜集有趣的形声字	
搜集有关姓氏的历史和现状研究	

2. 各小组形成可汇报展示的成果，举办汉字交流会，感受汉字的趣味。

3. 展示结束后，利用小组展示互评表（表 2-2），评选出活动中表现最出色的小组。

表 2-2　小组展示互评表

评价内容	评价标准	同伴评价	教师评价
资料的搜集、整理	搜集资料方法恰当，资料呈现多元化、合理化		
展示的形式	展示形式新颖，内容丰富，成果较丰硕；展示时态度大方，充满自信		
成员的参与度	成果由组内成员共同参与形成		

4. 利用课余时间，对街道两侧的单位名称、广告牌、车体广告、墙体广告、店铺牌匾、指示牌、公共设施标志等中存在的错别字、繁体字、异体字、缺损字现象展开排查，并对不规范用字进行拍摄、记录。对自己搜集到的资料进行课上展示。

第三章

古代哲学思想

主题诠释

西方所谓哲学的原意是"爱智"，即追求智慧。何谓智慧？智慧即对于真理的认识。西方哲学追求智慧，所以西方哲学所取得的成果可谓之"西方的智慧"。中国古代哲人志在"闻道"，"道"即真理，亦即最高的智慧。在这个意义上，中国历代哲学家所提出的创造性见解，亦可谓之"中华的智慧"。它们是先人时贤对宇宙、社会及人生的智慧总结，是植根于中国传统文化土壤的思想精髓。要深入了解并把握中国传统文化，就必须了解其核心——中国哲学。

关于中国哲学讨论的对象，哲学家冯友兰参照西方哲学的内涵，将哲学分为宇宙论、人生论及方法论三部分。《论语》中提到"夫子之言性与天道"，中国古人对"天道"的追问大致对应西方哲学中的宇宙论，研究性命的部分对应西方哲学中的人生论。西方哲学的"爱智"主要是追求宇宙、人生的一般原理，发展出一套严密的体系，为之后各门科学的发展奠定了基础，而中国哲人们的智慧之思集中体现在"天人合一"这个高级命题上，通过讲天理阐明人生哲理，通过讲天道为讲人道树立准则。至于方法论，与西方哲学探求知识真理有所不同，中国哲学更致力于探求提升个体心性修养的方法，中国传统人格理论中的"内圣"之道就是典型代表。

如果说西方哲学的核心是"逻各斯"（logos），那么中国传统哲学的核心就体现为一个字——"道"，孔子有志于"闻道"，"朝闻道，夕死可矣"（《论语·里仁》）。这个"道"，既指天道，又指人生之道。中国哲学注重对诸如人生理想、人生追求、人性善恶等人生哲理的探讨，这是其极具特色的一方面。

由此可见，虽然中国哲学与西方哲学的研究对象大致相当，但中国哲学依托中国传统文化，具有独具特色的文化底蕴。中国哲人所说的"人生之道"是关于如何做人的智慧，所谓"自然之道"是关于客观世界的智慧，所谓"致知之道"是关于认识方法的智慧，深入了解这些哲学智慧，不仅可以进一步汲取中国传统文化的精华，而且可以从古代哲人的感悟和实践中学得如何做人，如何认识和把握外在世界。

中国古代先哲们善于思考自己与自然、人类社会的关系，哲学思想非常发达。先秦时期是哲学思想最活跃的时期，形成了百家争鸣的盛况，各位思想家周游列国，游说国君接纳自己的哲学和治国思想。秦始皇统一六国后，建立了中国第一个封建的大一统的王朝。汉朝建立以后，汉武帝接纳了董仲舒糅合百家的天人合一的儒家治国思想体系。西汉时，佛教传入中国。后三国魏晋南北朝，国家陷入纷乱，社会动荡，文人在现实中找不到寄托，于是寄情山水，此时佛学、道学融合了神仙方术，形成了魏晋玄学，一时间清谈之风盛行。隋唐统治者恢复了以儒家思想为正统的治国体系，并糅合法家思想，共同为统治阶级服务。宋代，程朱理学兴盛，儒家思想再度发展，并系统地建立了理学的治国思想体系。程颐主张"涵养须用敬，进学在致知"的修养方法，目的在于"去人欲，存天理"，认为"饿死事极小，失节事极大"，宣扬"气禀"说。朱熹主张"知先行后"，认为理是不变的，做事先学理。理学的盛行在一定程度上促进了社会的发展，理学成为文人的信仰。明朝中期出现了大思想家、哲学家王阳明。王阳明提出"心外无物，心外无理"的命题，主张"致良知"和"知行合一"，创造并极大发扬了心学。哲学思想贯穿了中国古代社会发展的全过程，是中华优秀传统文化的绚烂瑰宝，也是华夏文明五千年绵延不绝的密码。

我们应该怎样学习这些宝贵的思想呢？孔子在《论语》中其实已经给出了答案——"学而不思则罔，思而不学则殆"，这就是最切实、最正宗的读书方法。读书最重要的是思考，思考其中的道理、意涵、情致。只有善于思考，才能有所感、有所悟、有所得。先哲智慧是涵盖虚实、遍及万世的。《尚书·大禹谟》中说"人心惟危，道心惟微；惟精惟一，允执厥中"，《大学》中说"惟命不于常。道善则得之，不善则失之矣"。而解读这些思想的密码就隐藏在这两句话中："人心惟危，道心惟微""惟命不于常。道善则得之"。

我们今天应以"平视"而非"俯视"的视角来解读经典，带着崇敬心和敬畏心去读，心平气和，既要有感性的领悟，又要有理性的认识。重要的是，我们要从经典中领悟为人处世之道，变化气质，开阔胸襟，启发智慧。

第一节 儒家思想

一、导读概览

由孔子所创立并在历史上得到发展的儒学，是以孔子为宗师，以《诗》《书》《易》《礼》《乐》《春秋》为经典，以仁、义、礼、智为基本思想的学术体系。它在战国时期已经发展为显学，是绵延时间最长、对中国文化与民族精神影响最为深远的一个学派。

儒家思想的创始人为孔子。孔子自谓"吾少也贱，故多能鄙事"(《论语·子罕》)，曾做过委吏、乘田等小吏，后开办私学，招收弟子，开创私家讲学之风，其弟子三千，通"六艺"者七十二人。孔子一生主要从事教育与文化工作，整理了古代重要的文化典籍，删《诗》《书》，修"六艺"，创立了中国古代最有影响的学派——儒家学派，形成了具有自己特色的思想体系。

仁爱之道

孔子的思想核心是"仁"，"仁者爱人"，主张人与人之间互相尊重、和谐相处；提出"己所不欲，勿施于人"，提倡"忠恕之道"；强调"为政以德"。他主张有教无类，因材施教，被后人尊称为"万世师表"。孔子的弟子及再传弟子将他及他的弟子的言行编成《论语》，成为儒家经典之一。虽然历经两千余年，我们却丝毫没有感觉遥远，他们穿越时空，成为我们的精神偶像和人格典范。

（一）原始儒学

孔子

中国儒学发展的第一个阶段，是以孔子、孟子、荀子等为代表的先秦原始儒学。

儒家学说的创始人孔子是春秋末期思想家，被后代统治者尊为"至圣先师"。孔子的思想的核心是"仁"，主张"克己复礼为仁""仁者爱人"，并把"恭、宽、信、敏、惠"作为仁的内容，主张"见利思义"。在天道观上，孔子虽言天命可畏，但又重视人事，强调人为。在认识论上，他提出了"知""行""学""思"等范畴，开辟了认识论的新领域。孔子一生致力于推行其政治主张，并从事教育和整理古籍等工作。他逝世后，其弟子和再传弟子将其和弟子的观点编成《论语》一书。孔子是位居世界十大思想家之首的世界文化名人。

战国时期的孟子以孔子的继承人自居，被后世尊为"亚圣"。孟子发挥孔子的学说，赋予天道德属性，以心、性解天。孟子主张"性善论"，推行"王道"，反对"霸道"；在认识论上，提出了"不虑而知""不学而能"的"良知良能"说。经孟子的发展，儒家学说更加完备。

荀子把天还原为自然界，主张"制天命而用之"。他肯定世界的可知性，要求学用一致，认为"行"高于"知"。荀子与孟子不同，首创"性恶论"，强调以法辅礼，以暴力辅仁德。

原始儒学在先秦春秋末至战国时期，是社会上具有广泛影响的显学之一。他们提倡的道德修养学

孟子

说，在士阶层中有着深远的影响，而他们设计的理想政治制度和治国原则则因其主要精神，即一统天下和礼义王道为上等太脱离当时诸侯称霸、群雄割据的社会现实，始终没有受到当权者的赏识和采用。所以，原始儒学与以后成为实际社会制度依据的儒学不同，它还只是一种关于道德修养和政治理想的一般性学说。分清这种差别是非常重要的。

荀子

（二）政治制度化和宗教化的儒学

中国儒学发展的第二个阶段是以董仲舒为代表的两汉时政治制度化和宗教化的儒学。

汉初统治者为改变秦末苛政、战乱造成的社会民生极度凋敝的状况，采用了简政约法、无为而治、与民休息的方针政策，以恢复社会的生机；与此相应，在文化、思想上则主要是推崇和提倡黄老道家学说。这种情况一直延续到汉武帝时才有所变化。不过，这并不是说儒学在汉初社会上一点也没有起作用。儒学在传授历史文化知识方面，对汉初社会仍然是很有影响力的。儒家所推崇的历史文献——"六经"的教授和研究，也受到官方的肯定和重视。

董仲舒

经过汉代思想家的改造和完善，儒家思想发展成汉代的经学。经学的代表人物首推西汉哲学家董仲舒。他建立了一个"天人感应"的神学目的论体系，提出了"罢黜百家，独尊儒术"的建议，开以后两千多年中国社会以儒家为正统的先声。董仲舒主张的"天不变，道亦不变"和"三纲五常""性三品说"等思想，为后世统治者所效法、采纳、利用。董仲舒的学说不仅接受和发扬了荀子礼法并重、刑德兼用的理论，而且大量吸收了墨家"兼爱""尚同"的理论，乃至墨家学说中某些带有宗教色彩的思想。而更为突出的是，在他专攻的春秋公羊学中，有大量阴阳家的阴阳五行学说，使阴阳五行思想成为汉以后儒家学说的一个重要组成部分。董仲舒对于儒学的发展不仅在于学理方面，而更在于他把儒学推向政治制度化和宗教化的方向。董仲舒研究的春秋公羊学是一种密切联系社会现实的学说。

东汉章帝时，皇帝亲自主持，召集大儒们举行了一次白虎观会议，会后由班固整理、纂集，写成《白虎通义》四卷，这才真正把儒家学说转变为实际的社会政治制度的律条，以及社会全体成员必须共同遵守的道德规范。从此，儒学不再是单纯的关于伦理道德修养和政治理想的学说了，而是具有了一种社会制度方面的律条的

作用。

儒学社会政治层面功能的形成和加强，减弱了儒学在一般伦理道德修养和政治理想层面的作用。在原始儒学那里，它通过道德教育、理想教育去启发人们遵守道德规范、追求理想社会的自觉。所以，儒学对于士大夫们的修身养性具有重大的意义和作用。可是，当儒学的一些主要内容被政治制度化以后，它就成了不管自觉与否、自愿与否都必须遵守的外在规范，因而它的修养意义和作用就大大地被减弱了。这样，儒学制度化方面的成功，就成了它在道德修养功能方面走向衰微的契机。

魏晋时期，儒、佛、道三教开始汇流。至隋唐时期，佛教日盛，道教大兴，三教争夺思想领域主导权的斗争日趋激烈。唐代韩愈再倡儒学，推崇孔孟，力排佛、道，将孔孟学说发扬光大。与此同时，柳宗元、刘禹锡则将荀子的思想提高到新的层次。

（三）性理之学的儒学

朱熹

中国儒学发展的第三个阶段是宋明清时期的性理之学的儒学。宋代是儒家思想发展史上非常重要的时期。以宋明理学为代表的新的儒家文化重新恢复其正统地位，并雄踞中国思想论坛约 700 年的时间。

宋明理学的创始人为周敦颐，学说奠基者为号称"二程"的程颢和程颐，集大成者则是南宋哲学家朱熹。他以思孟学派为主，吸取佛道思想，建立了庞大的理论体系。他认为"宇宙之间一理而已"，气对理也有重要作用，二者结合才能构成事物。在道德上，他主张"理则为仁义礼智"，把封建道德客观化。朱熹还提出了"格物穷理""格物致知"等重要命题。朱熹是继孔子之后，中国封建社会又一位影响深远的哲学家，他的理学在元明清三代都被奉为正统的理论。

程朱理学后来分化为两大流派，一是继承朱熹学说的理学派，一是以宋代陆九渊和明代王守仁为代表的心学派。宋代后，统治者将四书五经奉为儒家正统经典。明清之际的理学家只是推崇或注释理学的只言片语，不求发展和创造了。

宋明清儒学之所以称其为性理之学，正是因为其与原始儒学存在着巨大的差异。

宋明清性理之学对儒学的重大发展，是与它积极吸收和融合玄学、佛教、道教（和道家）的理论为己所用分不开的。理学所强调的"天理当然""自然合理"等，当然与玄学的"物无妄然，必由其理"（王弼《周易略例·明象》）、"依乎天理"（郭象《庄子·人间世》注）、"天理自然"（郭象《庄子·齐物论》注）、"自然已足"（王弼《老子》注）等思想有联系。而理学核心理论中的"理一分殊""体用一源"等，又显然吸收自佛教，尤其是与佛教华严宗的"法界缘起"，以及"六相圆融""理事无碍"等理论的启发有关。至于王阳明著名的"四句教""无善无恶心之体，有善有恶意之动，知善知恶是良知，为善去恶是格物"，则更是明显地表现了儒佛的融合。其中，前两句就是从佛教的"不思善，不思恶""本性清净""念起欲作"等理论中变化出来的。通过这些基本理论的发展，性理之学也大大地丰富了儒学的知识论和工夫论。

性理之学的兴起和发展，确实在相当程度上恢复了儒学在伦理道德、身心修养层面的社会功能，从而与政治制度层面的儒学相呼应、配合，进一步强化了儒学在社会政治、教育两方面的功能。宋明以后，儒学这种两个层面的社会功能的一致化，使得许多本来属于伦理修养层面的问题与政治制度层面的问题纠缠在一起而分割不清。而且伦理修养层面是直接为政治制度层面服务的，常常使得本来建立在自觉原则上的规范变为强制人们接受的律条。而这种以"天理""良心"来规范的律条，有时比明文规定的律条更为严厉。

近代以来，特别是五四运动以来，人们对儒学进行了激烈的批判，斥其为"吃人的礼教"，高喊要"打倒孔家店"。这在当时反封建制度的革命情势下是完全可以理解的。但是，也应当看到，这种对儒学简单的全盘否定也是不科学的。这里显然没有分清先秦原始儒学、两汉政治制度化和宗教化的儒学与宋明清的性理之学的儒学这些不同历史发展阶段的儒学之间的质的区别，同时，也没有分清自汉以来，尤其是自宋明以来儒学所发展出来的两个不同层面及其不同的社会功能。而这正是我们寻求儒学未来发展所必须和首先要搞清楚的问题。

（四）新儒学

中国儒学发展的第四个阶段是从康有为开始的，与西方近代民主、科学思想交流融通的近现代新儒学。

使中国儒学向近代转化，或者说把传统儒家思想与近代西方文化连结起来、融通起来，是从康有为开始的。康有为是中国近代最早、最有影响力的资产阶级启蒙思想家之一。他打着"托古改制"的旗帜，借用儒学，特别是抬出孔孟来宣传其维新变法的理想。康有为自始至终都是借儒家孔孟思想来宣传西方近代的民主思想的，而不是为君主专制主义做论证。同时，在康有为把儒家孔孟思想与近代西方民主政治学说和哲学理论联系在一起的过程中，虽然有许多生搬硬套、牵强附会乃至幼稚可笑的地方，但是也不能否认，其中多少包含着某些使传统儒学向现代转化的探索和努力。康有为是第一个把儒学与西方近代思想文化融通起来的现代新儒学大师。

儒家思想在历史上绵延了2 000多年，蕴藏着数不尽的思想珍宝，已成为中国人民宝贵的精神财富。发扬儒家传统，不仅是从事儒家思想研究的人，关切中国文化将来的命运的人，都应该以之为己任。作为一个有生命力的文化传统，儒家传统已经不仅在中华大地上，而且在日本、朝鲜、韩国、越南等国家开花结果。对儒学中那些有关提升人生修养、丰富精神生活、发扬道德价值、协调群己权界、整合天

人关系等的学说，我们如果能密切结合时代的问题和精神，把其中所蕴含的现代意义充分发扬出来，必将大大有益于当今社会的精神文明建设。

二、经典选粹

1. 天人之学 ①

子 ② 曰："予欲无言。"子贡曰："子如不言，则小子 ③ 何述焉？"子曰："天何言哉？四时 ④ 行焉，百物生焉，天何言哉？"

——《论语·阳货》

作品选注

① 选自 [清] 刘宝楠：《论语正义》，中华书局 1990 年版。以下《论语》选文均出自此。

② 子：夫子，老师。这里指孔子。

③ 小子：学生。

④ 四时：四季。

品悟赏析

　　孔子与弟子的这一段有趣的对话含有哲学思辨的意味。他用天不言，而四季照样运行、万物照样生长的现象来做比喻，向学生阐释一切规律、法则皆无言而自化，要靠自己观察发现的道理。孔子这段话的真义是，天不是能言而不言，而是四时之运行、万物之生长就是天的言说的体现。这说明四时（代表时间）、万物（代表空间）就是天的组成部分，四时之运行、万物之生长就是天的存在方式。四时是自己运行的，万物是自己生长的，这就是天，不是说在时空世界之外还有一个天。四时运行不已，万物生长不止，这就是天的根本意义，即创造生命，此外，别无所谓天。孔子在说"天何言哉"这句话时，虽然没有正面表述"天道"，但实际上表达了他对天的理解。

　　天人关系问题是哲学的基本问题。在研究天人关系问题时，受农耕文化影响，强调人与自然环境的和谐统一，儒家学者逐渐形成了"天人合一"的思想，追求"天人合一"的境界。儒家竭力追求"天人合一"，所以才将表达宇宙万物之"天"与表达生命与亲情的"人"自然统一起来了。如《周易》中所说："天行健，君子以自强不息""地势坤，君子以厚德载物"，意思是说，天给人的启示是生命的起源和无限的活力，地是生命的承载，它通过其所承载的生命显示出天地的道德含义，总体意思是君子要懂得顺应天道，懂得承载、包容。

2. 仁爱之道 ①

有子 ② 曰："其为人也孝弟 ③，而好犯上者，鲜 ④ 矣；不好犯上，而好作乱者，未之有也。君子务本⑤，本立而道⑥生。孝弟也者，其为仁之本与！"

——《论语·学而》

作品选注

① 以下《孟子》选文均选自［清］焦循：《孟子正义》，中华书局1987年版。

② 有子：孔子的学生，姓有，名若，比孔子小13岁，一说小33岁。《论语》中记载的孔子学生一般都称字，只有曾参和有若称"子"。因此，许多人认为《论语》即由曾参和有若的学生所著述。

③ 孝弟（tì）：儒家特别提倡的两个基本道德规范。旧注说："善事父母曰孝，善事兄长曰弟。"

④ 鲜：少。

⑤ 务本：专心、致力于根本。

⑥ 道：此处指孔子提倡的仁道，即以仁为核心的整个道德思想体系及其在实际生活中的体现。简单讲，就是治国、做人的基本原则。

品悟赏析

仁是《论语》的思想核心，也是儒家哲学的基石。一万五千多字的《论语》中，"仁"字前后被提到了109次。那么究竟什么是仁呢？孔子的学生樊迟问孔子什么是仁，孔子就回答了两个字"爱人"。

孔子的弟子有若说："一个人若是一个孝悌之人，而会存心犯上的，是很少的。若人不喜好犯上，而好作乱的，那更不会有了。君子致力于事情的根本，根本建立起来，道就由此而生了。孝悌该是仁道的根本吧！"如果把一个人一生的德行和成就比作一棵大树的话，那么孝悌就像是这棵大树的根，根基扎牢了，大树才能枝繁叶茂。孔子的仁就是由"亲亲"出发，推广为普遍的爱，实现的方法就是忠恕。在现代语境下，仁爱可以被解读为一种深刻的、有使命感和能担当的人格情怀，一种高风亮节、一种胸怀大志的气度。

子曰："事父母几①谏。见志不从，又敬不违，劳②而不怨。"

——《论语·里仁》

作品选注

① 几（jī）：轻微，婉转。

② 劳：劳心，担忧。

品悟赏析

父母做得不对的时候，作为儿女，要去委婉地进行规劝。自己的建议没有

被听从，我们仍然要对父母恭敬。子女看到父母不听从建议，心里忧愁，但是心中对父母没有怨恨。

讲道理时，表达方式很重要。尤其是对待自己的父母时，更要讲究说话的语气和方式。

子曰："父母在，不远游，游必有方。"

——《论语·里仁》

品悟赏析

"远游"指的是到远处求学或者到远方谋职，因为这两件事都需要比较长的时间，子女心中挂念父母，也怕父母过于思念自己，所以尽量不出远门。但是我们又说"好男儿志在四方"，一定要出远门的话，"游必有方"。这个"方"有两种解释，一是"方向、方位"，古时交通不便，外出有一定的方位，有一定的去处，好让父母知道，少一点担心；一是"方法"，父母老了没人照应，子女如果远游，必须有个安顿父母的方法，这是孝子之道。

孔子讲孝讲得非常实际，实际上，这一句的重点不在于不要远游，而在于不使父母过分思念和过分忧虑，这样具体地培育儿女对父母的爱心，这就是孝，这就是仁。

子曰："父母之年，不可不知也。一则以喜，一则以惧。"

——《论语·里仁》

品悟赏析

对子女来说，父母的年龄不可不知，"一则以喜，一则以惧"，喜的是父母高寿，得享天年，做儿女的现在还有机会孝敬他们；惧的是父母年纪已长，我们还有多少时间能够跟父母好好相处，在父母身边尽孝呢？

可以说，父母之年给子女的感受可能永远是惧大于喜的，因为子女能做的太少，父母能给的太多。所以，这个世界上，有一种至深的悲怆叫作"子欲养而亲不待"。只要父母还在，就是儿女的福分。想一想父母之年，在有限的岁月中，我们还来得及做什么？

以上内容都是讲孝的，孝心也就是仁心，做不到孝，如何做到仁？对自己的父母做到孝，再将孝心推而广之，就能做到仁了。

子曰："参乎！吾道一以贯之。"曾子曰："唯。"子出，门人问曰："何谓也？"

曾子曰:"夫子之道,忠恕而已矣。"

——《论语·里仁》

品悟赏析

　　有一天,孔子给学生们上课,跟学生曾参说:"曾参,你知道吗?我做人做事的道理一以贯之,有一个不变应万变的根本的出发点。"曾子心领神会,说"我明白"。孔子就走了。底下的同学就问曾子,老师刚才说的一以贯之者到底是什么?曾子解释:"夫子之道,忠恕而已矣。"

　　"忠恕"是儒家的重要思想之一,孔子学说的核心就是仁道,"忠恕"是仁道的基本要求,是处理人与人之间关系的基本原则。孔子这一生做人做事最根本的出发点就是"忠恕"二字。何为"忠"?何为"恕"?宋代朱熹解释这两个字说:"尽己之谓忠,推己之谓恕。"尽自己的心是忠,将自己的心推及他人是恕。

　　《说文解字》上说:"忠,敬也。"不管是对人还是做事,都要存有恭敬之心,心存一个"敬"字,尽心竭力,就是忠。《论语·学而》中,曾子曰:"吾日三省吾身,为人谋而不忠乎?与朋友交而不信乎?传不习乎?"这是一个人提升自己修养的极为有效的方法和落脚点,即时刻反省自己做事是不是尽心尽力,是不是做到"忠"了。

　　什么是"恕"呢?"己所不欲,勿施于人"(《论语·卫灵公》),就是将心比心,自己不想要的,也不要施加给别人,要能够常常设身处地地为他人考虑。从积极的层面来看,要"己欲立而立人,己欲达而达人"(《论语·雍也》)。自己想要有所作为,也要帮助别人有所作为;自己想要事事通达,也要使别人事事通达。这从主观积极的方面,说明做人要善于主动为他人着想,帮助别人。孔子说做到"忠恕"二字,则离中庸之道不远了。

　　子张问仁于孔子。孔子曰:"能行五者于天下,为仁矣。"请问之。曰:"恭、宽、信、敏、惠。恭则不侮,宽则得众,信则人任焉,敏则有功,惠则足以使人。"

——《论语·阳货》

品悟赏析

　　子张问孔子:"怎么能做到仁?"孔子说:"有五点你要是做到了,就算做到仁了。"哪五点呢?恭、宽、信、敏、惠。

　　第一个是"恭"。对自己的内心思想、外在行为等要非常注意,要做到外表庄重,内心恭敬,对别人恭恭敬敬,就不容易招致别人的侮辱。

　　第二个是"宽"。为人宽厚,宽宏大量,能够包容别人的短处及过错,这

样我们的朋友就会很多，而人生中的很多事情是需要与朋友一起去做的，朋友之间可以相互学习，相互提携，切磋琢磨，共同成长。

第三个是"信"。为人诚实，就能够获得别人的信任，得到别人的任用。

第四个是"敏"，就是聪明敏捷，反应快，工作效率高。

第五个是"惠"。要能够给他人带来恩惠、好处。

恻隐之心，仁之端也；羞恶之心，义之端也；辞让之心，礼之端也；是非之心，智之端也。

——《孟子·公孙丑上》

恻隐之心，人皆有之；羞恶之心，人皆有之；恭敬之心，人皆有之；是非之心，人皆有之。恻隐之心，仁也；羞恶之心，义也；恭敬之心，礼也；是非之心，智也。

——《孟子·告子上》

品悟赏析

孟子说"恻隐之心，人皆有之"，我们每个人天生就有同情心，对于不幸之事、悲惨之人，内心总会有所触动。就像孟子讲的那样，当人们突然看到一个小孩要掉入井里时，都会发自本能地想要救他，在救孩子那个瞬间的念头中，人们不会想到是否认识这个孩子的父母，或者救人能否有个好声誉，只是出自人的本能，这就是恻隐之心的体现。

《孟子·梁惠王上》中提到这么一件事。有一次，齐宣王看到有人牵着一头牛经过，便问道："你要把牛牵到哪去啊？"那人答道："我要杀了这牛来祭祀。"齐宣王看到牛瑟瑟发抖的样子，心有不忍，于是出言制止道："放掉它吧，我不忍心看着它发抖，这就好像没有罪的人马上要进刑场一样。"那人问道："那是不是就不祭祀了呢？"齐宣王说："这样的大事怎么能取消呢？你去找只羊来代替它吧。"这件事很快就在齐国传开了，很多人都嘲笑齐宣王吝啬，但孟子对齐宣王说："您并不是吝啬，而是出于仁爱之心啊。您将牛换成羊，是因为您见到了牛而没有见到羊。君子对于动物，看到它们活着，便不忍看到它们死去，您这正是君子所为啊。"在孟子看来，恻隐之心便是仁爱之道的开端。因为有恻隐之心，我们会主动去帮助别人；因为有恻隐之心，我们不忍做出伤害别人的事。恻隐之心能够引导一个人走上"以善助人"的道路。

孟子提到的第二颗心叫"羞恶之心"。孟子一向注重"羞恶"二字，他认为一个人若能知羞耻，就可以成为圣贤；如果不知羞耻，那便与禽兽无异。对于一个人来说，只有先知耻，才能勇于改错；只有勇于改错，才能不断完善自己。

孟子提到的第三颗心，是"辞让之心"。所谓"辞让"，便是懂礼、守礼，便是守规矩、知进退。在辞与让之间，做人的智慧尽显，君子之道自明。

东汉设立太学，广纳有学识的人入太学做博士，负责授课讲学。当时，光武帝刘秀十分重视文治，因此对太学的博士十分看重，恰逢腊月三十，就特别下旨，赐给每位博士一只羊。但人这么多，羊又各有肥瘦大小，这羊怎么分呢？这个问题难倒了这一群满腹经纶的博士。他们七嘴八舌地出着主意，有人说把羊都杀了再分羊肉，还有人说抓阄来分羊。其中有一个叫作甄宇的博士，听到大家的议论，他一言不发地走到羊群中，挑走了最小最瘦的一只羊。其他博士看到他的做法后，面红耳赤、无地自容，于是在彼此谦让中把羊顺利地分完了。辞让是一种以退为进的智慧。可能会丧失本能到手的三分利益，得到的却是无法计量的真情厚谊。

孟子提到的最后一颗心是"是非之心"。在日常生活之中，遇到选择的时候，能够知道对错，清楚大是大非，这才是真正有智慧的人。

孟子讲的这"四端"，是仁、义、礼、智四种美好品德的种子，在我们每个人心里原本就有。我们要时刻提醒自己，不要忘记自己的初心和本性。

3.内圣外王

子路问君子，子曰："修己以敬。"曰："如斯而已乎？"曰："修己以安人①。"曰："如斯而已乎？"曰："修己以安百姓。修己以安百姓，尧、舜其犹病②诸③！"

——《论语·宪问》

作品选注

① 安人：使别人安乐。
② 病：难。
③ 诸："之于"的合音。

品悟赏析

子路问怎样才能算是一个君子。孔子回答了做君子的三个层次，分别是"修己以敬""修己以安人""修己以安百姓"，这是关于"内圣外王"的最早的表述。"修己"是"内圣"，"安人""安百姓"则是"外王"。如《大学》中的"八条目"，即"格物""致知""诚意""正心""修身""齐家""治国""平天下"，"格物""致知"是指研究事物的客观规律，具备丰富的知识；"诚意""正心"是指真心实意、诚心诚意，把心放得端端正正的。"格物""致知""诚意""正心""修身"这五个"条目"为"内圣"工夫，"齐家""治国""平天下"这三个"条目"为"外王"目标。孔子的本意是"内圣"的人才能"外王"，根据

是"政者，正也。子帅以正，孰敢不正?""内圣"指的是内在的修养，具备孔孟所提倡的仁、义之德，达到圣人境界，"外王"指的是实现王道、仁政的目标。儒家把内心的道德修养与外在的政治实践融为一体，建构了一种独特的人格理想。

4.道德仁艺

子曰："志于道，据于德，依于仁，游于艺。"

——《论语·述而》

品悟赏析

"志于道，据于德，依于仁，游于艺"既是孔子的教学总纲，又是对他一生生活与学习状态的高度概括。

"志于道"，孔子是从思想境界方面谈的。孔子说："吾道一以贯之。"不是今天如此，明天如此，而是一生如此。他的弟子曾参对孔子的"道"解说道："忠恕而已。"显然，这个"道"不是一般意义上的思想道德，而是一种至高的思想境界。所以，孔子把"志于道"放在了第一位。

"据于德"，孔子是从道德人格方面谈的。《论语·为政》中有："子曰:'为政以德。譬如北辰，居其所，而众星共之。'"意思是说，只要以德来治政，就会像天上的北斗星居于一定的方位一样，众星都会环绕在它的周边。孔子还说："道之以政，齐之以刑，民免而无耻;道之以德，齐之以礼，有耻且格。"用行政命令引导百姓，用刑罚束缚百姓，百姓求的只是免于犯罪受罚，却没有羞耻之心;用道德教化引导百姓，用礼仪统一百姓的言行，这样，百姓不仅会有羞耻之心，而且会守规矩和有归属感。在孔子看来，在维护社会的良性运转、促进人际关系和谐方面，道德比刑罚更有效。

"依于仁"是孔子的思想核心。《论语》一书集中阐述了儒家思想的核心内涵——仁，这是孔子的主要学术思想。《论语》中"仁"字出现过109次，它是一切理论的中心。所有的关于礼乐的规范都不过是手段，都是为实现仁这一道德的最后完善而服务的。不过，"仁"具体指的是什么?对这样一个一以贯之的重要理念，孔子从未给它一个很明确的定义，孔子有六位弟子颜渊、仲弓、司马牛、樊迟、子贡、子张先后向其问过仁，孔子对不同的人做出了不同的回答。仁很宽泛地表现在孔子的宗教天命观、哲学观、政治观、伦理观、教育观及经济、法律、美学等思想中，体现在孔子提倡的为人处世、为政治国的具体原则中。在《论语》中，孔子只是对于怎样做才是仁和如何运用仁的思想提出了他自己的看法。仁的境界是一种高度修养的体现，就是要克服自己的妄念，完全走向正思。所以说仁是一个在思想和行为上都存在的境界，是一种内心实际的修养，而不是一种抽象的理论。

　　孔子的仁是定格于生命个体心中的高尚品格。尽管他没有对仁做出抽象概括，甚至在不同场合对不同个体所说的仁千差万别，但其核心都是让人走向精神的高贵与心灵的完善。比如他说："富与贵，是人之所欲也，不以其道得之，不处也。贫与贱，是人之所恶也，不以其道得之，不去也。君子去仁，恶乎成名？君子无终食之间违仁，造次必于是，颠沛必于是。"意思是说，富有和显贵是每个人都想得到的，但是不以正当的方式得到它，就不能去享受。贫困和卑贱是每个人都厌恶的，但不以正当的方式摆脱它，就不会离开它。君子如果抛弃了仁德，又怎能成名呢？所以，即使是一顿饭的时间，君子也不能违背仁；不论是在最危险的时候，还是在颠沛流离的时候，也一定要按照仁的要求去做事。孔子认为，他的弟子颜回就是这样的人。他称赞颜回说："回也，其心三月不违仁，其余则日月至焉而已矣！"孔子说颜回的心里从来没有忘记过仁，而别的人只是偶尔达到这一境界罢了。为仁是依靠外力，还是在于自我守持呢？孔子说："为仁由己，而由人乎哉？"在孔子看来，为仁完全在于自己，而不能靠别人。这就给我们指出一条走进仁的境界的路径，就是通过不断地加强内在修养，抵达这一高层的精神境界。

　　"游于艺"是快乐的审美状态。《论语》曰："子以四教：文、行、忠、信。"这是孔子的主要教学内容。如何教学？孔子说："人之为学，常苦其难而不悦者，以其学之不熟，而未见意趣也。"这里所说的"意趣"特别重要，就是要"游于艺"，即进入快乐审美的状态。个人的学习本来是探索未知、获取智慧的快乐过程，是一种幸福的心灵之旅，不少学生的学习却变成了一种心力交瘁的苦役。孔子说："知之者不如好之者，好之者不如乐之者。"如果说"知"在知识层面、"好"在道德层面的话，"乐"则走进了审美境界。在《论语》"子路、曾晳、冉有、公西华侍坐"一章中，曾晳回答孔子所问时完全不同于子路、冉有和公西华，他的志向竟然是"莫春者，春服既成，冠者五六人，童子六七人，浴乎沂，风乎舞雩，咏而归"。没有想到的是，孔子喟然而叹曰："吾与点也！"这里孔子所叹更多的是一种对游艺状态下的学习的欣赏。

　　"志于道，据于德，依于仁，游于艺"是对孔子整个人生精神境界与学习追求的一种高度浓缩，也是我们今天的教育应当遵循的理想规则，更是我们现代人走向高层境界的必由之路。

第二节 道家思想

一、导读概览

道家文化作为儒家文化的对立与补充，在中国传统文化中的地位和影响是不容忽视的，汉学家李约瑟曾说："道家思想和行为的模式包括各种对传统习俗的反抗，个人从社会上退隐，爱好并研究自然，拒绝出任官职……中国人性格中有许多最吸引人的因素都来源于道家思想。"儒家讲究刚健、有为、进取、入世，道家则偏重于柔顺、无为、退守、潜隐。它们一刚一柔，一显一隐，相互对立、排斥，又相互吸收、融合，共同影响了中国古代社会的发展和中华民族性格的形成。道家思想是中国传统文化不可分割的有机组成部分。

道家文化是指道家学派的思想文化。广义的道家是指古代中国社会思想文化体系中以"道"为核心观念，强调天道自然无为、人道顺应天道的一个流派，凡是崇尚黄老之学说的都可以称为道家。狭义的道家则是指先秦时代以老子、庄子为主要代表人物的哲学思想流派。这一思想流派以老子关于"道"的学说作为理论基础，以"道"说明宇宙万物的本质、本原、构成和变化，主张道法自然，提倡清静无为、以柔克刚，其政治理想是"小国寡民""无为而治"。

道家崇尚老庄，以"道"作为该学派的思想核心和最高范畴，在天道自然无为、人道顺其自然的天人关系的架构中展开自身的思想体系，以幽深微妙的言语、高蹈隐逸的心态关怀世情，具有独任清虚、超迈绝俗、绝礼去仁、返璞归真的独特精神气质。因对"道"理解的不同，道家又分成不同的派别，其中影响较大的有老子学派、杨朱学派、列子学派、庄子学派、黄老学派等。

有学者认为，道家源自中国古代的隐士传统，而按照《汉书·艺文志》的说法，道家出自古代的史官。无论隐士还是史官，他们的共同点都是可以置身于社会政治之外，以旁观者的身份冷静地审视社会世局，深入地思索历史规律，故而汉代司马谈在《论六家要旨》中说："道家使人精神专一，动合无形，赡足万物。其为术也，因阴阳之大顺，采儒、墨之善，撮名、法之要，与时推移，应物变化，立俗施事，无所不宜，指约而易操，事少而功多。"

道家思想也被称为"老庄思想"。实际上，老子与庄子的思想虽然在哲学、逻辑学方面有很多一致的地方，但是在政治观、人生观和伦理学方面还是有所不同的。比如老子怀疑现实社会，渴望治世，提出"道"的概念，希望人们守道返道，"致虚极，守静笃"，从而建构小国寡民的理想社会。庄子则否定现实社会，遁世避

道法自然

世，提出"齐物论"，认为"物无非彼，物无非是""天地一指也，万物一马也""天地与我并生，而万物与我为一"（《庄子·齐物论》）。老子提出"有无相生"，包含朴素的辩证法思想，庄子则认为万物齐一，有就是无，走向形而上的极端。

杨朱学派创始人为战国初期思想家杨朱，其发展了老子"身重物轻"的思想，强调"为我""贵己""轻物重生"，对于周围的事物和利害漠不关心，而重视个人生命和感官利益。后来子华子、詹何继承杨朱思想，主张节制情欲，讲究养生之道。杨朱学派在当时影响极大，与墨家并称显学，但遭到孟子、韩非子等人的激烈批判。

列子学派的代表人物列御寇是郑国人，与郑穆公同时，是战国前期的思想家。其学本于黄帝、老子，思想上崇尚虚无缥缈，主张清静无为。相传他曾向关尹子问道，拜壶丘子为师，后来又先后师事老商氏和支伯高子，得到他们的真传。今本《列子》共八篇，内容多为民间故事、寓言和神话传说，从思想内容和语言使用上来看，可能是东晋人搜集有关的古代资料编成的。

黄老学派产生于战国中期，是在发挥老子思想的基础上从老子学说中分化出来，并吸收了法家、名家的主张而形成的一个学派。"黄"指黄帝，"老"指老子。齐宣王时（前320—前301）黄老学已盛行于世，即稷下学宫黄老学派，其代表人物是宋钘、尹文、申不害等。他们用黄帝书的思想对老子的思想进行解释与发挥，"本于黄老而主刑名"，既讲道德，又主刑名；既尚无为，又崇法治；既认为"法令滋彰，盗贼多有"，又强调"道生法"，要求统治者一切均以法律为准绳，而不要受到其他任何干扰，成为儒道渗透、道法结合的一个新的道家学派。

汉初统治者吸取秦亡教训，崇尚黄老清静无为学说，实施与民休息的宽松政策，黄老之学蔚然大兴，盛极一时，成为汉初政治、经济、文化政策的哲学依据和指导思想。主要思想有"道生法"，主张"是非有分，以法断之，虚静谨听，以法为符"，认为君主应"无为而治""省苛事，薄赋敛，毋夺民时"。上述主张使汉初社会政治出现了"文景之治"。汉武帝"罢黜百家，独尊儒术"后，黄老学派开始衰微，东汉时黄老之学与谶纬迷信相结合，演变为自然长生之道，对原始道教的形成产生了一定影响。

魏晋玄学是道家思想发展的最高阶段，也是"有无"问题讨论的最高阶段。"玄"这一概念最早出现于《老子》第一章："玄之又玄，众妙之门。"汉扬雄《太玄》说："玄者，幽摘万类，不见形者也。"魏王弼《老子指略》说："玄，谓之深者也。"玄学即研究幽深玄远问题的学说，以崇尚老庄、和合儒道为特征，以辩证"有无"为中心，从本体论的高度讨论"有无"问题，以及理论名教与自然的关系，主要代表人物有何晏、王弼、郭象等。玄学家们奉《老子》《庄子》《周易》为经，称之为"三玄"，并以《老子》《庄子》为"玄宗"，以《老子》《庄子》注《周易》。如王弼的《周易注》《周易略例》用援道释儒的方法注《周易》，把儒道二者调和起来，是以老庄解《周易》的代表作。从儒道兼综、无本有末的基本原则出发，王弼

认为自然是本，名教是末，名教本于自然，是自然的必然表现，二者是本末、体用的关系，统一而不可或缺，并明确提出"崇本举末"的主张。

道家思想在东汉时形成宗教，到魏晋南北朝时盛行起来。东晋道家学者葛洪的《抱朴子》在道家体系中具有重要的地位，而葛洪本人也被认为是道家的重要人物，对道家学派的发展具有重要作用。魏晋以后，道家思想虽然没有以学术流派的形式出现，却以隐性的方式影响着中国传统文化思想。如在南北朝时期，玄学与佛学合流，改变了印度佛教在中国的传播，催生了富有中国特色的中国佛教。

二、经典选粹

1. 反者道之动①

反②者道之动，弱③者道之用。天下万物生于有④，有生于无⑤。

——《老子·第四十章》

作品选注

① 选自〔魏〕王弼：《老子道德经注校释》，中华书局 2008 年版。以下《老子》选文均出自此。

② 反：通"返"，循环往复。一说意为相反、对立。

③ 弱：柔弱，柔韧。

④ 有：形上之道的实存性，与第一章中"有名万物之母"中的"有"相同，但和第二章"有无相生"及第十一章"有之以为利"中的"有"不同，第二章与第十一章中的"有"指现象界的具体存在物。

⑤ 无：与第一章中"无名天地之始"中的"无"相同，指超现实世界的形上之道。

品悟赏析

"反者道之动"中的"反"字可以作"相反"讲，又可以作"返回"讲。在老子哲学中，这两种意义都被蕴含了，"反"蕴含了两个观念——相反对立与循环往复，这两个观念在老子哲学中都很受重视。老子认为自然界中事物的运动和变化莫不依循着某些规律，其中的总规律就是"反"：事物向相反的方向运动发展；任何事物都是在相反、对立的状态下形成的；任何事物都有它的对立面，也因它的对立面而显现。他认为相反相成的作用是推动事物变化发展的力量。老子认为道体是恒动的，事物总是再始更新地运动发展着的。

"弱者道之用"即道创生万物、辅助万物时，万物并没有外力降临的感觉，"柔弱"是形容道运行时并不带有压力感。"天下万物生于有，有生于无。"这里的"有""无"即指道，是道产生天地万物时由无形质落向有形质的活动过程，说明了天下万物生成的根源。道是通过正反两极、一阴一阳的互动而创造一切万有的。柔弱的空无才是道在起作用的部分。

将欲歙①之，必固②张之；将欲弱之，必固强之；将欲废之，必固兴之；将欲夺之，必固与之。是谓微明。

——《老子·第三十六章》

作品选注

① 歙（xī）：敛，合。　　　② 固：必然，一定。

品悟赏析

将要收敛的，必先张开；将要衰弱的，必先强盛；将要废弃的，必先兴盛；将要被取走的，必先被给予。老子认为事物处在不断向对立面转化的状态，当事物发展到某一个极限的时候，它必然会向相反的方向变化。好比花朵盛开的时候，它就要萎谢了，花朵盛开是即将萎谢的征兆；月亮圆满的时候，它就要亏缺了，月亮圆满是即将亏缺的征兆。这是老子对于事态发展的分析，亦是对道家"物极必反"观念的一种说明。

天下皆知美之为美，斯①恶②已③。皆知善之为善，斯不善已。故有无相生，难易相成，长短相形④，高下相倾⑤，音声相和，前后相随。是以圣人处无为之事，行不言⑥之教。万物作⑦焉而不辞⑧，生而不有⑨，为而不恃⑩，功成而弗居。夫惟弗居，是以不去⑪。

——《老子·第二章》

作品选注

① 斯：连词，就。

② 恶：丑。

③ 已：通"矣"。

④ 形：对照。

⑤ 倾：依附。

⑥ 不言：不发号施令。

⑦ 作：兴起。

⑧ 辞：施加。

⑨ 有：占有。

⑩ 恃：依赖。

⑪ 去：离开，丢失。

品悟赏析

对普遍存在于事物间的互相依赖和转化的关系的深刻认识，使得老子善于

从反面思考和解决问题，从而提出了一些与常识、常规相反的观念和方法。在老子的思想中，事物依照循环往复的规律而运行，利用这些观念和方法，在实际运用中往往可以做到出奇制胜，收到意想不到的效果。

老子认为，任何事物都有它的对立面，又都因它的对立面而形成。这个对立面是怎样形成的呢？老子以人们最为熟悉的善与恶、美与丑为例，对此进行了精辟的回答："天下皆知美之为美，斯恶已；皆知善之为善，斯不善已。"天下人都知道美之所以为美，那是因为有丑陋的存在；都知道善之所以为善，那是因为有恶的存在。老子认为这种相反相成的对反依存关系在自然界和社会中是普遍存在的。

在老子的辩证思维中，对反双方的关系是复杂的。从表面上看来，对反的双方是相持不下、互不相容的，但老子经过深入的观察和思考后发现，它们又是互相包含、互相渗透的，一般人只能看到事物的表面现象，而不能进一步透视其中隐藏着的可能性。在老子看来，"祸兮，福之所倚；福兮，祸之所伏"，祸患中未尝不隐匿着幸福的种子，幸福的事情中也未尝不潜伏着祸患的根苗。

在老子看来，事物间对立相反的关系不是固化的，而是变化的。当事物发展到某种极限时，便会改变原有的状态，向反面转化。实际上，不仅是祸福、美丑、善恶、好坏等，一切对反之间的关系皆是如此。你中有我，我中有你，很难把它们绝对分开。而正是对立双方的互相包含、互相渗透，才使得它们能够彼此相通，并最终导致它们的互相转化。

老子提出"美之与恶，相去若何"，美与丑是相对的，但它们之间又有多大差距呢？"大直若屈，大巧若拙，大辩若讷"，最直的东西好像是弯曲的，最灵巧的东西好像是笨拙的，最卓越的辩者好像是木讷的。此外还有"大音希声，大象无形"等一系列语句，无不向我们展示矛盾对立的两极是相通的。在这里，老子实际上是告诉我们要用辩证统一的观点看问题，不能只看到事物的表面现象，更不要用片面的观点去看待问题。

2. 贵柔戒刚

人之生也柔弱①，其死也坚强②；草木之生也柔脆，其死也枯槁。故坚强者死之徒③，柔弱者生之徒④。是以兵强则灭，木强则折，强大处下，柔弱处上。

——《老子·第七十六章》

作品选注

① 柔弱：柔软。

② 坚强：僵硬。

③ 死之徒：属于死亡的一类。

④ 生之徒：属于生存的一类。

品悟赏析

　　人活着的时候身体是柔软的，死了以后身体就变得僵硬。草木生长时是柔软脆弱的，死了之后就变得干硬枯槁了。所以坚强的东西属于死亡的一类，柔弱的东西属于生长的一类。因此，用兵逞强就会遭到灭亡，树木强大了就会遭到砍伐摧折。强大的总是处于下位，柔弱的反而居于上位。

　　老子以人类和草木的生存现象说明生长的东西都处于柔弱的状态，而死亡的东西都处于坚硬的状态，而断言："坚强者死之徒，柔弱者生之徒。"他的结论还蕴涵着强悍的东西易失去生机，柔韧的东西则充满生机之理，这是从事物的内在发展状况来说明的。若从外在表现上来说，坚强者之所以属于"死之徒"，乃是因为它的显露、突出，所以当外力冲击时，便首当其冲了；才能外露，容易招忌而招致掊击，这正如高大的树木容易引来砍伐。人为的祸患如此，自然的灾难亦然：狂风吹刮，高大的树木往往被摧折，小草由于柔软，反而可以迎风招展。这也是我们常说的"峣峣者易折，皎皎者易污"。

　　天下之至柔，驰骋①天下之至坚。无有入无间②，吾是以知无为之有益。

——《老子·第四十三章》

作品选注

① 驰骋：马的奔走，这里指驾驭。

② 无有入无间：无形的力量能穿透没有间隙的东西。

品悟赏析

　　水是最柔弱不过的东西，却能穿山透石。老子以水来阐释柔能胜刚的道理。

　　天下最柔弱的可以驾驭天下最坚强的，没有形体的能量可以自由穿透没有间隙的物质，老子以此阐明"无为"之理。

　　天下莫柔弱于水，而攻坚强者莫之能胜，以其无以易之。弱之胜强，柔之胜刚，天下莫不知，莫能行。

——《老子·第七十八章》

品悟赏析

　　世间没有比水更柔弱的，但冲击坚硬的东西时没有能胜过它的。老子以水为例，说明了以柔克刚的道理。屋檐下点点滴滴的雨水，长年累月，可以把一

块巨石穿透；洪水泛滥时淹没田舍，冲毁桥梁，任何坚固的东西都抵挡不了，所以老子说柔弱是胜过刚强的。由此可知，老子所言的"柔弱"并不是软弱无力的意思，其中含有坚韧不拔的力量。

3. 争与不争

江海之所以能为百谷王①者，以其善下之，故能为百谷王。是以圣人欲上民，必以言下之；欲先民，必以身后之。是以圣人处上而民不重②，处前而民不害。是以天下乐推而不厌。以其不争，故天下莫能与之争。

——《老子·第六十六章》

作品选注

① 百谷王：百川所归往。百谷，百川。《说文》云："泉出通川为谷"。王，归往。《说文》云："王，天下所归往也。"

② 重：累，不堪。高亨说："民戴其君，若有重负以为大累，即此文所谓重。故重犹累也。而民不重，言民不以为累也。"

品悟赏析

江海能够成为百川所归往的地方，乃是由于它处在低下的地方。因此，圣人要想位居人民之上，必须言辞谦逊；要想处于人民之前，必须把自己的利益放在人民之后。所以，有道的圣人虽然居于人民之上，而人民并不感到负担沉重；虽然居于人民之前，而人民并不感到受害。天下的人民都乐意拥戴他而不感到厌倦。因为他不与人民相争，所以天下没有人能和他相争。

统治者权势在握，容易给人民重压感，一旦肆意妄为，人民就不堪其累了。基于此，老子提示在上者要尽量避免带给人民负担与伤害。老子深深感到那些处在上位的人威势凌人，给人民构成很大的压力，那些处在前面的人见利争先，对人民构成很大的损害，因此提醒统治者应处下退让。这就是"不争"的思想，如"上善若水。水善利万物而不争，处众人之所恶，故几于道"（《老子·第八章》），"夫唯不争，故天下莫能与之争"（《老子·第二十二章》）。用江海做比喻，这和"譬道之在天下，犹川谷之于江海"（《老子·第三十二章》）的意思相同。老子喜欢用江海来比喻人的处下居后，同时亦以江海象征人的包容大度。

对于道家的不争，历来存在着很深的误解。最常见的是把道家的不争说成"以不争为争"，如此一来，不争就成了迂回的争，成了一种与人相争的特殊方式。事实上，老子和庄子从来都没有把不争当作取胜的手段，在他们那里，不争不是手段，而是目的。老子主张"圣人之道，为而不争"，应该像水那样"善利万物而不争"，而没有把不争作为获胜、获利的策略。道家为什么主张"为而不争"呢？因为消减物欲、顺任自然、不勉强从事、不与人争，可以缓解自身承受的生存压力，更重要的是可以避免与他人发生冲突，有利于化解社会矛盾，使人际关系变得宽松和谐。至于"以不争为争"，则是后人对道家之不争的发挥和实际应用。同这种后起之义相比，老庄的不争属于"道"或价值理性的层面，后者则属于"术"或工具理性的层面。

庄子在其文中多次使用"虚与委蛇"一词。这里的"虚"不是指虚伪或应付，而是使自己空虚，以便顺应客观的变化。庄子认为人们本来就没有必要执着于这个"自我"。人的自我存在从时间上来看，犹如白驹过隙，"忽然而已"，几十年转瞬即逝；从空间上看来，则渺小得难以想象。对这么短促而渺小的自我，并无执念之必要。

《庄子·秋水》描写秋天河水暴涨，黄河之神自我感觉十分良好，"以天下之美为尽在己"。等他遇见北海之神海若之后，才恍然觉悟自己只是井底之蛙。海若代表庄子说话："吾在于天地之间，犹小石小木之在大山也。方寸乎见小，又奚以自多？计四海之在天地之间也，不似礨空之在大泽乎？计中国之在海内，不似稊米之在大仓乎？"

把中国看成米粒，实在有些夸张。但是从整个宇宙看来，地球也不过如微尘而已。理解这一点，可能产生两种反应：一种是豁然开朗，好像天下再也没有任何东西能够让自己烦恼，可以随遇而安，享受生命的每一个刹那；另一种则是消极的，好像顿时失去了奋斗的意志与生存的勇气。一滴水融入大海之中，不是变得无影无踪吗？人们所紧紧把握的自我不是一个幻影吗？还有必要继续在世间生活下去吗？当然有。聚溪成河、汇江入海，社会需要每一个人为之奋斗。"苔花如米小，也学牡丹开"，如此才能汇聚出大自然的万紫千红。

因此，在探讨"争与不争"的问题时，道家的建议是"不争"。这种不争不是为了息事宁人，也不是因为觉察到自我的虚幻。自己与别人都在一个整体里面，与其浪费力气去争夺名利，不如以欣赏的眼光看待万物。不争不但是明智的，而且是让人喜悦的。

4. 无为无不为与不为人先

天之道，不争而善胜，不言而善应，不召而自来。

——《老子·第七十三章》

人法地，地法天，天法道，道法自然。

——《老子·第二十五章》

品悟赏析

　　道家在人生际遇方面的基本态度是"无为而无不为"。老子认为"天之道，不争而善胜，不言而善应，不召而自来"，而天、地、人的有序状态是"人法地，地法天，天法道，道法自然"，人们的道德原则是"唯道是从"。自然即自然而然，不用人为。因此应"以无事取天下"。"圣人"如果无为，人民自然顺化；好静，人民自然行为端正；无事，人民自然富足；无欲，人民自然纯朴。百姓如果无为，就不会有种种烦恼。无为，反而能成其所为，能无不为；不争，反而"天下莫能与之争"。

　　庄子主张安时顺命，"知其不可奈何而安之若命"（《庄子·人间世》），要"乘云气，御飞龙，而游乎四海之外"（《庄子·逍遥游》）。这种安命与逍遥的统一，实际上是无为思想的表现。他在《逍遥游》里说"彷徨乎无为其侧，逍遥乎寝卧其下"，在《大宗师》里说"茫然彷徨乎尘垢之外，逍遥乎无为之业"，便是证明。

　　根据"无为无不为"的原则，道家在处理人际关系和进退毁誉之事时，得出了"不为天下先"的结论。

　　老子认为人生的理想境界是"见素抱朴"，淡泊其志。他自称："我有三宝，持而保之，一曰慈，二曰俭，三曰不敢为天下先"。因为不敢为天下先，所以能统驭天下事物。实际上，老子所说的"柔弱""主静""守雌""处下""绝学""绝巧"等，都是"不敢为天下先"的体现。而庄子安时顺命，追求"同与禽兽居，族与万物并，恶乎知君子小人哉"的"至德之世"（《庄子·马蹄》），说到底，也是"不敢为天下先"的一种表现形式。

　　道家虽以"自然"作为理论框架的核心，但其着眼点并未离开人。道家思想重视人的自然性，旨在挣脱社会伦理的束缚，走向效法自然的"无为"。

第三节　法家思想

一、导读概览

　　法家是诸子百家之一，以研究国家治理方式、制度建设等为主要任务，《汉书·艺文志》将其列为"九流"之一。伦理、社会发展、政治、法治等诸多方面的思想都是法家思想体系的组成部分。法家在伦理方面，关注诚信观和义利观；在政治上，以君主集权为中心，强调奖励耕战、赏罚分明，主张富国强兵，推崇以法治国。其主要的代表人物有战国初期的李悝、吴起，中期的商鞅、慎到、申不害，末期的韩非、李斯等。先秦法家思想内涵丰富，结构较为完整，总的来说分为"重法派""重术派""重势派"三大派系。

"法"即法令、法度，法家主张人们在法令面前一律平等。由商鞅的言行、思想及法家后学著作汇编而成的《商君书》是法家学派的代表作品之一。《商君书》中的《赏刑》《修权》《算地》等篇提出信赏必罚和刑无等级的主张，认为刑、赏是治国的两个重要手段，并明确规定"自卿相、将军以至大夫、庶人，有不从王令、犯国禁、乱上制者，罪死不赦"（《商君书·赏刑》），提出统治阶层犯法与庶民同罪的思想。

"术"即君主专属的统治术。法家的创始人之一申不害在《申子》一书中建议君主以"独视""独听""独断"的手段来实行统治，要把生杀、奖惩等大权牢牢掌握在自己手中，绝不能让大权旁落，目的是保证君主有效掌控臣子，防备大臣操纵权力、玩弄权柄。他在韩国实行以"术"为主的法制，经过15年改革，加强了君主集权，使韩国"国治兵强"。重"术"的法制思想为历代封建帝王加强君主集权提供了理论和经验。后期，韩非在此基础之上提出了"术者，因任而授官，循名而责实，操杀生之柄，课群臣之能者也，此人主之所执也"（《韩非子·定法》）的观点，明确了用人的重要性。

"势"即君主的权势、权威。"贤不足以服不肖，而势位足以屈贤。"（《慎子·威德》）在法家创始人之一慎到看来，政治上的服从与被服从关系直接取决于权力的归属，仅靠贤明不足以统治天下，君主必须具有狮子一般的威严，威慑臣下。他主张"抱法处势"，也提出"法制礼籍，所以立公义也"（《慎子·威德》），"法者，所以齐天下之动，至公大定之制也"（《慎子·逸文》）的观点。法家认为君主有两种权势：一是天然优势，可以由世袭继承的方式自然而然得到；二是"抱法处势"，即通过"法"而获得"势"，用"法"来形成君主的权威。"法"也不是一成不变的，慎到有"守法而不变则衰"的观点。

战国初期，变法图强是潮流，有很多变法的实践者在法、术、势三方面做了积累。到了战国末年，韩非在总结商鞅、申不害和慎到三人代表性思想的基础上，提出了法、术、势相结合的成熟法治理论。他著有《孤愤》《五蠹》《内储说》《外储说》《说林》《说难》等文章，后人收集整理后编纂成《韩非子》一书，在先秦诸子散文中独树一帜。后来他的很多观点被李斯和秦王所采用。秦国的崛起和强大是法家思想有效性的直接体现，法家的历史地位在当时达到最高。总体而言，法家构建的政治体制围绕君主展开，他们认为要建立法家的政治格局，必须让法、术、势形成一个整体。法治是统一的行为依据和准则，是术治和君主权势的保障。没有术治，法治就会被破坏，君主的权势也会被剥夺。没有权势就意味着亡国，法治、术治就会无所依附。

法家"以法治国""垂法而治"的观念，不仅在当时具有极大的进步性，而且到现在依然是中华法文化的核心内容。

二、经典选粹

1. 修权 ①

国之所以治者三：一曰法，二曰信，三曰权。法者，君臣之所共操也；信者，君臣之所共立也；权者，君之所独制也。人主失守则危，君臣释法任私必乱。故立法明分 ② 而不以私害法则治，权制独断于君则威，民信其赏则事功成，信其刑则奸无端 ③。惟明主爱权重信而不以私害法。故多惠言而克其赏，则下不用。数如严令而不致其刑 ④，则民傲死 ⑤。

——《商君书·修权》

作品选注

① 选自朱师辙：《商君书解诂定本》，古籍出版社 1956 年版。

② 分：职分。

③ 端：发生。

④ 致其刑：执行刑罚。

⑤ 傲死：不怕死，轻视死刑。

品悟赏析

《商君书》是战国时期商鞅一派法家著作的汇编，又叫《商子》，是战国末年商鞅学派的后人编成，主要记载了商鞅的变法理论和具体措施。《商君书》文字简练，但内容丰富，书中的很多观点至今仍被沿用。

商鞅是战国时期卫国人，名鞅，又称卫鞅、公孙鞅，之所以叫商鞅，是因为他在秦国变法有功，被封在商地。他年轻时就十分喜欢法律之学，曾经在魏国大臣公叔痤的手下做过家臣，对李悝和吴起等人在魏国变法的情况很熟悉。秦孝公在位期间，商鞅在秦国主推变法图强，史称"商鞅变法"。在具体措施上，他主张：一是加强君权，建立赏罚严明的法治制度；二是奖励耕战，取消贵族的世袭特权；三是重视法治、信用和权势，认为执法要公平，要讲究信用，《史记·老子韩非列传》中记载了商鞅"徙木立信"的故事，他强调要推行法令，必须赏罚分明、取信于民，从而得到百姓的大力支持；四是重刑。重刑思想后来被秦始皇、李斯接受，结果导致了秦的速亡。

在《修权》中，商鞅提出了法、信、权是国家治理的三大法宝的观点，并且集中论述了三者之间的关系。"法"即法度、法令，需要君臣共同遵守；"信"即信用、诚信，需要君臣共同建立；"权"即权力，独属于君主，如果君主没有能力保住权力，保证自己的权威，就会十分危险。君臣如果任由私意凌驾于法令和法度之上，那么整个国家就会陷入混乱之中。所以要建立法度、明确名分，用法令把人的地位、财物的所有权等确定下来，而不以私意损害法度的权威，只有这样才能治理好国家。权力由君主专断，君主保证权力在自己手中，在臣民面前就会有威严。百姓确信君主的奖赏，那么功业就能建成；民众确信国家的刑罚，那么邪恶的事情就不会发生。英明的君主应该学会爱惜权力、注重信用，要赏罚分明，同时也要做到不以一己之私损害法度的威严。如果君主只会空口承诺赏赐和恩惠，但并不落到实处，那么臣民就不会信任他；如果君主屡次下达严厉的命令却不能施行他的刑罚，那么民众也就不惧怕死刑，国家也就难以实现稳定、和谐。

2．有度①

国无常强，无常弱。奉法者强则国强，奉法者弱则国弱。

——《韩非子·有度》

韩非子

作品选注

① 选自［清］王先慎：《韩非子集解》，中华书局 1998 年版。

品悟赏析

　　《韩非子》是战国时期法家集大成者韩非的著作，共五十五篇，重点宣扬以君主专制为核心的法、术、势相结合的思想，秉持进化论的历史观，主张极端的功利主义，强调以法治国。

　　韩非，又称韩非子，战国末期韩国新郑人，是法家学派的集大成者。《史记·老子韩非列传》记载，他虽然天生口吃，却擅长写作。他和李斯都是荀子的学生。当他看到韩国国力日益削弱、濒临亡国，曾多次劝谏韩桓惠王励精图

治，但都遭到了韩桓惠王的漠视。在《有度》中，韩非指出，国家的强弱并无定数，能坚持依法行事，摒弃私意，国家就会日益强盛，否则就会日益衰弱。

第四节　墨家思想

一、导读概览

　　墨家是先秦著名哲学派别，诸子百家之一，与孔子所代表的儒家、老子所代表的道家共同构成了中国古代三大哲学体系。墨家学派创始人墨子是著名的思想家、教育家、科学家、军事家，也是一位农民出身的哲学家。墨子（约前468—前376），名翟，宋国人，一说鲁国人。墨子提出了"兼爱""非攻""尚贤""尚同""天志""明鬼""非乐""非命""节用""节葬"等主张。他的思想以"兼爱"为核心，即平等地爱一切人。主张"兼爱"，必然主张"非攻"，墨子反对一切攻伐别国的战争，不仅口头反对，而且付诸行动，积极研究防御进攻的方法。由于主张"兼爱"，他又反对贵族压榨人民以供其荒淫奢侈的生活，于是形成了"节用""节葬""非乐"等主张。为了实现"兼爱"的政治理想，他提倡"尚贤""尚同"的政治理论，主张用人唯贤，有能则使，而不论其贫富贵贱，甚至天子也应由贤者担任。官无常贵，民无常贱。

　　墨子的思想客观上反映了身处贫困与战乱中的人民的愿望，因而墨家在当时有较好的社会基础，成为战国时期一大学派，与儒家并为显学，且足以与儒道两家抗衡，在当时的百家争鸣中，有"非儒即墨"之称。墨家学派有前后期之分，前期思想主要涉及社会政治、伦理及认识论问题，后期墨家在逻辑学方面也有重要贡献，并开始向科学研究领域靠拢。墨家的著述现存《墨子》一书，共五十三篇，是研究墨子和墨家学说的重要材料，主要记载墨子的言论和政治活动，还有一部分为后期墨家所作。《墨子》一书不尚文采，重视说理，最突出的特点是逻辑严密，善于运用具体事例进行说理，极富说服力。

二、经典选粹

1. 兼爱 ①

　　夫爱人者，人必从而爱之；利人者，人必从而利之；恶人者，人必从而恶之；害人者，人必从而害之。

——《墨子·兼爱》

作品选注

① 选自吴毓江：《墨子校注》，中华书局 2006 年版。以下《墨子》选文均出自此。

品悟赏析

　　墨子指出，爱别人的人，别人也必然爱他；有利于别人的人，别人也必然有利于他，憎恶别人的人，别人也必然憎恶他；残害别人的，别人也必然残害他。假使人人都能彼此爱护，则天下安治；倘若人人都彼此厌恶，则天下大乱。"兼爱"即对天下之人无差别地、广泛地爱。墨子主张爱无差别、等级，不分厚薄亲疏。

　　墨子以"兼爱"为其社会伦理思想的核心，认为当时社会动乱的原因就在于人们不能"兼爱"。他提倡"兼以易别"，反对儒家所强调的"爱有差等"的观点。他提出"兼相爱，交相利"，把"兼爱"与实现人们物质利益方面的平等互利相联系，表现出对功利的重视。墨子的各项主张均以"兼爱"为出发点，他希望通过提倡"兼爱"解决社会矛盾。"兼爱"以"天志"为源头，引出天爱万物、养万物、包容万物，得出人也该爱万物、养万物、包容万物的结论。

2. 亲士

　　为其所难者，必得其所欲焉。未闻为其所欲，而免其所恶者也。

——《墨子·亲士》

品悟赏析

　　在《墨子·亲士》中，墨子指出，只要下定决心，即使做很困难的事情，也一定能够达到目的；没有听说过想实现自己的愿望，而能回避困难的。

　　墨子的生活时代约在春秋末年、战国初年。这个时代是礼崩乐坏的时代，是诸侯争霸的时代。诸侯争霸，就要发动战争，侵地攻城，杀人盈野，血流成河，亡人之国。对此，墨子是坚决反对、坚决抵制的。因此墨子提倡兼爱、非攻，要求爱人如爱己，爱人之父母如己之父母，爱他人之国如自己之国，反对战争，抵御侵伐。与其他诸子显著不同的是，墨家是躬身实践的践行派，为了实现崇高的理想，他们抵御诱惑，甘心奉献，勇于担当，甚至献出生命。对墨家学派而言，他们不仅不怕吃苦，而且以苦为乐。《庄子·天下》中评价墨家，说其"多以裘褐为衣，以屐跂为服，日夜不休，以自苦为极，曰：'不能如此，非禹之道也，不足谓墨。'"墨家主张"节用"，衣食住行均求节俭，"独自苦而为义"，为了理想甘愿吃苦。只要认准了的事情，就一心一意、专心致志，不务

虚名、不怕艰苦，脚踏实地、尽力工作，这就是墨子埋头苦干的精神。

墨子及墨家学派以天下和平为己任，以匡扶正义为己责，以救亡图存为己务，所以，每当有国家被侵略时，墨家总是自觉前往，或制止战争于未始，或帮助防守于围困之中，这也是墨家令人肃然起敬之处。《墨子·公输》记载了这样一件事。墨子听说楚国要攻打宋国，立即连夜启程，走了十天十夜，到达楚国的首都，制止了一场冲突。这是墨家"非攻"的一个典范。但墨子在回国途中，途经宋国，正巧天下大雨，墨子想到城门里去避避雨，守城门的人却不许他进。这也说明，墨子制止楚国侵略宋国的活动，许多宋国人是不知道的，这是墨子自愿、自觉的行为，他也不会以此博取利禄富贵。此篇的最后说："治于神者，众人不知其功；争于明者，众人知之。"这实际上是将墨家与其他诸子进行比较，墨家的确是不务虚名的。

墨子的一生都是在为扶危济困而奔走呼号，是一位大爱无言的圣贤，一位为最底层劳动者和弱者说话的人。

📖 思辨启发

1. 请联系生活，谈谈你对《论语》中某一句话的理解或感悟。
2. 在你的心目中，孔子的人物形象是怎样的？
3. 孟子所说的"四心"包含哪些内容？
4. 老子的思想是怎样体现辩证法的？

✏️ 综合实践活动

一、活动主题

《诗经·蓼莪》云："父兮生我，母兮鞠我。抚我畜我，长我育我，顾我复我，出入腹我。欲报之德，昊天罔极。"孝是中华民族的传统美德，"百善孝为先"。羊有跪乳之恩，牛有舐犊之情，大地乃万物之源，父母是我们的生命之本。今天，让我们怀着"老吾老以及人之老"的仁爱之心，以"孝亲敬老"为主题，开展一次孝文化的综合实践活动。

二、活动目的与意义

自古以来，孝文化就是中国传统文化的重要内容，是社会道德的基本价值取向，是中华民族精神的重要支柱，具有凝聚性、时代性和开放性。因此，了解孝文化的精神意蕴尤为重要。开展关于孝文化的综合实践活动，可以增强我们对民族文化身份的认同，对提高我们的内在文化素养、促进家庭和睦、助推社会和谐、传承中华文脉、提升国家文化软实力具有重要的现实功用。

三、活动内容

1. 每 5 ~ 7 人为一小组，以小组为单位搜集孝文化的相关知识，找出孝的相关事例。各组相互交流学习。

2. 根据表 3-1 制作"亲子账单"并在小组内进行展示、分享，从己出发，谈谈今后应如何改善"我的回报"。

表 3-1　亲子账单

项目	双亲的付出	我的回报
衣		
食		
住		
行		
其他		

3. 以小组为单位前往慰问社区孤老，了解他们的生活情况，为他们送去关心和温暖。

第四章

古代文学

主题诠释

中国古代文学源远流长，有着光辉的历史、灿烂的成就。

中国文学早在文字产生之前就已经产生，最初是口头的劳动歌谣和原始神话。文字的产生使文学进入了一个新的发展阶段，有文字记载的中国古代文学，至今已有3000余年连续的发展历史。

中国古代文学在漫长的历史发展过程中，成就灿烂，高峰迭现，从历史的演进和体裁的变化来看，诗经、楚辞、汉赋、汉乐府、六朝骈文、唐诗、宋词、唐宋话本、金调、元曲、明清小说等代表了中国传统文学发展的主线；从文学批评角度说，有艺术构思、艺术表现、创作方法等各方面的文艺理论成就。多样化的体裁承载着丰富的文学内容，抽象的艺术思维反映出精深的文学思想，构成了博大的中国古代文学体系。

第一节　诗韵流光

诗是出现最早的文学体裁。中国素有"诗国"之称，诗词中的世界，深刻、生动地体现着中华优秀传统文化的基本精神。饱含诗意的诗词是中国文化中最重要、最璀璨的部分。可以说，诗意已经深入每个中国人的骨髓之中。

意象是中国古典诗词的灵魂，也是打开中华诗词宝库的钥匙。所谓意象，就是用来寄托主观情思的客观物象。自然界、人类社会中的具体物象加入诗人饱满深挚的情感，"情与景""情与理趣"自然融合，就构成了诱发人想象的审美空间，这种诗人的主观情思与客观景物相交融而创造出来的浑然一体的艺术境界就是意境。意象和意境是解开中国诗词文化的密码。

一、诗经楚辞

（一）导读概览

《诗经》是我国最早的一部诗歌总集，是中国古代诗歌的开端，也是中国现实主义诗歌的源头，收集了西周初年至春秋中叶（前11世纪至前6世纪）的诗歌共305篇，另有6首乐谱失传的笙曲。《诗经》反映了周初至周晚期约五百年间的社会面貌，内容丰富，涉及劳动与爱情、战争与徭役、压迫与反抗、风俗与婚姻、祭祖与宴会，甚至天象、地貌、动物、植物等诸多方面，是周代社会生活的一面镜子。

《诗经》中的"六义"是指"风、雅、颂"三种诗歌形式与"赋、比、兴"三种表现手法。"风"就是国风,是各地的民歌。《诗经》中共有十五国风,共160篇,包括《周南》《召南》《邶风》《鄘风》《卫风》《王风》《郑风》《齐风》《魏风》《唐风》《秦风》《陈风》《桧风》《曹风》《豳风》。"雅"就是宫廷正音雅乐,包括大雅和小雅,大雅共31篇,小雅共74篇,多数为公卿贵族所作。大雅为歌功颂德之作,小雅多为讽刺之声。"颂"就是祭祀和颂圣的乐曲,分为《周颂》《鲁颂》和《商颂》。"赋"是直接铺陈叙述,直接表达感情;"比"即比喻,明喻和暗喻均属此类;"兴"就是起兴,即先言他物以引出所咏之词。

《楚辞》是我国最早的浪漫主义诗歌总集及浪漫主义文学源头,"楚辞"的本义是楚地的歌辞,后才成为专称,指以战国时楚国屈原的创作为代表的新诗体。《楚辞》大量运用楚地方言,带有浓郁地方性色彩,叙写楚地的山川人物、历史风情,具有浓厚的地域文化色彩。全书以屈原的作品为主,其余各篇也都承袭屈赋的形式,感情奔放,想象奇特,所表现出的浪漫主义精神气质,影响了后世的李白、李贺、韩愈等诗人。

(二)经典选粹

1. 诗经·郑风·子衿 ①

青 ② 青子 ③ 衿 ④,悠悠我心。纵我不往,子宁 ⑤ 不嗣音 ⑥?

青青子佩 ⑦,悠悠我思。纵我不往,子宁不来?

挑兮达兮 ⑧,在城阙 ⑨ 兮。一日不见,如三月兮!

作品选注

① 选自 [汉] 毛亨传,[汉] 郑玄笺,[唐] 陆德明音义,孔祥军点校:《毛诗传笺》,中华书局 2018 年版。

② 青:古代指黑色。

③ 子:你。古代对男子的美称。

④ 衿(jīn):衣领。

⑤ 宁:难道。

⑥ 嗣音:寄传音讯。嗣,寄。

⑦ 佩:系佩玉的绶带。

⑧ 挑兮达兮:独自一人走来走去的样子。

⑨ 城阙:古代城门外左右两旁的高台,登之可以游观。

品悟赏析

千年以来,把思念表达得最为优雅的当属《子衿》一诗。关于《子衿》的主旨和背景,历代学者众说纷纭。归纳起来主要有三种观点,一为刺学校废说,二为师友相责相勉说,三为男女爱情说,读者可择善而从。现代学者一般认为《子衿》是一首表现男女爱情的诗作。如余冠英《诗经选》指出"这

诗写一个女子在城阙等候她的情人,久等不见他来,急得来回走个不停,一天不见面就像隔了三个月似的",夏传才认为此诗描写一个女子在城楼上等待恋人,久等不见,急切的等待转化为惆怅和幽怨,而幽怨中又包含着浓浓的爱意。

《子衿》全诗三章,采用倒叙手法。前两章以"我"的口气自述怀人。"青青子衿""青青子佩",对方的衣饰给她留下了这么深刻的印象,使她念念不忘,可想见其相思萦怀。她如今因受阻不能前去赴约,只好等恋人过来相会,可望穿秋水,不见人影,浓浓的爱意不禁转化为惆怅与幽怨。第三章点明地点,写她在城楼上因久候恋人不至而心烦意乱,来来回回地走个不停,觉得虽然只有一天不见面,却好像分别了三个月那么漫长。

《子衿》全诗只有五十字不到,但女主人公等待恋人时焦灼万分的情状宛在目前。这种艺术效果在于诗人在创作中运用了大量的心理描写。诗中表现这个女子的动作、行为仅用了"挑""达"二字,主要笔墨都用在刻画她的心理活动上,如前两章对恋人全无音讯的埋怨、末章"一日不见,如三月兮"的独白。两段埋怨之辞中,以"纵我"与"子宁"对举,急盼之情中不无矜持之态,令人生出无限想象,可谓字少而意多。末尾的内心独白则通过夸张的修辞技巧,造成主观时间与客观时间的反差,从而将其强烈的情绪形象地表现了出来,可谓"因夸以成状,沿饰而得奇"。

《子衿》是《诗经》众多爱情诗作中较有代表性的一篇,它鲜明地体现了那个时代的女性所具有的独立、自主、平等的思想观念和精神实质,女主人公在诗中大胆表达自己的情感,即对情人的思念,这在《诗经》以后的历代文学作品中是少见的。

2. 渔父 ①

[战国] 屈原

屈原既 ② 放,游于江潭,行吟泽畔,颜色 ③ 憔悴,形容 ④ 枯槁。

渔父见而问之曰:"子非三闾大夫 ⑤ 与?何故至于斯!"屈原曰:"举世皆浊我独清,众人皆醉我独醒,是以见放 ⑥!"

渔父曰:"圣人不凝滞于物,而能与世推移。世人皆浊,何不淈 ⑦ 其泥而扬其波?众人皆醉,何不餔 ⑧ 其糟 ⑨ 而歠 ⑩ 其醨 ⑪?何故深思高举 ⑫,自令放为?"

屈原曰:"吾闻之,新沐 ⑬ 者必弹冠,新浴者必振衣。安能以身之察察 ⑭,受物之汶汶 ⑮ 者乎!宁赴湘流,葬于江鱼之腹中;安能以皓皓之白,而蒙世俗之尘埃乎!"

渔父莞尔 ⑯ 而笑,鼓枻 ⑰ 而去,乃歌曰:"沧浪 ⑱ 之水清兮,可以濯 ⑲ 吾缨 ⑳。沧浪之水浊兮,可以濯吾足。"遂去不复与言。

作品选注

① 选自［清］钱澄之：《庄屈合诂》，黄山书社 1998 年版。

② 既：已经。

③ 颜色：脸色。

④ 形容：形体、容貌。

⑤ 三闾（lú）大夫：掌管楚国王族屈、景、昭三姓事务的官。屈原曾任此职。

⑥ 是以见放：因此被放逐。是，这。以，因为。见，被。

⑦ 淈（gǔ）：搅浑。

⑧ 餔（bǔ）：吃。

⑨ 糟：酒糟。

⑩ 歠（chuò）：饮。

⑪ 醨（lí）：薄酒。

⑫ 高举：高出世俗的行为，与"深思"都是渔父对屈原的批评，有贬意，即在行为上自命清高。

⑬ 沐：洗头。

⑭ 察察：皎洁的样子。

⑮ 汶（mén）汶：污浊的样子。

⑯ 莞尔：微笑的样子。

⑰ 鼓枻（yì）：摇着船桨。鼓，拍打。枻，船桨。

⑱ 沧浪：水名，汉水的支流，在湖北境内。

⑲ 濯：洗。

⑳ 缨：系帽的带子，在颌下打结。

品悟赏析

　　屈原是一个很有理想的政治家，他对于社会、对于人生都有很美好的看法，而且为实现自己美好的理想，一直在奋斗。他被流放，实际上是他的奋斗遇到了挫折、遇到了失败。他在国家处在危机当中、个人事业遭受挫折的背景下写下了《渔父》。

　　这篇文章以屈原遭到放逐为背景，通过对话的形式，歌颂了屈原志向高洁、不随流俗、忠贞为国、至死不渝的崇高品格。渔父和屈原的对话构成了两种人生态度的强烈对比。一个是黑白不分，随波逐流，一个是深思高举，坚贞不渝；一个是从个人出发，意图保全生命，一个是从社会着眼，目的在挽救国家；一个是避世隐身，自求安乐，一个是宁赴江流，以身殉国。通过对比、反衬，屈原的高贵品格和坚定态度更为突出。

　　在对话中，作者多用对偶、比喻两种修辞手法。这些对偶句，不仅凝练集中、概括力强，充满哲理意味，而且节律匀称，音韵铿锵，读来朗朗上口。所用的清浊醒醉、扬波歠醨、弹冠振衣、濯缨涤足等比喻生动贴切，意蕴深永。全文仅二百多字，却融记叙、议论、抒情为一个和谐的整体，既含哲理，又富诗意，确是一篇言简意赅、精彩纷呈的佳作。

　　《渔父》实际上表现的是作者自己内心的一种矛盾。一方面是既然社会如此，我何苦这么执着呢？我也有能力来适应它。适应世俗，我的处境就会好起

来，至少我不会处在危险的境地里。另一方面是我的社会理想、我的人格追求不能因一时的名利或者是外界的诱惑、压力而动摇，我要坚持。作者将这种矛盾的两个方面化为两个形象，就有了渔父和屈原的这番对话。

这篇作品表现的是作者的一种矛盾心态，但是作者最后用自己的实际行动做出了抉择——自沉汨罗。对于他自沉汨罗所表现出来的对于自己理想的珍爱、对于自己操守的坚持、对于自己人生价值取向的执着，我们今天仍然应该抱着十二分的崇敬。

二、汉魏六朝诗歌

（一）导读概览

继《诗经》《楚辞》之后，汉代的乐府诗登上诗坛。这些诗歌为西汉的乐府机关和东汉的黄门鼓吹署从民间搜集而来。乐府诗长于叙事，诗人的笔触深入各自的阶层，充分反映出整个社会的真实面貌，既劝谏富贵，又同情疾苦。汉代的乐府诗实现了四言诗向杂言诗、五言诗的过渡。

东汉的时候出现了文人群体创作的诗歌，五言诗取代传统的四言诗成为新的诗歌样式，甚至产生了完整的七言诗。现存最早的东汉文人诗是班固的《咏史》。最著名的文人诗是没有留下作者姓名的《古诗十九首》，写的是游子羁旅和思妇闺愁，同时涉及很多人生哲理，讨论永恒和短暂、人的心态和生命周期、悲伤和欢乐等问题。这些文人诗长于抒情，语言炉火纯青、一字千金，直接影响了曹植和陶渊明。

东汉末年的建安时代到曹魏前期，三曹、七子并世而出，古直悲凉的曹操、婉约的曹丕、身兼父兄之长的曹植，以及“建安七子”完成了乐府诗向文人诗的最后转变，开辟了五言诗的广阔道路。

曹魏后期正始年间，司马氏掌权，一批文人不满司马氏的统治，隐逸山林，最著名的是以阮籍、嵇康为首的七人，称“竹林七贤”。阮籍的代表作是《咏怀诗》82首，开中国文学史上政治抒情组诗的先河。诗中充满孤独苦闷，但在政治高压之下又不敢直言，借比兴、象征来寄托抱负。嵇康的诗以四言诗成就最高，追求自然，高蹈独立。总体来说，正始诗风词旨渊永、寄托遥深，体现出独特的艺术面貌。

东晋建立后一百年间，诗坛被玄言诗占据，直到陶渊明出现，才使诗风为之一改。他的诗歌源于《古诗十九首》，得阮籍之遗音、左思之风骨。魏晋诗歌，甚至中国古代诗歌的古朴之风在他笔下上升到前所未有的高度，使他成为开创一代诗风的集大成者。他开创了田园诗，写躬耕生活的感受，如《归园田居》《饮酒》等，在平淡质朴的语言中不露痕迹地表达对人生的哲学思考。陶渊明是追求人生艺术化的魏晋风流的代表人物。

东晋被南朝宋取代，之后南朝宋、齐、梁、陈交替，四朝偏安江南，南方优美的自然环境和优越的经济条件使南朝的民歌呈现清丽缠绵的风格。从南朝宋的谢灵运开始，文人诗风发生了转变，他开创的山水诗的特点是鲜丽清新、注重刻画物象，但由于精心琢磨、秾丽之极，反若平淡，如《登池上楼》。他是一代新诗风的首创者，影响着南朝整代的诗风。

南朝齐、梁、陈三代是新体诗形成和发展的时期，特征是讲究声律和对偶。沈约等人创立了音韵严格的"永明体"，规定了"四声八病"，讲究诗歌的音韵美。"永明体"代表诗人谢朓的山水诗情景融合、深婉含蓄，又讲究永明声律，音调流畅和谐。齐、梁两代形成了分别以萧子良、萧衍、萧统为首的三个文学集团，其诗歌创作都以宫体艳情诗为主。南方诗人庾信滞留北方，把南方文风带到北方的同时，自己的诗风也集南北之长、穷南北之胜，是南方的清丽和北方的劲健的结合，为唐代新诗风的形成做了必要的准备。

（二）经典选粹

1. 悲歌行①

汉乐府

悲歌可以②当③泣，远望可以当归。

思念故乡，郁郁累累④。

欲归家无人，欲渡河无船。

心思⑤不能言，肠中车轮转⑥。

作品选注

① 选自丁福保：《全汉三国晋南北朝诗》，中华书局1959年版。

② 可以：聊以。

③ 当：代。

④ 郁郁累累：重重积累，形容忧思很

重。郁郁，愁闷的样子。累累，失意的样子。

⑤ 思：悲。

⑥ 肠中车轮转：形容内心十分痛苦，痛彻肝肠。

品悟赏析

乐府是秦汉时的音乐机构，后来人们把汉代乐府官署采制的歌谣，以及魏、晋直到唐代可以入乐歌唱的诗歌或者模仿乐府风格的作品也统称为乐府。"感于哀乐，缘事而发"是汉乐府创作的重要准则，所以，汉乐府民歌几乎是劳动者之歌，是人们从心底吟唱出来的生命之歌。

《悲歌行》创作于东汉时期，当时战乱频发，在外的游子难免思乡，却因为各种原因有家归不得，心中不禁涌起无穷的悲愁。这首诗一开头就写"悲歌可以当泣，远望可以当归"，为何要悲歌一曲代替思家的哭泣？为何只能把登

高眺望远方当作返回故乡？简单的两句话，饱含了太多的无可奈何。不是真的"远望可以当归"，而是游子只能以此聊以解忧罢了。"思念故乡，郁郁累累"，游子望尽天涯，茫茫的草木可见，重重的山岗可见，却唯独不见故乡，思乡的忧愁更加盈满心怀。"欲归家无人，欲渡河无船。"想要回家，可家中已无亲人，想要渡河，却无船可渡。战乱频发的年代，家人是否仍在都是未知数，所以说"家无人"，即便是有家可归，也回不去，因为"欲渡河无船"。这两句直接写出了游子思乡而未还乡的原因。"心思不能言，肠中车轮转。"这两句写游子不得回归时肝肠寸断的痛苦，运用比喻手法，将抽象的乡愁转化为形象的"肠中车轮转"，准确传神地传达出思乡的痛楚。至此，游子苦痛悲切的思乡之情达到了高潮，全诗在这断肠之苦中戛然而止，却又绵延不绝。

这首诗既不写景，又不叙事。它因肺腑之言、真挚的感情、痛苦的体验而动人心弦。可以说，抒情诗的意境并不在于写景和叙事，只要感情真挚感人、能引起共鸣，诗的意境就在不同的读者的脑海中幻化为丰富多彩的艺术形象了。

2. 人生无根蒂 ①

〔晋〕陶渊明

人生无根蒂，飘如陌 ② 上尘。

分散逐风转，此已非常身 ③。

落地 ④ 为兄弟，何必骨肉亲！

得欢当作乐，斗酒聚比邻。

盛年 ⑤ 不重来，一日难再晨。

及时当勉励，岁月不待人。

作品选注

① 选自〔晋〕陶渊明：《陶渊明集》，中华书局 1979 年版。

② 陌：路。

③ 此已非常身：这个我已不是原来那个我。

④ 落地：出生。

⑤ 盛年：壮盛之年。

品悟赏析

这是一曲人生之歌。诗中前四句抒发了人生无常的感喟。诗人将人生比作无根之木、无蒂之花，飘如浮尘，说尽了生命的无限悲凉，诗人把深刻的人生体验写了出来，蕴藏着关于生命本质的形而上思考。诗中后八句劝勉人们珍重生而为人的共同机缘，珍惜欢乐、珍惜生命，以不辜负这短暂的年华。

在陶渊明的隐逸诗文中，我们可以清楚地感受到他的旷达超然之志和平和冲淡之情，但在他的内心深处，蕴含的是理想破灭的痛苦和人生如幻的绝望。诗人少年时即有大济苍生之志，"猛志逸四海，骞翮思远翥"。但是频繁的战乱、黑暗的官场，使这位志高行洁、济世之心迫切的诗人的理想破灭了，只能归耕田园，独善其身，因而诗人也更深地感到"日月掷人去，有志不获骋"的痛苦，这是不可解脱的、刻骨铭心的痛苦。

"人生无根蒂"四句意本《古诗十九首》之"人生寄一世，奄忽若飙尘"，感叹人生之无常。由于种种遭遇和变故不断地改变着人，每一个人都已不再是最初的自我了。这四句诗，语虽寻常，却寓奇崛之意，把诗人深刻的人生体验写了出来，透露出至为沉痛的悲怆。"落地为兄弟，何必骨肉亲"承前而来，既然每个人都已不是最初的自我，那又何必在乎骨肉之亲、血缘之情？这也体现了陶渊明在战乱年代对和平、泛爱的一种渴求。

阅历的丰富往往使人对人生的悲剧性有更深刻的认识，年龄的增长常常使人更难以寻得生活中的欢乐和激动，处于政治黑暗时期的陶渊明更是如此，这在他的诗中表露得非常明确："荏苒岁月颓，此心稍已去。值欢无复娱，每每多忧虑。"（《杂诗》其五）但他毕竟没有完全放弃美好的人生理想，他转而向官场宦海之外的自然去寻求美，转而在仕途、荣利之外的村居生活中寻求精神上的欢乐，这种欢乐平淡冲和、明净淳朴。"斗酒聚比邻"正是这种陶渊明式的欢乐的写照。

"盛年不重来"四句中，陶渊明鼓励人们积极体会人生中的快乐。既然生命是这么短促，人生是这么不可把握，社会是这么黑暗，欢乐是这么不易寻得，那么，对生活中偶尔还能寻得的一点点欢乐，就不要错过。陶渊明在自然中发现了纯净的美，在村居生活中找到了质朴的人际关系，在田园劳动中得到了自我价值的实现。

这首诗起笔就命运之不可把握发出慨叹，使人感到迷惘、沉痛，继而稍稍振起，终篇慷慨激越，使人为之感奋。全诗用语朴实无华，取譬平常，质如璞玉，内蕴却极丰富，波澜跌宕，发人深省。

三、唐音宋韵

（一）导读概览

唐诗是中国诗歌的标志。初唐四杰、陈子昂等初唐诗人在"永明体"的基础上创造了新体诗——律诗。五律在宋之问、沈佺期手上最后定型。盛唐国势强大，李

白登上诗坛，以其绝世才华和豪放飘逸的气质，把诗写得如行云流水又变幻莫测，无迹可寻又含蕴深厚。边塞诗人高适、岑参的诗作把边塞生活写得瑰奇壮伟、豪迈慷慨。田园诗人王维、孟浩然则把山水田园的静谧秀丽表现得清丽空远。

天宝十四载（755），安史之乱爆发，杜甫以诗歌吟写战火中的人间灾难。"三吏""三别"把深沉的抒情融入叙事，是诗歌表现方法的一大转变，标志着诗歌从盛唐诗风转向中唐诗风。杜甫是一个承前启后的人物，其诗多缘事而发，诗风沉郁顿挫，是现实主义的代表，对后世影响巨大。

中唐诗歌是盛唐诗歌的延续，这一时期的作品以表现社会动荡、人民痛苦为主流。白居易是中唐时期杰出的现实主义诗人。他继承并发展了现实主义传统，在文学理论和创作上掀起了一个现实主义诗歌的高潮，即新乐府运动。元稹、张籍、王建都是这一运动中的重要诗人。

到了晚唐，诗风再变，杜牧的咏史诗注入了深沉的历史感慨，李商隐《筹笔驿》等诗沉郁顿挫，绝类杜甫，而其《锦瑟》《无题》等诗深入心灵世界，幽深窈渺，具有凄艳浑融的风格。

诗发展到宋代已不似唐代那般辉煌灿烂，却自有它独特的风格，即抒情的成分减少，叙述、议论的成分增多，重视描摹刻画，大量采用散文句法，使诗同音乐的关系疏远。最能体现宋诗特色的是苏轼和黄庭坚的诗，苏轼的诗风清新豪健，黄庭坚的诗风奇特拗崛，他与陈师道一起开创了宋代影响最大的"江西诗派"。国难深重的南宋时期，诗作充满忧郁、激愤之情。陆游是这个时代的代表人物，与他同时的还有以《田园杂兴》诗而出名的范成大和因写景说理而自具面目的杨万里。文天祥是南宋最后一位大诗人，高扬着宁死不屈的民族精神的《过零丁洋》是他的代表作。

词是一种和乐歌唱的诗体，因为与音乐密切相关，所以在唐代被称为曲子词，此外又叫诗余、乐府、长短句等。

词是随着燕乐的广为流传而兴起的和乐歌诗。宋人王灼的《碧鸡漫志》说："盖隋以来，今之所谓曲子者渐兴，至唐稍盛，今则繁声淫奏，殆不可数。"王灼此言概括了词产生、发展的大致过程。这里所谓的"曲子"就是指隋、唐时期流行的西域音乐——燕乐。曲子词主要是用来配合燕乐的。

随着民间词的逐渐兴起和广泛流行，词这种体式也吸引了文人的注意。文人词产生于盛唐以后，相传李白曾作《菩萨蛮》《忆秦娥》。中唐时期，文人学习民间词，创作出了一些优秀作品，著名作家有张志和、韦应物、戴叔伦、白居易、刘禹锡等。

晚唐五代，词繁荣发展，并且走向成熟。依声填词形成风气，出现了温庭筠、韦庄、李煜、司空图等以词名世的大家，题材、内容却由反映广阔的社会生活逐渐演变为反映男女爱情，苍劲雄浑的作品减少，清新质朴之作也不多见，而柔靡绮丽逐渐成为词的主要特色。尤其是温庭筠及花间词的影响，使词成为"艳科"，并在文学史上形成"诗庄词媚",诗"言志"、词"缘情"的传统。

到了北宋,词不仅内容上有所开拓,艺术上也有很大发展,词的创作达到高峰,成为宋一代文学的代表。北宋开国后,经过一段时间的休养生息,出现了"百年无事"的相对安定时期,经济得到发展,城市也恢复了繁荣。这时官僚、士大夫过着富贵享乐的生活,需要歌舞以佐清欢,广大市民的文化娱乐需要也不断增强,于是出现了茶楼酒肆醉酒欢歌、秦楼楚馆竞作新声的局面。和乐歌唱的词恰好用来"娱宾遣兴",于是词的创作在宋初一时兴盛。北宋初期的词仍受唐五代词影响,上承南唐遗绪,以晏殊、欧阳修为代表人物,多是一些宴饮歌乐之余"聊陈薄技,用佐清欢"的作品,主要反映贵族、士大夫闲适自得的生活及流连光景、伤感时序的愁情,词人习惯于选择近乎诗体的词调来填词,多写即景抒情的短调小令。

柳永是北宋词坛的改革者,其词标志着北宋词发展的一个转折。他熟谙音律,从民间流行的新乐曲中汲取营养,并成功地将六朝小赋的铺叙技法引入词的创作中,创作了大量篇幅较长、容量较大、句式参差不齐、变化不居的长调慢词,即所谓"变旧声作新声"(李清照《论词》),从而完成了小令向长调的转变,为后人的创作开辟了一条宽广的道路。柳永还善于使用极其生动的俚词俗语描写市井生活,建立起俚词阵地,把词由士大夫阶层引入市井。"凡有井水处,即能歌柳词。"(叶梦得《避暑录》)柳永为宋词的繁盛奠定了基础。

北宋前期的词,不论是雅词还是俚词,不论反映的是士大夫还是市民的精神面貌,都没有突破"词为艳科"的藩篱,"靡靡之音"充塞了整个词坛,风格始终是柔弱无力的。真正突破"词为艳科""诗庄词媚"藩篱的是苏轼。南宋胡寅的《酒边词序》说:"及眉山苏轼,一洗绮罗香泽之态,摆脱绸缪宛转之度,使人登高望远,举首浩歌,而逸怀浩气,超然乎尘垢之外,于是花间为皂隶,柳永为舆台矣。"

苏轼突破了词的传统规范,在内容上"以诗为词",题材广阔,认为凡诗文所能写的内容,都可以入词。在用调上,他引进了不少慷慨豪放的曲调,如《永遇乐》《水调歌头》《念奴娇》等,以词来抒写豪情,展示宏阔的境界。苏轼还创新词律,他不愿以内容迁就音律,要打破词在音律方面过于严格的束缚。这种突破有利于词摆脱对音乐的附庸地位,而成为独立的诗体。苏轼的改革使词具有了更广泛的社会功能,具有了与诗同样的言志咏怀作用。在他之前,虽然有范仲淹等少数词人曾表现出悲凉慷慨、雄浑豪放的词风,但他们的作品极少,有如惊电划空,转瞬即逝,未能造成应有的影响。而"词至东坡,倾荡磊落,如诗如文,如天地奇观"(刘辰翁《辛稼轩词序》)。苏轼在内容和形式上突破了词的传统规范与束缚,丰富了词的题材,开拓了词的意境,创新了词律,开创了豪放词风,为词的发展开拓了一条崭新的、宽阔的道路。词从苏轼起,便有了婉约和豪放两大派别。

南宋社会政治的变化使词风为之一变。中原沦陷和南宋偏安的历史巨变,使统治阶级知识分子的繁华梦被粉碎无余,文人受此冲击,词风有所改变也是很自然的。那种"羁旅行役"的愁思、"偎红倚翠"的柔情及"百年无事"的承平景象暂

且隐退，作品的社会意义增强了。李清照本强调音律，崇尚雅丽，标举情致，以婉约为宗，是一位工于写别恨离愁的闺阁词人。南渡后，其词常把国家的灾难与个人的不幸结合起来叙说，渗透着故乡故国之思，作品的格调提高了。

与人民大众坚决抗敌的爱国思想相一致的是以辛弃疾为代表的豪放派词人。辛弃疾继承和发扬了苏轼的革新精神，进一步扩大了词的题材范围，提高了词的表现艺术水平，爱国思想与战斗精神成为他词作的主旋律。他还在苏轼"以诗为词"的基础上，进一步冲破词的格律，"以文为词"，坚决的抗战决心、强烈的爱国热情、顽强的斗争精神及豪迈的英雄气概，确立了辛词的基调。恢宏的气势及议论风生的散文化笔法使辛词在南宋词坛上独树一帜，从而把苏轼开创的豪放词的发展推上了一个新高峰。以辛弃疾为首的豪放词派高举爱国主义的旗帜，唱出了时代的最强音，汇成了南宋词坛一支振奋人心的主流，一直贯穿整个南宋。

总之，词是随着燕乐的传入由诗体嬗变、演化而来的，产生于隋唐之际，在晚唐五代迅速发展成熟，并开始形成浓艳柔媚的传统。北宋时期，词的创作步入盛期。北宋词承前启后，进一步繁荣发展，完成了小令的定型，并转向长调，出现了婉约和豪放两大词派，题材广泛，艺术水平有了很大提高。南宋时词发展到高峰，豪放派以鲜明的现实内容及宏阔的意境唱出时代的最强音，成为词坛的主流。格律派继承婉约派的传统，使词的艺术达到"极其工"的地步。至此，词作为一种独立的文学形式跻身于中国文学之林，取得了同诗歌、散文同样的地位，并成为宋代文学的代表。

（二）经典选粹

1. 春江花月夜 ①

〔唐〕张若虚

春江潮水连海平，海上明月共潮生。

滟滟 ② 随波千万里，何处春江无月明。

江流宛转绕芳甸 ③，月照花林皆似霰 ④。

空里流霜 ⑤ 不觉飞，汀 ⑥ 上白沙看不见。

江天一色无纤尘 ⑦，皎皎空中孤月轮 ⑧。

江畔何人初见月？江月何年初照人？

人生代代无穷已 ⑨，江月年年望相似。

不知江月待何人，但见 ⑩ 长江送流水。

白云一片去悠悠 ⑪，青枫浦 ⑫ 上不胜愁。

谁家今夜扁舟 ⑬ 子？何处相思明月楼 ⑭？

可怜楼上月徘徊，应照离人妆镜台。

玉户帘中卷不去，捣衣砧 ⑮ 上拂还来。

此时相望不相闻，愿逐月华流照君。

鸿雁长飞光不度，鱼龙潜跃水成文 ⑯。

昨夜闲潭 ⑰ 梦落花，可怜春半不还家。

江水流春去欲尽，江潭落月复西斜。

斜月沉沉藏海雾，碣石潇湘无限路 ⑱。

不知乘月几人归，落月摇情 ⑲ 满江树。

作品选注

① 选自［清］彭定求：《全唐诗》，中华书局 1960 年版。

② 滟（yàn）滟：波光闪动的样子。

③ 芳甸：遍生花草的原野。

④ 霰（xiàn）：雪珠，小冰粒。

⑤ 流霜：飞霜，古人以为霜和雪一样，是从空中落下来的，所以叫流霜。

⑥ 汀（tīng）：沙滩。

⑦ 纤尘：微细的灰尘。

⑧ 月轮：月亮，因月圆时像车轮，故称月轮。

⑨ 穷已：穷尽。

⑩ 但见：只见，仅见。

⑪ 悠悠：渺茫、深远的样子。

⑫ 青枫浦：地名，今湖南浏阳县境内有青枫浦。这里泛指游子所在的地方。

⑬ 扁舟：孤舟，小船。

⑭ 明月楼：月夜下的闺楼。

⑮ 捣衣砧（zhēn）：捣衣石，捶布石。

⑯ 文：通"纹"，水波。

⑰ 闲潭：幽静的水潭。

⑱ 碣石潇湘无限路：碣石在北，潇湘在南，游子和思妇双方就像碣石、潇湘一样相隔千里，难以相聚。

⑲ 摇情：激荡情思。

品悟赏析

　　这首诗被闻一多赞叹为"孤篇压全唐"，全篇流光溢彩。此诗以春、江、花、月、夜这五种事物集中体现良辰美景，构成了诱人探寻的奇妙的艺术境界。整首诗以景、理、情依次展开，第一部分写春江的美景，第二部分写面对江月产生的感慨，第三部分写人间游子思妇的离愁别绪。

　　诗人入手擒题，勾勒出一幅春江月夜的壮丽画面：江潮连海，月共潮生。江潮浩瀚无垠，仿佛和大海连在一起，气势宏伟，一轮明月随潮涌生，景象壮观。月光闪耀千万里，没有一处不在明月朗照之下。江水曲曲弯弯地绕过花草遍生的原野，月色泻在花树上，像洒上了一层洁白的霜雪。月光将大千世界浸染成梦幻一样的银色，"空里流霜不觉飞，汀上白沙看不见"，只有皎洁明亮的月光存在。诗人对月光的观察极其精微，用细腻的笔触创造了一个神话般美妙的境界，使春江花月夜显得格外幽美恬静。这八句由大到小、由远及近，笔墨逐渐凝聚在一轮孤月上。

　　"江天"两句写月色的皎洁、玉宇的澄明。这是为了承上启下，由月色引发对人生的思索。随着时间推移，月亮已升到当空，清明澄澈的天地仿佛使

人进入了一个纯净世界，这就自然地引起了诗人的遐思冥想："江畔何人初见月？江月何年初照人？"诗人神思飞跃，探索着人生的哲理与宇宙的奥秘。在此处别开生面，思想没有陷入前人的窠臼，而是翻出了新意："人生代代无穷已，江月年年望相似。"个人的生命是短暂即逝的，人类的存在则是绵延久长的，"代代无穷已"的人因而得以和"年年望相似"的明月共存。诗人虽有对人生短暂的感伤，但并不是颓废与绝望，而是源于对人生的追求与热爱。"不知江月待何人，但见长江送流水"，这是紧承上一句的"望相似"而来的。人生代代相继，江月年年如此，一轮孤月徘徊中天，像是等待着什么人，却又永远不能如愿。月光下只有大江急流，奔腾远去。随着江水的流动，诗篇遂生波澜，将诗情推向更深远的境界。江月有恨，流水无情，诗人自然地把笔触由上半篇的大自然景色转到了人生图像，引出下半篇男女相思的离愁别恨。

　　"白云"四句总写在月夜中游子与思妇的两地思念之情。"白云""青枫浦"托物寓情。白云飘忽，象征"扁舟子"的行踪不定；"青枫浦"为地名，但"枫""浦"在诗中又常被用作感别的景物、处所。"谁家""何处"二句互文见义，因不止一家、一处有离愁别恨，诗人才提出这样的设问，一种相思，牵出两地离愁，一往一复，诗情荡漾，曲折有致。接下"可怜"八句承"何处"句，写思妇对游子的思念。诗篇把月拟人化，"徘徊"二字极其传神：一是浮云游动，故光影明灭不定；二是月光怀着对思妇的怜悯之情，在楼上徘徊不忍去。它要和思妇做伴，为她解愁，因而把柔和的清辉洒在妆镜台上、玉户帘上、捣衣砧上。不料思妇触景生情，反而思念尤甚。她想赶走这恼人的月色，可是月色"卷不去""拂还来"，真诚地依恋着她。"卷"和"拂"两个痴情的动作，生动地表现出思妇内心的惆怅和迷惘。共望月光而无法相知，只好依托明月遥寄相思之情。"鸿雁长飞光不度"，暗含鱼雁不能传信之意。最后八句写游子，诗人用落花、流水、残月来烘托他的思归之情。"扁舟子"连做梦也念念不忘归家——花落幽潭，春光将老，人还远隔天涯。江水流春，流去的不仅是自然的春天，也是游子的青春、幸福和憧憬。江潭落月，更衬托出他的落寞之情。沉沉的海雾隐遮了落月，碣石、潇湘天各一方，道路遥远。"沉沉"二字加重渲染了他的孤寂，"无限路"也就无限地加深了他的相思。他思忖：在这美好的春江花月之夜，不知有几人能乘月归回自己的家乡？他那无着无落的离情伴着残月之光，洒满江边的树林。"落月摇情满江树"，月光之情、游子之情、诗人之情交织成一片，情韵袅袅，摇曳生姿，有一种令人回味不尽的绵邈韵味。

　　《春江花月夜》在思想与艺术上都超越了以前那些单纯模山范水的景物诗，诗人将屡见不鲜的传统题材注入了新的含义，融诗情、画意、哲理为一体，凭借对春江花月夜的描绘，尽情赞叹大自然的奇丽景色，讴歌人间纯洁的爱情，把对游子思妇的同情扩大开来，与对人生哲理的追求、对宇宙奥秘的探索结合起来，从而汇成一种情、景、理水乳交融的幽美而邈远的意境。

全诗紧扣春、江、花、月、夜的背景来写，而又以月为主体。月是诗中情景兼融之物，它在全诗中犹如一条生命纽带，贯通上下，诗情随着月轮的升落而起伏曲折。月在一夜之间经历了升起—高悬—西斜—落下的过程。在月的照耀下，江水、沙滩、天空、原野、枫树、花林、飞霜、白沙、扁舟、高楼、镜台、砧石、长飞的鸿雁、潜跃的鱼龙，以及漂泊的游子、不眠的思妇，组成了完整的诗歌形象，展现出一幅充满人生哲理与生活情趣的画卷。

此诗的章法结构以整齐为基调，以错杂显变化，韵律节奏饶有特色。诗人灌注在诗中的感情旋律极其悲慨激荡，像小提琴奏出的小夜曲，含蕴隽永。诗的内在感情热烈、深沉，看来却是自然、平和的，诗的韵律也相应地扬抑回旋。全诗共三十六句，四句一换韵，共换九韵。全诗随着韵脚的转换变化、平仄的交错运用，一唱三叹，前呼后应，既回环反复，又层出不穷，音乐节奏感强烈而优美。这种语音与韵味的变化切合着诗情的起伏，可谓声情与文情丝丝入扣，宛转谐美，完美地体现了情、景、理、声交融的美妙诗境。

2.辋川闲居赠裴秀才迪①

［唐］王维

寒山转苍翠，秋水日潺湲②。
倚杖柴门外，临风听暮蝉。
渡头余落日，墟里③上孤烟。
复值接舆④醉，狂歌五柳⑤前。

作品选注

① 选自［清］彭定求：《全唐诗》，中华书局1960年版。辋川别业是王维在辋川山谷营建的园林，王维晚年隐居在此。

② 潺湲（yuán）：水缓慢流动的样子。

③ 墟里：村落。

④ 接舆：春秋时楚国隐士的名字，这里指裴迪。

⑤ 五柳：陶渊明号五柳先生，这里是王维的自比。

品悟赏析

裴迪是王维的好友，两人同隐终南山，常常在辋川"浮舟往来，弹琴赋

诗，啸咏终日"(《旧唐书·文苑传》)，此诗就是他们的酬赠之作，是一首将诗、画、音乐完美结合的五律。首联和颈联写景，描绘辋川附近的深秋暮色；颔联和尾联写人，刻画诗人和裴迪两个隐士的形象。风光、人物交替行文，相映成趣，形成物我一体的艺术境界，抒写诗人的闲居之乐和对友人的真切情谊。

"寒山转苍翠，秋水日潺湲。"首联写山中秋景。时在水落石出的寒秋，山间泉水不停歇地潺潺作响；随着天色向晚，山色也变得更加苍翠。不待颔联说出"暮"字，已给人以时近黄昏的印象。"转"和"日"用得巧妙。转苍翠，表示山色愈来愈深、愈来愈浓；山是静止的，这一"转"字，便凭借颜色的渐变而写出它的动态。日潺湲，就是日日潺湲，每日每时都在喧响；水是流动的，用一"日"字，却令人感觉它始终如一。寥寥十字，勾勒出一幅有色彩、有音响，动静结合的画面。

"倚杖柴门外，临风听暮蝉。"颔联表现了诗人的形象。柴门，表现隐居生活和田园风味；倚杖，表现年事已高和意态安闲。柴门之外，倚杖临风，听晚树鸣蝉、寒山泉水，看渡头落日、墟里孤烟，那安逸的神态、潇洒的闲情，和"策扶老以流憩，时矫首而遐观"的陶渊明有几分相似。事实上，王维对这位"古今隐逸诗人之宗"也十分仰慕。

"渡头余落日，墟里上孤烟。"颈联写原野暮色。夕阳欲落，炊烟初升，是田野黄昏的典型景象。渡头在水畔，墟里在陆上；落日属自然，炊烟属人事，景物的选取是很见匠心的。"渡头余落日"精确地剪取落日行将与水面相切的一瞬间，显示了落日的动态和趋向。"墟里上孤烟"用白描手法表现黄昏第一缕炊烟袅袅升到半空的景象，历来被人称道。

尾联引用了陶渊明的典故："复值接舆醉，狂歌五柳前。"陶渊明是一位忘怀得失、诗酒自娱的隐者，"宅边有五柳树，因以为号焉"。王维自称"五柳"，就是以陶渊明自况。接舆是春秋时"凤歌笑孔丘"的楚国狂士，诗人把沉醉狂歌的裴迪与楚狂接舆相比，是对这位朋友的赞许。王维与裴迪个性虽大不一样，超然物外的心迹却是相近的。既赏佳景，又遇良朋，辋川闲居之乐至此。

这首诗写出了诗人闲居生活的从容潇洒，表达了诗人幽居山林、超然物外、忘怀世事、无心仕途的人生志趣。整首诗中风光、人物交替行文，相映成趣，营造出了一种情景交融的艺术境界，同时也表达了对友人的真切情谊，是王维山水田园诗中的名篇。

3. 登金陵凤凰台 ①

［唐］李白

凤凰台上凤凰游，凤去台空江自流。

吴宫②花草埋幽径，晋代衣冠成古丘③。

三山半落青天外④，二水⑤中分白鹭洲。

总为浮云能蔽日⑥，长安⑦不见使人愁。

作品选注

① 选自〔唐〕李白著，〔清〕王琦注：《李太白全集》，中华书局1977年版。凤凰台，故址在今南京市凤凰山，南朝宋文帝时建。相传南朝刘宋元嘉年间，有凤凰翔集于山上，故建此台。

② 吴宫：三国时吴国的宫殿。

③ 晋代衣冠成古丘：东晋时的豪门贵族如今已只余坟墓。晋代，指东晋，建都于金陵。

④ 三山半落青天外：三山为云雾遮挡，只见三个山尖。三山在今南京西南长江东岸，因有三个山峰而得名。

⑤ 二水：因白鹭洲而分为两股的江水。

⑥ 浮云能蔽日：比喻奸佞当道，贤者得不到任用。

⑦ 长安：代指朝廷和皇帝。

品悟赏析

这首诗是唐玄宗天宝六载（747）诗人因被排挤而离开长安，南游金陵时作的。诗篇描绘了令人黯然神伤的金陵兴亡盛衰的历史变更，并直击当时奸佞当道、邪臣蔽贤的现实，表达了忧国怀君的情怀和壮志未酬、抱负难寄的无奈，使登临诗作的成就跃上了一个新的高峰。

诗的首联写登台怀古，由凭吊历史而产生惆怅、感伤。开头两句写凤凰台的传说，相传南朝刘宋永嘉年间有凤凰集于此山，乃于此筑台。当年凤凰来游象征着王朝的兴盛，而如今凤去台空，六朝的繁华一去不复返。

颔联写诗人登上凤凰台所望见的近景"幽径""古丘"，通过今昔对比，感叹社会的盛衰变化。三国时的吴国和后来的东晋都建都于金陵，但吴国昔日繁华的宫廷已经荒芜，东晋的一代风流人物也早已进入坟墓。

颈联写诗人望到的远景。"三山半落青天外，二水中分白鹭洲"，写得恰到好处，气象壮丽，对仗工整，是难得的佳句。江山的历尽沧桑而兀自不变与社会历史的巨变形成鲜明对比，从而传递出一种物是人非的惆怅感伤。

尾联写登台远眺不见长安的失落情绪。"浮云蔽日"象征君主被奸佞小人所迷惑，暗指奸邪蔽贤，自己被馋毁，赐金还放。长安是朝廷的所在，日是帝王的象征。这两句诗暗示皇帝被奸邪包围，而自己报国无门，他的心情十分沉痛，意在言外，饶有余味。

李白是一位对时代、社会、人们的普遍生存状况具有非凡洞察力的诗人。《登金陵凤凰台》全诗八句五十六字，既发思古之幽情，又写江山之壮观，最

后以咏叹政治的愤懑作结，历史、自然、社会，俱是宏观，而又不失其真切，气势恢宏，情韵悠远，诚登高览胜之杰作。整首诗将历史与现实、个人命运与国家前途结合在一起，在写景中抒情，在吊古中伤今，在怀古中怀君，感慨深重，韵味悠长。

4. 秋兴八首（其一）①

〔唐〕杜甫

玉露②凋伤③枫树林，巫山巫峡④气萧森⑤。

江间波浪兼天⑥涌，塞上风云接地阴⑦。

丛菊两开⑧他日⑨泪，孤舟一系故园心。

寒衣⑩处处催刀尺⑪，白帝城⑫高急暮砧⑬。

作品选注

① 选自〔唐〕杜甫著，〔清〕仇兆鳌注：《杜诗详注》，中华书局1979年版。

② 玉露：秋天的霜露，因其白，故以玉喻之。

③ 凋伤：使草木凋落、衰败。

④ 巫山巫峡：夔州（今奉节）一带的长江和峡谷。

⑤ 萧森：萧瑟阴森。

⑥ 兼天：连天。

⑦ 接地阴：遮天盖地。

⑧ 丛菊两开：杜甫前一年秋天在云安，此年秋天在夔州，从离开成都算起，已历两秋。

⑨ 他日：往日，指多年来的艰难岁月。

⑩ 寒衣：冬天御寒的衣服。

⑪ 催刀尺：赶裁新衣。

⑫ 白帝城：古城名，在今重庆奉节东白帝山上，东汉初年公孙述所筑。公孙述自号白帝，故名城为"白帝城"。

⑬ 急暮砧：黄昏时急促的捣衣声。

品悟赏析

　　《秋兴八首》是唐代宗大历元年（766）秋杜甫在夔州时所作的一组七言律诗，因秋而感发诗兴，故以"秋兴"为题，此诗是其中的第一首。杜甫自唐肃宗乾元二年（759）弃官，至当时已历七载，战乱频仍，国无宁日，人无定所，当此秋风萧瑟之时，不免触景生情。持续八年的安史之乱至广德元年（763）始告结束，吐蕃、回纥乘虚而入，藩镇拥兵割据，战乱时起，唐王朝再难复兴。杜甫在成都的生活失去凭依，遂沿江东下，滞留夔州。诗人晚年多病，知交零落，壮志难酬，在非常寂寞抑郁的心境下创作了这组诗，以夔州深秋的衰残景象和巫山、巫峡萧瑟阴森的气氛起兴，抒发了思念故园的孤寂感情，表达了因战乱而常年淹留他乡、不能东归长安的悲苦。

这首诗是组诗的序曲，通过对巫山、巫峡的秋色、秋声的形象描绘，烘托出阴沉萧森、动荡不安的环境气氛，令人感到秋色、秋声扑面惊心，抒发了诗人的忧国之情和孤独抑郁之感，开门见山，抒情写景，波澜壮阔，感情强烈。全诗以"秋"作为统率，写暮年飘泊、老病交加、羁旅江湖，面对满目萧瑟的秋景而生发的对国家兴衰、身世蹉跎的感慨；写对长安盛世的回忆、今昔对比所引起的哀伤；写关注国家的命运、目睹国家残破而不能有所为，只能遥忆京华的忧愁抑郁。

这首诗起笔开门见山，在叙写景物之中点明地点、时间。"玉露"即白露，秋天草木摇落，白露为霜。"巫山巫峡"是诗人所在之地。"凋伤""萧森"的字眼让意境笼罩着败落阴沉的气氛，定下全诗的感情基调。

颔联接着用对偶句展开。万里长江滚滚而来，波涛汹涌，天翻地覆，是眼前的实景；"塞上风云"既写景物，又寓时事，当时边关吃紧，处处是阴暗的战云，虚实兼之。此联在景物描绘之中，形象地表现了动荡不安、前途未卜的环境和作者胸中翻腾起伏的忧思与郁勃不平之气。

颈联由继续描写景物转入直接抒情，即由秋天的景物触动羁旅情思。"丛菊两开他日泪"，去年如此，今年又如此，足见羁留夔州心情的凄伤。从云安到夔州，苦苦挣扎了两年，诗人心中总牵挂着故园。此处写得深沉含蓄，耐人寻味。

尾联在时序推移中叙写秋声。西风凛冽，萧瑟寒冷，人们在加紧赶制寒衣。白帝城在东，夔州府在西，诗人身在夔州，听到白帝城传来的砧杵之声，即妇女制裁棉衣时槌捣衣服的声音。此二句回到景物，时序由白天推到日暮，结上生下。钱谦益注杜诗称："以节则杪秋，以地则高城，以时则薄暮，刀尺苦寒，急砧促别，末句标举兴会，略有五重，所谓嵯峨萧瑟，真不可言。"

全诗写景、抒情交相融汇，浑然一体。悲秋是古代诗歌常见的主题，而杜甫此诗不但悲自然之秋，更悲人生之秋和国运衰落之秋，充溢着身世之感和家国之思，整首诗意蕴深厚，读来荡气回肠，令人伤感。

5. 始闻秋风 ①

［唐］刘禹锡

昔看黄菊与君 ② 别，今听玄蝉 ③ 我却回。
五夜 ④ 飕飗 ⑤ 枕前觉，一年颜状 ⑥ 镜中来。
马思边草拳毛 ⑦ 动，雕盼 ⑧ 青云睡眼开。
天地肃清 ⑨ 堪四望，为君扶病 ⑩ 上高台。

作品选注

① 选自［唐］刘禹锡撰，《刘禹锡集》整理组点校，卞孝萱校订：《刘禹锡集》，中华书局1990年版。

② 君：秋风对作者的称谓。

③ 玄蝉：秋蝉，黑褐色，故名。

④ 五夜：一夜分为五个更次，此指五更。

⑤ 飕（sōu）飗（liú）：风声。

⑥ 颜状：容貌。

⑦ 拳毛：卷曲的马毛。

⑧ 盼：斜视。

⑨ 肃清：形容秋气清爽明净。

⑩ 扶病：带病。

品悟赏析

《始闻秋风》是唐代诗人刘禹锡创作的一首七言律诗。人在垂暮之年往往会有无限苍凉之感，加之疾病缠身，更是凄苦。如果再"闻秋风"，相信没有几个人能够心情舒朗，心胸开阔。但是刘禹锡一反传统，老病之际独登高台，竟然和萧瑟秋风成了知己。

首联中，"我"指的是谁？"君"又指的是谁？这是一个怎样奇妙的意境？刘禹锡别出心裁地创造了一个"我"，即有感有情的"秋风"。当"我"重返人间的时候，就去寻找那个离别许久的"君"，也就是诗人自己。作者模仿秋风的语气，深情地回忆起去年这对老朋友一起赏菊的场景。用拟人手法，刘禹锡为我们创造了一个深情款款又新奇生动、意蕴浓郁的意境。

颔联"五夜飕飗枕前觉，一年颜状镜中来"，诗人更换了语气，从自己的角度来写。五更时分，凉风飕飗，一听到这熟悉的声音，就知道是"你"回来了，许久不见，"你"还是那么劲疾，而镜中的我早已鬓发如霜。颔联和以上两句连读，仿佛是一段话别情的对话。

颈联话锋一转，"马思边草拳毛动，雕盼青云睡眼开"，精神顿时为之一振。"马思边草""雕盼青云"是比兴的手法，这两个意象一扫老病交加的衰态，整个意境变得强劲振奋。

尾联深情不减，豪气依然。秋风归来了真好，天地一片清澈舒爽，我虽老病之身，但仍然愿意为你而登上高台，方不负这生命之约。

刘禹锡一生坎坷，也有着诗人敏感脆弱的感情，但是在秋风之中，他寻得了安顿，直到自己年华老去，他还可以盛赞清秋。这种雄健的格调风情、倔强进取精神、积极的美学趣味可以直击人心，引领百代风雅，感发千年共鸣。

6. 破阵子①

［南唐］李煜

四十年②来家国，三千里地山河。凤阁龙楼③连霄汉，玉树琼枝④作烟萝⑤，几曾识干戈⑥？

　　一旦归为臣虏，沈腰潘鬓⑦销磨。最是仓皇辞庙⑧日，教坊犹奏别离歌，垂泪对宫娥。

作品选注

① 选自〔南唐〕李璟、〔南唐〕李煜著，王仲闻校订，陈书良、刘娟笺注：《南唐二主词笺注》，中华书局2013年版。

② 四十年：南唐自建国至李煜作此词为三十八年，此处"四十年"为概数。

③ 凤阁龙楼：帝王的居所。

④ 玉树琼枝：泛指各种名花奇树。

⑤ 烟萝：枝叶繁茂，如同笼罩着雾气的样子。

⑥ 识干戈：经历战争。干戈，武器，此处指代战争。

⑦ 沈腰潘鬓：日渐消瘦，鬓发斑白。沈指沈约，《南史·沈约传》云"言已老病，百日数旬，革带常应移孔"，后用"沈腰"指代人日渐消瘦。潘指潘岳，潘岳曾在《秋兴赋》序中云"余春秋三十二，始见二毛"，后以"潘鬓"指代中年白发。

⑧ 庙：宗庙，古代帝王供奉祖先牌位的地方。

品悟赏析

　　这首词是李煜亡国降宋后追忆辞庙北上情形的痛心疾首之作，整首词回忆往事，抒发亡国之痛。

　　上片从今忆昔，写回首建国历程、俯瞰辽阔江山、回忆故居的眷眷深情，透出愧悔。南唐建国近四十年，国土三千里，帝王居住的楼阁高耸入云，庭内花繁树茂，今昔对比，诗人有无限悲哀、悔恨，饱含着对故国的留恋。"几曾识干戈"更抒发了无限自责与悔恨，尴尬出降的那一幕让他刻骨铭心，至今犹在目前。常年生活在宫廷中、贵为国主的李煜不知道战争意味着什么，也根本料想不到战争会让他成为俘虏。

　　下片用一个最悲惨、最难忘的场面"最是仓皇辞庙日，教坊犹奏别离歌，垂泪对宫娥"和两个典故写亡国后内心的痛苦。"一旦"二字承上片"几曾"之句意，笔锋一叠，而悔恨之意更甚。高高在上的南方富饶之国的国主，如今变成了任人宰割的"臣虏"，他怎么也无法接受这样残酷的现实。国破家亡之后，美好的姿容和风流倜傥的神韵全都受到了消磨，"沈腰潘鬓"，人瘦发白，外貌的变化展现出了词人内心极度的痛苦。最后三句又由眼前折回过去，临别南唐时的情景仍历历在目，内心的屈辱、伤痛可想而知。他忘不了"仓皇"离开金陵时的惨痛情景，"垂泪对宫娥"是李煜当时真情实事的写照，也符合他懦弱的性格。

　　这首词结构上跳跃自如，上片写繁华，下片写亡国，极盛转而极衰，极喜而

后极悲。中间用"几曾""一旦"二词贯穿转折，转得不露痕迹，却有千钧之力，结构的逆转反映出词人命运的剧烈变化，悔恨之情溢于言表，文情相得益彰。语言自然精练而又富有表现力，看上去似是信手拈来，却是斧凿而出。全词语言沉郁，情感苍凉，以昔之人君与今之臣虏作对比，警动异常，让人惊心不已。

　　李煜的词从不镂金错彩，而文采斐然，从不隐约其词，而又情味隽永，形成了既清新流丽又婉曲深致的艺术特色。李煜的词作在风格上也具有独创性，花间词和南唐词一般以委婉密丽见长，而李煜的词兼有刚柔之美，不同于一般婉约之作，在晚唐五代词中独树一帜。正如纳兰性德所说："花间之词，如古玉器，贵重而不适用，宋词适用而少贵重，李后主兼有其美，更饶烟水迷离之致。"

7. 八声甘州①

[宋] 柳永

　　对潇潇②、暮雨洒江天，一番洗清秋。渐霜风凄紧，关河③冷落，残照④当⑤楼。是处⑥红衰翠减⑦，苒苒物华休⑧。惟有长江水，无语东流。

　　不忍登高临远，望故乡渺邈，归思难收。叹年来踪迹，何事苦淹留⑨。想佳人、妆楼颙望⑩，误几回、天际识归舟⑪。争知⑫我，倚阑干处，正恁⑬凝眸。

作品选注

① 选自刘崇德：《全宋金曲》，中华书局2020年版。
② 潇潇：雨势急骤的样子。
③ 关河：关塞与河流，此指山河。
④ 残照：落日的余光。
⑤ 当：对。
⑥ 是处：到处。
⑦ 红衰翠减：花朵凋零，绿叶枯萎。
⑧ 苒苒物华休：美好的景物渐渐消失。苒苒，同"荏苒"，时光消逝的样子，渐渐。物华，美好的景物。休，衰残。
⑨ 淹留：久留。
⑩ 颙（yóng）望：抬头凝望。
⑪ 误几回、天际识归舟：多少次将远处来的船误认作思念之人的归舟。
⑫ 争知：怎知。
⑬ 恁：如此，这样。

品悟赏析

　　这首词是柳词中描写羁旅行役之苦、怀人思乡的名篇，写作者在暮雨潇潇、霜风凄紧的秋日登高临远，满目山河冷落，残照当楼，万物萧疏，不由生出思乡怀人的愁情，隐晦曲折地表现了作者事业无成内心的苦闷。这种他乡做客、叹老悲秋的主题在封建时代具有普遍意义，但作者在具体抒情上具有特色。

　　词的上片写作者登高临远，景物描写中融注着悲凉之感。一开头总写秋景，雨后江天澄澈如洗。接着写高处景象，"渐霜风凄紧，关河冷落，残照当楼"，进一步烘托凄凉、萧索的气氛。凄冷的寒风和着潇潇暮雨吹来，山河冷落，残日的余晖映照着作者所在的高楼，所写的景色渗透着作者深沉的感情。"是处红衰翠减，苒苒物华休。"这两句写低处所见，到处花落叶败，万物都在凋零，更引起作者不可排解的悲哀。但作者没有明说人的感触，而只用"长江无语东流"来暗示，在无语东流的长江水中，寄托了韶华易逝的感慨。

　　词的下片由景转入情。从上片写到的景色看，词人本来是在登高临远，下片则用"不忍登高临远"一句领起，在文章方面是转折翻腾，在感情方面是委婉伸屈。登高临远是为了遥望故乡，而故乡太远，望而不见，看到的只是凄凉景物，"望故乡渺邈，归思难收"。"叹年来踪迹，何事苦淹留"向自己发问，流露出不得已而淹留他乡的凄苦之情。"想佳人、妆楼颙望，误几回、天际识归舟"又从所思之人的角度写来，与自己倚楼凝望对照，进一步写出两地想念之苦，并与上片的寂寞凄清景象照应。虽说是自己思乡，这里却设想着故乡的佳人正盼望自己归来。佳人怀念自己本来是虚写，词人却用"妆楼颙望，误几回、天际识归舟"这样的细节来表达怀念之情，仿佛实有其事，悱恻动人。结尾再由对方回到自己，说佳人在多少次希望和失望之后，肯定会埋怨自己不想家，却不知道自己"倚阑"远望之时的愁苦，生动地表现了思乡之苦和怀人之情。

　　这首词意境舒阔高远，写景层次清晰，抒情淋漓尽致，语言凝练，气韵精妙，千古来深受词家叹服欣赏。全词一层深一层，一步接一步，通篇结构严密，跌宕开阖，呼应灵活，首尾照应，很能体现柳永词的艺术特色。

8. 一丛花令 ①

[宋] 张先

　　伤高怀远几时穷？无物似情浓。离愁正引千丝乱，更东陌 ②、飞絮濛濛 ③。嘶骑渐遥，征尘 ④ 不断，何处认郎踪。

　　双鸳池沼水溶溶。南北小桡 ⑤ 通。梯横画阁黄昏后，又还是、斜月帘栊 ⑥。沉恨细思，不如桃杏，犹解嫁东风。

作品选注

① 选自田玉琪：《北宋词谱》，中华书局 2018 年版。

② 陌：田间小路。

③ 飞絮濛濛：杨柳花絮四下飘飞，宛如细雨。

④ 征尘：离去时马匹奔跑扬起的灰尘。

⑤ 小桡（ráo）：小船。

⑥ 栊：窗棂。

品悟赏析

　　此词是张先的代表作之一，是一首闺怨词，抒写了一位女子念远伤怀的情愫，表达了对幸福美好的感情生活的憧憬、追求。

　　词的起首一句是经历了长久的离别、体验过多次伤高怀远之苦以后，对积郁、萦绕胸中的感情的倾泻，起得突兀有力，感慨深沉。第二句是对"几时穷"的一种回答，合起来的意思是伤高怀远之情之所以无穷无尽，是因为世上没有任何事情比真挚的爱情更为浓烈，点明了词旨为伤高怀远。接下来三句写女主人公对随风飘拂的柳丝、飞絮的特殊感受。本来是乱拂的千万条柳丝引动了胸中的离思，却反过来说自己的离愁引动得柳丝纷乱。那濛濛飞絮也仿佛成了女主人公烦乱、郁闷心情的一种外化。上片末三句写别后登高忆旧。想当时情郎骑着嘶鸣着的马儿逐渐远去，消逝在尘土飞扬之中，此日登高远望，茫茫天涯，又要到哪里去寻找情郎的踪影呢？

　　下片上承伤高怀远之意，续写登楼所见，描绘了女主人公孤寂的生活状态。"双鸳池沼水溶溶，南北小桡通。"不远处有片宽广的池塘，鸳鸯成双成对地戏水，小船来往于池塘南北两岸。时间逐渐推移到黄昏，女主人公的目光也由远而近，梯子横斜，整个楼阁被黄昏的暮色所笼罩，一弯斜月低照着帘子和窗棂，传递出一种孤寂感，含蓄地点出她日复一日的孤单、寂寞，她由此自然地生出对自身命运的深思默想。"沉恨细思，不如桃杏，犹解嫁东风。"自己甚至还不如桃花、杏花，它们还懂得嫁给东风，有了美好的归宿，自己却只能在形影相吊中消耗青春。"桃杏犹解"，言外之意是怨嗟自己未能把握好自己的命运，以致无所归宿。这几句通过形象而新奇的比喻，表现了女主人公对青春的珍视和对幸福感情生活的向往、追求，是历来传诵的名句。

9. 定风波·南海归赠王定国侍人寓娘[①]

［宋］苏轼

　　常羡人间琢玉郎[②]。天应乞与点酥娘[③]。尽道清歌传皓齿。风起。雪飞炎海变清凉。

　　万里归来颜愈少。微笑。笑时犹带岭[④]梅香。试问岭南应不好。却道。此心安处是吾乡[⑤]。

作品选注

① 选自唐圭璋：《全宋词》，中华书局 1965 年版。

② 琢玉郎：如玉雕琢般丰神俊朗的男子，指王巩。

③ 点酥娘：肤如凝脂的女子，指王巩

的歌妓柔奴。

④ 岭：这里指岭南，即中国南方五岭之南的地区。

⑤ 此心安处是吾乡：这颗心安定的地方便是我的故乡。

品悟赏析

　　无论环境多么艰苦，处境如何不堪，仍然仰望着头顶上的那一片星空，仍然志存高远，看过了尘世的黑暗与痛苦，却依然坚持自己的单纯与美好，这是我们从这首词中得到的最大的人生启示。

　　元丰二年（1079），"乌台诗案"爆发，御史弹劾苏轼对朝政不满，并引其诗文为证。苏轼被捕入狱一百多天后被贬黄州。受其牵连，二十九位大臣、名士遭到惩处，王巩因助苏轼而落难，被贬至广西宾州。在二十多位"乌台诗案"被牵连的同案犯中，王巩是受责罚最重、境遇最糟糕的。苏轼在《王定国诗集序》中说："今定国以余故得罪，贬海上三年，一子死贬所，一子死于家，定国亦病几死。余意其怨我甚，不敢以书相闻。"然而，王巩是一个不凡之人，他不为贬谪萦心，而是刻苦攻读，著书立说，贬谪五年，写下《论语注》十卷，收获颇丰。

　　元丰六年（1083），王巩奉旨北归，苏轼为好友接风洗尘。宴会之上，坐在他面前的昔日挚友万里归来却丰神俊朗。此时，柔奴动听的歌声响起，如同风起雪飞，炎暑之地仿佛一变而为清凉之乡。她脸上没有一丝悲苦，微笑中仿佛带着岭南的梅花香气，全然不像在瘴烟窟里度过了三年的岁月。

　　这首词借赞美柔奴身处逆境而安之若素、随缘自适、旷达乐观的可贵品格，寄寓了作者的一种人生态度和处世哲学：身处逆境而安之若素、处之泰然、无尤无怨。上阕写柔奴人美、歌美，下阕写柔奴的精神之美。从荒僻的岭南贬所归来，她竟然显得更年轻了，脸上还总挂着可爱的微笑，那微笑还带着岭南梅花的清香。何以能够如此？柔奴一语道破天机：一切取决于内心，只要内心坦然安详，到哪里都会像到自己家一样。这其实也是苏轼自己的人生哲学。柔奴美好超旷的心灵、广博的胸襟和作者在政治逆境中随遇而安、无往不快的旷达襟怀是完全一致的。

10. 蝶恋花·春景 ①

［宋］苏轼

　　花褪残红青杏小 ②。燕子飞时，绿水人家绕。枝上柳绵 ③ 吹又少。天涯何处无芳草。

　　墙里秋千墙外道。墙外行人，墙里佳人笑。笑渐不闻声渐悄。多情却被无情恼。

作品选注

① 选自［宋］苏轼著，李之亮笺注：《苏轼文集编年笺注》，巴蜀书社2011年版。

② 花褪残红青杏小：杏花刚刚凋谢，青色的小杏已经成形。

③ 柳绵：柳絮。

品悟赏析

　　这是一首出自豪放派代表人物苏轼的婉约词。苏轼一生词作以豪放为主，但也写下了很多脍炙人口的婉约词，这首《蝶恋花·春景》就是他婉约词中的佼佼者。

　　上阕写春景。"花褪残红青杏小"，随着树上的残花纷纷落下、飘尽，一粒粒青色如玉的小杏渐露枝头，红走绿来，春意衰残，一个"小"字流露出词人对初露枝头的青杏的喜爱之情。接着词人将目光从树上移开，看到了"燕子飞时，绿水人家绕"，天空中燕子在自由自在地飞翔，"绿水人家绕"应为"绿水绕人家"，一个"绕"字化静为动，且富有情意，好似绿水有情，留恋着人家，围绕着人家，滋养着人家。"枝上柳绵吹又少。天涯何处无芳草"，这两句是最为世人称道的，流传甚广，在婉约的伤春、惜春中又见词人的豪放旷达。忽而一阵春风拂面，柳絮离枝而飞，零落天涯，"吹又少"微露嗔怪、无奈、伤感之情，但紧接着词人笔锋一转，感情亦为之转变：普天之下，哪个地方没有青青的芳草呢？此句一扫前句春色将尽的伤感，词人灵魂中的那种随缘自适、自我排遣后的旷达乐观跳脱了出来。

　　下阕写人事。"墙里秋千墙外道。墙外行人，墙里佳人笑"，此处要称赞词人巧妙的构思。"墙里""墙外"反复出现，看似犯忌，实则耐人寻味，而且读起来朗朗上口。墙里秋千摆荡，传出银铃般的笑声，墙外行人被这笑声所吸引，留恋驻足，如痴如醉。词人客观记叙，不加任何的修饰，仅凭一堵墙就给读者多少美好的想象！然而美好过于短暂，"笑渐不闻声渐悄。多情却被无情恼"，行人正在享受女子的快乐给他带来的精神上的愉悦，笑声却渐渐没有了。怎么回事？行人一定手足无措，满脸疑惑，却只能望墙兴叹，唉，这个多情的人啊！她是玩累了回房休息了吗？她美丽到什么程度呢？她是否知道墙外道上有一个男子为她驻足，为她倾心，为她多情，却因她"无情"离去而惹出万斛的苦恼呢？"多情"与"无情"形成鲜明对比，一个"却"字又让我们体会到行人的抱怨和想而不得的惆怅。

　　纵观全词，其写春天之景、春天之人，全词词意婉转，词情动人，于清新中蕴涵哀怨，于婉丽中透出伤情，意境朦胧，韵味无穷。

11. 诉衷情 ①

[宋] 陆游

当年万里觅封侯 ②，匹马戍 ③ 梁州 ④。关河 ⑤ 梦断何处？尘暗旧貂裘 ⑥。胡未灭，鬓先秋 ⑦，泪空流。此生谁料，心在天山 ⑧，身老沧洲 ⑨。

作品选注

① 选自〔宋〕陆游著，钱仲联、马亚中主编：《陆游全集校注》，浙江古籍出版社 2015 年版。

② 万里觅封侯：奔赴万里外的疆场，寻找建功立业的机会。

③ 戍（shù）：守边。

④ 梁州：《宋史·地理志》云"兴元府，梁州汉中郡，山南西道节度"，治所在南郑。陆游称四川宣抚使幕府所在地时，常杂用以上地名。

⑤ 关河：关塞、河流，一说指潼关黄河之所在。此处泛指汉中前线险要的地方。

⑥ 尘暗旧貂裘：貂皮裘上落满灰尘，颜色为之暗淡。《战国策·秦策》载，苏秦游说秦王，"书十上而说不行，黑貂之裘敝，黄金百斤尽，资用乏绝，去秦而归"。这里借用苏秦的典故，说自己不受重用，未能施展抱负。

⑦ 秋：秋霜，比喻年老鬓白。

⑧ 天山：在中国西北部，是汉唐时的边疆。这里代指南宋与金国相持的西北前线。

⑨ 沧洲：靠近水的地方，古时常用来泛指隐士居住之地。

品悟赏析

陆游出生于北宋灭亡之际，生活在南宋王朝日趋衰败的战乱动荡年代，对民族压迫、侵扰造成的广大人民的苦难有着极为深切的体会，早在青年时期就立下了"上马击狂胡，下马草军书"的报国之志。作为中国诗歌史上现存诗歌数量最多的诗人，陆游一生创作了 9 300 多首诗歌。他的诗歌中始终灌注着炽热的爱国情感，许多诗篇都抒发了强烈的爱国热情，对民族前途命运的深切忧虑和自己报国无门、壮志难酬的悲愤之情。

《诉衷情·当年万里觅封侯》是诗人 48 岁时写的一首词，想当年，诗人为了建功名、取封侯，离家万里，单枪匹马去戍守梁州。可南宋朝廷一直为秦桧所代表的投降派所操纵，力主抗金复国的抗战派爱国英雄不是被处死，就是被罢官。陆游的远大抱负焉能实现？可怜诗人爱国梦残断关河，战袍布满灰尘。诗人的心情十分痛苦、十分悲愤。他悲的是自己"胡未灭，鬓先秋，泪空流"，他恨的是小人当道，致使自己报国无门、壮志难酬。一个"空"字既流露出了诗人对现实无可奈何的情绪，又流露出了诗人对投降派误国的恨。这首词的词牌叫"诉衷情"，词的主题也是诉说自己"心在天山，身老沧洲"这种国仇难报、壮志难酬的悲愤。

抒发爱国情感、表达爱国情怀是陆游诗歌的一大主题。有人说，陆游的诗篇和辛弃疾的词篇是鼓舞南宋人民争取抗金斗争胜利的一对号角。这首词在对个人遭遇的慨叹中融汇了对国家炽热的感情，所以其情调不失开阔深沉的特色，比仅仅抒写个人的苦闷更有力量、更为动人。

12.念奴娇·过洞庭 ①

[宋]张孝祥

洞庭青草，近中秋，更无一点风色 ②。玉界琼 ③ 田三万顷，着 ④ 我扁舟 ⑤ 一叶。素月 ⑥ 分辉，明河 ⑦ 共影，表里俱澄澈 ⑧。悠然心会，妙处难与君说。

应念岭海 ⑨ 经年，孤光 ⑩ 自照，肝肺皆冰雪 ⑪。短发萧骚 ⑫ 襟袖冷，稳泛沧浪 ⑬ 空阔。尽吸西江 ⑭，细斟北斗 ⑮，万象 ⑯ 为宾客。扣 ⑰ 舷独啸，不知今夕何夕 ⑱。

作品选注

① 选自 [宋] 张孝祥著，辛更儒校注：《张孝祥集编年校注》，中华书局 2016 年版。

② 风色：风势。

③ 琼：美玉。

④ 着：附着。

⑤ 扁舟：小船。

⑥ 素月：洁白的月亮。

⑦ 明河：天河。

⑧ 表里俱澄澈：天上的月亮和银河的光辉映入湖中，上下一片澄明。表里，里里外外。

⑨ 岭海：岭外，即五岭以南的两广地区，作者此前在广西为官。

⑩ 孤光：月光。

⑪ 肝肺皆冰雪：心地光明磊落，像冰雪般纯洁。

⑫ 萧骚：稀疏。

⑬ 沧浪：青苍色的水。

⑭ 西江：长江连通洞庭湖，中上游在洞庭以西，故称西江。

⑮ 北斗：星座名，由七颗星组成，像舀酒的斗。

⑯ 万象：万物。

⑰ 扣：敲击。

⑱ 不知今夕何夕：夜色美好，使人沉醉，竟忘掉了时间。

品悟赏析

这首词是南宋词人张孝祥从桂林北归，途经洞庭湖，触景生情而作。上阕写景。洞庭八月，中秋将至，天高湖阔，纤草静立，无一丝风过。玉界琼田，三万顷碧波，明镜般的湖水载着一叶扁舟。明月皎洁，银河灿烂，天地尽澄澈，词人心中一片空明，妙处不知如何向人诉说。下阕抒情。这一年，词人徘徊在岭外，月华映照着他的内心，胸襟仍如冰雪一样洁净。此刻，衣袂飘洒，顿觉萧瑟凄冷。浩淼苍溟之中，让我用北斗七星做成的酒勺，舀尽西江之水，遍请天地万象为宾客。我叩打着船舷，放声高歌，恍惚间，怎能记得此是何年！全词由景到情，由情到心，一气呵成，词人此刻也已沉醉于大自然的物我两忘之中。

为什么在中秋佳节，词人会孤独一人在洞庭湖上呢？

　　绍兴二十四年（1154），正值国家科举取士。诗人陆游在这次考试中名落孙山，因为他的主战政见得罪了权相秦桧。这一科中，秦桧的孙子秦埙也在，礼部考试前，秦桧便早做好一切安排，陆游果然失败。这一年的举子中还有两位诗名贯耳的才子杨万里和范成大，名次也都靠后。但这一科的状元也不是秦埙，而是二十八岁的张孝祥。《宋史·张孝祥传》称他"读书一过目不忘，下笔顷刻数千言"，可见其才华横溢。宋高宗看到他的殿试文章，钦定他为状元。这是秦桧始料未及的。秦桧要拉拢张孝祥，想要把女儿嫁给这位新科状元，不料被断然拒绝。张孝祥刚刚踏上仕途不久，就针对岳飞含冤而死之事发表意见，此时距离岳飞被害已经12年，他不顾权相和高宗本意，毅然上书："岳飞忠勇天下共闻，一朝被谤，不旬日而亡，则敌国庆幸而将士解体，非国家之福……今朝廷冤之，天下冤之，陛下所不知也……当亟复其爵，厚恤其家，表其忠义，播告中外，俾忠魂瞑目于九原，公道昭明于天下。"这是士大夫的风骨。后秦桧指使党羽诬告张孝祥的父亲张祁谋反，张祁锒铛入狱。这之后，秦桧死，但是朝廷中尽是主和派，作为主战派的张孝祥不受重用，屡遭政敌打压。宋孝宗乾道二年（1166），张孝祥因受政敌谗害而被罢职，后被赦免，从桂林北归，途经洞庭湖，触景生情而作了这首《念奴娇·过洞庭》。

　　这首词开篇直说地点与时间，然后写湖面、小舟、月亮、银河的美好景色。此时作者想起在岭南一年的官宦生涯，感到自己无所作为而有所愧疚，人生苦短，不免心酸，不过自己坚持正道，又使他稍感安慰。他要用北斗做酒勺，舀尽长江做酒浆痛饮。全词格调昂奋，一波三折。此词意象鲜明，意境深邃，结构严谨，想象瑰丽，是一首浩然正气长存的绝妙好词。

四、元明清诗歌

（一）导读概览

　　元代的建立结束了唐代安史之乱以来近五百年的纷争局面，奠定了元明清六百多年统治的基础。在游牧文化与农耕文化的相互交融中，元代形成了兼容并包的文化现象。

　　元代文学以曲的成就为最高，诗词方面的成就远比不上唐宋。这一方面是由于元代作者多为官僚，大都重道轻文，很少在艺术上刻意求精。另一方面，唐诗宋词的辉煌犹在昨日，元人一时无法超越创新。元初诗人多为宋金遗民，受元好问和江湖诗人影响较大。元中期代表诗人有虞集、杨载、揭傒斯、范梈、王冕、杨维桢等。

　　明前期诗人大多由元入明，经历了元末的社会动乱，扩大了视野，丰富了生活

经验，写出了不少反映现实的作品。此后，明统治者为了加强对士人的思想控制，提倡理学，以八股文取士，大兴文字狱，致使学人把精力用于八股文上，以追逐功名利禄。

明初诗人的代表有宋濂、刘基等。台阁体是明前期上层官僚中形成的一种文风，其代表作家为杨士奇、杨荣、杨溥，风格雍容典雅，缺乏对生活的关怀，也缺乏艺术创造。李东阳以台阁大臣的地位出来领导文坛，企图振衰救弊，致力于探索唐诗的声调，但作品并无多大创意，成为后来拟古主义的先声。在台阁体颓风逆流中一枝独秀的诗人是于谦，代表作品有《石灰吟》《咏煤炭》等。

明中期前后七子反对台阁体，掀起声势浩大的文学复古运动。明中期拟古复古的诗歌流派以李梦阳、何景明为首，提出"文必秦汉，诗必盛唐"的口号，强调文学的自身价值，反对道德对文学的束缚。后七子的代表是李攀龙、王世贞。

明后期诗人李贽提出"童心说"。以湖北公安人袁宏道、袁宗道、袁中道为代表的公安派反对贵古贱今、模拟抄袭，提出文学应随时代的变化而变化，主张"信口而言，独抒己见"。

清代明后，顾炎武等遗民诗人用诗歌哀悼明朝的灭亡；娄东诗派的吴伟业以《圆圆曲》为"梅村体"代表作，于错金镂彩中蕴含批判力量；虞山诗派的钱谦益学得杜甫神髓，风格沉郁悲凉。

康熙朝的王士禛学王维、孟浩然的山幽水远、诗情画意，提出"神韵说"。同时期，朱彝尊和王士禛并称"南朱北王"，施闰章和宋琬并称"南施北宋"。乾嘉诗坛人才辈出。沈德潜倡导"格调说"，诗作典雅；浙派盟主厉鹗宗宋，写遍西湖一草一木；翁方纲倡导"肌理说"，诗如学术；袁枚标榜"性灵说"，抒写性情；郑板桥质朴泼辣；黄景仁恣情横放。

晚清最著名的诗人是龚自珍。此人傲岸不羁，有"横霸"之气。他的诗直接写心灵，表现物我冲突，如《秋心》等，诗风融唐音宋调而避其流弊，凌厉剽悍，奇谲不羁。之后虽有清末的"诗界革命"和南社诗人群，但是中国古典诗歌再无高峰，日渐衰微。五四运动关闭了中国数千年古典文学的大门，同时开辟了文学崭新的天地。

（二）经典选粹

1. 摸鱼儿·雁丘词 ①

[元] 元好问

问世间，情是何物？直教 ② 生死相许。天南地北双飞客 ③，老翅几回寒暑？欢乐趣，离别苦，就中更有痴儿女 ④。君应有语，渺万里层云，千山暮雪，只影向谁去 ⑤ ？

横汾路，寂寞当年箫鼓，荒烟依旧平楚 ⑥。《招魂》楚些何嗟及，山鬼暗啼风雨 ⑦。天也妒，未信与、莺儿燕子俱黄土 ⑧。千秋万古，为留待骚人 ⑨，狂歌痛饮，来访雁丘处。

作品选注

① 选自姚奠中主编，李正民增订：《元好问全集》，三晋出版社 2015 年版。

② 直教：竟让人。

③ 天南地北双飞客：一对大雁双宿双栖，共同飞遍过天南地北。

④ 就中更有痴儿女：其中更有这深情的一对大雁。

⑤ 只影向谁去：这形影孤单的一只大雁又要向哪里去？

⑥ 横汾路，寂寞当年箫鼓，荒烟依旧平楚：这雁丘边的汾水，当年汉武帝横渡时何等热闹，如今已经寂寞凄凉。汉武帝《秋风辞》云"泛楼船兮济汾河，横中流兮扬素波。箫鼓鸣兮发棹歌"。平楚，远望去齐平树梢。

⑦《招魂》楚些何嗟及，山鬼暗啼风雨：我欲为死雁招魂又有何用？雁魂也在风雨中啼哭。《招魂》，《楚辞》中的篇名。楚些，《招魂》中的语句多以"些"字收尾，故以此代指《楚辞》。何嗟及，悲叹无济于事。山鬼，《楚辞》中的山神，此指雁魂。

⑧ 天也妒，未信与、莺儿燕子俱黄土：上天也嫉妒这对大雁之间的深情，我不信殉情的大雁会与普通的莺燕一样，死后寂灭无闻，变为黄土。

⑨ 骚人：诗人。

品悟赏析

元好问是金代最杰出的词人，现存词三百余首，风格雄浑疏宕而又不失含蓄蕴藉，熔豪放与婉约于一炉，兼豪放与婉约之长，继两宋词人之后将词推向了一种新的境界。他的词题材广阔、风格多样，或雄浑豪壮，或沉郁顿挫，或深婉缠绵，但都思雄力健、情感真挚。

《摸鱼儿·雁丘词》是元好问的名作，初稿作于金章宗泰和五年（1205）。当时年仅十六岁的元好问赴并州应试途中，碰到一个捕雁人，捕雁人对他说："今旦获一雁，杀之矣。其脱网者悲鸣不能去，竟自投于地而死。"元好问被大雁殉情而死的事情感动，因此买下了大雁，葬在汾水旁，垒石而为雁丘。时隔多年，元好问又把这首词一改再改，足见这事长久地打动着他。

这是一首咏物词，词作热情歌颂了一对大雁生死与共的坚贞情操，紧紧围绕"情"字，以雁拟人。作者丰富的想象，运用比喻、拟人等艺术手法，对大雁殉情的故事展开了深入细致的描绘，再加以充满悲剧气氛的环境描写的烘托，塑造了忠于爱情、生死相许的大雁的艺术形象，谱写了一曲凄婉缠绵、感人至深的爱情悲歌。

上片开篇，一个"问"字破空而来，与其说是在发问，不如说是对大雁的生死相许发出的感叹与赞美。作者想象双雁往日双栖双飞的情景，又设想殉情大雁的心理，以拟人的手法生动传神地抒写了雁的痴情，表现其以死相随的必

然性。下片借用典故，衬托出雁丘环境的凄凉，抒发作者的哀悼之情，也发出了深沉的感慨：雁虽微渺，然而其情惊天地而泣鬼神。最后说这对大雁将会千古留名，引得诗人前来凭吊，这是作者进一步的礼赞。

这首词名为咏物，实为抒情。词作中对大雁的歌颂正是对青年男女纯真爱情的礼赞，其中深深寄托了词人进步的爱情理想。词中以帝王盛典之消逝反衬雁丘之长存，正说明纯真的爱情在词人心目中有着至高无上的地位。词中写殉情之雁不会与莺儿、燕子一样化为黄土，正是强调其忠于爱情的精神不朽。词人站在历史的高度，写出了这种精神的永不磨灭，使读者不能不佩服他的惊人识见。这首作品中的崇情意识与辽金文学率真尚情之传统一致，和词人年少之浪漫痴情有关，也与后来元杂剧肯定个人价值和欲望的精神相通。

全词情节并不复杂，行文却腾挪多变。围绕着开头的两句，层层深入地描绘铺叙。词中有大雁生前的欢乐，也有死后的凄苦，有对往事的追忆，也有对未来的展望，前后照应，寓缠绵之情于豪宕之中，寄人生哲理于情语之外，清丽淳朴，温婉蕴藉，具有很高的艺术价值。元好问的词作以雄浑博大见长。在这首词中词人以健笔写柔情，熔沉雄之气韵与柔婉之情肠于一炉，确实是柔婉之极而又沉雄之至。清人刘熙载评元好问词时说"疏快之中，自饶深婉，亦可谓集两宋之大成者矣"。这首《雁丘词》正是摧刚为柔、"疏快之中，自饶深婉"的范例。

2. 桃花庵歌①

［明］唐寅

桃花坞②里桃花庵③，桃花庵里桃花仙。
桃花仙人种桃树，又摘桃花换酒钱。
酒醒只在花前坐，酒醉还来花下眠。
半醒半醉日复日，花落花开年复年。
但愿老死花酒间，不愿鞠躬④车马前。
车尘马足贵者趣，酒盏花枝贫者缘。
若将富贵比贫者，一在平地一在天。
若将贫贱比车马，他得驱驰我得闲。
别人笑我忒⑤风颠，我笑他人看不穿。
不见五陵豪杰墓⑥，无花无酒⑦锄作田。

作品选注

① 选自［明］唐寅撰，陈书良、周柳燕笺注：《唐伯虎集笺注》，中华书局 2020 年版。
② 坞：四面高、中间低的地方。

③ 庵：屋舍。

④ 鞠躬：恭敬谨慎的样子，表示屈从、屈服。

⑤ 忒（tuī）：太。

⑥ 五陵豪杰墓：汉代五个皇帝的陵墓，即长陵、安陵、阳陵、茂陵、平陵，都在长安附近，后人也用"五陵"指富贵人家于长安聚居的地方。

⑦ 无花无酒：没有人前来祭祀。

品悟赏析

　　唐寅是明代闻名遐迩、流芳百世的才子，在这首《桃花庵歌》中，他自诩为"桃花庵里桃花仙"，表现出安贫乐道的豁达情怀和诗酒逍遥的洒脱心境。

　　唐寅，字伯虎，后字子畏，号六如，明成化六年（1470）出生于苏州。他出身显贵，备受宠爱，受到了良好的教育，二十九岁时乡试得中解元，名噪一时，后受科场案的波及，被贬为小吏。这是他人生中的一次巨大打击，唐寅不愿意攀附权贵，靠变卖画作来维持生计，生活穷困潦倒。科场案之后，他寄情诗酒，放浪形骸，在苏州桃花坞一带筑起桃花庵，种下桃树，花开时便邀好友文徵明、祝枝山等人一起饮酒赋诗。在这片灵魂的净土上，唐寅保持着自己高洁的品格，以诗文书写着心中的理想，于是就有了这首《桃花庵歌》。

　　中国古代的文人善于托物言志，唐寅的桃花庵便是他的理想国，桃花则蕴含了他不与世俗同流合污的风骨。他对桃花的吟咏中充盈着通脱放达之气，诗中并不描写桃花的美丽，而是围绕着桃花叙述了自己的日常生活，从"种桃树""摘桃花""花前坐""花下眠"等生活小事中可以看出诗人放浪形骸的气度。陶渊明"采菊东篱下，悠然见南山"写的是无我之境，唐寅的《桃花庵歌》则句句都是有我之境。他将车马权贵视如尘土，将酒盏、花枝、隐者奉为天人，其傲骨和洒脱的风度让人称赏。不过，"桃花源"式的寓言蕴含着诗人对现实世界的不满。唐寅是在受到现实打击后才退缩到隐逸世界里的，这样的隐居是带有被动性的，《桃花庵歌》体现了唐寅在理想与现实产生冲突后对自我心理的一种调节，是借桃花所发的一番光鲜、美丽的牢骚，"桃花源"的生活理想下隐含的是诗人深深的无奈和自伤。

　　从诗歌语言上看，唐寅的诗缺乏含蓄的韵味，其语言通俗，轻便自由，不同于传统诗歌。这种潇洒自如的风格体现出了诗歌的另一种美。

3. 绮怀（其十五）①

［清］黄景仁

几回花下坐吹箫，银汉②红墙③入望遥。
似此星辰非昨夜，为谁风露立中宵？
缠绵思尽抽残茧，宛转心伤剥后蕉。
三五年时三五月④，可怜杯酒不曾消。

作品选注

① 选自钱仲联:《清诗纪事》,凤凰出版社 2004 年版。《绮怀》是黄景仁组诗的代表,共十六首,是对李商隐《无题》诗的巧妙化用和推陈出新。

② 银汉:银河。

③ 红墙:女子的闺房。

④ 三五年时三五月:回想当时,正是自己心爱之人十五岁那年的月圆之夜。

品悟赏析

　　黄景仁是清代著名诗人,少年时即负诗名,但一生怀才不遇,穷困潦倒。诗人早年与自己的表妹情投意合,却未能终成眷属。"绮怀"是一种美丽的情怀,但对黄景仁来说,这种美丽来自爱情失落、无处寻觅的绝望,笼罩着隐隐约约的感伤。这种感伤被甜蜜的回忆和苦涩的现实纠缠着,使得诗人一步步地陷入绝望。

　　首联"几回花下坐吹箫,银汉红墙入望遥"。明月相伴,花下吹箫,是对二人美好相遇的追忆。但伊人所在的闺楼虽然近在咫尺,却如天上的银汉一般遥不可及。颔联"似此星辰非昨夜,为谁风露立中宵"最让人称道。今夜已非昨夜,昨夜的星辰见证了花下吹箫的良辰美景,今夜的星辰却只能陪伴着自己这个伤心人。诗人是清醒的,他知道往事不可能重现,而这种清醒使他陷入了更深的绝望。颈联"缠绵思尽抽残茧,宛转心伤剥后蕉"用了两个比喻:春蚕吐丝,将自己重重包裹,正如诗人用重重思念将自己包围;芭蕉是幽怨的意象,诗人内心痛楚,仿佛被剥去芯、即将枯萎的芭蕉。尾联"三五年时三五月,可怜杯酒不曾消"同首联呼应,"三五年时三五月",是"几回花下坐吹箫"的往昔,回想那个十五岁的少女在圆月下的模样,让手中这杯酒再也消除不了心中的相思和忧愁。诗人无法从往昔和现实的夹缝之中脱身,让这组诗笼罩着缠绵悱恻、凄楚哀伤的情调。

第二节　文以载道

　　随着文学的发展,"散文"的含义和范围也在不断演变。我国古代把与韵文、骈体文相对的散体文章称为"散文",即除诗、词、曲、赋之外,不论是文学作品还是非文学作品都一概称为"散文"。因此,散文与诗、词成为中国古代文学的三大组成部分。

散文这种文体具有以下特点和艺术特色。

第一，形散而神不散。"形散"是说散文取材十分广泛、自由，不受时间和空间的限制，表现手法不拘一格，有叙事、写人、托物抒情、发表议论等。"神不散"是指散文所要表达的主题必须明确而集中。因此，从形式上说散文贵"散"，而在主题、构思和组织上忌"散"。散文写作具有的这种辩证统一的特点，使它与其他文体相区别。

第二，选材范围广阔。散文既可以选取关于广阔社会的重大题材，又可以选取具有一定意义的生活小事。选材范围，前可远涉古代，后可覆盖今天、跨及未来，时间跨度很大，却紧紧围绕主题，没有让人感到丝毫散乱。

第三，形式自由灵活。在各种文学体裁中，散文的形式最灵活多样，不受成法所拘，写作手法灵活自由，篇幅可长可短，可采用日记体、书信体或序跋等形式，在表达方式上可以叙述、描写，也可以抒情、议论，或者几种方式并用。

第四，语言优美凝练。优美是指散文的语言清新明丽，生动活泼，富于音乐感，行文如涓涓流水，叮咚有声，如娓娓而谈，情真意切。凝练是说散文的语言简洁质朴，自然流畅，寥寥数语就可以描绘出生动的形象，勾勒出动人的场景，显示出深远的意境。

一、先秦散文

（一）导读概览

1. 诸子散文

春秋战国时代是社会大变革的时代，也是思想大解放的时代，各学术流派纷纷著书立说，争论不休，形成百家争鸣的局面，诸子散文应运而生，它们记录和宣扬了不同阶级或阶层思想家的思想。

春秋战国时期的主要学派有儒家、墨家、道家、法家等，记载其主张和思想的典籍流传到现在的有《论语》《孟子》《墨子》《庄子》《韩非子》等。其中，《论语》和《孟子》是儒家思想的代表作，诠释了儒家"仁"的思想。《论语》是记录孔子及其弟子言行的，其中多半是简短的谈话和问答。《孟子》记载了孟子的言论，孟子长于辩论，因此其书语言明快，富于鼓动性。《墨子》集中体现了墨子的"兼爱"等主张，语言朴素，说理明确，逻辑性很强，《兼爱》《非攻》等篇极有代表性。庄子散文在诸子中独具魅力，主要表现为作者具有奇幻的想象力和敏锐的观察力，善用寓言，长于譬喻，使文章富于文学趣味。《韩非子》集中体现了法家"因时制宜"的主张，结构严谨，锋芒锐利，说理深刻。《荀子》集中体现了荀子的思想，现有32篇，多长篇，荀子散文的特点是论点明确、层次清楚、句法简练、词汇丰富。

先秦诸子的说理散文无论是在思想上还是在艺术风格上，都对后世散文的发展产生了深远的影响。

2. 历史散文

先秦历史散文为中国的历史文学奠定了基础，对后世的历史学家和古文家都产生了极为深远的影响。

殷商时代有了文字，也就有了记史的散文。到了周朝，各诸侯国的史官进一步以朴素的语言、简洁的文字记录了列国的史实，如《春秋》以后，随着时代的需求，产生了描述现实的历史文学，这就有了《左传》《国语》《战国策》等历史著作。《左传》与《战国策》是先秦历史散文的代表，"至战国而后世之文体备"（章学诚《文史通义诗教上》）。

《左传》是《春秋左氏传》的简称，其又名《左氏春秋》，相传是春秋末年鲁国的史官左丘明所著，记载了春秋二百余年间列国的政治、军事、外交活动和言论，以及天道、鬼神、灾祥、占卜之事，叙事富于戏剧性，情节紧凑，战事描写尤为出色，语言精练、形象。

《国语》是一部国别史，分别记载了周王朝及各诸侯国之事，记言多于记事，所记大多为当时较有远见的开明贵族的话。

《战国策》的作者不可考，现在的版本为西汉刘向辑成。它同《国语》一样，也是分国记事，记载了周王朝及秦、齐、楚、赵等诸国之事。记载的内容是谋臣策士的种种活动及辞说。《战国策》文章的特点是长于说事，善用比喻，人物形象塑造极为生动。

（二）经典选粹

1. 逍遥游（节选）①

[战国] 庄子

北冥②有鱼，其名为鲲。鲲之大，不知其几千里也。化而为鸟，其名为鹏。鹏之背，不知其几千里也。怒而飞，其翼若垂天之云。是鸟也，海运③则将徙于南冥。南冥者，天池④也。

《齐谐》者，志怪者也。《谐》之言曰："鹏之徙于南冥也，水击三千里，抟⑤扶摇⑥而上者九⑦万里，去⑧以六月息⑨者也。"野马⑩也，尘埃也，生物⑪之以息⑫相吹也。天之苍苍，其正色耶？其远而无所至极耶？其视下也，亦若是则已矣。

且夫水之积也不厚，则其负大舟也无力。覆杯水于坳堂之上，则芥为之舟；置杯焉则胶，水浅而舟大也。风之积也不厚，则其负大翼也无力。故九万里，则风斯在下矣，而后乃今培风；背负青天而莫之夭阏⑬者，而后乃今将图南⑭。

蜩⑮与学鸠⑯笑之曰："我决起而飞，抢榆枋，时则不至而控于地而已矣，奚以之九万里而南为？"适莽苍者，三餐而反，腹犹果然；适百里者，宿舂粮；适千里者，三月聚粮。之二虫又何知！

小知不及大知，小年不及大年，奚以知其然也？朝菌⑰不知晦朔⑱，蟪蛄⑲不知春秋，此小年也。楚之南有冥灵⑳者，以五百岁为春，五百岁为秋；上古有大椿㉑者，以八千岁为春，八千岁为秋。而彭祖乃今以久特闻，众人匹之，不亦悲乎！

汤之问棘也是已。穷发㉒之北有冥海者，天池也。有鱼焉，其广数千里，未有知其修者，其名为鲲。有鸟焉，其名为鹏，背若太山，翼若垂天之云，抟扶摇羊角而上者九万里，绝云气，负青天，然后图南，且适南冥也。斥鷃㉓笑之曰："彼且奚适也？我腾跃而上，不过数仞而下，翱翔蓬蒿之间，此亦飞之至也；而彼且奚适也？"此小大之辩㉔也。

故夫知效一官，行比一乡，德合一君，而征一国者，其自视也，亦若此矣。而宋荣子犹然笑之。且举世而誉之而不加劝，举世而非之而不加沮，定㉕乎内外㉖之分，辩乎荣辱之境，斯已矣。彼其于世，未数数然㉗也。虽然，犹有未树也。夫列子㉘御风而行，泠然㉙善也，旬有五日而后反。彼于致福者，未数数然也。此虽免乎行，犹有所待者也。若夫乘㉚天地㉛之正㉜，而御六气之辩㉝，以游无穷者，彼且恶乎待哉？故曰：至人㉞无己㉟，神人无功㊱，圣人无名㊲。

作品选注

① 选自［清］钱澄之撰，殷呈祥校点：《庄屈合诂》，黄山书社1998年版。

② 北冥：北海，相传无边无际，水深而黑。冥，通"溟"，海色深黑。

③ 海运：海动。古有"六月海动"之说。海动之时必有大风，因此大鹏可以乘风南行。

④ 天池：天然形成的大海。

⑤ 抟（tuán）：回旋而上。

⑥ 扶摇：由地面急剧盘旋而上的暴风。

⑦ 九：虚数，不是实指。

⑧ 去：离开，这里指离开北海。

⑨ 息：风。

⑩ 野马：游动的雾气。古人认为春天万物生机萌发，大地之上游气奔涌，如野马一般。

⑪ 生物：各种有生命的东西。

⑫ 息：有生命的东西呼吸所产生的气息。

⑬ 莫之天阏（è）：无所滞碍。天，挫折。阏，遏制、阻止。

⑭ 图南：计划向南飞。

⑮ 蜩（tiáo）：蝉。

⑯ 学鸠：斑鸠之类的小鸟。

⑰ 朝菌：朝生暮死的菌类植物。

⑱ 晦朔：晦是农历每月的最后一天，朔是农历每月的第一天。

⑲ 蟪（huì）蛄（gū）：寒蝉，春生夏死或夏生秋死。

⑳ 冥灵：大树名。

㉑ 大椿：传说中的大树名。

㉒ 穷发：传说中极荒远的不生草木之地。

㉓ 斥鷃（yàn）：池沼中的小雀。

㉔ 小大之辩：小和大的区别。辩，通"辨"。

㉕ 定：认清。

㉖ 内外：这里分别指自身和身外之物。在庄子看来，自主的精神是内在的，荣誉和非难都是外在的，而只有自主的精神才是重要的、可贵的。

㉗ 数（shuò）数然：汲汲然，谋求名利、拼命追求的样子。

㉘ 列子：列御寇，战国时期思想家。

㉙ 泠（líng）然：轻妙飘然的样子。

㉚ 乘：遵循，凭借。

㉛ 天地：自然界。

㉜ 正：本，这里指自然的本性。

㉝ 御六气之辩：驾驭六气的变化。御，驾驭、把握。六气，指阴、阳、风、

雨、晦、明。辩，通"变"，变化。

㉞ 至人：庄子认为修养最高的人。下文"神人""圣人"义相近。

㉟ 无己：消除外物与自我的界限，达到忘掉自己的境界，即物我不分。

㊱ 无功：无功利之心。

㊲ 无名：不追求名誉、地位，不立名。

品悟赏析

　　庄子的作品集中体现了道家的核心思想，也蕴含着做人、做事的哲学与智慧。《逍遥游》作为庄子的代表作品，展现了他的人生理想，是庄子人生论的核心内容。其篇名"逍遥游"就是指没有束缚、无所依赖、绝对自由地运动和存在，这是庄子思想的核心，其中包含着道家忘却自我、轻视名利、达到真正逍遥的人生观，是一种以出世的精神生活于现实世界的人生观。

　　庄子的"逍遥游"思想实际上就是对"有待"和"无待"的辩论，在《逍遥游》中庄子运用了多组对比来体现"逍遥"的内涵，表达对"有待"的看法。庄子认为，船靠水力方能行，大鹏靠风力方能飞，这都是"有待"。庄子批判这些"有待"者，提出了"无待"的理想境界，这或许跟他的生活情况有关。庄子认为一个人的心境一旦达到了一定境界，就不会过度关注于自我的小世界，他应放眼于更高、更宽的大世界。同时，他认为从"有待"到"无待"，具体的途径就是"至人无己，神人无功，圣人无名"。

　　《庄子·秋水》中有这样一个故事。庄子在濮水边钓鱼，楚王派两位大夫前往表达心意，请他做官，庄子拿着鱼竿头也不回地说："我听说楚国有一只神龟，死了已经有三千年了，楚王用锦缎将它包好，放在竹匣中，珍藏在宗庙的堂上。这只神龟，它是宁愿死后享受富贵，还是宁愿活在烂泥里拖着尾巴爬行呢？"两位大夫说："宁愿活在烂泥里拖着尾巴爬行吧。"庄子说："你们回去吧！我宁愿像龟一样在烂泥里拖着尾巴活着。"世人所偏爱的名利、地位、金钱在庄子看来皆是浮云。庄子的哲学告诉我们，不要太过于在乎外在的欲望，这些欲望往往最能迷惑我们的心智，给我们造成许多假象和错误认知。庄子把功名利禄等人世追求看作对自我的限制。他认为修养达到神化不测境界的人无求于功，有道德、学问的圣人无意于名。庄子正是深刻地认识到了这些，才会说"至人无己，神人无功，圣人无名"。"至人""神人""圣人"都是庄子自身的理想人格。在他看来，只有达到"无己、无功、无名"的境界，才能摆脱一切"有待"，达到"无待"的真正逍遥。

2. 鲁仲连义不帝秦 ①

秦围赵之邯郸。魏安釐王使将军晋鄙救赵。畏秦，止于荡阴，不进。

魏王使客将军 ② 辛垣衍间入 ③ 邯郸，因平原君谓赵王曰："秦所以急围赵者，前与齐湣王争强为帝 ④，已而复归帝，以齐故。今齐湣王已益弱。方今唯秦雄天下，此非必贪邯郸，其意欲求为帝。赵诚发使尊秦王为帝，秦必喜，罢兵去。"平原君犹豫未有所决。

此时鲁仲连 ⑤ 适游赵，会秦围赵。闻魏将欲令赵尊秦为帝，乃见平原君曰："事将奈何矣？"平原君曰："胜也何敢言事？百万之众折于外 ⑥，今又内围邯郸而不能去。魏王使将军辛垣衍令赵帝秦，今其人在是。胜也何敢言事？"鲁连曰："始吾以君为天下之贤公子也，吾乃今然后知君非天下之贤公子也。梁客辛垣衍安在？吾请为君责而归之。"平原君曰："胜请召而见之于先生。"平原君遂见辛垣衍曰："东国有鲁连先生。其人在此，胜请为绍介而见之于将军。"辛垣衍曰："吾闻鲁连先生，齐国之高士也；衍，人臣也；使事有职 ⑦，吾不愿见鲁连先生也。"平原君曰："胜已泄之矣。"辛垣衍许诺。

鲁连见辛垣衍而无言。辛垣衍曰："吾视围城之中者，皆有求于平原君者也。今吾视先生之玉貌 ⑧，非有求于平原君者，曷为久居此围城之中而不去也？"鲁连曰："世以鲍焦无从容而死者，皆非也 ⑨。今众人不知，则为一身 ⑩。彼秦者，弃礼义而上首功 ⑪ 之国也，权使其士，虏使其民 ⑫；彼则 ⑬ 肆然而为帝，过而遂正于天下 ⑭，则连有赴东海而死矣，吾不忍为之民也！所为见将军者，欲以助赵也。"辛垣衍曰："先生助之奈何？"鲁连曰："吾将使梁及燕助之，齐、楚则固助之矣。"辛垣衍曰："燕，则吾请以从矣；若乃梁，则吾乃梁人也，先生恶能使梁助之耶？"鲁连曰："梁未睹秦称帝之害故也；使梁睹秦称帝之害，则必助赵矣。"辛垣衍曰："秦称帝之害将奈何？"鲁仲连曰："昔齐威王尝为仁义矣，率天下诸侯而朝周，周贫且微，诸侯莫朝，而齐独朝之。居岁余，周烈王崩，诸侯皆吊，齐后往。周怒，赴于齐曰：'天崩地坼，天子下席 ⑮，东藩之臣田婴齐后至，则斮 ⑯ 之！'威王勃然怒曰：'叱嗟！而母婢也 ⑰！'卒为天下笑。故生则朝周，死则叱之，诚不忍其求也。彼天子固然，其无足怪。"

辛垣衍曰："先生独未见夫仆乎？十人而从一人者，宁力不胜，智不若耶？畏之也。"鲁仲连曰："然梁之比于秦，若仆耶？"辛垣衍曰："然。"鲁仲连："然吾将使秦王烹醢 ⑱ 梁王。"辛垣衍怏然 ⑲ 不悦，曰："嘻！亦太甚矣，先生之言也。先生又恶能使秦王烹醢梁王？"鲁仲连曰："固也，待吾言之：昔者，鬼侯、鄂侯、文王，纣之三公也。鬼侯有子而好，故入之于纣，纣以为恶，醢鬼侯 ⑳。鄂侯争之急，辨之疾，故脯鄂侯 ㉑。文王闻之，喟然而叹，故拘之于牖里之车百日，而欲舍之死。曷为与人俱称帝王，卒就脯醢之地也？

"齐闵王将之鲁 ㉒，夷维子执策 ㉓ 而从，谓鲁人曰：'子将何以待吾君？'鲁人曰：'吾将以十太牢待子之君。'夷维子曰：'子安取礼而来待吾君？彼吾君者，天

子也。天子巡狩，诸侯辟舍，纳于筦键，摄衽抱几，视膳于堂下㉔；天子已食，退而听朝也。'鲁人投其籥㉕，不果纳，不得入于鲁。将之薛，假涂于邹。当是时，邹君死，闵王欲入吊。夷维子谓邹之孤曰：'天子吊，主人必将倍殡柩㉖，设北面于南方，然后天子南面吊也。'邹之群臣曰：'必若此，吾将伏剑而死。'故不敢入于邹。邹、鲁之臣，生则不得事养，死则不得饭含㉗，然且欲行天子之礼于邹、鲁之臣，不果纳。今秦万乘之国，梁亦万乘之国，俱据万乘之国，交有称王之名，赌其一战而胜，欲从而帝之，是使三晋之大臣不如邹、鲁之仆妾也。

"且秦无已而帝㉘，则且变易诸侯之大臣，彼将夺其所谓不肖，而予其所谓贤；夺其所憎，而与其所爱。彼又将使其子女谗妾㉙为诸侯妃姬，处梁之宫，梁王安得晏然而已乎？而将军又何以得故宠乎？"

于是辛垣衍起，再拜谢曰："始以先生为庸人，吾乃今而知先生为天下之士也。吾请去，不敢复言帝秦。"

秦将闻之，为却军五十里。适会魏公子无忌夺晋鄙军以救赵击秦，秦军引而去。

于是平原君欲封鲁仲连，鲁仲连辞让者三，终不肯受。平原君乃置酒，酒酣，起，前，以千金为鲁连寿㉚。鲁连笑曰："所贵于天下之士者，为人排患、释难，解纷乱而无所取也。即有所取者，是商贾之人也，仲连不忍为也。"遂辞平原君而去，终身不复见。

作品选注

① 选自何建章：《战国策注释》，中华书局1990年版。
② 客将军：辛垣衍非魏国人而在魏国为将，故称客将军。
③ 间入：潜入，从小路进入。
④ 争强为帝：周赧王二十七年（前288），齐湣王与秦昭王同时称帝，故言。
⑤ 鲁仲连：战国时齐国高士，好为人排忧解难，不仕于诸侯，为后世所称颂。
⑥ 百万之众折于外：长平之战（前260）中，秦军大破赵军，赵降卒四十万人被坑杀，百万是夸大的说法。折，损伤。
⑦ 使事有职：任出使之事，有一定的职守。
⑧ 玉貌：称别人仪容、相貌的敬辞。
⑨ 世以鲍焦无从容而死者，皆非也：世上那些认为鲍焦是由于心胸狭隘而死的人都是不对的。鲍焦，春秋时的隐士，因为不满当时的社会，抱树绝食而死。无从容，心胸不开阔。
⑩ 今众人不知，则为一身：现在的一般人不理解鲍焦，认为他只是为自身而死的。
⑪ 上首功：崇尚战功。上，同"尚"。首功，以作战时斩获敌人的首级多少来计功。
⑫ 权使其士，虏使其民：运用权诈之术来使唤士人，像对待奴隶一样来役使百姓。权，权诈、权术。

⑬ 则：假如。

⑭ 过而遂正于天下：甚至竟然控制了整个天下。过，甚。正，同"政"，用政治力量控制。

⑮ 下席：孝子守丧时离开宫室，寝于苫席之上。

⑯ 斮（zhuó）：斩。

⑰ 叱（chì）嗟（jiē）！而母婢也：你（周显王）的母亲原来是当奴婢的。叱嗟，怒斥声。而，通"尔"，你。

⑱ 烹醢（hǎi）：古时的两种酷刑，烹是将人煮死，醢是把人剁成肉酱。

⑲ 怏然：不高兴的样子。

⑳ 鬼侯有子而好，故入之于纣，纣以为恶，醢鬼侯：九侯有个容貌美丽的女儿，把她献给纣王，纣王认为她不美，因此将九侯处以醢刑。鬼侯，即九侯，商朝诸侯，醜国国君。

㉑ 鄂侯争之急，辨之疾，故脯鄂侯：鄂侯刚直诤谏，激烈辩白，又把鄂侯杀死做成肉干。辨，同"辩"，争辩。

㉒ 齐闵王将之鲁：周赧王三十一年（前284），燕将乐毅率五国之师攻齐，齐湣王逃奔到卫，因态度傲慢，不受卫国人欢迎，又逃到邹、鲁，意气骄人，邹、鲁皆不肯接纳。齐湣王曾称东帝，在逃难途中犹如此傲慢无礼，鲁仲连以此说明帝秦之害。

㉓ 策：马鞭。

㉔ 天子巡狩，诸侯辟舍，纳于筦（guǎn）键，摄衽（rèn）抱几，视膳于堂下：天子视察诸侯国时，诸侯要把自己的宫室让给天子，自己避居在外，把自己的管理权交给天子，提起衣襟，侍立于几案之侧，在堂下伺候天子进餐。筦键，钥匙。摄，提。衽，衣襟。

㉕ 投其籥（yuè）：闭关下锁。投，合。

㉖ 倍殡柩：把灵柩移到相反的方向，即从北面移到南面。倍，同"背"。

㉗ 饭含：古时殡礼，把米放在死者口中叫"饭"，把珠玉放在死者口中叫"含"。

㉘ 秦无已而帝：秦如果逞欲不止而终于称帝。

㉙ 谗妾：惯于谗毁他人的妾妇。

㉚ 寿：报酬。

品悟赏析

　　战国后期，秦国独强，加快了统一中国的步伐。周赧王五十六年（前259），秦国凭借长平一战坑杀赵卒四十余万人，歼灭了赵军主力，而后又长驱入赵，直扑其都城邯郸，围之达两年之久。其间，魏国派晋鄙率十万大军救赵，但其因畏秦不敢前进，名为救赵，实则持观望态度，魏王同时派辛垣衍去劝赵尊秦为帝，以求苟安。适逢高士鲁仲连在赵国，闻言挺身而出，反对投降，围绕帝秦问题和辛垣衍展开了一场单刀直入的辩论。

　　辛垣衍劝赵尊秦为帝，不过是贪图一时苟安，而鲁仲连则仗义执言，从正反两方面列举大量史事，痛快淋漓地揭穿了帝秦的危害，说明坚持正义终能取

胜，唯抗秦才有出路。其论述具有远见卓识，分析利害关系入情入理，并善于运用历史事实和生动的比喻，极具说服力，令辛垣衍心悦诚服，也坚定了各国诸侯抗秦的信心。最后魏信陵君与楚春申君联手救赵，秦军撤围而去，邯郸之围由此得解。

《战国策》的这段文章词锋犀利，气势磅礴，读之令人荡气回肠，在艺术上也塑造了数个性格各异、栩栩如生的人物形象，并形成鲜明的对比，鲁仲连的见义勇为、临危不惧、大义凛然与辛垣衍的鼠目寸光，平原君的惊慌失措、优柔寡断形成鲜明的对比，使人物的个性特色更加凸显。鲁仲连的侠义之心、凛然正气及功成不居的高尚品德，令人千载之下仍能想见其绝世风采。

二、唐宋散文

（一）导读概览

南朝骈文创作极度繁荣。南朝齐、梁时期，骈文体制臻于完美，论政议事、抒情写志、描景绘物，无所不能，几乎取散文而代之。初唐文风亦如其旧，崇尚富藻，竞为遒丽，雕刻成习。

高宗、武后时期，王勃等初唐四杰开始自觉地批判齐梁遗风，力图以宏伟壮丽之风来廓清雕刻细琐之弊，使骈文由绮碎走向宏博，以适应时代特点。四杰之文辞藻更为富赡，语言更为秾艳，洋溢着清新俊逸之气，透露出青年作者骄人的才华，虽然不彻底，但四杰之文的确使唐代散文向健康的道路上迈进了一大步。真正能以风雅去浮侈，给散文复兴带来契机的是陈子昂等人。一方面，陈子昂之文大多有为而发，重在实用，言事说理，力求清晰缜密，如《谏灵驾入京书》《驳复仇议》等，无不直言极谏、博赡周密；另一方面，陈子昂追求疏朴质直的风格，在形式上注意化骈为散，多用散句，偶有对句，也务求流利畅达。陈子昂的文章和他的诗作一样，或许存在着质胜于文的缺陷，但对唐代文体革新产生了深远影响。

安史之乱后，大唐走向衰落，内有藩镇割据、宦官专权，外有兵患频起，国家经济衰退，民生凋敝，致使社会矛盾日趋激化，人们企盼革新，铲除弊政，恢复盛世，有识之士纷纷探求治世良方。韩愈所领导的古文运动正是在这种背景下出现的，因此唐代的古文运动与其说是一场文体革新运动，不如说是一场思想、文化的复古运动，它不仅希望通过复兴古文建立一种自由流畅的散行文体，更希望借助复兴儒学建立一套补缺救弊的哲学、政治理论，通过重建道德规范挽救社会危机，加强和巩固唐王朝大一统政权。为此，韩愈、柳宗元强调学古文的出发点在于"学古道"，"愈之所志于古者，不惟其辞之好，好其道焉尔"（韩愈《答李秀才书》），"愈之为古文，岂独取其句读不类于今者邪？思古人而不得见，学古道则欲兼通其辞。

通其辞者，本志乎古道者也"（韩愈《题哀辞后》），"乃知文者以明道，是固不为炳炳烺烺，务采色、夸声音而以为能也"（柳宗元《答韦中立论师道书》）。他们所讲的"古道"，就是尧、舜、禹、汤、文、武、周公、孔、孟之道。为维护所传之道的正统性和纯洁性，韩愈大力攘斥佛、老，排除从两汉以来的种种杂说，直接把古文的创作和对古圣贤之道的宣扬捆绑在一起，通过重新树立儒学权威，为古文创作找到一个强有力的理论基础。

与此同时，韩、柳还提出了一套合理的古文写作理论。他们重视作家的修养，提出了"气盛言宜"之说，认为"气盛，则言之短长与声之高下者皆宜"（韩愈《答李翊书》），同时又强调古文要表现作者的真切感受，提出"不平则鸣"。在具体的写作过程中，韩愈还主张要推陈出新，力求做到词必己出，"唯陈言之务去"。柳宗元对散文的功用、散文内容与形式的关系、散文应有的艺术风貌及如何取法前人的创作经验等问题都有精到的看法，他说"文有二道"，认为应该将应用之文与审美之文区分开来，用不同的标准加以规范，应用之文要求词正理备，审美之文则应意畅言美。这种对实用散文和文学散文的区分，为古文文学性的发展提供了合理依据。而散文文学性的增强，正是韩、柳对唐代古文运动所做的重要贡献之一。

宋代古文运动是在北宋时期酝酿、发展和完成的，是唐代古文运动的继续和发展。这次运动以韩、柳文章为号召，以"复古"为旗帜，是配合北宋政治变法形势的一次全面的文风革新。

欧阳修是北宋古文运动的领袖人物，被时人称为"今之韩愈"。他创作了大量平淡、自然的古文，形成了词简意达而又曲折婉转、情韵悠然的独特风格，对时人的创作起了示范作用。欧阳修之文众体兼备，内容丰富，叙事写景，自然流畅，析理言情，平易婉转。其政论文多围绕国事民生作论，剖析时弊，奏陈方略，有很强的实用性，如《朋党论》《与高司谏书》等，无不有为而发，旗帜鲜明。其史论亦自有特色，常以慨叹的语气评论是非、总结教训，名篇如《五代史伶官传序》，行文抑扬顿挫，一唱三叹。其写景抒情之文摇曳多姿、韵味深长，如《醉翁亭记》，寓忧愤于旷放中，文气跌宕舒缓，文字精整雅丽，句式参差错落，抒情委婉曲折，写景有声有色、诗情画意。

苏轼是继欧阳修之后又一位卓越的领军人物，他和欧阳修的文学观点颇为一致，强调文章的社会功用，倡导平淡、自然的文风。

王安石是著名的政治改革家和文学家，他在文学方面十分仰慕扬雄、孟子和韩愈，并"能以孟、韩之心为心"（王安石《送孙正之序》）。他本人十分重视文章的社会功用，认为作文须"有补于世""以适用为本"，但也赞成"文辞博美"，其所作多为有关政治、学术的说理文，见解深刻，议论透辟，文笔拗折峭深，结构严谨，文字尤其简洁。

南宋散文的总体成就不如北宋，但具有鲜明的时代特色。南宋时期靖康祸起，宋室南渡，国家不幸，士人悲愤，却使文风大振，充满凛然正气和爱国激情。由于

和战之争不断，以至涌现出不少贞良死节之臣，这种充斥着凛然正气的文风在南宋前期流行开来，成为南宋散文乃至整个文坛的一大亮点。

（二）经典选粹

1. 送孟东野序①

[唐] 韩愈

大凡物不得其平则鸣。草木之无声，风挠②之鸣；水之无声，风荡之鸣。其跃③也，或激④之；其趋⑤也，或梗之；其沸也，或炙之。金石之无声，或击之鸣。人之于言也亦然，有不得已者而后言。其歌也有思，其哭也有怀⑥。凡出乎口而为声者，其皆有弗平者乎！

乐⑦也者，郁⑧于中而泄于外者也，择其善鸣者而假⑨之鸣。金、石、丝、竹、匏、土、革、木⑩八者，物之善鸣者也。维天之于时也亦然，择其善鸣者而假之鸣。是故以鸟鸣春，以雷鸣夏，以虫鸣秋，以风鸣冬。四时之相推敓⑪，其必有不得其平者乎！

其于人也亦然。人声之精者为言，文辞之于言，又其精也，尤择其善鸣者而假之鸣。其在唐、虞⑫，咎陶⑬、禹，其善鸣者也，而假以鸣。夔⑭弗能以文辞鸣，又自假于《韶》以鸣。夏之时，五子⑮以其歌鸣。伊尹鸣殷，周公鸣周。凡载于《诗》《书》六艺，皆鸣之善者也。周之衰，孔子之徒鸣之，其声大而远。《传》曰："天将以夫子为木铎⑯。"其弗信矣乎？其末也，庄周以其荒唐⑰之辞鸣。楚，大国也，其亡也，以屈原鸣。臧孙辰⑱、孟轲、荀卿，以道鸣者也。杨朱、墨翟、管夷吾、晏婴、老聃、申不害、韩非、慎到、田骈⑲、邹衍⑳、尸佼㉑、孙武、张仪、苏秦之属，皆以其术鸣。秦之兴，李斯鸣之。汉之时，司马迁、相如、杨雄，最其善鸣者也。其下魏、晋氏，鸣者不及于古，然亦未尝绝也。就其善者，其声清以浮，其节㉒数㉓以急，其辞淫以哀，其志弛㉔以肆，其为言也，乱杂而无章㉕。将天丑㉖其德莫之顾邪？何为乎不鸣其善鸣者也？

唐之有天下，陈子昂、苏源明、元结、李白、杜甫、李观，皆以其所能鸣。其存而在下者，孟郊东野始以其诗鸣。其高出魏、晋，不懈而及于古，其他浸淫㉗乎汉氏矣。从吾游者，李翱、张籍其尤㉘也。三子者之鸣信善矣。抑不知天将和其声，而使鸣国家之盛邪？抑将穷饿其身，思愁其心肠，而使自鸣其不幸邪？三子者之命，则悬乎天矣。其在上也，奚以喜？其在下也，奚以悲？

东野之役㉙于江南也，有若不释然者，故吾道其命于天者以解之。

作品选注

① 选自张文忠：《唐宋八大家文观止》，陕西人民教育出版社2019年版。

② 挠：摇动。

③ 跃：飞溅。

④ 激：阻遏。

⑤ 趋：快走，此指水流迅速。

⑥ 怀：感伤。

⑦ 乐：音乐。

⑧　郁：郁结，蓄积。

⑨　假：借助。

⑩　金、石、丝、竹、匏、土、革、木：我国古代制作乐器的八种材料，指代各种乐器。金，指钟；石，指磬；丝，指琴、瑟；竹，指箫、笛；匏，指笙、竽；土，指埙；革，指鼗、鼓；木，指柷、敔。

⑪　推敓（duó）：推移，交替。敓，同"夺"。

⑫　唐、虞：唐为帝尧的国号，虞为帝舜的国号。

⑬　咎陶：又作"皋陶""咎繇"，舜的臣子，掌管司法，制定法律。

⑭　夔：舜时的乐官，创作了乐曲《韶》。

⑮　五子：夏王太康的五个弟弟，作《五子之歌》。太康以淫佚失国，五子作歌陈述大禹的警诫。

⑯　木铎：木舌的铃，比喻宣扬教化的人。

⑰　荒唐：广大空阔。

⑱　臧孙辰：春秋时鲁国人，其言论见《国语》《左传》。

⑲　田骈：战国时人，著有《田子》，已佚。

⑳　邹衍：又作驺衍，战国末人，阴阳家，著有《终始》《大圣》。

㉑　尸佼：战国人，著有《尸子》。

㉒　节：音节，节拍。

㉓　数：频繁，细密。

㉔　弛：松懈。

㉕　无章：没有法度。

㉖　丑：厌恶。

㉗　浸淫：渗透，接近。

㉘　尤：特出，杰出。

㉙　役：供职。

品悟赏析

　　孟东野即孟郊，是韩愈的学生和挚友，唐代诗人。孟郊一生穷困潦倒，早年屡试不中，直到46岁才成为进士，仕途更是坎坷，50岁才被任命为溧阳县尉。这篇序文就是韩愈送他去江南时的劝慰之言。文章暗刺当政者不能任用人才，为孟郊的不得志鸣不平。

　　文章内容共分四段。第一段论述"物不平则鸣"的道理。从草木、水受外力的激动而发出声音，论及人发表言论、作歌、哭泣都是有所不平的缘故。第二段列举自然界的多种现象论证"不平则鸣"的观点，为下文阐述"人也亦然"打下论证的基础。第三段承接上文，从自然界论及人类社会，从唐虞、夏、商、周、春秋、战国、秦、汉、魏晋，南北朝一直谈到隋、唐，列举了众多历史人物的事迹，论证了"物不得其平则鸣"的论点。第四段列举大量人物，最终点明题旨"东野之役于江南也，有若不释然者，故吾道其命于天者以解之"，借以抒发对孟郊怀才不遇的感慨。文章运用比兴手法，从"物不平则鸣"写到"人不平则鸣"。全序仅篇末用少量笔墨直接点到孟郊，其他内容都凭空结撰，出人意外，但又紧紧围绕孟郊其人其事而设，言在彼而意在此，因

而并不显得空疏游离，体现了布局谋篇上的独到造诣。

韩愈首先着重分析了"鸣"产生的原因，从自然界的草木金石、风雨雷电到人类社会中的三皇五帝、至圣先贤，一口气用了三十八个"鸣"字，文笔千变万化，议论恣肆纵横。韩愈以泼墨之法述古编新、竭力铺陈的用意就在于以"不平则鸣"的中心论点去对孟郊进行启发，包含这样几层意思：一是不要认为自己不该"鸣"，认为今日之不幸均因"鸣"字而起；二是"鸣"乃天性，想不"鸣"也难做到，不如当个"鸣之善也者"；三是为世所用则"鸣国家之盛"，为世所嫉则"自鸣其不幸"，二者皆无不可。

在分析了"鸣"产生的原因之后，韩愈又从"鸣"的"善"与"不善"入手进行了深入的探讨。作者涉及三代，论述百家，以"鸣"字为经线，用旁逸侧出之笔、突兀峥嵘之法，时抑时扬地表达出自己对历代名人的评价。韩愈把历史时期划为三个阶段，认为魏晋之后"鸣者不及于古"，这种厚古薄今的论调出于对魏晋以降志士仁人愈发"不得其鸣"之现状的义愤。

由此，韩愈就在末段里以正大的议论、闪烁变化的语言向孟郊表示，从上古至今众多人物的遭遇就可以懂得，毋以胜败得失论英雄，一个人只要敢"鸣"、善"鸣"也就够了，至于幸与不幸、遇与不遇、在上位还是在下位等则一概不足论。为什么三代两汉的人物都可以"鸣"且善，到魏晋却一落千丈？作者以"天怒其德"作为理由，是含糊其辞，本意显然是指出乱世之中大批人才被埋没、被轻视的事实，流露出对历代当权者压抑、摧残人才的强烈不满。

韩愈在这篇赠序中溯古论今，独辟蹊径，于论述之中寄托感慨，在叙说之中有所讽刺，奇而不诡，收放自如，波澜迭起，体现出变化多端、格调高奇、深刻雄健、气象万千的行文风格。

2. 赤壁赋 ①

〔宋〕苏轼

壬戌 ② 之秋，七月既望 ③，苏子与客泛舟游于赤壁之下。清风徐来，水波不兴。举酒属 ④ 客，诵明月之诗 ⑤，歌窈窕之章 ⑥。少焉，月出于东山之上，徘徊于斗牛 ⑦ 之间。白露 ⑧ 横江 ⑨，水光接天。纵一苇之所如 ⑩，凌万顷之茫然 ⑪。浩浩乎如冯虚御风 ⑫，而不知其所止，飘飘乎如遗世 ⑬ 独立，羽化 ⑭ 而登仙。于是饮酒乐甚，扣舷而歌之。歌曰："桂棹兮兰桨，击空明 ⑮ 兮溯 ⑯ 流光 ⑰。渺渺 ⑱ 兮予怀，望美人兮天一方。"客有吹洞箫者，倚歌 ⑲ 而和之。其声呜呜然，如怨如慕 ⑳，如泣如诉。余音袅袅，不绝如缕 ㉑。舞幽壑之潜蛟，泣孤舟之嫠妇 ㉒。

苏子愀然 ㉓，正襟危坐，而问客曰："何为其然也？"客曰："'月明星稀，乌鹊南飞。'此非曹孟德之诗乎？西望夏口，东望武昌。山川相缪 ㉔，郁 ㉕ 乎苍苍。此非孟德之困于周郎 ㉖ 者乎？方其破荆州，下江陵 ㉗，顺流而东也，舳舻 ㉘ 千里，旌旗蔽空，酾酒㉙临江，横槊㉚赋诗，固一世之雄也，而今安在哉？况吾与子渔樵于江渚之上，侣鱼虾而友麋鹿。驾一叶之扁舟，举匏尊㉛以相属。寄蜉蝣于天地，渺沧海之一粟。哀吾生之须臾，羡长江之无穷。挟飞仙以遨游，抱明月而长终㉜。知不可乎骤㉝得，托遗响㉞于悲风㉟。"

苏子曰："客亦知夫水与月乎？逝者如斯，而未尝往也。盈虚者如彼，而卒㊱莫消长也。盖将自其变者而观之，则天地曾不能以一瞬；自其不变者而观之，则物与我皆无尽也，而又何羡乎？且夫天地之间，物各有主，苟非吾之所有，虽一毫而莫取。惟江上之清风，与山间之明月，耳得之而为声，目遇之而成色，取之无禁，用之不竭，是造物者之无尽藏也，而吾与子之所共适。"

客喜而笑，洗盏更酌。肴核既尽，杯盘狼籍。相与枕藉乎舟中，不知东方之既白。

作品选注

① 选自〔宋〕苏轼著，李之亮笺注：《苏轼文集编年笺注》，巴蜀书社2011年版。

② 壬戌：元丰五年（1082）岁次壬戌。

③ 既望：农历每月十六。农历每月十五日为"望日"，十六日为"既望"。

④ 属（zhǔ）：倾注，引申为劝酒。

⑤ 明月之诗：《诗经·陈风·月出》。

⑥ 窈窕之章：《陈风·月出》首章为"月出皎兮，佼人僚兮。舒窈纠兮，劳心悄兮"。"窈纠"同"窈窕"。

⑦ 斗牛：星座名，即斗宿、牛宿。

⑧ 白露：白茫茫的水气。

⑨ 横江：横贯江面。

⑩ 纵一苇之所如：任凭小船在宽广的江面上飘荡。纵，任凭。一苇，比喻极小的船。如，往。

⑪ 茫然：旷远的样子。

⑫ 冯（píng）虚御风：乘风腾空而遨游。冯虚，凭空、凌空。冯，通"凭"，乘。虚，太空。御，驾驭。

⑬ 遗世：离开尘世。

⑭ 羽化：传说成仙的人能像长了翅膀一样飞升。

⑮ 空明：月亮倒映在水中的澄明之色。

⑯ 溯：逆流而上。

⑰ 流光：在水波上闪动的月光。

⑱ 渺渺：悠远的样子。

⑲ 倚歌：按照歌曲的声调、节拍。

⑳ 慕：眷恋。

㉑ 缕：细丝。

㉒ 嫠（lí）妇：寡妇。

㉓ 愀（qiǎo）然：容色改变的样子。

㉔ 缪（liáo）：通"缭"，盘绕。

㉕ 郁：茂盛的样子。

㉖ 孟德之困于周郎：汉献帝建安十三年（208），吴将周瑜在赤壁之战中击溃曹操号称的八十万大军。

㉗ 破荆州，下江陵：建安十三年（208）刘琮率众向曹操投降，曹军不战而占领荆州、江陵。

㉘ 舳（zhú）舻（lú）：战船前后相接，这里指战船。

㉙ 酾（shī）酒：滤酒，这里指斟酒。

㉚ 横槊（shuò）：横执长矛。槊，长矛。

㉛ 匏（páo）尊：用葫芦做成的酒器。 ㉞ 遗响：余音，指箫声。
　　匏，葫芦。尊，同"樽"。 ㉟ 悲风：秋风。
㉜ 长终：至于永远。 ㊱ 卒：最终。
㉝ 骤：多。

品悟赏析

　　苏轼的辞赋代表了北宋辞赋创作艺术的最高成就。《赤壁赋》作于宋神宗元丰五年（1082）秋苏轼被贬为黄州团练副使时，反映了作者政治上遭受失意时思想深处的矛盾和力求自我排遣来解脱的过程，突出体现了苏轼身处逆境，却能忘却一时得失、随遇而安的旷达超脱的生活态度。

　　第一段写夜游赤壁的情景。作者"与客泛舟游于赤壁之下"，尽情领略清风、白露、高山、流水、月色、天光之美，兴之所至，信口吟诵《月出》首章"月出皎兮，佼人僚兮。舒窈纠兮，劳心悄兮"，把明月比喻成体态娇好的美人，期盼着它冉冉升起。与《月出》诗相回应，"少焉，月出于东山之上，徘徊于斗牛之间"。在皎洁的月光照耀下，白茫茫的雾气笼罩江面，天光、水色连成一片，游人心胸开阔舒畅，无拘无束，因而"纵一苇之所如，凌万顷之茫然"，如离开世间，超然独立。

　　第二段写作者饮酒放歌的欢乐和客人悲凉的箫声。作者饮酒乐极，扣舷而歌，以抒发其思美人而不得见的怅惘、失意的胸怀。这里所说的"美人"实际上是作者的理想的化身。望美人而不得见，已流露出失意和哀伤，加之客吹洞箫，悲凉幽怨，致使作者的感情骤然变化，由欢乐转入悲凉，文章也因之波澜起伏，文气一振。

　　第三段写客人对人生短促无常的感叹。此段由赋赤壁的自然景物转而赋赤壁的历史古迹。主人以"何为其然也"设问，客人以赤壁的历史古迹作答，文理转折自然。文章追述了曹操破荆州、迫使刘琮投降的往事。当年浩浩荡荡的曹军从江陵沿江而下，曹操志得意满，在船头对江饮酒，横槊赋诗，可谓"一世之雄"，如今却已不知去处。曹操这类英雄人物也只能显赫一时，何况是自己？因而只能感叹自己生命的短暂，羡慕江水的长流不息，把悲伤愁苦通过箫声传达出来。客人的回答表现了一种虚无主义思想和消极的人生观，这是苏轼借客人之口流露出的自己思想的一个方面。

　　第四段是苏轼针对客人人生无常的感慨陈述自己的见解，以宽解对方。苏轼以江水、明月为喻，提出"逝者如斯，而未尝往也。盈虚者如彼，而卒莫消长也"的认识。如果从事物变化的角度看，天地的存在不过是转瞬之间的事；如果从不变的角度看，则事物和人类都是无穷尽的，不必羡慕江水、明月和天地，自然也就不必"哀吾生之须臾"了。这表现了苏轼豁达的宇宙观和人生观，在逆境中也能保持豁达、超脱、乐观和随缘自适的精神状态，并能从人生无常的怅惘中解脱出来，理性地对待生活。而后，作者又以天地间万物各有其主、个人不能强求予以进一步的说明。江上的清风有声，山间的明月有色，江山无穷，风月长存，天地无私，声色娱人，作者恰恰可以徘徊其间而自得其乐。

第五段写客人听了作者的一番谈话后，转悲为喜，开怀畅饮，照应开头，极写游赏之乐，达到了忘怀得失、超然物外的境界。

这篇赋不论抒情还是议论，始终不离江上风光和赤壁故事，形成了情、景、理的融合。文章分三层来表现作者复杂矛盾的内心世界：先写月夜泛舟大江，饮酒赋诗，使人沉浸在美好景色之中而忘怀世俗的快乐；再因凭吊历史人物的兴亡，感到人生短促、变动不居，因而跌入现实的苦闷；最后阐发变与不变的哲理，申述人类和万物同样永久地存在，表现了旷达乐观的人生态度，写景、抒情、说理达到了水乳交融的程度。全文俨然一体，精湛缜密，感情脉络起伏变化。

三、明清散文

（一）导读概览

明代开国之初的刘基、宋濂是当时散文的主要作家。宋濂是"开国文臣之首"，他的一部分传记文很有现实意义，比较著名的作品有《秦士录》《王冕传》《李疑传》等。明中叶以后，针对程朱理学、八股文的束缚，以李梦阳、何景明为首的前七子发起"复古运动"，倡导"文必秦汉"，他们的主张对扫荡八股文风起到了一定的积极作用，但同时又走上了盲目模仿古人的路子。后来以李攀龙、王世贞为代表的"后七子"发起的复古运动再一次重复了他们的错误。

之后，以归有光等为代表的"唐宋派"首先起来反对复古派，接着，万历年间的公安派也加入了猛烈抨击拟古主义的队伍。"公安派"以袁宗道、袁宏道、袁中道为代表，三人时称"三袁"，以袁宏道最为著名。他们认为不同的时代有不同的文学，因此反对贵古贱今、模仿古人。而袁宏道更是提出了直抒胸臆、辞贵自然的"性灵说"。公安派的散文创作冲破了传统古文的陈规旧律，流露出个性，语言不事雕琢。

明末清初，侯方域的散文取得了较高的艺术成就，代表作有《李姬传》等。

清初有不少成绩突出的散文家，如王猷定、魏禧。王猷定的传奇性散文打破了传统的古文写法，代表作有《李一足传》《汤琵琶记》《义虎记》等。魏禧的作品以人物传记最为突出。

随着清朝政局稳定，朝廷实行严酷的思想控制，大兴文字狱，影响到了文学的

发展。与八股文和汉学的兴起有密切关系的桐城派主要作家方苞、刘大櫆、姚鼐都是安徽桐城人，该派因而得名。方苞提出"义法"主张，姚鼐则将"古文义法"发展为义理、考据、辞章。与桐城派并立存在的是提倡"骈文"的复社作家，汪中是其中成就最大者，代表作有《哀盐船文》等。

（二）经典选粹

1. 报刘一丈书 ①

［明］宗臣

数千里外，得长者 ② 时赐一书，以慰长想 ③，即亦甚幸矣，何至更辱馈遗 ④，则不才益将何以报焉！书中情意甚殷 ⑤，即长者之不忘老父，知老父之念长者深也。至以"上下相孚，才德称位 ⑥"语不才，则不才有深感焉。夫才德不称，固自知之矣；至于不孚之病，则尤不才为甚。

且今世之所谓"孚"者何哉？

日夕策马候权者之门，门者 ⑦ 故不入，则甘言媚词作妇人状，袖金以私之 ⑧。即门者持刺 ⑨ 入，而主人又不即出见，立厩中仆马之间，恶气袭衣袖，即饥寒毒热不可忍，不去也。抵暮，则前所受赠金者出，报客曰："相公 ⑩ 倦，谢客矣。客请明日来。"即明日又不敢不来。夜披衣坐，闻鸡鸣即起盥栉 ⑪，走马抵门。门者怒曰："为谁？"则曰："昨日之客来。"则又怒曰："何客之勤也！岂有相公此时出见客乎？"客心耻之，强忍而与言曰："亡奈何矣，姑容我入。"门者又得所赠金，则起而入之，又立向所立厩中。幸主者出，南面召见，则惊走匍匐阶下。主者曰："进！"则再拜，故迟不起。起则上所上寿金。主者故不受，则固请；主者故固不受，则又固请。然后命吏纳之，则又再拜，又故迟不起，起则五六揖，始出。出，揖门者曰："官人幸顾我！他日来，幸无阻我也！"门者答揖，大喜，奔出。马上遇所交识，即扬鞭语曰："适自相公家来，相公厚我，厚我！"且虚言状。即所交识，亦心畏相公厚之矣。相公又稍稍语人曰："某也贤，某也贤。"闻者亦心计交赞 ⑫ 之。此世所谓"上下相孚"也，长者谓仆能之乎？

前所谓权门者，自岁时伏腊一刺 ⑬ 之外，即经年不往也。间 ⑭ 道经其门，则亦掩耳闭目，跃马疾走过之，若有所追逐者。斯则仆之褊 ⑮ 衷，以此长不见悦于长吏，仆则愈益不顾也。每大言曰："人生有命，吾惟守分而已。"长者闻此，得无 ⑯ 厌其为迂乎？

作品选注

① 选自［清］吴楚材、吴调侯编，陈蒲清导读注释：《古文观止》，岳麓书社 2019 年版。

② 长者：这里指刘玠，字国珍，宗臣父亲的老友，有学识、抱负，在家隐居，抑郁一生。刘玠排行第一，因此宗臣尊称其为"刘一丈"。

③ 长想：长久的思念。

④ 馈遗（wèi）：礼品。

⑤ 殷：深切。

⑥ 上下相孚，才德称位：上级和下级彼此融洽、信任，才干、品德和职位相符。孚，信任。

⑦ 门者：看门人，门房。

⑧ 袖金以私之：用钱向看门人行贿。古人携带银钱时装在袖子里，故说"袖金"。

⑨ 刺：名帖。

⑩ 相公：对宰相的尊称，这里指严嵩。

⑪ 盥栉（zhì）：洗面、梳头。

⑫ 心计交赞：心里考虑着，嘴上交口称赞。

⑬ 岁时伏腊一刺：逢年过节拜谒一次。岁时，年节。伏腊，初伏与冬腊，古时的两个节日。一刺，拜谒一次。

⑭ 间（jiàn）：偶或，有时。

⑮ 褊（biǎn）：地方狭小，引申为心胸狭隘，实指不愿巴结权贵。

⑯ 得无：该不会，表示推测。

品悟赏析

　　本文是宗臣回复长辈刘玠的信，在信中作者写出了自己对权贵的态度和自己处官的实际情形"上下不孚，才德不称"，表明了自己的不得意，而现在也不是正直有才者驰骋之时，从而委婉地对有才而困顿、心有不甘的刘玠进行劝说与安慰。

　　明嘉靖年间，严嵩父子把持朝政，正直有才的人士仕进非常艰难，一些无耻之徒奔走钻营于严府门下，趋炎附势，丑态百出。本文以某人投奔权门、拍马求宠的具体事例，对官场的丑恶风气做了尖锐的揭露、抨击。本文主要是写官场丑态，以夸张的漫画化手法、反衬的笔法，栩栩如生地刻画了权贵、奔走于权贵之门的阿谀逢迎者和权贵的走狗三种人的丑恶形象——主人贪污受贿、气焰熏天，访者卑躬屈膝、诌媚无耻，看门人狐假虎威、敲诈勒索，从而表现出作者的鄙视、轻蔑和义愤。文章对自己着墨不多，但作者通过对那些奔走权门者的幽默讽刺、正面抨击，烘托出了自己藐视权贵、不事逢迎、刚正不阿、正气凛然的高洁和骨气，这正是本文的主旨所在。

2. 游雁荡记①

［清］方苞

　　癸亥仲秋望前一日，入雁山，越二日而反。古迹多榛，芜不可登探，而山容壁色，则前此目见者所未有也。鲍甥孔巡②曰："盍记之？"余曰："兹山不可记也。"

　　永、柳诸山，乃荒陬③中一邱一壑，子厚谪居，幽寻以送日月④，故曲尽其形容。若兹山则浙东西山海所蟠结，幽奇险峭，殊形诡状者，实大且多，欲雕绘而求其肖似，则山容壁色，乃号为名山者之所同，无以别其为兹山之岩壑也。

　　而余之独得于兹山者，则有二焉。前此所见，如皖桐之浮山、金陵之摄山、临

安之飞来峰，其崖洞非不秀美也，而愚僧多凿为仙佛之貌相，俗士自镌名字及其诗辞，如疮痏⑤甏然⑥而入人目。而兹山独完其太古之容色，以至于今，盖壁立千仞，不可攀援，又所处僻远，富贵有力者无因而至，即至亦不能久留，构架鸠工⑦以自标揭⑧，所以终不辱于愚僧俗士之剥凿也。

又凡山川之明媚者，能使游者欣然而乐。而兹山岩深壁削，仰而观、俯而视者，严恭静正之心，不觉其自动。盖至此则万感绝，百虑冥⑨，而吾之本心乃与天地之精神一⑩相接焉。察于此二者，则修士守身涉世之学，圣贤成己成物之道，俱可得而见矣。

作品选注

① 选自〔清〕王文濡：《明清八大家文钞》，上海古籍出版社2008年版。

② 鲍甥孔巡：鲍孔巡，方苞的外甥。

③ 荒陬（zōu），荒凉偏远之地。陬，角落。

④ 幽寻以送日月：深入探寻山水以打发日子。

⑤ 痏（wěi）：疮。

⑥ 甏（jué）然：令人惊心的样子。

⑦ 鸠工：集聚工匠。鸠，聚集。

⑧ 标揭：标榜名声。

⑨ 冥：隐灭。

⑩ 一：完全。

品悟赏析

方苞是清代散文家，他是桐城派古文的创始人，主张写文章应讲究"义法"，其中"义"指的是文章的内容要符合纲常伦理，"法"指的是文章要结构清晰、语言雅洁，从而做到"言之有物""言之有序"。他提倡义理、考据、词章三者并重，作品颇具思想意义。

《游雁荡记》作于乾隆八年（1743）秋。当时作者七十八岁，因病获假回乡疗养，趁前往浙东求医之便，游天姥、雁荡。这篇文章名为游记，实则为游后杂感，并不描写名胜古迹，而是借雁荡山发议论、谈道学，所以作者先辩驳柳宗元的游记内容琐碎而无聊，指出雁荡山"实大且多"，不能只描绘其外形而求其肖似，而是应当着眼于它的整体内在精神。这就把游山的乐趣引向了对哲理的探索，也体现了"天下物皆可以理照"的理学原则。最后作者阐述了两点体会：一是雁荡山得以保全本色的原因在于"壁立千仞"和"所处僻远"，因而避免了其他名山所受的愚僧、俗士的污损；二是雁荡山"岩深壁削"，令人肃然恭正，杂念俱消，与天地的精神融合一体，而不像一般的明媚山水动人游兴。实质上其所谈论的即是"万物皆备于我""无人欲即是天理"的理学基本观点。因此，作者强调指出这两点是"修士""圣贤"取得成就的要领。综上，这是一篇借题发挥、宣扬理学的杂感式游记。它在写作上颇具特色，结构简洁，文字老练，说理清楚，比喻得当，抓住了雁荡山的宏观特点，对比论说得较为入理，从表现理趣的角度加以欣赏，其艺术亦可观。

第三节　古今传奇

　　宋末元初，城市的发展和市民阶层的壮大促进了市井文化的繁荣，戏剧和小说等通俗文学蓬勃发展，逐渐成为文坛主流，文学在艺术和审美上呈现出变雅为俗和雅俗交汇的面貌。元代杂剧和南戏的出现标志着中国古代戏剧的成熟，而明清时期的长篇章回体小说则代表着中国古典小说创作的最高成就。

　　中国古代戏剧也称为中国古代戏曲。作为中国古典文学艺术园地里的一枝奇葩，戏剧不但以深邃的思想、博洽的内容、纷繁复杂的主题和扑朔迷离的情节令古今观众及读者倾倒，而且因优美的文辞、练达的韵律和精湛的音乐曲调而成为中国文学艺术库藏中的瑰宝。自从元代有戏剧脚本刊刻以来，戏剧文学就一直在中国文学领域高蹈阔步，以其璀璨的异彩彪炳百代。

　　小说的创作是传统文化的一部分，必然受到传统文化的影响和制约，并反映出民族文化特点。小说作家在作品中总是按照善与恶、忠与奸、正与邪的道德观念来塑造人物，起到劝善惩恶、匡正时弊的教育作用。中国古代小说在题材方面和儒家思想密切相关，儒家思想追求人格道德的完善化，关心人伦关系的规范化，因而选择重大题材是作家的神圣使命，作家自觉地把他们的视线集中在国家命运、世风道德等重大问题上，高扬爱国主义、集体主义、英雄主义旗帜，因而历史小说、英雄传奇、公案侠义、人情世态、讽刺谴责小说应运而生。即使是灵怪神魔小说，也以儒为主，儒、佛、道三教合一，通过灵怪神魔故事也能达到教化的目的。但是每一部小说所包含的文化内涵和精神特质还是各不相同的，例如《三国演义》的文化特质是忠义文化，《水浒传》的文化特质是江湖文化，《西游记》的文化特质是神魔文化，《儒林外史》的文化特质是封建科举制度走向反面时的士文化，《红楼梦》的文化特质是情文化，而《三侠五义》的文化特质是武侠文化。小说作为市井文学的代表，符合大众的审美情趣，取代了诗、词、文等，成为明清发展最繁荣的文学样式。

一、戏剧艺术

（一）导读概览

1. 杂剧

　　杂剧是元代文学的代表样式，又称北杂剧，它是在宋杂剧和金院本的基础上，综合隋唐以来的各种戏剧雏形演变而成的以歌唱、念白、舞蹈和音乐伴奏为主要表演形式的综合性舞台艺术。音乐上，元杂剧的远祖是宋时大曲，近祖是金代诸宫调，元代散曲的繁荣更为杂剧提供了丰富的音乐素材。大量文人参与剧本创作使得

元代杂剧具有较高的文学价值。

杂剧通常分为四折，一折犹如现代剧中的一幕，有少数五折、六折的（如《赵氏孤儿》《五侯宴》等）。四折之外常用楔子，用在第一折之前，交代故事发生的背景，起到序幕的作用；用在折与折之间，或交代情节，或介绍人物，起到过渡剧情的作用。每折都由一人（一般是末或旦）独唱，其他演员只有对白，在有些楔子中，偶有其他演员歌唱，也有全剧四折全由一人独唱到底的（如《梧桐雨》和《汉宫秋》）。宾白即念白，元杂剧以唱为主，以说为辅，所以称说白部分为宾白，在剧本中常用"云"表示，通常分定场白、对口白、冲场白（第二次上场的念白）、背白（内心独白）、带白（夹在歌唱过程中的念白），兼用散语、韵语（韵语可以是诗词或顺口溜，如定场诗、下场诗）。一般故事情节主要是靠宾白交代出来的。元杂剧的宾白是以北方口语写成的。元杂剧中的"科"包括演员主要的动作、表情和舞台效果，如"做悲科""舞科""雁叫科"等。元杂剧中有"砌末"一词，据清人焦循研究，指剧中所用之道具，实际上戏曲演出中的大小用具和简单布景皆可称作"砌末"。在剧本的末尾一般都有题目和正名，是两句或四句的对子。

元杂剧的角色大致可分为末、旦、净、杂四类。末是男角，有正末、副末、冲末、外末、小末之分；旦是女角，有正旦、副旦、贴旦、外旦、小旦、大旦、老旦、花旦、色旦、搽旦之别；净扮演刚强、凶恶或滑稽的人物，有男有女；杂包括孤（官员）、李老（老头儿）、卜儿（老太婆）、俫儿（小孩子）、邦老（强盗或流氓）、细酸（书生、穷秀才）等。正末和正旦是剧中的男女主角，其他均为配角。

关汉卿是最优秀的元杂剧作家之一，其作品题材多样，或揭露黑暗政治，或摹写英雄壮举，或讴歌爱情故事，或探讨家庭问题，或描述官场公案，其形式富于变化，喜剧充满幽默滑稽的讽刺，悲剧突出社会的黑暗和人民的反抗精神，语言上精练本色、生动自然，适应特定题材和典型人物的典型性格，并有很强的音乐性。综合各种记载，关汉卿所作杂剧约有 60 多种，为元人冠冕，今存《救风尘》《窦娥冤》《蝴蝶梦》《望江亭》《拜月亭》《西蜀梦》《单刀会》等。后人称关汉卿与王实甫（代表作《西厢记》《破窑记》）、白朴（代表作《梧桐雨》《墙头马上》）、马致远（代表作《汉宫秋》）为元剧四大家，关汉卿为四大家之首。此外，元代还有一些优秀的杂剧作品，如杨显之的《潇湘雨》、武汉臣的《老生儿》、纪君祥的《赵氏孤儿》、康进之的《李逵负荆》、高文秀的《双献功》、石君宝的《秋胡戏妻》、李好古的《张生煮海》、张国宾的《合汗衫》等。

2. 南戏

杂剧的繁荣主要是在北方，但随着元代军事和政治力量的南进、剧团演出范围的扩大、剧作家的流动，杂剧的重心也逐渐南移，元代后期的杂剧作家大多成就并不高，较有成就者主要是侨居南方的北客，如郑光祖、宫天挺、秦简夫等，思想内容和艺术风格上也远不及前期，杂剧逐渐走向衰落，其主导地位为发展起来的南曲戏文（南戏）所取代。

南戏是一种重要的地方戏曲声腔系统，为其后的许多声腔剧种（如海盐腔、余姚腔、昆山腔、弋阳腔）的兴起和发展奠定了基础，也为明清以来多种地方戏的繁荣提供了丰富的营养，在中国戏曲艺术发展史上具有重要意义，因而，南戏有中国"百戏之祖"的美誉。

南戏是在温州一带民间歌舞的基础上形成的，《南词叙录》说它"即村坊小曲而为之"，此外，它也吸收了宋词的曲调，以及唐宋大曲、诸宫调、唱赚等乐曲的成分，并在表演形式上受到宋代官本杂剧的影响。

元灭南宋以后，北方剧作家大批南下，杂剧占领了南方舞台，南戏较已经高度成熟的杂剧显然相形逊色，但是它在南方民众中的基础是相当牢固的，所以仍旧在民间流行，而且正是北杂剧的南下造成了南北剧交流的机会，一些北方作家参与了南戏声腔的改造和剧本的编写，一些北方演员参与了南戏的演出，在这个过程中，南戏发生了一些重要变化，如改编杂剧的剧目，在一定程度上吸收杂剧曲牌联套的方法，采用杂剧的一些曲调而形成"南北合套"的形式等，南戏的艺术水平因而得到进一步提高。现存宋元南戏剧目共二百多种，除数种出于宋代，其余均出于元代，可见元代南戏还是颇为兴盛的。到元末，《琵琶记》等剧本出现，标志着南戏的发展达到了成熟的阶段，并且为明清传奇的兴起奠定了基础。

南戏的体制与杂剧有很大不同，归结为一点来说，就是它在各方面都要比杂剧来得自由。它的曲调配合虽有一定的惯例，却没有严密的宫调组织，可以根据剧情需要做较为自由的选择，它的剧本结构也不像杂剧那样因为受音乐限制而形成"四本一楔子"的固定模式，而是以人物的上下场的界限分场，可长可短，大都比杂剧来得长。它也不像杂剧那样每本戏规定只能由一个角色主唱，而是任何角色都可以唱，而且有接唱、同唱、多人合唱等各种形式，能把曲、白、科有机地结合起来。到了明代，杂剧渐渐衰微，从南戏发展而来的"传奇"终于取代了它的地位，这同东南地域文化优势的增强有关，同时也是由于南戏的自由体制更便于展开复杂的剧情，塑造丰满的人物形象。

（二）经典选粹

窦娥冤（第三折）①

［元］关汉卿

（外扮监斩官上，云）下官监斩官是也。今日处决犯人，着做公的把住巷口，休放往来人闲走。（净扮公人，鼓三通、锣三下科）（刽子磨旗②、提刀，押正旦带枷上）（刽子云）行动些，行动些，监斩官去法场上多时了。（正旦唱）

【正宫端正好】没来由犯王法，不提防遭刑宪，叫声屈动地惊天！顷刻间游魂先赴森罗殿，怎不将天地也生埋怨。

【滚绣球】有日月朝暮悬，有鬼神掌着生死权，天地也，只合把清浊分辨，可怎生错看了盗跖颜渊③？为善的受贫穷更命短，造恶的享富贵又寿延。天地也，做得个怕硬欺软，却原来也这般顺水推船。地也，你不分好歹何为地？天也，你错勘

贤愚枉做天！哎，只落得两泪涟涟。

（刽子云）快行动些，误了时辰也。（正旦唱）

【倘秀才】则被这枷纽的我左侧右偏，人拥的我前合后偃。我窦娥向哥哥行有句言。（刽子云）你有甚么话说？（正旦唱）前街里去心怀恨，后街里去死无冤，休推辞路远。

（刽子云）你如今到法场上面，有甚么亲眷要见的，可教他过来，见你一面也好。（正旦唱）

【叨叨令】可怜我孤身只影无亲眷，则落的吞声忍气空嗟怨。（刽子云）难道你爷娘家也没的？（正旦云）止有个爹爹，十三年前上朝取应去了，至今杳无音信。（唱）早已是十年多不睹爹爹面。（刽子云）你适才要我往后街里去，是甚么主意？（正旦唱）怕则怕前街里被我婆婆见。（刽子云）你的性命也顾不得，怕他见怎的？（正旦云）俺婆婆若见我披枷带锁赴法场餐刀④去呵，（唱）枉将他气杀也么哥，枉将他气杀也么哥。告哥哥，临危好与人行方便。

（卜儿哭上科，云）天那，兀的不是我媳妇儿！（刽子云）婆子靠后。（正旦云）既是俺婆婆来了，叫他来，待我嘱咐他几句话咱。（刽子云）那婆子，近前来，你媳妇要嘱咐你话哩。（卜儿云）孩儿，痛杀我也！（正旦云）婆婆，那张驴儿把毒药放在羊肚儿汤里，实指望药死了你，要霸占我为妻。不想婆婆让与他老子吃，倒把他老子药死了。我怕连累婆婆，屈招了药死公公，今日赴法场典刑。婆婆，此后遇着冬时年节，月一十五，有浆⑤不了的浆水饭，浆半碗儿与我吃；烧不了的纸钱，与窦娥烧一陌儿。则是看你死的孩儿面上！（唱）

【快活三】念窦娥葫芦提当罪愆，念窦娥身首不完全，念窦娥从前已往干家缘⑥，婆婆也，你只看窦娥少爷无娘面。

【鲍老儿】念窦娥伏侍婆婆这几年，遇时节将碗凉浆奠；你去那受刑法尸骸上烈些纸钱，只当把你亡化的孩儿荐。（卜儿哭科，云）孩儿放心，这个老身都记得。天那，兀的不痛杀我也！（正旦唱）婆婆也，再也不要啼啼哭哭，烦烦恼恼，怨气冲天。这都是我做窦娥的没时没运，不明不暗，负屈衔冤。

（刽子做喝科，云）兀那婆子靠后，时辰到了也。（正旦跪科）（刽子开枷科）（正旦云）窦娥告监斩大人，有一事肯依窦娥，便死而无怨。（监斩官云）你有甚么事？你说。（正旦云）要一领净席，等我窦娥站立；又要丈二白练，挂在旗枪上。若是我窦娥委实冤枉，刀过处头落，一腔热血休半点儿沾在地下，都飞在白练上者。（监斩官云）这个就依你，打甚么不紧！（刽子做取席站科，又取白练挂旗上科）（正旦唱）

【耍孩儿】不是我窦娥罚下这等无头愿，委实的冤情不浅；若没些儿灵圣与世人传，也不见得湛湛青天。我不要半星热血红尘洒，都只在八尺旗枪素练悬。等他四下里皆瞧见，这就是咱苌弘化碧，望帝啼鹃⑦。

（刽子云）你还有甚的说话，此时不对监斩大人说，几时说那？（正旦再跪科，云）大人，如今是三伏天道，若窦娥委实冤枉，身死之后，天降三尺瑞雪，遮掩了

窦娥尸首。（监斩官云）这等三伏天道，你便有冲天的怨气，也召不得一片雪来，可不胡说！（正旦唱）

【二煞】你道是暑气暄，不是那下雪天；岂不闻飞霜六月因邹衍⑧？若果有一腔怨气喷如火，定要感的六出冰花滚似绵，免着我尸骸现；要甚么素车白马，断送出古陌荒阡！

（正旦再跪科，云）大人，我窦娥死的委实冤枉，从今以后，着这楚州亢旱三年！（监斩官云）打嘴！那有这等说话！（正旦唱）

【一煞】你道是天公不可期，人心不可怜，不知皇天也肯从人愿。做甚么三年不见甘霖降？也只为东海曾经孝妇冤⑨。如今轮到你山阳县。这都是官吏每无心正法，使百姓有口难言。

（刽子做磨旗科，云）怎么这一会儿天色阴了也？（内做风科，刽子云）好冷风也！（正旦唱）

【煞尾】浮云为我阴，悲风为我旋，三桩儿誓愿明题遍。（做哭科，云）婆婆也，直等待雪飞六月，亢旱三年呵，（唱）那其间才把你个屈死的冤魂这窦娥显。

（刽子做开刀，正旦倒科）（监斩官惊云）呀，真个下雪了，有这等异事！（刽子云）我也道平日杀人，满地都是鲜血，这个窦娥的血都飞在那丈二白练上，并无半点落地，委实奇怪。（监斩官云）这死罪必有冤枉。早两桩儿应验了，不知亢旱三年的说话，准也不准？且看后来如何。左右，也不必等待雪晴，便与我抬他尸首，还了那蔡婆婆去罢。（众应科，抬尸下）

作品选注

① 选自〔元〕关汉卿：《窦娥冤》，长江文艺出版社 2020 年版。

② 磨旗：摇旗。

③ 盗跖颜渊：盗跖是传说中春秋时的大盗，但得以善终；颜渊是孔子的弟子，仁义贤明，但英年早逝。这里泛指好人和坏人。

④ 餐刀：挨刀。

⑤ 溅（jiàn）：浇，泼。

⑥ 干家缘：操持家务。

⑦ 苌（cháng）弘化碧，望帝啼鹃：周代忠臣苌弘冤死后三年，其血化为碧玉；蜀王杜宇死后魂魄化为杜鹃，昼夜哀鸣。

⑧ 飞霜六月因邹衍：邹衍是战国时忠臣，被君主无辜囚禁，仰天痛哭，六月竟然下起霜来。

⑨ 东海曾经孝妇冤：汉代东海有位孝顺的寡妇受诬告而死，其后东海大旱三年。

品悟赏析

　　《窦娥冤》全称《感天动地窦娥冤》，是关汉卿的代表作，也是我国古代悲剧的代表作。故事源于《列女传》中东海孝妇的传说，作者采用浪漫主义的手

法成功地塑造了窦娥这个悲剧形象。

其剧情大致是，窦娥从小死了母亲，父亲窦天章上京赶考缺少盘缠，把窦娥卖给蔡婆婆家做童养媳。窦娥十七岁与蔡氏之子成婚，没两年丈夫就生病死了，只剩下窦娥和婆婆相依为命。张驴儿欺负蔡家婆媳无依无靠，和父亲张老儿一起赖在蔡家，逼迫蔡婆婆嫁给张老儿。蔡婆婆软弱怕事，勉强答应了。张驴儿又胁迫窦娥跟他成亲，窦娥坚决拒绝。张驴儿怀恨在心，偷偷地在羊肚汤里下了毒药，想先毒死蔡婆婆，再逼窦娥成亲，羊肚汤却被张老儿误喝了。张驴儿便把杀人的罪名栽赃到窦娥身上。楚州知府将窦娥屈打成招，定了死罪。窦娥满腔冤屈无处可诉，发下三桩誓愿后含冤而死。直到窦娥的父亲窦天章做官返乡，窦娥的冤情才得到昭雪，杀人凶手张驴儿被处以死刑，楚州知府也得到了应有的惩罚。

《窦娥冤》是中国古代悲剧成熟的标志和中国古代悲剧中的典范作品。窦娥在短短的一生中，遭到失母丧夫的打击、高利贷的毒害、泼皮流氓的欺压、贪官污吏的毒刑和判决，种种不幸和灾难交织成了惊天动地的悲剧。《窦娥冤》揭示了导致窦娥悲剧的社会政治原因。在《滚绣球》一曲中，窦娥猛烈地指责天地鬼神不分清浊、混淆是非，致使恶人横行、良善衔冤。窦娥对神权的大胆谴责，实质上是对封建统治的强烈控诉。那似岩浆进射、如山洪决堤的愤激之词，反映了女主人公的觉醒意识和反抗精神，也折射出了当时广大人民的反抗精神，生动地再现了广大人民坚强不屈的韧性。

作品体现出现实主义与浪漫主义风格的融合，用丰富的想象和大胆的夸张显示出正义的强大力量，寄托了作者鲜明的爱憎，反映了广大人民伸张正义、惩治邪恶的愿望。

二、古典小说

（一）导读概览

纵观整个中国文学史，由于儒家"载道"思想的影响，人们往往视小说为小道，小说自诞生以来地位一直不高。宋元通俗小说创作的实践显示了这一文学形式不可忽视的社会作用，受到明中叶以后一些具有进步思想的文人的重视，他们在理论上给予其高度的评价，阐明其文学和社会价值，为小说争得了文学地位。如李贽就将《水浒传》与秦汉文、六朝诗相提并论，同称为"古今至文"，袁宏道称《水浒传》和《金瓶梅》为"逸曲"。因此，自明代开始，小说这种文学形式打破了正统诗文的垄断，在文学史上，取得了与唐诗、宋词、元曲并列的地位。

在创作方法上，由于现实主义手法的运用，时代背景和社会意识在小说中得到了充分的、广泛的反映，小说与现实的联系更为密切。同时，白话文学走向成熟，产生了许多优秀的白话长篇、短篇小说，为小说的发展注入了新的生命力。

　　一般认为，中国古典小说的发展是从魏晋的笔记体小说开始的，中间经过唐传奇和宋、元以来各种小说形式的长期孕育，到了明清时期，无论是思想内容还是艺术技巧都达到了相当高的水平。就明清小说所表现的广阔的社会生活场景、丰硕的艺术创作成果和丰富的社会政治理想而言，明清小说无疑铸就了中国古典文学最后的辉煌。

　　1. 魏晋笔记体小说

　　中国古典小说的源头可推至上古神话传说和先秦散文中的叙事片段、史传作品。真正的小说创作始于魏晋时期。这一时期的小说篇幅短小，被称为笔记体小说，内容上分为志怪和志人两类，代表作是干宝的志怪小说《搜神记》和刘义庆的志人小说《世说新语》。

　　魏晋小说所"志"之"怪"大体包括物魅、鬼魂、神仙和异人几种类型，其以神秘的性质或力量而区别于现实中的人，因而使人感到怪异。而且魏晋所谓"志怪"并非仅仅记述怪异之事，而总是用某个人见到、听到或接触到的"怪"和"异"，把现实中的人牵涉进去，也就是说，志怪中的人或物大多是作为怪异之事的人证或物证参与其中，作品是纯粹的记述，而不发表对事件的任何看法或感受。魏晋志怪小说有许多生动有趣、颇有文采的作品，同一个母题，如死而复生、冥婚、洞窟遇仙等，在不同的故事中常常异彩纷呈，各有情致。

　　干宝的《搜神记》以辑录神仙鬼怪故事为主，书中的宋定伯买鬼、干将莫邪、嫦娥奔月、天仙配等均为流传后世的优秀神话传说，为研究中国宗教史和民间传说提供了宝贵资料。

　　志人小说是指产生于魏晋时期、与志怪小说相对而言的一种文学类型，因为所记内容俱为"人间言动"，所以被称为"志人小说"；又因为所记之事都是历史上实有人物的逸闻轶事，所以被称为"逸事小说"。

　　较早的志人小说有东晋时期裴启的《语林》、袁宏的《名士传》、郭澄之的《郭子》等，这些书早已亡佚，最有代表性并且保存最完整的志人小说是刘义庆的《世说新语》。全书以类书的形式来编排，分为《德行》《言语》《政事》《雅量》《豪爽》《容止》《俭啬》《汰侈》等36篇。从阅读角度看，志人小说是所属时代的碎片，反映的是某个人物一生历程中的片段，人的品行、才华、气量、性格、外貌甚至各种弱点和怪癖成为独立的描写对象，具体而形象地反映了当时的社会风貌，尤其是士族阶层的生活状态、文化习俗及精神世界，所以也被历史学家重视。

　　2. 唐传奇

　　唐传奇是唐人用文言写作的短篇小说，是在魏晋笔记体小说的基础上，融合历史传记小说、辞赋、诗歌和民间说唱艺术而形成的新的小说文体。魏晋笔记体小说以若干条目合成一个集子才有一个书名，唐传奇则每篇都有一个题目，以"传"或"记"名之。

从题材和内容来看，唐传奇主要分成三类：一是才子、妓女的爱情故事，一是豪侠壮士的侠义故事，一是人生如梦的讽世故事。在这些唐传奇故事中，以爱情故事的人物形象最为生动，情节最为曲折动人。

从艺术上看，唐传奇在小说发展史上摆脱了魏晋笔记体小说粗陈梗概的写法，对生活的描写和人物的刻画走入了细致化的艺术境地，注重对生活细节的描写和人物的精神、心理的展现，成功地塑造了众多性格化的人物形象，并且开始注意小说的审美价值和娱乐功能。唐传奇的出现标志着中国古代小说艺术的渐趋成熟。著名的唐传奇包括杜光庭的《虬髯客传》、沈既济的《枕中记》、李公佐的《南柯太守传》、李朝威的《柳毅传》、白行简的《李娃传》、蒋防的《霍小玉传》、元稹的《莺莺传》、陈鸿的《长恨传》等。

3. 明清章回小说

章回小说是中国古典长篇小说的唯一形式，是由宋元讲史话本发展起来的。《三国演义》是章回小说的开山之作，也是历史小说中最优秀、最流行的一部。元末明初，作者罗贯中在民间传说和话本、戏曲的基础上，运用陈寿《三国志》和裴松之注等正史材料，结合自己的生活阅历和审美经验创作而成此书。《三国演义》最早的刊本嘉靖本题"晋平阳侯陈寿史传，后学罗本贯中编次"，二十四卷，每卷十节，每节有一小目，为七言一句，这是长篇小说继承自话本的初期形态，其后，新刊本大量出现，大体以罗本为主，或音释，或插图，或评点，或增删。清康熙中，毛宗岗把罗本加以改作，辨正史事，增删诗文，整理回目，修改文辞，并加以评点，这就是我们今天看到的一百二十回本《三国演义》。

元末明初还有一部优秀的长篇小说《水浒传》，是作者施耐庵在广泛流传的民间故事和话本、戏曲的基础之上创作而成的。《水浒传》的版本情况比较复杂，一般认为明高儒《百川书志》著录的《忠义水浒传》一百卷是祖本，嘉靖中有郭勋（武定）百回本，去掉征王庆、征田虎，加入征辽的故事，在艺术上做了一些加工，是所谓繁本之祖。郭本问世，书坊射利之作激增，出现了一百一十回本、一百十五回本、一百二十回本和三十卷本等，补全"平四寇"的内容，但文字上都很简略，是为简本。天启、崇祯年间杨定见编的《忠义水浒全书》用的是郭本的原文，又加入简本中的田、王故事，是繁简结合的本子。明末清初，金圣叹将《水浒传》古本改成七十回本，文字洗练，成为清代最流行的本子。

《西游记》是中国古代最著名的神魔小说。唐玄奘取经的故事在民间流传已久，南宋《大唐三藏取经诗话》近乎寺院的俗讲，已有了猴行者的形象和一些《西游记》故事的雏形。取经故事在元时已经定型，出现了话本和戏曲。吴承恩，字汝忠，号射阳山人，明代中叶人，《西游记》即是他在有关传说和文学作品的基础上加以扩充、组织和再创作而成的。《西游记》冲淡了取经故事固有的浓厚的宗教色彩，给形形色色的神话故事和神灵妖魔赋予了人情世故的精神和现实生活的依据。

《金瓶梅》是第一部文人独创的以家庭生活为题材的长篇小说，其书成于明万

历中，作者是山东峰县的兰陵笑笑生，真实姓名不可考。《金瓶梅》由《水浒传》中"武松杀嫂"一段敷演而来，以恶霸西门庆发迹到暴亡的经历为中心，全面地反映了上自王公贵族、大小官吏，下至地主、恶霸、市井无赖的种种罪恶和腐朽淫荡的生活，全书把庞杂的故事情节组织得有条不紊，语言酣畅明快，表现出高超的艺术水平。

天启年间，冯梦龙在广泛收集宋元话本和明代拟话本的基础上，经过自己的加工和再创作，编成《喻世明言》《警世通言》《醒世恒言》三部短篇小说集，是谓"三言"。此后，拟话本大量涌现，其中以凌濛初编辑的《初刻拍案惊奇》和《二刻拍案惊奇》最为著名，是为"二拍"。"三言""二拍"代表了明代短篇小说创作的最高成就，对后来短篇小说的发展有很大影响。

在清代，诗、词、散文等文学形式都进入了总结阶段，小说却显示出异常旺盛的生命力，取得了突出的成就。《聊斋志异》共十六卷，四百余篇，是明末清初蒲松龄的文言短篇小说集，多以狐仙神怪为主人公，达到了古代文言小说创作的高峰。吴敬梓的《儒林外史》是中国古代最优秀的讽刺小说，也是一部杰出的批判现实主义作品。全书共五十五回，"虽云长篇，颇同短制"，以抨击和揭露科举制度为主线，自如地安排人物、展开情节。

《红楼梦》代表了中国古典小说艺术的最高水平。作者曹雪芹出身于大官僚家庭，历经了封建家族由盛转衰的过程，对于人情冷暖、世态炎凉有深刻的体会，这也正是他能够创作出这部不朽的作品的原因所在。一般认为，曹雪芹基本上完成了前八十回。18世纪下半叶，前八十回以抄本的形式在社会上流传，并大多附有脂砚斋的评语，比较重要的脂评本有甲戌本、己卯本、庚辰本和戚蓼生序本等。一般认为，乾隆五十六年（1791），高鹗续完《红楼梦》后四十回，首次出版了一百二十回活字本，即程甲本。第二年，高鹗又对程甲本做了修改，重新出版，是为程乙本。胡适、俞平伯等均以为后四十回的作者是高鹗，近年来有人提出，后四十回并不完全出自高鹗之手。

清朝最后20年是中国小说史上极其繁荣的时期，虽然没有多少优秀的作品，但数量相当巨大，总数在500种以上，其中最著名的是四大谴责小说，即李伯元的《官场现形记》、吴趼人的《二十年目睹之怪现状》、刘鹗的《老残游记》和曾朴的《孽海花》。

（二）经典选粹

1. 梦狼 ①

[清] 蒲松龄

白翁，直隶人。长子甲筮仕南服②，二年无耗。适有瓜葛③丁姓造谒，翁款之。丁素走无常。谈次，翁辄问以冥事，丁对语涉幻；翁不深信，但微哂之。

别后数日，翁方卧，见丁又来，邀与同游。从之去，入一城阙。移时，丁指一门曰："此间君家甥也。"时翁有姊子为晋令，讶曰："乌在此？"丁曰："倘不信，

入便知之。"翁入，果见甥，蝉冠豸绣④坐堂上，戟幢⑤行列，无人可通。丁曳之出，曰："公子衙署，去此不远，亦愿见之否？"翁诺。少间至一第，丁曰："入之。"窥其门，见一巨狼当道，大惧，不敢进。丁又曰："入之。"又入一门，见堂上、堂下，坐者、卧者，皆狼也。又视墀⑥中，白骨如山，益惧。丁乃以身翼翁而进。公子甲方自内出，见父及丁良喜。少坐，唤侍者治肴蔌⑦。忽一巨狼，衔死人入。翁战惕而起，曰："此胡为者？"甲曰："聊充庖厨⑧。"翁急止之。心怔忡不宁，辞欲出，而群狼阻道。进退方无所主，忽见诸狼纷然嗥避，或窜床下，或伏几底。错愕不解其故。俄有两金甲猛士怒目入，出黑索索甲。甲扑地化为虎，牙齿巉巉⑨，一人出利剑，欲枭其首。一人曰："且勿，且勿，此明年四月间事，不如姑敲齿去。"乃出巨锤锤齿，齿零落堕地。虎大吼，声震山岳。翁大惧，忽醒，乃知其梦。

心异之，遣人招丁，丁辞不至。翁志其梦，使次子诣甲，函戒哀切。既至，见兄门齿尽脱；骇而问之，醉中坠马所折，考其时则父梦之日也。益骇。出父书。甲读之变色，为间曰："此幻梦之适符耳，何足怪。"时方赂当路者，得首荐，故不以妖梦为意。弟居数日，见其蠹役⑩满堂，纳贿关说者中夜不绝，流涕谏止之。甲曰："弟日居衡茅⑪，故不知仕途之关窍耳。黜陟⑫之权，在上台不在百姓。上台喜，便是好官；爱百姓，何术能令上台喜也？"弟知不可劝止，遂归告父，翁闻之大哭。无可如何，惟捐家济贫，日祷于神，但求逆子之报，不累妻孥。

次年，报甲以荐举作吏部，贺者盈门；翁惟欷歔，伏枕托疾不出。未几，闻子归途遇寇，主仆殒命。翁乃起，谓人曰："鬼神之怒，止及其身，佑我家者不可谓不厚也。"因焚香而报谢之。慰藉翁者，咸以为道路讹传，惟翁则深信不疑，刻日为之营兆⑬。而甲固未死。先是四月间，甲解任，甫离境，即遭寇，甲倾装以献之。诸寇曰："我等来，为一邑之民泄冤愤耳，宁专为此哉！"遂决其首。又问家人："有司大成者谁是？"司故甲之腹心，助纣为虐者。家人共指之，贼亦杀之。更有蠹役四人，甲聚敛臣也，将携入都。并搜决讫，始分资入囊，骛驰而去。

甲魂伏道旁，见一宰官过，问："杀者何人？"前驱者曰："某县白知县也。"宰官曰："此白某之子，不宜使老后见此凶惨，宜续其头。"即有一人掇头置腔上，曰："邪人不宜使正，以肩承领⑭可也。"遂去。移时复苏。妻子往收其尸，见有余息，载之以行；从容灌之，亦受饮。但寄旅邸，贫不能归。半年许，翁始得确耗，遣次子致之而归。甲虽复生，而目能自顾其背，不复齿人数矣。翁姊子有政声，是年行取为御史，悉符所梦。

异史氏曰："窃叹天下官虎而吏狼者，比比也。即官不为虎，而吏且将为狼，况有猛于虎者耶！夫人患不能自顾其后耳；苏而使之自顾，鬼神之教微⑮矣哉！"

邹平李进士匡九，居官颇廉明。常有富民为人罗织，门役吓之曰："官索汝二百金，宜速办；不然，败矣！"富民惧，诺备半数。役摇手不可，富民苦哀之，役曰："我无不极力，但恐不允耳。待听鞫时，汝目睹我为若白之，其允与否，亦可明我意之无他也。"少间，公按是事。役知李戒烟，近问："饮烟否？"李摇其首。役即趋下曰："适言其数，官摇首不许，汝见之耶？"富民信之，惧，许如数。役知李嗜茶，近问："饮茶否？"李颔之。役托烹茶，趋下曰："谐矣！适首肯，汝见之耶？"既而审结，富民果获免，役即收其苞苴⑯，且索谢金。呜呼！官自以为廉，而骂其贪者载道焉。此又纵狼而不自知者矣。世之如此类者更多，可为居官者备一鉴也。

又，邑宰杨公，性刚鲠，撄其怒者必死；尤恶隶皂，小过不宥。每凛坐堂上，胥吏之属无敢咳者。此属间有所白，必反而用之。适有邑人犯重罪，惧死。一吏索重赂，为之缓颊。邑人不信，且曰："若能之，我何靳报焉！"乃与要盟。少顷，公鞫是事。邑人不肯服。吏在侧呵语曰："不速实供，大人械梏死矣！"公怒曰："何知我必械梏之耶？想其赂未到耳。"遂责吏，释邑人。邑人乃以百金报吏。要知狼诈多端，此辈败我阴骘，甚至丧我身家。不知居官者作何心腑，偏要以赤子饲麻胡也！

作品选注

① 选自〔清〕蒲松龄：《聊斋志异》，岳麓书社 2019 年版。

② 筮仕南服：在南方做官。筮仕，做官。南服，南方。

③ 瓜葛：喻远戚。

④ 蝉冠豸（zhì）绣：穿着官服。蝉冠，以貂尾蝉纹为饰之冠，古代贵官所着。豸绣，绣有獬豸的官服。

⑤ 戟幢（zhuàng）：仪仗。戟，指"棨戟"或"棨戟"，套有赤黑缯衣之戟，用作仪仗。幢，古时作为仪仗的以羽毛为饰的旌旗。

⑥ 墀（chí）：堂前台阶上面的空地。

⑦ 肴蔌（sù）：菜肴。

⑧ 庖厨：厨房。

⑨ 巉（chán）巉：山岩高峭险峻的样子，这里形容牙齿尖锐锋利。

⑩ 蠹（dù）役：害民的吏役，对衙门差役的贬称。蠹，蛀虫。

⑪ 衡茅：木门茅舍，平民所居的陋室。

⑫ 黜陟（zhì）：官吏的罢黜和提升。陟，擢升。

⑬ 营兆：卜寻墓葬之地。兆，墓地。

⑭ 以肩承颔：用肩部承接下巴，使其头脸侧向。

⑮ 微：幽深，精妙。

⑯ 苞苴（jū）：行贿的财物。《荀子·大略》："苞苴行与？谗夫兴与！"注云："货赂必以物包裹，故总谓之苞苴。"

品悟赏析

《聊斋志异》是中国著名的文言短篇小说集，为读者呈现了一个光怪陆离、如梦似幻的世界。郭沫若这样评论《聊斋志异》："写鬼写妖高人一等，刺贪刺虐入骨三分。"这里有最凄美的爱情故事，有最辛辣的刺虐刺贪，有最感人的忠贞义气，有最真切的人间悲苦。蒲松龄一个落魄文弱书生，用尽了全身力气

去无情抨击科举制度的腐朽、封建统治的黑暗，热情讴歌人间真情的善与美。

　　小说把封建社会的贪官污吏化为虎狼，这是一个十分形象而恰切的比喻。在作者看来，封建官吏如狼似虎是那个时代的社会矛盾的产物，是难以根治的，也不是为官廉明所能免除的。为了说明这一观点，篇后还特别附录了"居官颇廉明"的邹平李匡九和邑宰杨公治下吏役奸诈勒索的轶事，作为"即官不为虎，而吏且将为狼"的印证。小说借甲的话，深刻地揭示了封建政治的腐朽性。甲告诉其弟："弟日居衡茅，故不知仕途之关窍耳。黜陟之权，在上台不在百姓。上台喜，便是好官；爱百姓，何术能令上台喜也？"由此看来，封建政权与劳动人民之间存在着根本的对立。为官作吏者所想的根本不是百姓，而是如何飞黄腾达，想讨上司的欢喜而获得不断的擢升。在他们看来。"爱百姓"的清官是不会博得上司的喜欢的，终究会被罢黜。在难以解决的社会矛盾面前，小说宣扬了鬼神和因果报应的思想，写白甲残民谄上而获得升迁，但最后被积怨已久的人民给予了相应的惩治。他虽然没有丧命，但成了一个畸形的歪脖子，为人所不齿。作者写这些，无非是为了宣示作恶必将受惩这一道德教训，并阐扬神鬼果报的思想。

　　在写法上，小说继承了《礼记·檀弓》中的《苛政猛于虎》及柳宗元《捕蛇者说》的写法，而且有所发展。《苛政猛于虎》及《捕蛇者说》只不过是让苛政、赋敛与猛虎、毒蛇构成一种比较的关系，这篇小说则直接把凶恶贪婪的官吏变形为虎狼，然后依据虎狼的特性来描写、刻画这些官吏，这就更有助于揭示封建统治者贪残横暴的品性，更能深化作品的主题思想，同时又能使读者获得更加具体、形象的感受。

2. 不肖种种大承笞挞 ①

　　那宝玉听见贾政吩咐他"不许动"，早知多凶少吉，那里承望贾环又添了许多的话。正在厅上干转，怎得个人来往里头去捎信，偏生没个人，连焙茗也不知在那里。正盼望时，只见一个老姆姆出来。宝玉如得了珍宝，便赶上来拉他，说道："快进去告诉：老爷要打我呢！快去，快去！要紧，要紧！"宝玉一则急了，说话不明白；二则老婆子偏生又聋，竟不曾听见是什么话，把"要紧"二字只听作"跳井"二字，便笑道："跳井让他跳去，二爷怕什么？"宝玉见是个聋子，便着急道："你出去叫我的小厮来罢。"那婆子道："有什么不了的事？老早的完了。太太又赏了衣服，又赏了银子，怎么不了事的！"

　　宝玉急的跺脚，正没抓寻处，只见贾政的小厮走来，逼着他出去了。贾政一见，眼都红紫了，也不暇问他在外流荡优伶，表赠私物，在家荒疏学业，淫辱母婢等语，只喝令"堵起嘴来，着实打死！"小厮们不敢违拗，只得将宝玉按在凳上，举起大板打了十来下。贾政犹嫌打轻了，一脚踢开掌板的，自己夺过来，咬着牙狠命盖了三四十下。众门客见打的不祥了，忙上前夺劝。贾政那里肯听，说道："你们问问他干的勾当可饶不可饶！素日皆是你们这些人把他酿坏了，到这步田地还来解劝。明日酿到他弑君杀父，你们才不劝不成！"

众人听这话不好听，知道气急了，忙又退出，只得觅人进去给信。王夫人不敢先回贾母，只得忙穿衣出来，也不顾有人没人，忙忙赶往书房中来，慌的众门客小厮等避之不及。王夫人一进房来，贾政更如火上浇油一般，那板子越发下去的又狠又快。按宝玉的两个小厮忙松了手走开，宝玉早已动弹不得了。贾政还欲打时，早被王夫人抱住板子。贾政道："罢了，罢了！今日必定要气死我才罢！"王夫人哭道："宝玉虽然该打，老爷也要自重。况且炎天暑日的，老太太身上也不大好，打死宝玉事小，倘或老太太一时不自在了，岂不事大！"贾政冷笑道："倒休提这话。我养了这不肖的孽障，已不孝；教训他一番，又有众人护持；不如趁今日一发勒死了，以绝将来之患！"说着，便要绳索来勒死。王夫人连忙抱住哭道："老爷虽然应当管教儿子，也要看夫妻分上。我如今已将五十岁的人，只有这个孽障，必定苦苦的以他为法，我也不敢深劝。今日越发要他死，岂不是有意绝我。既要勒死他，快拿绳子来先勒死我，再勒死他。我们娘儿们不敢含怨，到底在阴司里得个依靠。"说毕，爬在宝玉身上大哭起来。贾政听了此话，不觉长叹一声，向椅上坐了，泪如雨下。王夫人抱着宝玉，只见他面白气弱，底下穿着一条绿纱小衣皆是血渍，禁不住解下汗巾看，由臀至胫，或青或紫，或整或破，竟无一点好处，不觉失声大哭起来，"苦命的儿吓！"因哭出"苦命儿"来，忽又想起贾珠来，便叫着贾珠哭道："若有你活着，便死一百个我也不管了。"此时里面的人闻得王夫人出来，那李宫裁王熙凤与迎春姊妹早已出来了。王夫人哭着贾珠的名字，别人还可，惟有宫裁禁不住也放声哭了。贾政听了，那泪珠更似滚瓜一般滚了下来。

正没开交处，忽听丫鬟来说："老太太来了。"一句话未了，只听窗外颤巍巍的声气说道："先打死我，再打死他，岂不干净了！"贾政见他母亲来了，又急又痛，连忙迎接出来，只见贾母扶着丫头，喘吁吁的走来。贾政上前躬身陪笑道："大暑热天，母亲有何生气亲自走来？有话只该叫了儿子进去吩咐。"贾母听说，便止住步喘息一回，厉声说道："你原来是和我说话！我倒有话吩咐，只是可怜我一生没养个好儿子，却教我和谁说去！"贾政听这话不像，忙跪下含泪说道："为儿的教训儿子，也为的是光宗耀祖。母亲这话，我做儿的如何禁得起？"贾母听说，便啐了一口，说道："我说一句话，你就禁不起，你那样下死手的板子，难道宝玉就禁得起？你说教训儿子是光宗耀祖，当初你父亲怎么教训你来！"说着，不觉就滚下泪来。贾政又陪笑道："母亲也不必伤感，皆是作儿的一时性起，从此以后再不打他了。"贾母便冷笑道："你也不必和我使性子赌气的。你的儿子，我也不该管你打不打。我猜着你也厌烦我们娘儿们。不如我们赶早儿离了你，大家干净！"说着，便令人去看轿马，"我和你太太宝玉立刻回南京去！"家下人只得干答应着。贾母又叫王夫人道："你也不必哭了。如今宝玉年纪小，你疼他，他将来长大成人，为

官作宰的，也未必想着你是他母亲了。你如今倒不要疼他，只怕将来还少生一口气呢。"贾政听说，忙叩头哭道："母亲如此说，贾政无立足之地。"贾母冷笑道："你分明使我无立足之地，你反说起你来！只是我们回去了，你心里干净，看有谁来许你打。"一面说，一面只令快打点行李车轿回去。贾政苦苦叩求认罪。

贾母一面说话，一面又记挂宝玉，忙进来看时，只见今日这顿打不比往日，又是心疼，又是生气，也抱着哭个不了。王夫人与凤姐等解劝了一会，方渐渐的止住。早有丫鬟媳妇等上来，要搀宝玉，凤姐便骂道："糊涂东西，也不睁开眼瞧瞧！打的这么个样儿，还要搀着走！还不快进去把那藤屉子春凳抬出来呢。"众人听说连忙进去，果然抬出春凳来，将宝玉抬放凳上，随着贾母王夫人等进去，送至贾母房中。彼时贾政见贾母气未全消，不敢自便，也跟了进去。看看宝玉，果然打重了。再看看王夫人，"儿"一声，"肉"一声，"你替珠儿早死了，留着珠儿，免你父亲生气，我也不白操这半世的心了。这会子你倘或有个好歹，丢下我，叫我靠那一个！"数落一场，又哭"不争气的儿"。贾政听了，也就灰心，自悔不该下毒手打到如此地步。先劝贾母，贾母含泪说道："你不出去，还在这里做什么！难道于心不足，还要眼看着他死了才去不成！"贾政听说，方退了出来。

此时薛姨妈同宝钗、香菱、袭人、史湘云也都在这里。袭人满心委屈，只不好十分使出来，见众人围着，灌水的灌水，打扇的打扇，自己插不下手去，便越性走出来到二门前，令小厮们找了焙茗来细问："方才好端端的，为什么打起来？你也不早来透个信儿！"焙茗急的说："偏生我没在跟前，打到半中间我才听见。忙打听原故，却是为琪官金钏姐姐的事。"袭人道："老爷怎么得知道的？"焙茗道："那琪官的事，多半是薛大爷素日吃醋，没法儿出气，不知在外头唆挑了谁来，在老爷跟前下的火。那金钏儿的事是三爷说的，我也是听见老爷的人说的。"袭人听了这两件事都对景，心中也就信了八九分。然后回来，只见众人都替宝玉疗治。调停完备，贾母令"好生抬到他房内去"。众人答应，七手八脚，忙把宝玉送入怡红院内自己床上卧好。又乱了半日，众人渐渐散去，袭人方进前来经心服侍，问他端的。

宝玉默默的躺在床上，无奈臀上作痛，如针挑刀挖一般，更又热如火炙，略展转时，禁不住"嗳哟"之声。那时天色将晚，因见袭人去了，却有两三个丫鬟伺候，此时并无呼唤之事，因说道："你们且去梳洗，等我叫时再来。"众人听了，也都退出。

这里宝玉昏昏默默，只见蒋玉菡走了进来，诉说忠顺府拿他之事；又见金钏儿进来哭说为他投井之情。宝玉半梦半醒，都不在意。忽又觉有人推他，恍恍惚惚听得有人悲戚之声。宝玉从梦中惊醒，睁眼一看，不是别人，却是林黛玉。宝玉犹恐是梦，忙又将身子欠起来，向脸上细细一认，只见两个眼睛肿的桃儿一般，满面泪光，不是黛玉，却是那个？宝玉还欲看时，怎奈下半截疼痛难忍，支持不住，便"嗳哟"一声，仍就倒下，叹了一声，说道："你又做什么跑来！虽说太阳落下去，那地上的余热未散，走两趟又要受了暑。我虽然挨了打，并不觉疼痛。我这个样儿，只装出来哄他们，好在外头布散与老爷听，其实是假的。你不可认真。"此时林黛玉虽不是嚎啕大哭，然越是这等无声之泣，气噎喉堵，更觉得利害。听了宝玉这番话，心中虽然有万句言语，只是不能说得，半日，方抽抽噎噎的说道："你从此可都改了罢！"宝玉听说，便长叹一声，道："你放心，别说这样话。就便为这些人死了，也是情愿的！"一句话未了，只见院外人说："二奶奶来了。"林黛玉便知是凤姐来了，连忙立起身说道："我从后院子去罢，回头再来。"宝玉一把拉住道："这可奇了，好好的怎么怕起他来。"林黛玉急的跺脚，悄悄的说道："你瞧瞧我的眼睛，又该他取笑开心呢。"宝玉听说赶忙的放手。黛玉三步两步转过床后，出后院而去。凤姐从前头已进来了，问宝玉："可好些了？想什么吃，叫人往我那里取去。"接着，薛姨妈又来了。一时贾母又打发了人来。

作品选注

① 选自［清］曹雪芹：《红楼梦》，中华书局 2020 年版，有改动。

品悟赏析

　　《红楼梦》是清代作家曹雪芹创作的章回体长篇小说，被誉为中国古典四大名著之首。在内容上，小说以上层贵族社会为中心图画，极其真实、生动地描写了 18 世纪上半叶中国封建社会末期的全部生活，是这段历史生活的一面镜子，是中国古老封建社会已经无可挽回地走向崩溃的真实写照，因而被誉为中国封建社会末期的百科全书。在艺术上，《红楼梦》以其优美的语言、神奇的结构、栩栩如生的人物形象和博大精深的思想文化内涵构建了一座巍峨的文学大厦。小说以贾、史、王、薛四大家族的兴衰为背景，描绘了闺阁佳人的人生百态，展现了真正的人性美和悲剧美，是一部从各个角度展现女性美及中国古代社会百态的史诗性著作，作为一个伟大的文化存在，带给我们无穷无尽的精神享受和人生感悟。本文节选的部分来自小说第三十三回"手足耽耽小动唇舌　不肖种种大承笞挞"和第三十四回"情中情因情感妹妹　错里错以错劝哥哥"，是《红楼梦》当中的一个重要情节。

　　"宝玉挨打"虽然写的是父亲为了执行封建教育而对儿子的惩戒，实际上却反映了封建卫道者贾政与封建主义的叛逆者贾宝玉在思想性格方面最激烈、最尖锐的矛盾冲突。在贾政的打骂下，宝玉始终没有求饶，也无悔改的表示，表现出不屈服；但是他也没有对贾政做出正面的反抗，这表现了他的软弱性。一方面，他是封建贵族家庭的"逆子"；另一方面，他毕竟在"温柔富贵之乡"中长大，终免不了带有出身阶级和时代历史的局限性。严父贾政最终则屈服于封建主义的孝道，跪在贾母脚下"叩头谢罪"，显示出封建教育的平庸、统治阶级因封建制度的种种牵制而暴露出的愚暗无能。"黛玉探伤"一节为历来评论家所赞赏，具有感人心魄的艺术魅力。黛玉在抽噎了半天之后所说的"你从此可都改了罢"一句中汹涌着感情的潮水，其中既有同情、体贴、哀怨、委

屈，又有摇撼于风暴之中的惊惶。而宝玉所言"我便为这些人死了，也是情愿的"，则表现出他并未屈服的决心和视黛玉为知己的坦诚，尺幅之内深藏无限意蕴。作者通过语言、行动、细节等描写，塑造了形神毕肖的人物形象，在这一段故事中，贾母、贾政、王夫人、贾宝玉、林黛玉等无不栩栩如生。

《红楼梦》诞生于18世纪的中国封建社会末期，当时清政府闭关锁国，举国上下沉醉在康乾盛世、天朝上国的迷梦中，各种社会矛盾正在加剧发展，整个王朝已到了盛极而衰的转折点。在康熙、雍正两朝，曹家祖孙三代的四个人总共做了58年的江宁织造。曹雪芹少年时代经历了一段富贵繁华的贵族生活，但后来家渐衰败，雍正六年（1728）因亏空得罪被抄没。曹雪芹境遇潦倒，生活艰难。《红楼梦》一书是曹雪芹破产倾家之后，在贫困之中创作的，全面而深刻地反映了封建社会盛极而衰的时代特征。它所描写的不是"洞房花烛、金榜题名"的爱情故事，而是封建贵族青年贾宝玉、林黛玉、薛宝钗之间的恋爱和婚姻悲剧。小说的巨大社会意义在于它不是孤立地去描写这个爱情悲剧，而是以这个恋爱、婚姻悲剧为中心，写出了当时具有代表性的贾、王、史、薛四大家族的兴衰，揭露了封建社会不可克服的内在矛盾，对腐朽的封建统治阶级和行将崩溃的封建制度做了有力的批判。

📖 思辨启发

1. 《诗经》在中国诗歌史上的地位和影响是怎样的？

2. 陶渊明的诗歌具有怎样独特的艺术风格？

3. 你最喜欢的李白诗是哪一首？它表现了李白诗歌怎样的艺术成就？

4. 结合具体诗作，谈谈杜甫"沉郁顿挫"的诗风体现在哪里。

5. 如何理解韩愈倡导的"文道合一""气盛言宜""务去陈言"？你是否赞同他的看法？

6. 请选择关汉卿的一部杂剧作品进行品读，谈谈作品的思想内涵和艺术风格。

7. 《红楼梦》被誉为中国封建社会后期社会生活的"百科全书"，你在书中找到了哪些传统文化的元素？

✏️ 综合实践活动

一、活动主题

文学是中国文化中最有活力、最灿烂辉煌的一部分。中国古代文学蕴含了中华文化的基本精神，体现了中国人的美学追求，承载了中华民族的理想信念，表现出独特的个性和风采。从远古神话到唐诗宋词、明清小说，各种文学形式层出不穷，高潮迭起，连绵数千年，涌现出许多古今文明的文学家和不朽的文学作品。让我们共同走近经典，开展关于中国古代文学的综合实践活动。

二、活动目的与意义

中国古代文学是中华文明的重要组成部分，它历史悠久，同中华文明的发展同步。漫长的历史上曾经产生出一代又一代的杰出作家和数不清的优秀作品，出现了多姿多彩的体裁、题材、风格、流派，形成了各种各样的文学现象、文学潮流和文学理论，这是一笔无比宝贵的文化遗产。在世界民族文学之林，我国古代文学以自己无比辉煌的成就和无比鲜明的独特风貌占有重要的地位。吟诵是中国人的传统读书法，也是中国古典诗文的声音活态。音声传意，音声传情，声音与古诗文的结合可以体现出古典文化的丰富内蕴。古诗词经典吟诵比赛可以让我们在掌握一定的吟诵技巧的基础上更加深刻地体悟古典诗词的独特魅力。古代散文则是中国古代文学园林中一丛绚丽的奇葩，历史散文中涌现出一大批璀璨的人物，我们从他们身上可以汲取人生事业的经验智慧、学习重义轻利的人格精神，通过创作历史情境剧本和戏剧表演，我们可以深刻领悟中华文化绵延千年的韧性和超越时空的魅力，增强对民族历史文化的自信和对中国古代文学的学习兴趣。

三、活动内容

1. 小组吟诵

每 5～7 人为一小组，围绕"吟诵经典"主题确定吟诵内容，分别在组内展开吟诵活动，并选出组内最优秀的吟诵者参加班级吟诵比赛。个人独诵、双人或多人朗诵、配乐朗诵等均可，需脱稿进行吟诵，时间不超过 5 分钟。

2. 班级吟诵

每个小组的优秀代表依次上台吟诵，师生按照表 4-1 所示对其进行评分，对成绩最优者给予奖励。

表 4-1　班级吟诵评分表

评分项目	评分标准	分值
主题内容	主题鲜明突出，内容积极向上，思想性强	25 分
形象风度	服装整洁，衣着得体，与作品内容相协调； 精神饱满，姿态得体大方； 能以表情的变化反映作品的内涵	25 分
语言表达	感情饱满真挚，表达自然； 吟诵熟练，声音洪亮、优美、清晰，能够脱稿，吐字清晰，普通话标准，能正确把握作品节奏，韵律明显，节奏准确，声情并茂，富有韵味和表现力，能与观众产生共鸣； 能很好地表达该作品的主题和内涵	40 分
综合印象	富有表现力和感染力	10 分
总分		

3. 策划以"个人与历史"为主题的校园戏剧文化节。每 5～7 人为一小组，每个小组从孔子、孟子、庄子、烛之武、佚之狐、项羽、刘邦等人物中选择一人作为主人公，根据人物的人生经历和人格精神，创作一个历史情境短剧剧本，进行排练，并在戏剧文化节上向全班同学进行展示。可以邀请教师做评委或客串其中的一两个角色，评选出一等奖 1 个、二等奖 2 个、三等奖 3 个，最佳剧本 1 个，最佳导演 1 名，最佳演员 1 名。

第五章

传统艺术

主题诠释

艺术可以是宏观概念，也可以是个体现象，是人们通过捕捉与挖掘、感受与分析、整合与运用，以感官感受得到的形式展示出来的成果。中国有五千年文明史，劳动人民长期的生产实践形成了中国艺术的题材、内容。生产劳动是丰富多彩的，当人们的思维受到启发、碰撞乃至冲击，艺术也就开始萌芽了。

走进中国传统艺术的走廊，如同仰望璀璨的星空，这里有山水、花鸟画，有纯净的瓷器、温润的玉石、悠扬的古乐、凝重肃穆的青铜器，以及灵动潇洒又满含真情的书法，我们可以看到中国人对生命的热爱，看到中国人对于天地万物浑然一体的赞赏。

美术史学者张法中说："原始社会重模仿，奴隶社会重威慑。西周到先秦，艺术的主旋律则是礼，从敬天到敬祖，所有的艺术创作都围绕着如何让仪式更加庄重地展开。到了秦汉，美术重外在功业；而魏晋重思辨，使艺术开始走向独立；唐代重气魄与法度；宋以后受禅宗的影响，艺术开始走向重境界与意味；再之后是明清，世俗艺术逐渐走上舞台；到了近代，由于西学东渐，中国美术走上了一条向西方现代美术学习的重形式主义道路。"这是中国艺术史的发展轨迹。

学习中国传统艺术有什么样的当代价值和现实意义？首先，可以提升你的审美品位和生活愉悦感，你会发现生活中原来不曾注意的美，这会成为你生活中幸福、愉快的源泉；其次，我们不只是着眼于作品本身，还要联系作品产生的时代背景及与之相关的其他艺术形态，这会大大拓展你的眼界，提升你认识这个世界的能力；最后，我们可以体会中国古代的文人士大夫在这些艺术中的心灵寄托，使我们在人生得意时，享受难得的身心愉悦，人生失意时，获得救赎心灵的力量。

第一节　翰墨风雅

我们的祖先极富智慧，原始先民没有纸，为了记录信息，他们把字刻在龟甲或兽骨上，这就有了甲骨文，刻在青铜器上的就是金文。到了春秋战国时期，人们把文字刻在似鼓的石头上，大篆就产生了，也叫石鼓文。秦始皇统一六国后，文字也随之统一，称为小篆，是一种新书体。李斯成了中国书法史上第一位书法家。汉朝以后又出现了隶书，人们以此为规范文字。再后来是草书、楷书和行书。文字的差异形成了各种各样的书写方式，有了纸张后，两晋时期，写在纸上的墨宝就形成了书法艺术。书法艺术离不开文房四宝，即笔、墨、纸、砚。

书法是线条的艺术，其灵魂就是无影无形、无处不在的内在气脉。而中国书法所谓的"一笔书"就是针对这一内在气脉而言的。"一笔书"不是指一笔书成，而是指外在笔断，内在气连，这是一种内在力量，是一种张力，即"势"之所在。

魏晋南北朝和唐宋是中国书法史上最辉煌的时代，名家名作迭出，集中体现了中国传统书法的神韵。

笔墨横姿：
书如其人

一、魏晋神韵

（一）导读概览

魏晋书法承汉之余绪，又极富创造活力，是书法史上的里程碑，奠定了中国书法艺术的发展方向。魏晋书法规隋唐之法，开两宋之意，启元明之态，促清民（国）之朴，深刻地影响了历代书法，并影响着当代书法的发展。

魏晋南北朝的书法尚神韵，其中魏晋尚韵，南北朝尚神。由汉隶发展而成的楷书、行书、草书在该时期都有飞速的发展，涌现出了大量的书法名家，如钟繇、"二王"等，并出现了天下第一行书《兰亭集序》，可以说是中国书法史上的一个鼎盛时期。南朝书法婉丽清媚，舒畅活泼，喜出新意；北朝书法雄奇古朴，严整敦厚，以方严为尚。

（二）经典选粹

1. 兰亭集序

兰亭集序（冯承素摹本）（唐）

品悟赏析

王羲之

　　王羲之（303—361），字逸少，琅琊临沂人，东晋大臣、书法家，有"书圣"之称。他凭借门荫入仕，历任秘书郎、江州刺史、会稽太守，累迁右军将军，人称"王右军"。

　　王羲之之父擅行、隶书，叔父擅长书画，王羲之从小就受到王氏世家深厚的书学熏陶。他早年又从姨母卫铄学书。卫铄师承钟繇，妙传其法。《唐人书评》曰："卫夫人书如插花舞女，低昂美容。又如美女登台，仙娥弄影，红莲映水，碧沼浮霞。"但他并不拘泥于卫夫人的传授。在《题笔阵图后》中，他自述："羲之少学卫夫人书，将谓大能；及渡江北游名山，比见李斯、曹喜等书；又之许下，见钟繇、梁鹄书；又之洛下，见蔡邕《石经》三体书；又于从兄洽处，见张昶《华岳碑》……遂改本师，仍于众碑学习焉。"可见他广闻博取、探源明理的志向。

　　王羲之不泥于古，不背乎今，把平生从博览中所得的秦汉篆隶的各种笔法加以妙用，悉数融入于真行草体中，形成了他那个时代的最佳体势，推陈出新，更为后代开辟了新的天地。这就是王羲之"兼撮众法，备成一家"而受人推崇的缘故。他兼擅隶、草、楷、行各体，精研体势，心摹手追，广采众长，备精诸体，将之冶于一炉，摆脱汉魏笔风，自成一家，影响深远，风格平和自然，笔势委婉含蓄，遒美健秀，在书法史上与钟繇并称"钟王"，与其子王献之合称"二王"。

　　永和九年（353）三月江南，正值"草长莺飞"的季节，天朗气清，惠风和畅。按照当时的风俗，人们都要到水塘边戏游，以祓除不祥，叫作"修禊"。时任右军将军、会稽内史的王羲之与亲友雅集，面对春光烟景，大家开怀畅饮，放喉歌吟，在轻松愉快的氛围中留下了诗集《兰亭集》，作为雅集发起人的王羲之担当起了为诗集作序的任务。

《兰亭集序》是一篇立意深刻、文辞优美的著名散文。写环境、叙友情、谈感慨、悟生死，都是其重要内容。"仰观宇宙之大，俯察品类之盛"，万物随季节变化而变化，人生赖宇宙运转而运转。山风牵衣，使他恍惚于生命的短暂，由此浮想联翩……从自然界到人类万物，他想到快乐与悲伤，想到人的命运与生死，更想到后人如何看待他们，情思、哲思、文思激荡，于是他大笔一挥，一气呵成了千古传诵的《兰亭集序》。

《兰亭集序》也称《兰亭序》《临河序》《禊帖》《三月三日兰亭诗序》，全文28行、324字，通篇道媚飘逸，字字精妙，从容娴和，气盛神凝。宋代书法大家米芾称其为"中国行书第一帖"。据传唐太宗酷爱其书法，认为是尽善尽美之作，将其真迹殉葬于昭陵，如今只有摹本、临本传世。

《兰亭集序》在王书中虽不及其行草书札，但其典雅、飘逸、潇洒的时代风格是无可超越的。《兰亭集序》兼具疏朗有致的布局、挺秀飘逸的风神、变化多端的笔法、纵横自如的取势，单看其用笔，就有藏锋、挂笔回锋、牵丝、映带、由方转圆、由圆转方等种种奇妙变化，在妍美的行书中隐含着楷书的骨力。笔画之间的萦带纤细轻盈，或笔断而意连，提按顿挫，一任自然，整体布局天机错落，具有潇洒流丽、优美动人的无穷魅力。

王羲之书风的最大特征是用笔细腻而结构多变，能把书法技巧由纯出乎自然而引向较为注重华美的境界，姿态秀媚。这种充溢韵致的书风与《兰亭集序》的文辞相得益彰，有一种微妙的天人合一之感，走笔如行云流水，进入了书艺的最高境界。

2. 鸭头丸帖

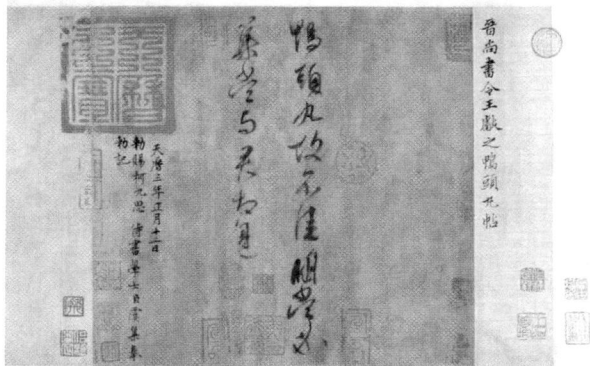

鸭头丸帖（摹本）（唐）

品悟赏析

　　王献之（344—386），字子敬，琅琊临沂人，东晋官员、书法家、画家、诗人，王羲之第七子。王献之精习书法，在书法史上与王羲之并称"二王"，有"小圣"之称，又与张芝、钟繇、王羲之并称"书中四贤"。唐人张怀瓘《书估》评其书为第一等。

　　王献之家学渊源，以行书和草书闻名，楷书和隶书亦有深厚功底。传世名作为《洛神赋十三行》，又称《玉版十三行》。前人评论王献之的书法为"丹穴凰舞，清泉龙跃。精密渊巧，出于神智"。他的草书更是为人称道，传世草书墨宝有《鸭头丸帖》《中秋帖》等，皆为唐摹本。《中秋帖》共二十二字，神采如新，世所罕见。乾隆皇帝将它收入《三希帖》，视为国宝。王献之学书不局限于一门一体，而是穷通各家。他还创造了"一笔书"，变其父上下不相连之草为相连之草，往往一笔连贯数字，其书法气势豪迈宏伟，故为世人所重。晋末至梁代，王献之的影响甚至超过了其父王羲之。书画家袁昂在《古今书评》中说："张芝惊奇，钟繇特绝，逸少鼎能，献之冠世。"

　　《鸭头丸帖》为行草作品，共十五字，绢本。清代吴其贞在《书画记》里对此帖推崇备至，认为其"书法雅正，雄秀惊人，得天然妙趣，为无上神品也"。《鸭头丸帖》的内容是："鸭头丸，故不佳。明当必集，当与君相见。"从这一帖的语气来看，应当是有人服用过鸭头丸，但感到效果不好，因此告诉过王献之这个情况。王献之服后，觉得果然如其所说，所以回信约这位朋友明天聚会并讨论。

　　这幅作品运笔非常熟练，笔画劲利灵动，风神散逸，主要有以下一些特征：笔锋灵巧而又变化多姿，方笔、圆笔、侧锋、藏锋都有；字与字之间气脉贯通，连中有断，断连结合，使整幅字有疏有密，空白灵活。帖中的十多个字曲直结合：横竖较直，有刚劲之美；又有圆转外拓的曲笔，有遒婉之美，用墨巧妙自然，墨色有枯有润，变化丰富。章法上行距很宽，显得萧散疏朗，堪称一幅不拘法则而又无处不存在法则、妩媚秀丽而又散朗洒脱的行书精品。

二、唐宋法度

（一）导读概览

　　唐代文化博大精深、辉煌灿烂，"书至初唐而极盛"，唐代墨迹流传至今者也比前代多，大量碑版留下了宝贵的书法作品。唐代书法对前代既有继承又有革新。初唐书家有虞世南、欧阳询、褚遂良、薛稷、陆柬之等，此后还有李邕、张旭、颜真卿、柳公权、怀素、钟绍京、孙过庭。唐太宗和诗人李白也是值得一提的大书家。楷书、行书、草书发展到唐代都跨入了一个新的境地，时代特点十分突出，对后代的影响力远远超过了以前任何一个时代。

唐代书法艺术的发展可分初唐、中唐、晚唐三个时期。初唐以继承为主，尊重法度，刻意追求晋代书法的劲美。中唐不断创新，极为昌盛。晚唐书艺亦有进展。

唐太宗本人就极爱书法，特别崇尚王羲之书迹，使崇王之风极盛一时。唐太宗是书法理论家，他认为"字以神为精魄，神若不和，则字无态度也；以心为筋骨，心若不坚，则字无劲健也"。他对运笔的要求是："为点必收，贵紧而重；为画必勒，贵涩而迟；为撇必掠，贵险而劲；为竖必努，贵战而雄；为戈必润，贵迟疑而右顾；为环必郁，贵促锋而总转。"这将书法原理和书写技巧讲得很透彻。

唐代最高学府有六种，即国子监、太学、四门学、律学、书学、算学。其中书学专门培养书法家和书法理论家，其创立是唐代的创举。唐代名家辈出，灿若繁星。如初唐的欧阳询、虞世南、褚遂良等，中唐的颜真卿、柳公权等，都是书法大家。晚唐有王文秉的篆书、李鹗的楷书和杨凝式的"二王颜柳"余韵。

宋代书法在延续前人的基础上形成了鲜明的时代特点。一是突破唐人重法的束缚，而以己为主，以意代法，努力追求表现自我的意志、情趣，形成"尚意"书风。苏轼的"我书意造本无法"、黄庭坚的"凡书画当观韵"皆是此意。二是有意将书法同其他文学艺术形式结合起来。宋代书法大家同时又是文学家、画家。苏轼说："诗不能尽，溢而为书，变而为画。"苏轼不仅认为书画和诗一样，是表现自我的手段，而且强调文学修养对提高书法艺术水平的作用。

北宋书法成就最大的是苏轼、黄庭坚、米芾和蔡襄。其中成就最大的是苏轼。苏轼在诗、文、书、画、词等方面均取得了登峰造极的成就。黄庭坚曾经这样评价："本朝善书者，自当推为第一。"苏轼擅长写行书、楷书，曾经遍学晋、唐、五代的各位名家之长，将王僧虔、徐浩、李邕、颜真卿、杨凝式等名家的创作风格融会贯通，自成一家。苏轼一生屡经坎坷，致使他的书法风格跌宕，他评价自己的书法特点是"如棉裹铁"。

他在点评自己的书法特点时说"我书意造本无法，点画信手烦难求""执笔无定法，但使虚而宽""吾虽不善书，晓书莫如我。苟能通其意，常谓不学可""自出新意，不践古人"。《寒食帖》是苏轼行书的主要代表作，整篇书法气势奔放、跌宕起伏、而无荒率之笔。"天下三大行书"中便有《寒食帖》，其可谓我国行书史上的一块里程碑。

（二）经典选粹

1. 祭侄文稿

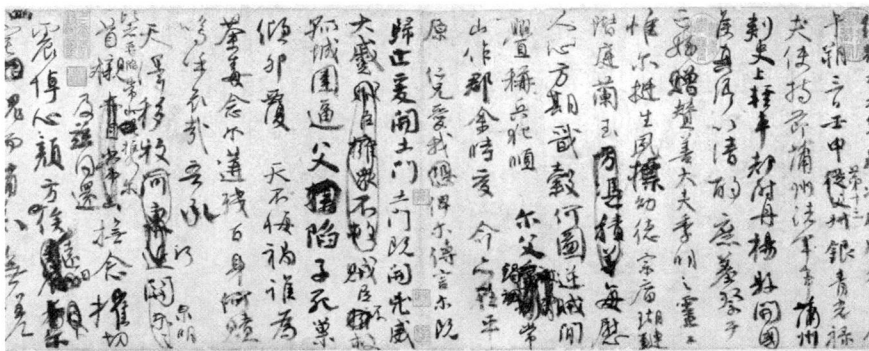

祭侄文稿（局部）（唐）

品悟赏析

颜真卿（709—784），字清臣，别号应方，琅琊临沂人，唐朝名臣、书法家。颜真卿的书法初学褚遂良，后又得笔法于张旭，还与怀素一起探讨。他对"二王"、褚遂良等的书法进行深入研究，吸取其长处，彻底摆脱了初唐的风格，创造了新的书风。颜真卿的书体被称为"颜体"，与柳公权并称"颜柳"，有"颜筋柳骨"之誉。

颜真卿的真书雄秀端庄，结字由初唐的瘦长变为方形，方中见圆，具有向心力。用笔浑厚强劲，善用中锋笔法，饶有筋骨，亦有锋芒，一般横略细，竖、点、撇与捺略粗。书风大气磅礴，多力筋骨，具有盛唐的气象。他的行草遒劲有力、结构沉着、点画飞扬。他的行书遒劲郁勃，体现了唐帝国繁盛的气象。

颜真卿的传世作品以碑刻最多，楷书有《多宝塔感应碑》《麻姑仙坛记》《东方朔画像碑》《颜勤礼碑》《颜氏家庙碑》等，行书有《争座位稿》，书迹有《自书告身》《祭侄文稿》。其中《颜勤礼碑》端庄遒劲，但笔画细瘦，和其他碑刻不大一样。《颜氏家庙碑》筋力丰厚，是他晚年的得意作品之一，与早年的作品相比更加浑厚大气。此外，当代发现的颜真卿书法作品也有部分墓志铭，如《郭虚己墓志》《王琳墓志》《罗婉顺墓志》。

颜真卿在书学史上以"颜体"缔造了一个独特的书学境界。他的书法因他卓越的灵性、坚强的魂魄及丰富的人生履历而境界瑰丽、雄健、阔大。而其晚年犹求炉火纯青，出神入化的境界，使"颜体"在书坛巍然屹立。范文澜在《中国通史简编》中说："初唐的欧、虞、褚、薛，只是二王书体的继承人，盛唐的颜真卿，才是唐朝新书体的创造者。"颜真卿的楷书已形成一种范式，后世学习者极多，甚至有"学书当学颜"的说法。

《祭侄文稿》全称为《祭侄赠赞善大夫季明文》，是颜真卿于唐乾元元年（758）创作的行书纸本书法作品，现收藏于台北故宫博物院。

祭侄文稿（唐）

《祭侄文稿》是颜真卿50岁时，悼念其堂兄颜杲卿的第三个儿子颜季明所写的一篇祭文。《祭侄文稿》是颜真卿在巨大的悲痛中写的。唐代安禄山叛乱，敌军劝降，颜真卿的哥哥颜杲卿不从，敌军便当着颜杲卿的面把他的儿子颜季明的头砍了下来。眼睁睁地看着儿子在自己面前断头，颜杲卿依然坚守着忠诚，破口大骂，誓死不降。敌军没办法，只能把颜杲卿的舌头割下来，这就是文天祥《正气歌》里所说的"为颜常山舌"典故的由来。

天宝十四载（755），颜真卿派人寻访到颜季明的头骨。面对着他的头骨，颜真卿在悲恸、气愤的情绪中写下了这篇"抚念摧切，震悼心颜"的《祭侄文稿》。

为什么这篇歪歪扭扭、涂涂改改的文字，竟然被历代文人称为"天下第二行书"？

《祭侄文稿》中的每个字都融入了书家最真实自然的情感。行气随感情起伏不断调整，笔下没有顾及工拙，随处有涂改，让人强烈地感受到颜真卿感情的起伏变化。

开头几行，字的大小变化不大，节奏缓慢，字势沉着。这是痛定思痛、悲愤郁结的沉吟。

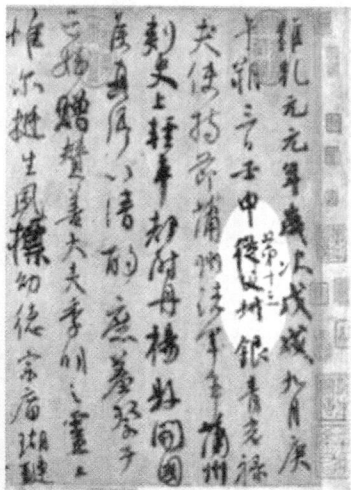

篇首

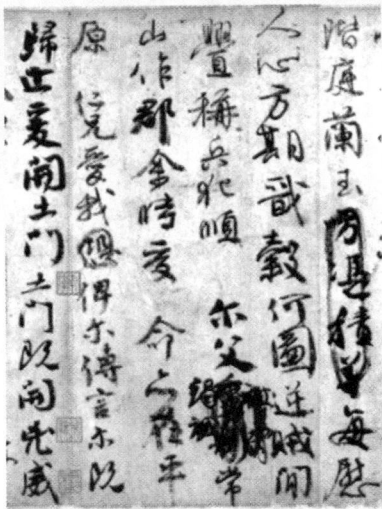

第八至十三行

从第八行开始，随着感情的激发，字不分轻重大小，错综而出，字行也开始倾斜，并有大面积涂改，颜真卿的愤怒之情开始涌动。

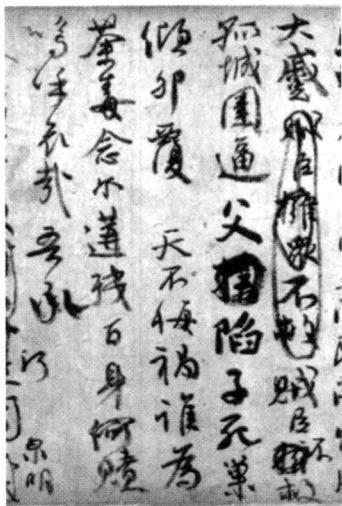

第十四至十八行

到第十四行的"贼臣不救，孤城围逼，父陷子死，巢倾卵覆，天不悔祸，谁为荼毒"时，对奸臣的义愤、对乱贼的仇恨、对亲人的痛悼，百感交集，一齐迸发于胸中。颜真卿写此稿时一任感情倾泻，而不复较其书体是行是草，因而达到了合情即合理的艺术境界，其中充满了对安禄山叛军的刻骨仇恨和对亲人的无限思念及深切哀悼。

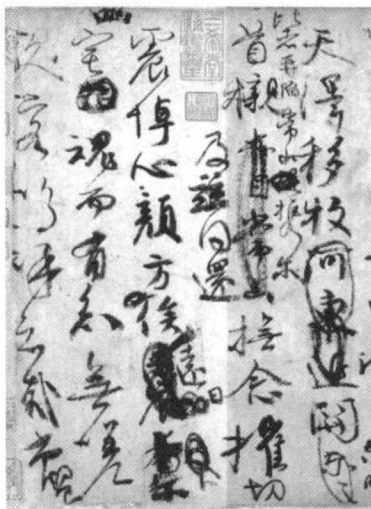

篇末

后文转到对侄儿的抚念与哀悼，由行入草，并有多处改写，颜真卿仿佛进入情感的旋涡之中，笔势连绵，犹如老泪滂沱，不能自已。写到祭文最后的"呜呼哀哉，尚飨"，颜真卿的悲愤痛心之情达到了极点，情感终于挣脱了法度的束缚，几乎"书不成字"了。

《祭侄文稿》通篇用笔情如潮涌，气势磅礴，纵笔豪放，一气呵成，与王羲之的《兰亭集序》、苏轼的《黄州寒食帖》并称为"天下三大行书"。

2. 肚痛帖

肚痛帖（摹刻）（宋）

品悟赏析

　　李白是唐朝的标志性人物，其诗歌曾被唐文宗下诏御封为大唐"三绝"之一，另外"两绝"则是张旭草书和裴旻剑舞。

　　张旭（约 685—约 759），字伯高，一字季明，唐代书法家，擅长草书，喜欢饮酒，世称"张颠"，与怀素并称"颠张醉素"，与贺知章、张若虚、包融并称"吴中四士"，又与贺知章等人并称"饮中八仙"。

　　张旭的草书追求"孤蓬自振，惊沙坐飞"的境界，疾势如飞、奇伟狂放的意趣，其中倾注了不可遏止的激情，又能做到气势连贯、自由畅达。张旭的书法风格最突出的特点是"狂逸"。张旭受道家思想的影响而和王羲之等魏晋时人一样追求放浪不羁的精神状态，就像李颀的《赠张旭》所言，张旭经常"露顶据胡床，长叫三五声。兴来洒素壁，挥笔如流星"。他的书法作品表现力惊人，皎然在《张伯英草书歌》中称张旭的书法如"闻风游云千万朵，惊龙蹴踏飞欲堕。更睹邓林花落朝，狂风乱搅何飘飘"。

　　最能代表张旭性情和艺术成就的还是草书，如这幅《肚痛帖》。这是一幅有趣的书法作品，真迹已经丢失，仅存刻本。全帖六行，共三十字："忽肚痛不可堪，不知是冷热所致，欲服大黄汤，冷热俱有益。如何为计，非临床。"张旭当时突觉肚子疼痛难忍，不知道是不是着凉了，准备喝大黄汤治疗。

　　这幅作品开头的三个字写得还比较规整，字与字之间不相连接。从第四字开始，便每行一笔到底，上下映带，缠绵相连，越写越快，越写越狂，越写越奇，意象迭出，将草书的情境表现能力发挥到了极致。明王世贞跋云："张长史《肚痛帖》及《千字文》数行，出鬼入神，倘恍不可测。"此《肚痛帖》仅三十字，写来洋洋洒洒、一气贯之。从刻帖中可以看出，张旭写此幅字时是蘸饱一笔，一次写数字，至墨竭为止，再蘸一笔。这样做可以保持字与字之间的气贯，还可以控制笔的粗细、轻重变化，使整幅作品气韵流动。

　　《肚痛帖》是张旭的代表作，是他狂放大胆的书风的代表。其字如飞瀑奔泻，时而浓墨粗笔，沉稳遒迈，时而细笔如丝，连绵直下，气势连贯，浑若天成，在粗与细、轻与重、虚与实、断与连、疏与密、开与合、狂与正之间回环往复。纵横豪放的情怀、张扬恣肆的宣泄、泰山压顶的气概、变幻莫测的态势在奋笔疾书的狂草中横空出世，让观者惊心动魄。清张廷济《清仪阁题跋》云："颠、素俱善草书，颠以《肚痛帖》为最，素以《圣母帖》为最。"

3. 寒食帖

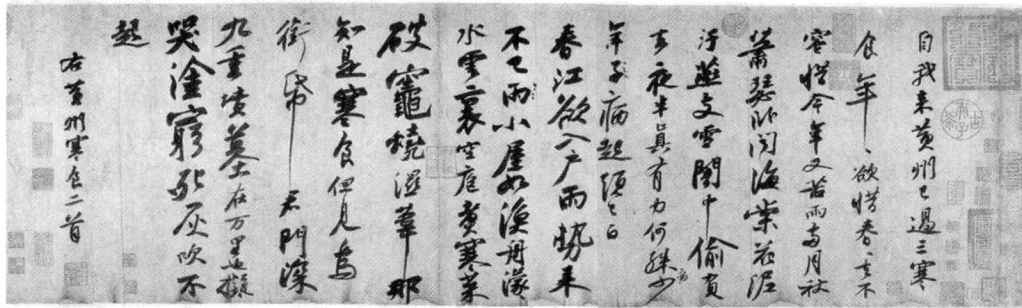

寒食帖（宋）

品悟赏析

苏轼（1037—1101），字子瞻，一字和仲，号铁冠道人、东坡居士，眉州眉山人，北宋文学家、书法家、美食家、画家。苏轼擅长行书、楷书，与黄庭坚、米芾、蔡襄并称为"宋四家"，代表性的书法作品有《赤壁赋》《祭黄几道文》《寒食帖》等。

元丰三年（1080）二月，苏轼因乌台诗案受新党排斥，被贬谪至黄州为团练副使。乌台诗案是苏轼人生的转折点，被贬黄州，自然是郁郁不得志，加之生活上穷愁潦倒，他将情感寄托在这幅书法作品中，发出了人生之叹。

《寒食帖》又名《黄州寒食诗帖》或《黄州寒食帖》，是苏轼撰诗并书写的，墨迹素笺本，十七行，一百二十九字。《寒食帖》是苏轼书法作品中的上乘之作，在书法史上影响很大，洋溢着起伏的情绪。元朝鲜于枢把它和王羲之《兰亭集序》、颜真卿《祭侄文稿》并称为"天下三大行书"。这幅书帖的内容是一首诗："自我来黄州，已过三寒食。年年欲惜春，春去不容惜。今年又苦雨，两月秋萧瑟。卧闻海棠花，泥污燕支雪。暗中偷负去，夜半真有力。何殊病少年，病起头已白。春江欲入户，雨势来不已。小屋如渔舟，蒙蒙水云里。空庖煮寒菜，破灶烧湿苇。那知是寒食，但见乌衔纸。君门深九重，坟墓在万里。也拟哭途穷，死灰吹不起。"这是一首遣兴的诗作，写得苍凉多情，表达了苏轼当时惆怅孤独的心情。通篇书法起伏跌宕，无荒率之笔。黄庭坚在诗跋中云："此书兼颜鲁公、杨少师、李西台笔意，试使东坡复为之，未必及此。"

"自我来黄州，已过三寒食。"这个开头非常直白平实，笔锋丝毫没有凌厉之感，显得柔和自在，仿佛是随意之作。

"年年欲惜春，春去不容惜。今年又苦雨，两月秋萧瑟。"到了寒食就意味着春天也要过完了，真令人惋惜。他重复用了两个"春"字，可见苏轼很爱惜

这春光。这一年雨下得特别多，阴历三、四月就像秋天一样，非常萧瑟阴郁。其实阴郁的不只是天气，更是他的内心。

"卧闻海棠花，泥污燕支雪。"他躺在床上，看到一株海棠，花瓣掉落，被泥土弄脏了。这其实就像乌台诗案前的苏轼，他的前半生是绚丽的，如同盛开的海棠，但是被抓进牢狱，被贬谪黄州，就像落入泥土中那样卑微。

"何殊病少年，病起头已白。"自己之前不服老，总觉得自己还年轻，可是生了一场病后，头发竟然都白了。

"春江欲入户，雨势来不已。小屋如渔舟，蒙蒙水云里。"雨一直下，水要涨到屋里来了，家好像一只渔船，荡漾在一片水雾中。语言还是明白如话，这是苏轼的行文风格，不喜用艰涩难懂的典故。

"空庖煮寒菜，破灶烧湿苇。那知是寒食，但见乌衔纸。"因为是寒食节，不能吃热的东西，只能吃冷菜冷饭。空庖、寒菜、破灶、湿苇，好像一切都很冷。忽然看见一只乌鸦叼了一张烧剩的纸钱飞过去，真是令人触目惊心。写到"乌衔纸"三个字的时候，笔锋完全变了，一改柔和敦厚，变得锋利起来。这是凄凉，还是不甘？也许都有。

"君门深九重，坟墓在万里。也拟哭途穷，死灰吹不起。"苏轼父亲的坟冢在四川眉山，他清明也回不去，无法尽人子的孝道。他问：我是否可以学一学阮籍，走到没路的地方大哭一场？但是此时，我也心如死灰，连哭的情绪都没有了，真是无限凄凉。

书法审美中最高的境界是自然而然，毫无矫揉造作。《寒食帖》几乎没有锋芒毕露的感觉，看起来柔软含蓄，但是其中隐藏着苏轼刚硬的韧性。通篇一气呵成，随着情绪、心境的变化，起伏跌宕，人书合一。

第二节　丹青神姿

丹青神姿：
气韵生动

绘画是人类传递情感的一种方式。画家眼中的世界酝酿成心中的乾坤，不经意间在笔尖流露，一花一草、一颦一笑，记录的都是当时的所看所想、所感所悟。

东西方绘画的最大的差异是东方偏向写意，西方偏向写实。西方绘画注重思维、焦点透视、光影变幻，再现性较强，比较逼真；东方绘画更加注重情感、格局，讲究意在笔先，注重情与理的统一、诗与画的结合。中国人的毛笔用得出神入化，用水墨再造梦幻世界。

总结来说，中国画的主要特点有三：第一，追求神似，传神写照，注意留白，意境悠远；第二，以用水墨勾勒线条为造型的主要手段；第三，与诗文、书法、印

章等艺术完美融合。

中国传统绘画历史悠久，以丰富而深厚的文化底蕴和独特的美学追求，成为东方绘画的杰出代表。中国传统绘画在数千年的发展过程中，就其题材内容，形成了人物画、山水画、花鸟画三大类。从这些绘画史上的惊鸿一瞥中，我们看到的是画家流连于世间、寄情于山水而形成的对这个世界的看法，也寄托着他们的人格理想和精神诉求。

一、魏晋南北朝绘画

（一）导读概览

魏晋南北朝时期是中国历史上一个大分裂、大动乱的时期，战争连年不断，政权更迭频繁，从而造成了社会政治和思想文化的大变迁，玄学、佛学随之大兴。在玄学、佛学的影响下，这一时期的绘画既继承了前代的优秀传统，又吸收了外来影响，题材广及文学、宗教领域，技巧丰富多变，创造了"笔不周而意周"的新风格。中外艺术在此时期也有了很大程度的融合，为后世的绘画艺术做出了巨大贡献，在中国的绘画史上留下了浓重的一笔。

曹不兴、顾恺之、陆探微、张僧繇等画坛宗师为后世崇奉，顾恺之《论画》、谢赫《古画品录》、宗炳《画山水序》、王微《叙画》等形成了系统的画论。中国绘画从附属经史的被动地位中初步挣脱出来，显示了自己独立的审美价值，画家也不再居于工匠之列，获得了前所未有的独立地位。

南朝谢赫提出的画评"六法"，即"气韵生动、骨法用笔、应物象形、随类赋彩、经营位置、传移模写"，对后世产生了深远的影响。东晋的顾恺之是中国画的奠基者，首创"铁线描"，这是古代人物衣服褶纹的画法之一，因线条状如铁丝而得名，这种技法画出的衣纹轻盈流畅、紧劲连绵。

（二）经典选粹

洛神赋图

洛神赋图（摹本）（宋）

品悟赏析

顾恺之（约345—409），字长康，晋陵无锡人，东晋画家、绘画理论家、诗人。顾恺之博学多才，擅诗赋、书法，尤擅绘画，精于人像、佛像、禽兽、山水等，与曹不兴、陆探微、张僧繇合称"六朝四大家"。顾恺之作品的真迹没有保存下来，摹本有《女史箴图》《洛神赋图》《列女仁智图》等。

顾恺之作画意在传神，其"迁想妙得""以形写神"等论点，为中国传统绘画的发展奠定了基础。他作画时意存笔先，画尽意在，笔迹周密，紧劲连绵。顾恺之的作品除了名人肖像，也有一些佛教、神仙的图像和飞禽走兽。画人物画时，顾恺之重视体现人物的丰采和才华，着重表现人的性格和精神特点。唐代张怀瓘对其评价甚高，针对人物画，点评："张僧繇得其肉，陆探微得其骨，顾恺之得其神。"

原《洛神赋图》为设色绢本，为由多个故事情节组成的长卷，类似连环画而又彼此融贯，现已失散，传世的是宋代的四件摹本。这幅画取材于三国文学家曹植写的文章《洛神赋》，为连环长卷，描述了一段凄美的爱情故事：曹植赴京都朝觐魏文帝曹丕，返程中途经洛河，邂逅洛水女神并对其一见钟情，但最终无奈与之分手。其画面奇幻绚烂，情节细腻感人，感情纯真诚挚，基调哀伤凄婉。

观赏长卷可见，起初，闲散的马夫和马匹在旅途中休憩，衣袂飘飘、风姿俊朗的曹子建散步林中，远眺波光潋滟的洛水。远处烟波之上，忽现一位"肩若削成，腰如约素"的女神，她顾盼流盈，明眸善睐，低首徘徊，欲行又止。曹植眼中的洛神是什么样子？"其形也，翩若惊鸿，婉若游龙，荣曜秋菊，华茂春松……"可见其充满神秘、梦幻色彩，又婀娜多姿。

局部一

　　曹植"托微波而通辞""解玉佩而要之"，表白于她，并把随身的玉佩赠予洛神。洛神也拿出一块美玉相赠，落落大方地与他私订终身。全卷中，这里洛神离曹植是最近的。

局部二

　　洛神将情形告知了自己的姐妹，仙女们"凌波微步，罗袜生尘"，一起庆贺洛神的爱情。但终归人神殊途，分别的时刻还是来临了，画中黄河河神冯夷击鼓奏乐，女娲临风而歌。洛神无奈，只得登上六龙云车，乘风而去，回望岸上，是那么不舍。

局部三

曹植站在岸上痴痴地凝望离开的洛神，但终究不甘心，乘船溯流而上，奋力追赶，洛神已不见踪影，空留一柄团扇在曹植手中，令人惆怅万分。第二天，怅然若失的曹植只能归去，途中仍频频回首，盼望洛神能再次出现，但是佳人不再，空余一丝情爱缱绻心头。

《洛神赋图》是顾恺之在偶然读到友人送来的《洛神赋》，有感而作的。曹植的原文借对梦幻之境中人神对恋爱的追求，抒发了爱情失意的自我感伤。顾恺之以丰富的想象力和高超的艺术才能对文学作品进行再创造，传达出了无限惆怅的情意，巧妙运用绘画艺术技巧，将辞赋中曹植与洛神之间的爱情故事表达得纯洁感人、浪漫悲哀。

《洛神赋图》中，顾恺之充分发挥了艺术想象力，将文学作品中的情感形象表现为画面形象，表现出《洛神赋》中充满诗意幻想的浪漫意境。随着画卷展开，观者在画家的思路的引导下，不由自主地随着人物的心情或惊喜，或悲伤。画家根据辞赋中的内容展开艺术联想，塑造出嬉戏的众神仙，鹿角马面、蛇颈羊身的海龙，豹头的飞鱼，六龙驾驶的云车等形象，穿插在山川、树木、流水等自然景物之间，与众神仙、洛神和岸上的人物形成了动静对比，而又拉开了空间距离，营造出奇异缥缈的幻觉境界。

凄婉浪漫的气氛亦通过人物之间的情感关系和内心深处的心灵变化表现出来，尤其是眼神的描绘。洛神不论是出现在水面上、飞在半空中，还是漫步丛林中、乘云车离去，大部分形象都是朝向画面左方，回头与岸上的曹植对视，眼神或饱含深情，或无奈感伤，或欲言又止，或依依不舍。在洛神离去之后，曹植的目光仍望向空茫的前方，追寻洛神的倩影，即使坐在归途的车上仍然回头张望。人物无言的眼神之中流露出真切的爱情和相恋而不能相守的无奈，增强了浪漫悲凄的气氛。

《洛神赋图》的构图采用了以连续多幅画面表现一个完整情节的手法，类似当代的连环画。作者巧妙地利用了山石、林木、河水等背景，将画面分隔成不同的情节，主要人物随着赋中寓意的铺陈重复出现，将时间和空间连贯起来，使画面既分隔又相连，首尾呼应，和谐统一，丝毫看不出分段描写的迹象。观者从右向左依次观看，随着时间的推进，人物的状态与所在场景不断地变化，使故事连贯地发展下去。

局部四

局部五

二、唐五代绘画

（一）导读概览

隋唐时期，我国的绘画逐渐步入繁荣昌盛阶段。人物画取得了辉煌成就，山水、花鸟画也相继成熟。画坛涌现出众多名家，各领风骚。唐代绘画总的风格是"细密精致而臻丽"。人物画的表现能力有所提高；山水画也已脱离"人大于山，水不容泛"的幼稚状态，比例趋于合度，较好地表现了"远近山川，咫尺千里"的真实空间感。画圣吴道子是这个时代的佼佼者，他首创了"金蚕吐丝描绘"，他的《八十七神仙图》衣带飘飘，使得中国画的线条真正获得了独立的性格。水墨画也在这一时期出现。王维被认为是第一位水墨画家，他的《雪溪图》不用任何色彩，单纯用黑色的水墨，创造了一个平淡悠远的冰雪世界，自此水墨画法渐渐成为风尚，北宋后更成为中国画的主要形式。

五代在中国历史上存在时间短暂，时局动荡，战争频繁。但这个时期的个别地区政局相对稳定，如西蜀、南唐，农业、手工业得到发展，商业繁荣，为文化的发展提供了较为充分的物质条件。一时间，朝野上下画家云集，西蜀和南唐正式设置画院，用于容纳御用画家和掌管宫中绘画事务，有力地促进了这些地区的美术活动开展。因此，五代山水、花鸟、人物等不同画科都取得了较大发展，不同的艺术风格、不同的绘画流派的形成，为宋代美术的发展奠定了基础。南唐画家周文矩、顾闳中等人艺术成就更大，他们对生活场景、人物神情乃至精神面貌的刻画都具有很高水平。其中顾闳中的《韩熙载夜宴图》通过听乐、观舞、暂歇、清吹、散宴五个相继展开的场面，真实而生动地表现了夜宴的场景，人物心理、面貌刻画准确传神，线描细劲而流畅，设色明丽和谐，可称得上五代时期最优秀的人物画作品之一。

（二）经典选粹

韩熙载夜宴图

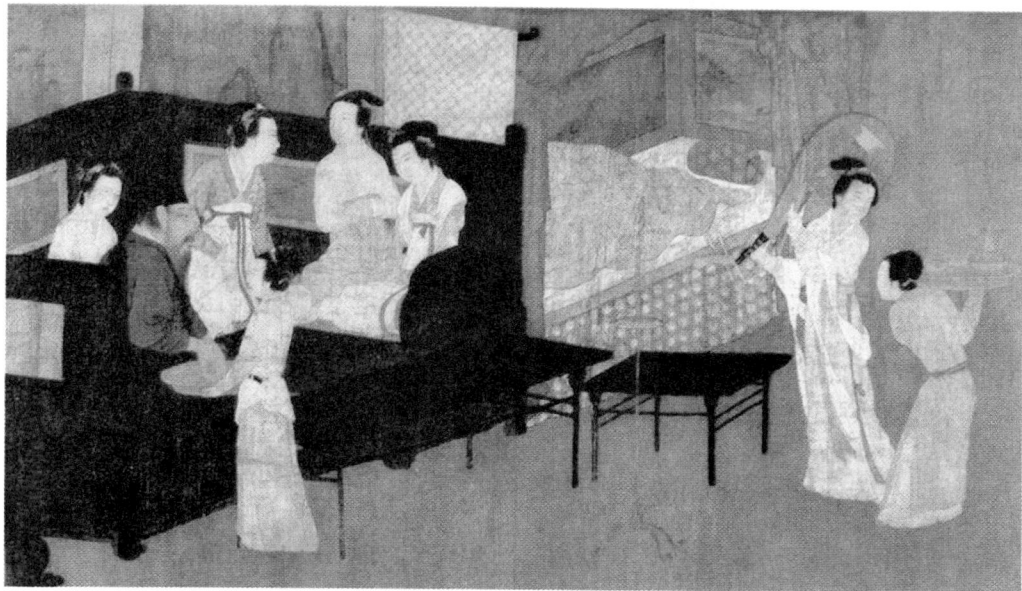

韩熙载夜宴图（局部）（五代）

品悟赏析

顾闳中（910—980），五代十国时南唐人物画家，曾任南唐画院待诏。其绘画用笔圆劲，间以方笔转折，设色秾丽，擅描摹人物神情意态，传世代表作为《韩熙载夜宴图》，见于画史著录的作品还有《明皇击梧桐图》《游山阴图》《雪村图》《荷钱幽浦》等。

韩熙载（902—970），字叔言，南唐名臣、文学家，因是北方人，在南唐始终没有受到重用。后主李煜刚即位时，猜忌心很重，鸩杀了很多从北方来的

大臣。韩熙载因才干突出，受到了李煜的怀疑，被处处提防。韩熙载为逃避李煜的猜疑，纵情声色。李煜就派画家顾闳中前去韩家仔细观察韩熙载的所作所为，然后画出来给他看。顾闳中从韩熙载家的宴会现场回来之后，根据自己的记忆画出了这幅《韩熙载夜宴图》，可是让顾闳中也没有料到的是，这幅窥探别人隐私的画居然成了一幅传世之作。

这幅《韩熙载夜宴图》是典型的故事长卷，一共有五个段落。顾闳中以高超的绘画技巧，用反复出现的屏风将每段情节巧妙地隔开。画中的五段分别为琵琶演奏、观舞、宴间休息、清吹、欢送宾客。

第一段是琵琶独奏，描绘的是韩熙载与到访的宾客们聚精会神地倾听琵琶演奏的场景。画家着重表现的是弹奏已经开始，全场空气凝住的一瞬间。此段出现的人物繁多，场景复杂，床上的红袍青年是新科状元郎粲，端坐在状元左侧之人便是韩熙载，弹琵琶的女子是教坊副使李嘉明的妹妹，李嘉明则在左边扭头望着她，听得入神。长案的两端坐着韩的朋友太常博士陈致雍和门生紫薇郎朱铣，另有宠妓弱兰和王屋山等。这些人物都确有记载。

第二段是六幺独舞，韩熙载站在红漆羯鼓旁，两手抑扬地敲鼓。郎粲斜靠在椅子上，一边可以照顾到韩击鼓，一边可以欣赏王屋山的舞技。画中还有一位青年在打板，应是韩熙载的门生舒雅。有一个和尚参加了夜宴，是韩熙载的好友德明，他谦卑地低着头，好像感觉出现在这种场合有些不好意思。

第三段是宴间小憩，韩熙载坐在床榻上，边洗手边和侍女们谈话。琵琶和笛箫都被一个女子扛着往里走，随后还跟着一名端着杯盘的女子。两名女子好像还在对今晚的宴会津津乐道，更加烘托出了轻松的氛围。红烛已经点燃，被子堆叠，枕头也已放好，以便主客随时躺下休息。

第四段是管乐合奏。韩熙载换下了正装，盘膝坐在椅子上，一边挥动着扇子，一边对一个侍女吩咐着什么。五个奏乐人横坐一排，各有自己的动态。

第五段是宾客酬应。这一段描绘了宴会结束，宾客们陆续离去的场景。

《韩熙载夜宴图》的特别之处在于它是根据真人真事画的。《韩熙载夜宴图》的内容也非常丰富，包含了家具、乐舞、服饰、礼仪等方方面面，是研究五代时期服饰、装饰等风格的重要参考，对研究中国古代绘画、传统服饰、民族音乐及古代人文、生活、艺术也都具有极高的参考价值。并且这幅画在笔法上工整精细，在人物服饰的刻画上表现得严整且简练，既利落洒脱，又富于变化，塑造了一个又一个富有生命活力的艺术形象。这幅画在美术史上有很重要的地位，代表了古代工笔重彩画的最高水平。

三、宋元绘画

(一)导读概览

宋代文化的极度繁盛,使得绘画也攀上了发展的高峰。它反映广泛的现实生活内容,在古代绘画史上是极为突出的。宋代画家运用多彩的、优美的艺术形式,创造了很多的艺术表现手法,其作品和社会有着密切的联系,表现了中国绘画的成熟与高度繁荣,元明清绘画的风格样式及理论大多可在宋代绘画中找到根据。宋代绘画艺术在技巧上有许多重要创造,画家着重表现人物的精神面貌及动人的情节,注重塑造性格鲜明的艺术形象,注意真实而巧妙的艺术表现,并努力进行形象提炼,有着高度的写实能力。文人士大夫绘画对于绘画艺术的提高也有促进作用,他们在主观的表达和笔墨效果的探索上尤有贡献。宫廷绘画在整个社会绘画的繁荣基础上得到了高度发展,其艺术成就也不容忽视。

北宋前期画风承续唐及五代遗风,随着审美思潮不断发展和南北两宋地缘及人文环境的变更,人物、山水、花鸟画渐破唐及五代的画风藩篱,形成了适应不同观者审美需求的多元面貌,出现了因宫廷贵族推崇备至而蔚为大观的院体画风,文人士大夫、民间百姓之中亦有着广泛流行的文人风体与民间画格体。宋代是文人画发展的重要阶段,文人得以独立出来,表达自己的旨趣。

北宋中期以降,随着政权趋稳和商业财富增加,社会风气日趋风雅安逸,绘画成为供时人消遣寄兴的闲时玩物,适宜于陶冶心绪的自然花鸟、山水取代了宋初人物画的主体地位,山水画逐渐跃居绘画的主流。许多山水画家深入自然,朝夕观察,反复体会,因而能精确地画出不同地域、季节、气候的特征,追求优美动人的意境。从全景式的大山大水,到用笔简括、高度剪裁的边角之景的变化,显示了不同时期的卓越创造。山水画中的景物不仅有仙山楼阁、贵族园林,更多的是山川郊野的自然景色,穿插有盘车、水磨、渡船、航运、捕鱼、采樵、行旅、寺观梵刹、墟市酒肆等平凡生活情节,具有浓郁的生活气息,而且通过真实的景物描绘,体现优美的想象,塑造诗一般的意境。

院体画狭义上是指中国古代宫廷画家的绘画作品,广义上则包括宫廷绘画和受到宫廷绘画影响的中国传统绘画,以及倾向于中国古代宫廷绘画的画风。院体画多工整细腻、细节繁复、写实逼真,在宋朝最为鼎盛。两宋可称为历史上画院发展最隆盛的时代,画院的制度也最为完备。

宋朝建立之初就建立了翰林图画院,专门为宫廷及皇室贵族服务,"以不仿前人,而物之情态形色俱若自然,笔韵高简为工",既要求状物绘形的严格和写实,又强调立意构思。宋徽宗赵佶对皇家画院的支持使得院体画发展在北宋后期达到前所未有的高峰。

谈到院体画，必须提到黄筌和徐熙，当时称"黄家富贵，徐熙野逸"。黄筌代表西蜀宫廷画院工整华丽的一派，徐家代表江南院外潇洒清逸的一派，"二者犹春兰秋菊，各擅重名"。

黄筌家中世代为宫廷画家，"多写禁御所有珍禽瑞鸟，奇花怪石""翎毛骨气尚丰满，而天水分色"，符合封建统治阶级装饰宫廷、美化生活的思想意趣，所以受到皇家的赏识。徐熙处在宫廷画院之外，"多状江湖所有杂花野竹，水鸟渊鱼"。徐熙之孙徐崇嗣改变家传的"落墨法"，仿效"黄家富贵"的作风，不用笔墨，直接以彩色点染，创造了"没骨法"。由于黄体对花鸟画苑的垄断，所以在北宋前期，许多画家都仿效黄体，造成花鸟画发展的停滞，作品越来越庸俗、刻板，缺乏生气。其后一些有个性的画家不满于黄体的束缚，坚持深入生活的写生之道，终于使花鸟画迎来了又一次繁荣。这方面的代表画家有赵昌、易元吉、崔白等。赵昌善于从所观察的对象中寻找表现技巧，其画"俱得形似"，自成一家，自号"写生赵昌"。崔白注重写生，精于勾勒填彩，线条劲利如铁丝，设色淡雅，另创出一种清雅秀丽的风格，对画院花鸟画的兴盛产生了很大的影响。

元代是中国文化史上最黑暗的时期之一，绘画却大放异彩，画家们鲜明地表现了自己的心境和生活情趣。元代文人画依然占据画坛主流。因元代未设画院，除少数专业画家直接服务于宫廷外，画家大都是身居高位的士大夫和在野的文人。他们的创作比较自由，多表现自身的生活环境、情趣和理想。山水、枯木、竹石、梅兰等题材的画大量出现，直接反映社会生活的人物画减少。作品强调文学性和笔墨韵味，重视以书法用笔入画和诗、书、画的三结合，提倡"遗貌求神"，以简逸为上，追求古意和士气，重视主观意兴的抒发，与宋代院体画的刻意求工、注重形似大相径庭，形成了鲜明的时代风貌，也有力地推动了后世文人画的蓬勃发展。

元代绘画以山水画为最盛，其创作思想、艺术追求、风格面貌均反映了画坛的主要倾向，影响深远。元初山水画家以钱选、赵孟頫、高克恭为代表，他们对传统的山水画进行了认真探索，托古以求新。钱选善画青绿山水，融入文人画的笔意和气韵，具有一种生拙之趣。赵孟頫广泛吸收名家之长，强调书画同源，将书法用笔引入绘画创作。他早年学晋唐，多青绿设色，如《谢幼舆丘壑图》，空勾填色，不加皴点，格调古拙；中年后以水墨为主，有时将水墨与青绿画法有机结合，一扫南宋院体积习，发展了山水画的表现技法，成就突出。高克恭变化出入于米芾、董源、李成之间，形成了浑穆秀润的独特风格。

元代中后期，崛起了黄公望、王蒙、吴镇、倪瓒四大家。黄公望发展了赵孟頫的水墨画法，多用披麻皴，晚年大变其法，自成一家。其作品有浅绛和水墨两种面貌。他的浅绛山水烟云流润，笔墨秀逸，气势雄浑；水墨山水萧散苍秀，笔墨洒脱，境界高旷。王蒙除受赵孟頫影响外，也曾得黄公望指点。他的山水画以水墨为主，间或设色，善用枯笔，创造了牛毛皴、解索皴法。其作品布局饱满、结构茂密，笔法苍浑，有蓊郁秀逸、浑厚华滋之致。吴镇的山水树石多用湿笔，笔法雄劲，墨气浑润，主要展现江南湖山景色，表现避世幽居、浪迹江湖、寄兴山水的隐士生活，作品往往题以遒劲潇洒的草书诗词，使诗、书、画相得益彰。倪瓒的山水画多取材于太湖一带的湖山景色，多用水墨枯笔干擦，偶尔设色，早、中年浑厚之中间出以萧散秀逸，晚年苍劲之中又出以蕴藉高旷，有一种萧瑟荒寒之感。元四家以各自的创新风格和简练超脱的艺术手法，使中国山水画发展到了一个新阶段，代表了这一时期山水画发展的主流。

元代人物画远不如山水、花鸟画兴盛，呈式微状态。尖锐、复杂的社会矛盾使大多数画家消极避世，漠视人生。文人士大夫画家主要借山川、枯木、竹石寄情抒志，疏于表现人事。因此，直接反映现实生活的人物画极少。随着宗教的风行，元代绘画在佛道人物画方面有一定提高。元代人物画家中，赵孟頫为一代大家。他善画人物、鞍马，善用铁线描和游丝描，笔法劲健，设色清雅，格调古朴浑穆，面貌多样。名家还有刘贯道、何澄、王振鹏、钱选、任仁发、张渥、卫九鼎、王绎、颜辉等。刘贯道师法晋唐，集古人之长，笔法凝重坚实，人物意态舒畅。何澄继承南宋院体遗规，开元代人物画逸笔先路。王振鹏的画作笔法流畅劲健，人物神情生动，白描间以淡墨渲染，突破了只用线描的程式。钱选的人物画学自晋、唐，衣纹多用顾恺之的高古游丝描法，工稳而不板滞，蕴清秀于古拙中，自成格调。任仁发的人物、鞍马师法唐人，笔法工细流畅，笔调明快清丽，保留了较多的唐人传统，但亦有自己的风貌。张渥以画白描人物见长，用笔流畅飘逸，形象真实，栩栩如生。王绎善画肖像，笔法细劲，造型准确，神态生动。颜辉在宗教人物画方面负有盛誉，用笔粗润豪放，略近南宋梁楷泼墨法，于水墨晕染中现出凹凸效果。

元代，枯木、竹石、梅兰等题材的绘画也得到了进一步的发展，并发生显著变化。其题材往往寓意高洁、孤傲，表现画家的思想、情操；艺术上讲求自然天趣，不尚雕饰和工丽，以素净为贵，主要用水墨技法表现。其画风开启了后来的水墨写意花鸟画的先声。著名花鸟画家有钱选、陈琳、王渊、张中等。他们在继承宋代院体花鸟画的基础上各变其法。钱选变工丽细密为清润淡雅，晚年更创不假雕饰的水墨写意和彩色没骨画法。王渊师法黄筌，作品多用水墨法，变工整富丽为简逸秀淡，是元代成就最突出的花鸟画大家。陈琳、张中笔法粗简，突破了宋代院体绘画一丝不苟的规格。

（二）经典选粹

1.溪山行旅图

溪山行旅图（宋）

品悟赏析

　　水墨山水画是中国古典绘画中最特殊的一大类别，其鼎盛于两宋。这幅范宽的《溪山行旅图》是宋代水墨山水的巅峰之作，董其昌评其为"宋画第一"，其在中国美术史中的地位无可争议。

　　这幅画为北方山水构图，高山矗立，主峰在前，山体奇峻雄浑，树木苍劲有力，留白较少，笔法老辣，沉稳苍健。一座雄伟的山峰扑面而来，映入眼帘的是其挺拔险峻之势。山顶笔墨较重，是密布的树林，一瀑布飞流直下，宛如一条白练，颇有李白"飞流直下三千尺，疑是银河落九天"的神韵。瀑布落下，飞溅起的水雾用留白表示，这是透视的手法。前景中，树木刻画细腻，岩石在浓墨勾勒下愈显苍劲，用雨点皴法刻画石体，越发凸显石头的体积与重量感。仔细观察，一队商旅出现在视野中，画的右下角，小溪旁，四头驴驮着行李，前后各有一人拿着鞭子，沿溪行走。

　　范宽画山水为什么能得造化之神韵，成为后世典范？我们要关注一下他的生活背景。《宣和画谱》记载，他"卜居于终南、太华岩隈林麓之间，而览其云烟惨淡、风月阴霁难状之景，默与神遇，一寄于笔端之间，则千岩万壑，恍然如行山阴道中，虽盛暑中，凛凛然使人急欲挟扩也"。艺术来源于生活，范宽长期生活在终南山和华山中，整日面对的是山中暮霭、云卷云舒，他早已与自然融为一体。唐人画论认为作画要"外师造化"，才能"中得心源"，这也是中国古典绘画的精髓所在。

起初，关于此画的作者，历来有所争议。1958 年 8 月 5 日，时任台北故宫博物院副院长的李霖灿像往常一样在研究这幅画，"忽然一道光线射过来，在那一群行旅人物之后，夹在树木之间，范宽二字名款赫然呈现"。困扰了人们上千年的作者归属终于大白于天下。

范宽的签名（右上角）

宋人似乎喜欢这种藏而不露的趣味，在范宽的另外一幅《雪景寒林图》中，他也把名字藏了起来。画中前排树干中，隐约可见"臣范宽制"的字样。

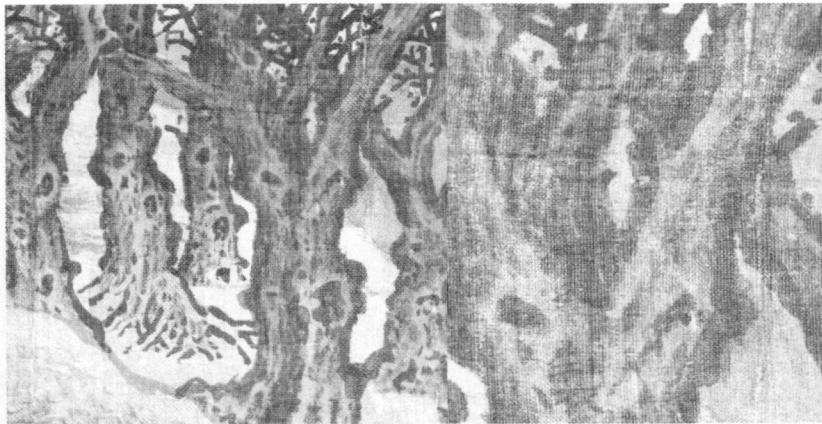

《雪景寒林图》中范宽的签名

北宋另一位画家崔白在他的《双喜图》中描绘了一幅秋日景象。一眼望去，寒风萧瑟，让人顿生寒意。一只野兔和两只灰喜鹊，生动异常。一千年来，人们并不知道这幅杰出的画作出自谁之手，直到20世纪，有人在画面右侧的树干上发现了"嘉辛丑年崔白笔"的墨笔题款，最终认定此画为崔白之作。

《双喜图》和崔白题款

宋代绘画的清雅如同那个时代的风情，是一种极致的审美趣味和审美品格，画家不露声色地把生活的情趣融于这雅致之中，让千年之后的现代人感之叹之。

2.富春山居图

富春山居图·无用师卷（元）

富春山居图·剩山图卷（元）

品悟赏析

　　黄公望是元朝四大家之一。他的本名叫陆坚，出生于南宋咸淳五年（1269），幼年父母双亡，与哥哥陆神堂相依为命，生活非常艰苦。后来，他被过继到了寓居于虞山的永嘉州平阳县黄乐家，黄乐当时已经九十岁高龄，膝下并无子嗣，收养到陆坚作为子嗣，欣喜若狂，说"黄公望子久矣"，于是将陆坚改名为黄公望，并以子久为号。

　　黄公望小时候就聪明灵慧，年轻的时候他博览群书，曾经做过书吏，后来因为受到牵累而入狱，出狱之后就隐居江湖，并加入了新道教，曾一度以卜卦为生，五十岁后始画山水。黄公望经常和无用禅师一起游览，欣赏山水之美。至正七年（1347），黄公望居于富春江畔。他答应为无用禅师画此《富春山居图》。至正十年（1350），黄公望将此图题款送给无用上人，《富春山居图》便有了第一位藏主。

　　黄公望这幅《富春山居图》的特别之处首先体现在构图布局的章法和技巧上。虽然这幅画描绘的是他居于富春江畔时沿岸的山水和风景，可事实上，黄公望并不是以刻板的方式画下富春山的真山和真水，而是在于富春江上来来回回的游历过程中，将缓缓的流水和沿江的景致融入脑海中。一旦提起笔来，不管真山如何，真水如何，那山水的美、山水的精神自然从黄公望的笔端流泻出来。他在作画的过程中对百里山川的景色择其要、删其繁，布局疏密有致，变幻无穷，不仅生动地展示出了江南的优美风光，而且让人们在观画的过程中有

一种景随人迁、人随景移的感觉，达到了一种"步步可观"的艺术效果。

除了构图和布局巧妙，《富春山居图》在笔法和墨色的运用上也非常特别。这幅画的用笔利落且简约，详尽地表现了山、水、树、石的灵气和神韵。画中的线条平行交错、乱而有序、条理清晰。用墨时或皴或染，浓淡相间，干湿有别。山水多用干枯的线条进行描绘，树叶则用浓墨、湿墨，这样一来就显得山淡树浓。更加难得的是，黄公望在为山水传神的同时，也并没有脱离山水原本的形态，将它们的自然状态表现得恰如其分。整卷作品墨色清润、挥洒自如，堪称展示山水画笔墨意蕴的佳作，被后人誉为"画中之兰亭"。

《富春山居图》命运坎坷，到明代成为画家董其昌的收藏，董晚年将其卖给了官员吴正志。清顺治年间，吴正志之孙吴洪裕继承了《富春山居图》，他病危之时，想以画殉葬，于是要将画付之一炬。在危急时刻，吴洪裕的侄子吴静庵将画救了出来。画虽救出，但断为一大一小两段。顺治九年（1652），吴家子弟吴寄谷得到此图后，将烧焦的部分揭下，将画重新装裱。从此，大段被称为《富春山居图·无用师卷》，小段被称为《富春山居图·剩山图卷》。

乾隆十年（1745），乾隆皇帝得到了一幅《富春山居图》，爱不释手，把它珍藏在身边，不时取出来欣赏，并且在留白处赋诗题词，加盖玉玺。没想到，第二年，他又得到了另外一幅《富春山居图》。两幅《富春山居图》一幅是真，一幅是假，可是实在太像了，真假难分。

其实，乾隆皇帝最初得到的那一卷《富春山居图》是最著名的假《富春山居图》，后世称之为《子明卷》。《子明卷》是明末文人临摹的，后人为了牟利，将原作者的题款去掉，伪造了黄公望的题款。事实上，《子明卷》仿制的漏洞并不难发现。元代书画上的作者题款都是在绘画内容之后，而《子明卷》却将作者题款放在了画面上方的空白处，这明显不符合元代书画的特点。但乾隆帝并没有看出这一漏洞。这卷后人仿造的《富春山居图》被他视为珍宝，时时带在身边，他对此画大加叹赏，甚是喜欢。

第二年，《富春山居图·无用师卷》来到了乾隆帝面前。他以不菲的价格将《无用师卷》买下。他还特意请大臣来，在两卷《富春山居图》上题跋留念。在梁诗正、沈德潜等大臣的附和下，乾隆帝认定后者是赝品，编入《石渠宝笈》次等，并命梁诗正书贬语于此本上。直到嘉庆二十一年（1816）胡敬等奉嘉庆帝命编纂《石渠宝笈》三编，《富春山居图》始得正名，洗去沉冤。也有一说是乾隆帝为保全颜面，在真画上题字示伪，故意颠倒是非。不管乾隆帝的鉴定结论何等荒谬，《富春山居图》真迹确实从此进入宫廷。在乾清宫里，它被静静地存放了近200年。

2011年，"山水合璧——黄公望与富春山居图"特展开幕，分隔360年之久的《无用师卷》和《剩山图卷》终又相逢。

四、明清绘画

（一）导读概览

明代画风迭变，画派繁兴，主要有师承南宋院体风格的宫廷绘画和浙派，以及发展具象文人画风格的吴门派。在画法方面，水墨山水和写意花鸟勃兴，成就显赫，人物画也出现了变形人物、墨骨敷彩肖像等独特的新面貌。

早期，明代宫廷绘画与浙派盛行于画坛。明初形成了以继承和发扬南宋院体画风为主的时代风尚，宫廷绘画创作达到鼎盛时期。浙派以戴进和吴伟为代表，活动于宣德至正德年间，因创始人戴进为浙江人，故有浙派之称。继起者吴伟为湖北江夏人，画史亦称其为江夏派，属浙派支流。戴、吴二人都曾进过宫廷，画风亦源自南宋院体，画艺精湛，技法全面，山水、人物都很擅长，山水画成就尤为突出。

明代中期，作为纺织业中心的苏州逐渐成为富庶都市。经济的发达促进了文化的繁荣，画坛中以沈周、文徵明、唐寅、仇英最负盛名，画史称其为"吴门四家"，他们开创的画派被称为吴门派。沈周和文徵明是吴门派画风的主要代表，主要继承宋元文人画的传统，以山水画见长，作品多描绘江南风景和文人生活，抒写宁静幽雅的情怀，注重笔情墨趣，讲究诗、书、画的有机结合。唐寅和仇英有别于沈周、文徵明，受文人画的影响，技法全面，功力精湛，题材和趣味较适应城市民众的要求。他们两人描绘物象精细真实，作品具有雅俗共赏的艺术效果。

后期，明代绘画领域出现了新的转机。徐渭进一步完善了花鸟画的大写意画法。画家在继承吴门画派风格和特色的基础上加以创新，回归自然，在画中体现出超凡脱俗的精神境界。

明代晚期是吴门派最兴盛的时期，涌现出一批师法自然、重视写生的优秀画家，张宏便是其中的佼佼者。其作品笔力峭拔，墨色湿润，层峦叠嶂，丘壑深邃，以石面连皴带染为特色，又能画写意人物，形神俱佳，散聚得宜，是明末吴门派的中坚人物。

清代文人画风靡，山水画勃兴，水墨写意画法盛行。文人画呈现出崇古和创新两种趋向。

清代早期，文人山水画兴盛，并形成两种截然不同的艺术追求。继承明末董其昌衣钵的四王画派以摹古为宗旨，受到皇室的重视，居画坛正统地位。活动于江南地区的明代遗民画家寄情山水，借画抒怀，在艺术上具有开拓、创新精神，以"金陵八家""四僧"、新安派为代表。

康、雍、乾间是清代社会安定繁荣的时期，绘画上也呈现兴隆的景象，北京、扬州成为绘画两大中心。京城的宫廷绘画活跃一时，在商业经济发达的扬州地区崛起了扬州八怪，形成了一股新的艺术潮流。

自嘉、道至清末，随着封建社会的没落衰亡，绘画领域也发生了新的变化。文人画流派和皇室扶植的宫廷画日渐衰微，而被辟为通商口岸的上海和广州成为新的绘画要地，出现了海派和岭南画派。

（二）经典选粹

河上花图

河上花图（明）

品悟赏析

朱耷（1626—1705），号八大山人，为人以怪著称，生于明末，长于清初，是明太祖朱元璋的直系子孙，也是明末清初画坛"四僧"之一，在中国画坛可谓独树一帜。朱耷自小聪颖好学，奈何造化弄人，1644年，崇祯皇帝自缢于煤山，同年，清顺治帝入关，他作为明朝皇族后裔，只得隐姓埋名，出家为僧。

《河上花图》是其晚期代表作。康熙三十六年（1697），72岁的朱耷隐居江南，看着花开花落，用了四个月，完成了这幅约13米的长卷。

画卷从生机勃发的荷花开始，经过山崖陡壁、枯木乱石，再到衰草孤兰、竹叶杂生，画的尽头是一挂深涧瀑布，这似乎也隐喻着朱耷自己的命运多舛的一生。画中的荷花飘逸灵动，仿佛仙子降临凡世，婀娜多姿。构图上采取散点透视法，荷叶的大小、浓淡形成强烈对比，怪石嶙峋，形态各异，云雾笼罩的山谷，奔腾不息的瀑布，动静、虚实结合，情景交融，整幅画卷气势磅礴，气韵生动，充满了勃勃生机。

面对命运的捉弄，朱耷疯狂地画画，他的精神也时好时坏，行迹近于疯癫，把一腔愤懑寄托在画中。他笔下的鸟兽虫鱼都有一个显著特点，就是以白眼看世界，这双白眼让天地为之一寒，其实，这是他在向全世界宣告自己的冷峻凛冽和一身傲骨。如他所说："墨点无多泪点多，山河仍是旧山河。横流乱世杈椰树，留得文林细揣摹。"

枝上鹦鸲图（清）

第三节　飞阁流丹

当建筑把实用功能与审美趣味、文化意义完美统一起来的时候，就成为一种富有意味的存在，成为一门独立的艺术。

中国古典建筑以飞檐斗拱、廊柱阶台、雕梁画栋为主要结构特征，集诗、书、画于一体，蕴儒、释、道思想于其中。按照功能不同，其可以分为宫殿式建筑、园林式建筑、民居建筑、陵墓建筑、宗教建筑、防御建筑等。

中国古典建筑除台基、屋瓦外，全部使用木料。木料之间的连结咬合基本采用榫卯，辅以铁钉，以斗拱为结构之关键，同时使用廊柱架构，具备台基、栏杆，使得高台建筑居高临下，雄伟壮观，又通风防湿、居住安全。

中国古典建筑的屋顶多采用飞檐式——反曲面屋顶。这种屋顶使凝重的建筑多了几分轻巧灵动，造型优美飘逸。出挑翘起的屋檐既不影响视线，又可让墙体少受雨雪侵蚀，是审美和实用的完美融合。

中国古典建筑在梁上彩绘，这叫雕梁画栋，复杂绚丽，金碧辉煌，又防腐防潮，同时形制严格。在故宫随处可见这样的彩绘，主要殿宇用"和玺彩画"，是一种比较高档的彩画。在太和殿主梁上用的"金龙和玺"彩绘，体现了严格的等级限

飞阁流丹：
依山傍水

173

制和皇家尊严。

一座座宫殿诉说着尘封世间的宫廷往事，一座座园林见证了跨越千年的人间岁月，一座座陵墓呢喃着看遍生死的超凡脱俗，一座座庙宇悲悯着鸿蒙之中的困顿世人，一座座民居见证了周而复始的悲欢离合，一座座亭台激荡着风雅百代的唐音宋韵……

一、宫殿建筑

（一）导读概览

宫殿建筑又称宫廷建筑，是皇帝为了巩固自己的统治，突出皇权的威严，满足精神生活和物质生活的享受需求而建造的规模巨大、气势雄伟的建筑物。这些建筑大都金玉交辉、巍峨壮观。

秦统一六国后，动工建造了大批宫殿。中国宫殿建筑的规模在以后的岁月里不断加大，其典型特征是斗拱硕大，以金黄色的琉璃瓦铺顶，有绚丽的彩画、雕镂细腻的天花藻井、汉白玉台基、栏板、梁柱，以及周围的建筑小品。为了体现皇权的至高无上，表现以皇权为核心的等级观念，中国古代宫殿建筑采取严格的中轴对称的布局方式：中轴线上的建筑高大华丽，轴线两侧的建筑相对低小简单。由于中国的礼制思想里包含着崇敬祖先、提倡孝道和重五谷、祭土地神的内容，中国宫殿的左前方通常设祖庙（也称太庙），供帝王祭拜祖先，右前方则设社稷坛，供帝王祭祀土地神和粮食神（社为土地，稷为粮食），这种格局被称为"左祖右社"。古代宫殿建筑物自身也被分为两部分，即"前朝后寝"："前朝"是帝王上朝治政、举行大典之处，"后寝"是皇帝与后妃们居住生活的所在。

那么，中国历史上都有哪些赫赫有名的宫殿呢？

阿房宫被誉为"天下第一宫"，是中国第一个大一统王朝——秦朝修的宫殿。阿房宫与万里长城、秦始皇陵、秦直道并称为秦始皇时的四大工程，是中国首次统一的标志性建筑。秦始皇统一天下后，以咸阳人多，先王宫殿过小为由，在关中龙首原西侧开始建造阿房宫，意在建成后，将之作为秦朝的政治中心。秦始皇三十七年（前210），秦始皇在东巡途中驾崩，而此时阿房宫尚未修成。秦二世三年（前207），赵高作乱，秦二世既死，阿房宫最终完全停工。秦阿房宫记载着中华民族由分散走向统一的历史，从某种意义上说，也是秦灭亡的一个象征物。杜牧影响深远的《阿房宫赋》在最后指出："呜呼！灭六国者六国也，非秦也；族秦者秦也，非天下也。"阿房宫的象征意义由此定型。在今西安市三桥镇一带保存着面积约为60万平方米的阿房宫遗址，联合国教科文组织认定其为世界上最大的宫殿基址，是当之无愧的"世界奇迹"。

谈起西汉历史中的大事件，就避不开未央宫。未央宫是西汉的大朝正殿，由汉初名臣萧何主持，在秦朝章台的基础上修建而成，位于汉长安城地势最高的西南角龙首原上，因在长安城安门大街之西，又称西宫。自未央宫建成之后，西汉皇帝都居住在这里，其成为汉帝国两百余年间的政令中心，所以在后人的诗词中，未央宫已经成为汉宫的代名词。西汉之后，未央宫仍然是多个朝代的理政之地，隋唐时期也被划为禁苑的一部分，存世千年，是中国历史上使用朝代最多、存在时间最长的皇宫。其名取自《诗经·小雅·庭燎》中的"夜如何其？夜未央，庭燎之光"。"未央"意为没有穷尽，以"未央"命名，有着希望汉帝国统治永续、传之千秋万岁的意思。未央宫的面积是北京故宫的六倍，它奠定了华夏两千年间的宫城建筑格局。

隋文帝时期修建的太极宫原名大兴宫，因是隋唐两代帝国的正宫，故又称京大内。唐高宗时期修大明宫后，改称太极宫为西内。太极宫的北门就是历史上大名鼎鼎的玄武门。太极宫中有许多著名的宫殿建筑，如太极殿、武德殿、甘露殿、凌烟阁等。唐高祖李渊的年号"武德"就来自武德殿的殿名，凌烟阁则因功臣画像陈列于其中而出名，更成为建功立业的代名词。太极宫毁于唐末的战乱，存世三百余年，巍峨雄壮的太极宫象征着隋唐的强大与兴盛。

长安的大明宫是唐帝国的大朝正殿、唐朝的政治中心和国家象征，从唐高宗开始，大明宫就取代太极宫成为唐帝国的行政中心。大明宫是当时最辉煌壮丽的宫殿群，其建筑形制影响了当时东亚多个国家宫殿的建设。日本平城京、平安京宫城无论是宫殿布局还是与郭城的位置关系，在很大程度上都模仿了唐大明宫。大明宫的面积是明清北京紫禁城的面积的五倍，被誉为"千宫之宫"。大明宫名字中的"大明"一词出自《毛诗序》对《诗经·大雅·大明》的阐释："文王有明德，故天复命武王也。文王，武王相承，其明德日以广大，故曰大明。"以周天子的勤政贤明作为榜样，是帝王的一种自我鞭策。

紫禁城，又名故宫，共有两处，分别是洪武皇帝修建的南京紫禁城和永乐皇帝修建的北京紫禁城。南京紫禁城是在当时的首都南京的皇宫，建造前后历时二十余年，占地面积超过百万平方米。南京紫禁城作为中国古代都城宫殿建筑的集大成者，其建筑形制为北京紫禁城所继承，为明宫殿建筑的母本，是北京紫禁城的蓝本。永乐时期迁都北京，遂以南京紫禁城为蓝本营建北京紫禁城。北京紫禁城的建筑分为外朝和内廷两部分，外朝的中心为太和殿、中和殿、保和殿，是国家举行大典礼的地方。内廷的中心是乾清宫、交泰殿、坤宁宫，是皇帝和皇后居住的正宫。北京紫禁城是世界上现存规模最大、保存最为完整的木质结构古建筑群之一，是明清两朝五百余年间的政治中心。

令后人惋惜的是，我国的古建筑大多是木制建筑，这些代表我们民族骄傲的宫殿，除了北京故宫外，大多都毁于战火，让后人只能在史书和遗迹中去寻找这些令人魂牵梦绕的宫殿。

（二）经典选粹

北京故宫

北京故宫

品悟赏析

北京故宫是明清两代的皇家宫殿，位于北京中轴线的中心，占地面积72万平方米，建筑面积约15万平方米，有大小宫殿70多座，房屋9 000余间。故宫周围是数米高的红色围墙，周长3 400多米，墙外是护城河。故宫规模之大、风格之独特、陈设之华丽、建筑之辉煌，在世界宫殿建筑中极为罕见。

故宫分前后两部分，前一部分为外朝，是皇帝举行重大典礼、发布命令的地方，主要建筑有太和殿、中和殿、保和殿。这些建筑都建在汉白玉砌成的8米高的台基上，远望犹如神话中的琼宫仙阙，建筑形象严肃、庄严、壮丽、雄伟，三个大殿的内部均装饰得金碧辉煌。故宫的后一部分叫内廷，是皇帝处理政务和后妃们居住的地方，这一部分的主要建筑乾清宫、坤宁宫、御花园等都富有浓郁的生活气息，建筑多包括花园、书斋、馆榭、山石等，均自成院落。

北京故宫始建于明成祖永乐四年（1406），永乐十八年（1420）建成，是中国古代宫殿建筑的集大成者，蕴含着中国古人的智慧和文化理念。

第一，古代宫殿建筑崇尚阔大的空间思维。宫殿越大越好，越壮阔越好。汉朝开国之初，民生凋敝，刘邦见到由萧何主持建造的未央宫雄伟壮观，极尽奢华，非常生气，斥责萧何在天下动荡纷乱之时，不应把宫殿修造得如此豪华壮美。面对刘邦的指责，萧何回答："天下方未定，故可因遂就宫室。且夫天子四海为家，非壮丽无以重威，且无令后世有以加也。""非壮丽无以重威"就成为后世宫殿建造的标准，实际上就是要突出皇权的至高无上。

第二，显示中庸贵和的理想境界。中国文化的灵魂是和谐，而这种和谐的最高境界就是天人合一。紫禁城中的"紫"取天宫紫微正中之意，象征人间帝王的居住地。故宫建筑沿中轴线分布，太和门外有文华殿、武英殿，其大门叫协和门与熙和门，象征文武英华、将相之和；乾清宫和坤宁宫为"乾坤清宁"之意，象征夫妻之和；日精门和月华门象征阴阳之和；故宫中轴线上的三大殿名叫太和殿、中和殿、保和殿，均突出一个"和"字。这是儒家"中庸贵和"思想在故宫建筑中的绝妙体现，更是对"天人合一"理念的最好诠释。

飞阁流丹：
中正仁和

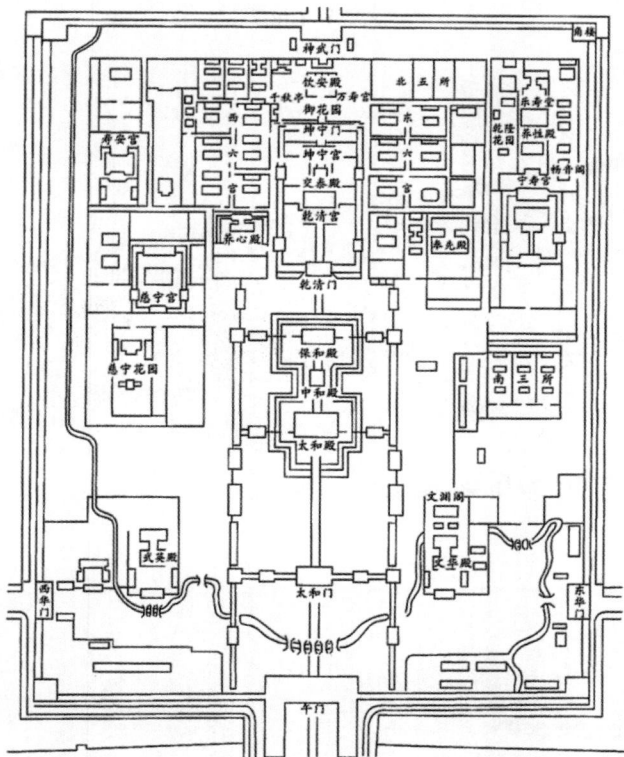

北京故宫平面图

第三，以龙为主要装饰物。封建时代，龙是帝王的象征，皇帝是真龙天子，皇权神授。北京故宫中从房顶到台基，到处都是龙的影子。龙吻、彩绘龙纹、望柱龙头、华表……这些龙有的上升，有的下降，有的飞，有的跑，有的坐，变化万千。宫殿建筑中有如此多的龙饰，在全世界都是绝无仅有的。

2020年是北京故宫建成600周年，六百年沧海桑田，这些古老的宫殿见证了多少帝王将相的兴衰荣辱。它将依然昂首挺立，继续见证中华民族的伟大复兴。

北京故宫角楼

乾清宫牌匾

北京故宫雪景

二、园林建筑

（一）导读概览

古典园林是我国传统文化艺术宝库中的瑰宝，在世界园林艺术史上也占有极高的地位。它是人们在一定空间内，经过精心设计，运用各种造园手法将山、水、植物、建筑等加以构配而组合成的源于自然又高于自然的有机整体，将人工美和自然美融为一体。作为中国一段时期传统建筑的典范，中国古典园林建筑经历了无数沧桑，非但不曾衰落，反而在时光与岁月的打磨下变得越发光彩照人。

园林建筑是整体环境中的重要组成部分，它在满足人们基本使用需求的同时，又满足了人们对自然美与环境美的追求。它代表的是一种精神与美学境界，是人、物、景的完美结合，力求取法自然、人工天成，也是景观艺术性与功能性的完美结合。

天人合一是指导中国古典园林建筑建造的中坚思想，古典园林是自然环境与社会思想的有机巧妙结合和物质与精神的双重体现。中国古典园林建筑以物质寓精神、以有限寓无限，构建了一个个以哲理为命脉的环境，意在给人无穷的意会和联想，达到"忘其美之所在，复又与美同在"的化境。

中国古典园林建筑发源于对自然环境的审美选择，其自然之中隐藏着反映其基本特征的两大属性：一是整体有机性——任何自然环境均是由相互联系的元素构成的；二是片段的完整性——自然环境中的任何部分均有其独立的造型。古典园林建筑即是以有机的整体布局为特点的，追求自然和谐之美，师法自然，源于自然，从自然中获得灵感与启迪。

我国古典园林布局自由，以表现山水景色的天然之美为主，少见人工雕琢的迹象。但是，它绝非简单地利用或模仿这些要素的原始状态，而是有意识地进行改造、调整、加工和剪裁，从而创造出精练、概括、典型化的自然。古典园林中的假山造景并不是对名山大川的具体模仿，而是集中了天下胜景，加以高度的概括和提炼，力求神似，进而以合乎逻辑的思维实现"师法自然""融于自然""顺应自然""表现自然"，这也是中国古典园林体现天人合一的民族文化之处。

天人合一，即人与自然的亲和，是中国人对于园林建造的理解。园林建造要符合自然界山水生成的客观规律，小景的组合也要模仿自然，山景模仿自然的山脉，水景迂回曲折，表现出天然的韵味和雅趣。从这层意义上说，中国古典园林是模仿的、神似的第二自然。中国的园林设计高度重视人与自然的亲和，使游人触景生情，做到情景交融，这就是中国传统艺术所追求的最高艺术境界——从有限到无限，再由无限归于有限，达到物我两忘之境，实现自我感情、意趣的自然抒发。天人合一的宇宙观、人化的自然、自然的人化在中国园林设计中得到了淋漓尽致的发挥与展示。

（二）经典选粹

拙政园

拙政园

品悟赏析

　　明正德四年（1509），一名中年男子带着地理先生在苏州满城选址，要建造一座梦中的园林，恰好在东北街撞上了一处和梦中颇为相似的地方，池水盈盈，平坦空旷。一座传奇的园林就在此建造而成。这个造园者叫王献臣，这座园子就是苏州拙政园。

　　王献臣出身官宦世家，以"神童"扬名。24岁进士及第，入仕后两年奉命出使朝鲜，后又升任监察御史，可以说是青云直上。但天有不测风云，王献臣秉公办案，触犯了东厂，从京城被贬到福建。明朝政治的黑暗让这位铁面无私的能臣心灰意冷，于是借父亲丧事之机，彻底赋闲在家，开始修建自己胸中之园林。以"拙政"为名，是取晋代潘岳《闲居赋》中"灌园鬻蔬，供朝夕之膳；牧羊酤酪，俟伏腊之费。孝乎惟孝，友于兄弟，此亦拙者之为政也"之意。园多隙地，缀为花圃、竹丛、果园、桃林，建筑物稀疏错落，形成一个以水为主、疏朗平淡、近乎自然风景的园林。嘉靖十二年（1533），文徵明依园中景物绘图三十一幅，各系以诗，形成《拙政园图册》。

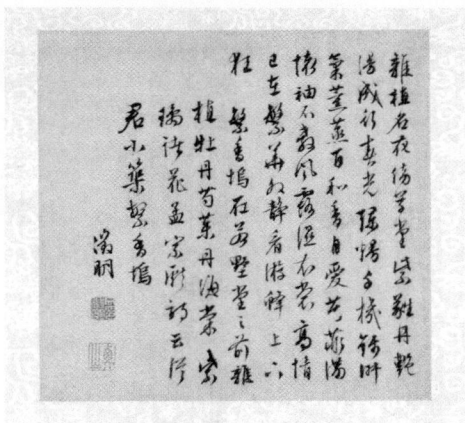

拙政园图册·繁香坞

拙政园并未建在深山野林之中，王献臣"闹中取静，不出城市而得山林之性，逍遥自得而享闲居之乐"，大隐隐于市，这是真正的归隐。园子整体水面开阔、清澈幽静，营造了朴素澄净、舒朗隐逸的氛围和活泼精致的自然野趣。园林中不光有自然山水，还有人工建筑，拙政园的亭、台、轩、榭、阁、楼都绕水而建，且数量不多，风格朴素，野趣盎然。据记载，初造之时有柳陂、玫瑰柴、芭蕉槛、桃花沜、芙蓉隈、竹涧、听松风处等种满花草的去处，这也是为了突出野趣。

拙政园建成没几年王献臣就病死了，他的儿子与徐少泉豪赌，输掉了一整座拙政园。耗费王献臣极大心血的一座梦幻园林一夜间易了主。明崇祯四年（1631），徐家后人把拙政园一分为二，将东部卖给了刑部侍郎王心一，建成了"归园田居"。清顺治五年（1648），剩下的部分被卖给了太子太保陈之遴。一百多年间，拙政园屡屡更换主人，但是旧貌尚存。

拙政园是中国古典园林艺术的集大成者，强调于咫尺之内再造丘壑，自然的天然野趣和主人的内心追求完美融合，人工斧凿和风气云象、山水花草共同组成了一幅诗意、悠远的画卷。首先是山水构架中的清远立意。中国的古典园林善于利用已有的自然山形水势仿造自然的山水形态。孔子说"仁者乐山，智者乐水"，中国人把山水与人的品格相结合，把山水构架与抒情咏怀相融合，这在世界园林艺术中是独一无二的。其次，亭台楼阁、殿堂斋轩、榭馆门廊是用来点睛的，主要提供欣赏自然山水的最佳视角，以涤荡心灵，愉悦身心。最后，拙政园还善于借景，这体现了中国园林的典型艺术张力，比如造园时借远处的报恩寺塔之景，让人以为那是园中的一部分。

三、民居建筑

（一）导读概览

中国疆域辽阔，历史悠久，各地自然和人文环境不尽相同，因而中国民居的多样性在世界建筑史上也较为鲜见。纵横 960 多万平方公里，孕育 56 个古老民族，中华大地上形成了绮丽多彩的民居风貌：有人夜憩竹楼，有人水上为家，有人把家驮在马背上，有人享受着窑洞中古朴的生活方式……古意森森的民居在经历了沧海桑田的变幻之后，依旧焕发着勃勃生机。

古民居概括起来有下面几种形式：一是北方为主的四合院民居；二是江浙、安徽一带为主的天井式民居；三是陕西、甘肃一带为主的窑洞式民居；四是广西、云南一带为主的吊脚楼式建筑；五是青海、西藏为主的石头房建筑；六是内蒙古为主的蒙古包式建筑；七是以福建为主的土楼式民居。

四合院是四周用若干间单体房屋围成一圈，中间留有一个院落的建筑群体，它是中国北方民居的集中体现。以北京四合院为例，由于北京四合院建筑兴起于元代，兴旺于明代，完善于清代，其建筑布局深受北京城的规划布局和传统文化的影响。元朝在兴建元大都时就提出了城郭要建成方形，皇家宫殿要建在整个皇城中心位置的建城思想。四合院建设也受这一思想的影响，用房屋围成方形，以户主的居室作为整个建筑的中心。四合院的正房中居住的是一户之长、一家之尊，地位当然更高，就连正房的房脊也高于其他建筑物的屋顶，这表明四合院的建设反映了尊卑有序的封建观念。

北京四合院

中国南方的民居模式当以天井式建筑为代表，尤以徽派建筑最有代表性，其特点是由四座房屋或三座房屋和一面墙合围成一个庭院。与北方四合院不同的是，由于南方人多地少，气候炎热多雨，房子多为二层楼式建筑，中间只留有面积不大的小庭院，主要用于通风散热。房屋的屋顶坡面多向院内倾斜，以便下雨时雨水能向院内流淌，有"四水归堂，财不外流"之意。外面多采用高于屋顶的马头墙，有利于防止火灾发生时火势蔓延。

徽派建筑

马头墙

窑洞式民居主要集中在陕西、甘肃一带，地理位置决定了这里的气候条件干燥、少雨，因此土质坚实。当地的黄土具有良好的整体性、稳定性、保温性和适度的可塑性，而这些地方又缺少石料和木材，所以当地居民创造了这种民居形式。最常见的窑洞为"崖壁式窑洞"，在天然的土质崖壁上，先找一个理想的土坡或土塬，在向阳的边缘地区铲出一个立面，再向内挖一个洞，在正面装上门窗即可居住。

窑洞

　　干栏式民居也就是俗称的"吊脚楼"，多见于云南、贵州等西南地区的少数民族居住区。干栏式民居建筑是由过去的屋棚式建筑发展而来的，"层巢而居，依树积木，以居其上"是西南山区少数民族早期的居住形式，也是现在干栏式建筑的最早雏形。过去当地居民住在大树上，其住所形如鸟巢。随着生产力的发展、定居形式的出现，他们依照树上窝棚的模样造出了干栏式建筑。之所以产生了这样的建筑形式，是因这些地方常年多雨、潮湿、炎热，山多而地少，竹木材料多，当地居民就地取材，将民居建于山坡之上。干栏式民居通常分为两层，用木材做支撑，上层居人，下层养牲畜，既有利于通风散热，又能防止夜间野兽、毒蛇的袭击。

吊脚楼

　　石头式民居主要常见于青海、西藏等地区。这部分地区以山地居多，取石材十分便捷，故而产生了以石材为主的民居。石头民居一般为两层或三层小楼，楼的一层养牲畜，二层当作卧室、厨房，三层设为佛堂。房屋的外墙全部用石头垒砌而成，外观粗犷豪放，很有特色。

石头房

　　蒙古包民居是蒙古族人的民居，是用木条为支撑框架，用羊毛毡围成的呈圆包形的房子。蒙古包的包门多开向东南，既可避开西伯利亚的强冷空气，也沿袭着以面向日出方向为吉祥的古老传统。帐内的中央安放着火炉，火炉东侧放着碗橱，火炉上方的帐顶开有一个天窗，利于通风采光。蒙古包的周围用柳条交叉编成内壁，包顶用木棍做成伞形支架。包顶和侧壁都覆以羊毛毡。

蒙古包

　　土楼式民居见于福建省，是为防卫自保而建筑的一种带有自卫功能的民居。土楼呈圆形，正中为族人议事厅等公共活动场所，外环共四层，一层作厨房，二层存粮食，三、四层居住。外墙坚固难破，厚度可达 2.5 米，如同一座堡垒，仅有几扇门与外界相通。楼顶建有射击洞，用于抵御入侵。一个建筑内可住许多户人家，有的竟有 300 多间房屋。

土楼

（二）经典选粹

四合院

四合院

品悟赏析

　　四合院是我国的一种传统合院式建筑，是北方的典型民居样式，其中以北京四合院最为典型。其格局为四面建房，将庭院围在中间，故名四合院。目前已知我国最早的四合院出现于西周时期，有三千多年的历史。四合院具有冬暖夏凉的特点，能够形成私密性的居住环境，通常为大家庭所居住。

四合院的格局用"进"和"跨"来描述。"进"指前后方向院子的个数，进几道门，就叫几进院；"跨"则指左右方向院子的个数，如正院西侧的院子称为西跨院。四合院的格局可大可小，一般根据土地面积的大小、家中人数的多少来建造，小的只有一进，大的可以有三进或四进。

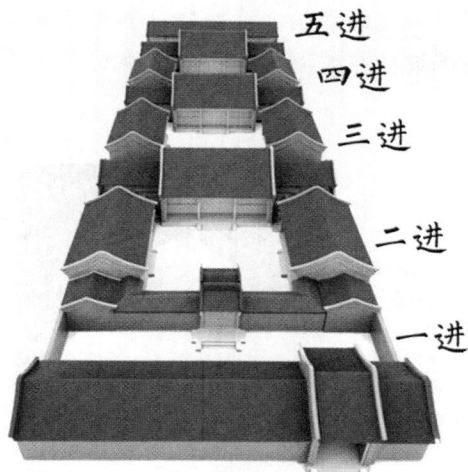

五进院的格局

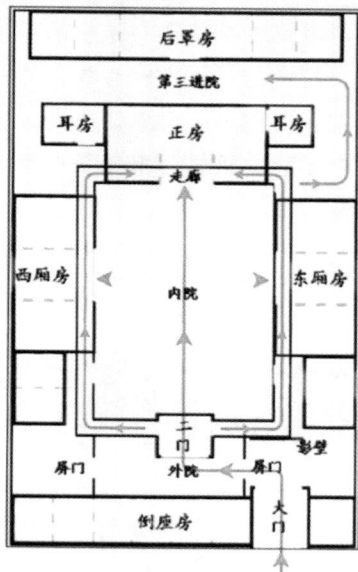

三进院落平面图

一座座四四方方的庭院，牵挂着忘不掉的乡情。这里面蕴含着中国人的生活智慧和对美满幸福生活的期盼。所谓"四合"，"四"指东、西、南、北四面，"合"即四面房屋围在一起，形成一个封闭的"口"字形，这是中国农耕文化安天乐土、封闭自足的生活方式的体现。四合院的房屋对家庭成员的居住安排有严格规定，反映出我国封建社会的等级观念、长幼有序的传统要求。如家长所居住的正房高于侧房，晚辈住在厢房或耳房。一家老少，从上到下，均按照辈分来分配居室。

四合院的构造有非常多细节，处处都体现着中国文化的博大精深。

第一，影壁。四合院的大门口设有影壁，也称照壁。影壁主要是用于装饰，营造一种和谐、安逸、清静的氛围，使人不能将院中的一切一下尽收眼底，这使得四合院具有很强的私密性，关起门来自成天地，一家人和美相亲，其乐融融。

第二，屏门。屏门的主要作用是与影壁一起构成一个阻隔视线的屏障。屏门一般由四扇或多扇门组成。进入屏门，南侧为倒座房，是男仆居住的地方。

"倒座房"是相对于正房坐北朝南而言的，就是说该房坐南朝北。

第三，垂花门。倒座房的北侧院墙正中开有一门，叫作二门，也叫垂花门。垂花门通常是一座华丽的砖木结构门楼，装饰精美，有一定的进深。垂花门正面的门一般不打开，要进入内院需进入垂花门后左转或右转，进入院廊，也称抄手廊，大概是因为可以在此抄手漫步而得名。垂花门至院内各房之间设有一圈抄手廊，冬可避风，夏可避雨。

门墩主要有箱形和抱鼓形（抱鼓石）两种，也有狮子形、多角柱形、水瓶形等。门墩是门楼比较有特色的一个组成部件，门墩上通常雕刻中国传统的吉祥图案。须弥座是门墩的基础，一般刻有莲花的形状。箱形是一个立方体，四面刻有不同的纹样。抱鼓是一个竖立着的鼓，在鼓面和鼓的侧面雕刻有各种吉祥纹样。

箱形门墩

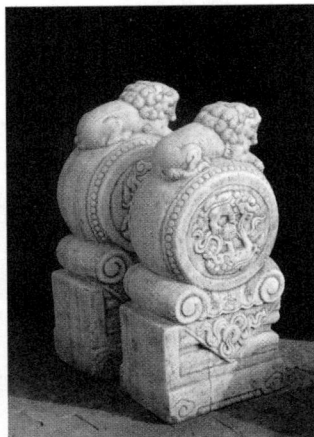
抱鼓形门墩

除此之外，斗拱、雀替、飞檐、屋脊等无一不体现出中国古代人民极高的艺术审美水平，表现出人们对幸福生活的向往和对美好事物的追求与渴望。

第四节　乐动山河

音乐具有净化人心、提升人们精神境界的作用，中国人很早就非常重视音乐艺术。中国古典音乐有两大文化特征，一是礼乐治国，二是以乐养心。

何为礼乐治国？就是礼与乐相辅相成，构成一个完整有序的社会政治文化制度，从而对人进行道德伦理教化，维护社会秩序的和谐。

何为以乐养心？中国文人有"君子不撤琴瑟"的说法，古人把音乐作为修身养性的媒介，认为音乐能够帮助人涤荡心灵，达到心灵的宁静，找到内心的安顿之所。

一、礼乐治国

（一）导读概览

礼乐结合是中国文化的重要特征。乐的产生无疑早于礼。人文初祖时代，人们以舞和乐的形式来"颂神娱神"，表示祈祷，音乐与政治、祭祀就紧密相连了。礼的产生起于祭祀。许慎《说文解字》说："礼（禮），履也，所以事神致福也。从示从豊。""礼"的本义就是一种祭神的宗教仪式。我们今天所说的礼乐文明，始自"周公之典"。西周开国之初，周公制礼作乐，形成了周礼。礼乐制度在西周发展完备，奠定了中国传统文化的基调。与殷商时以乐祭祀相比，周时之乐已有了较大发展：其一，周公制作的礼乐虽然与祭祀有关，但主要是处理人伦等级的伦理规范；其二，周人对音乐高度重视，通过音乐来教育贵族子弟成才；其三，周人明确将礼与乐结合起来，使其成为古代政治的一体两面。至此，中国不仅形成了系统的礼乐制度，而且赋予了其丰富的人文内涵。这种礼乐文明对西周政治的繁荣、对后世影响深远。

但历史前行，春秋时，诸侯僭越，进入了一个礼乐崩坏的时代。《晏子春秋》记载，一次，齐景公欢宴群臣，开怀畅饮之际，齐景公对大臣说道："今天大家不醉不归，不要管什么君臣礼节。"晏子脸色大变，连忙说："国君此话不妥。禽兽靠蛮力主宰世界，人类靠礼仪确定尊卑。君臣之间怎么能抛弃礼仪呢？"景公很不高兴。一会儿，景公走出去，晏子不起身相送，后来景公归座，晏子也不起身相迎。更有甚者，君臣碰杯，晏子竟然抢先举杯，这令景公十分生气，便疾言厉色地对晏子说："你刚才还教训我不能没有礼仪，那么现在你的礼仪呢？"晏子赶紧离开坐席，向景公叩首说，"我哪敢对您无礼？我只是现身说法，让您看看没有礼仪会是怎样的情形。"景公听了连忙认错。在齐景公这里，礼乐并不神圣，甚至可以明目张胆地宣布抛弃礼仪。

直到孔子出现，礼乐治国的文化大旗才得以重振。孔子一生以恢复周礼为己任。他以礼乐教化来修身、齐家、治国、平天下。孔子礼乐治国的内容即实行"乐治"和"礼治"。"乐治"是为了培养人美好和谐的感情，"礼治"是要求人们遵守各种行为规范。人人都"克己复礼"，以礼规范自己的言行举止，以达到各安其位、遵守礼制的目的。"礼治"是统治阶级巩固阶级内部秩序和有效统治人民的方法。礼与法是中国政治思想史上的两大潮流。礼乐都是经纶国家之大本，孔子将两者并称，视之为实现王道政治的重要手段。

孔子的礼乐治国思想在中国历史上意义深远，使礼乐成为一种广泛而有力的社

会规范，在中国古代社会上形成一种独特的政治理性，还使礼乐向民间渗透，更重要的是培养了中国人"贵和"的价值追求。礼乐所体现的"和而不同"的思想对于我们今天和谐社会的建设仍然有重要的启示意义。

（二）经典选粹

1. 乐记 ①

乐者为同，礼者为异。同则相亲，异则相敬。乐胜则流 ②，礼胜则离 ③。合情饰貌 ④ 者，礼乐之事也。礼义立则贵贱等 ⑤ 矣，乐文同则上下和矣，好恶著则贤不肖别矣。……乐者天地之和也，礼者天地之序也。和故百物皆化，序故群物皆别。

——《礼记·乐记》

作品选注

① 选自〔清〕刘沅：《十三经恒解》（笺解本），巴蜀书社 2016 年版。

② 流：放荡，无节制。

③ 离：有隔阂。

④ 合情饰貌：联合情感，整饬容仪。

⑤ 等：显出不同的等级。

品悟赏析

《礼记·乐记》认为，礼与乐二者是相辅相成、互相补充的。它们一个强调同，一个强调异，"乐者为同，礼者为异，同则相亲，异则相敬"。礼与乐二者的作用不同，所以在政治伦理上就有不同的影响，乐偏重于治心，以情感人，以德化人，潜移默化地使人"承听"和顺。礼偏重于从外在行为上规范人，强制人们去遵守。乐在内，礼在外；乐偏重情感，礼偏重理智；乐用潜移默化去感染人，礼用制度规范去强制人。礼乐配合，使人们内则无怨，外则不争，使社会呈现出一种"内和而外顺"的礼乐之治下的升平景象。所以礼乐相辅相成，交互为用，不可分离，同为儒家修身、齐家、治国、平天下之重要手段。因此，《礼记·乐记》一再强调统治者要利用乐来教化人民，弘扬乐教，以乐治国。

2. 乐论 ①

夫乐者，乐也，人情之所必不免也，故人不能无乐。乐则必发于声音，形于动静，而人之道，声音、动静、性术之变尽是矣。故人不能不乐，乐则不能无形，形而不为道，则不能无乱。先王恶其乱也，故制《雅》《颂》之声以道之，使其声足以乐而不流，使其文足以辨而不谝，使其曲直、繁省、廉肉、节奏 ② 足以感动人之善心，使夫邪污之气无由得接焉。是先王立乐之方也，而墨子非之，奈何！

——《荀子·乐论》

作品选注

① 选自〔清〕王先谦著，沈啸寰、王星贤点校：《荀子集解》，中华书局1988年版。

② 曲直、繁省、廉肉、节奏：抑扬顿挫、繁复简单、清脆圆润、节拍缓急。

品悟赏析

　　《荀子·乐论》是荀子对音乐及有关问题的论述，也是先秦孔门儒学论乐的重要文献。荀子认为，音乐在教化中有巨大的作用，"乐中平则民和而不流，乐肃庄则民齐而不乱"，所以先王制《雅》《颂》以"感动其善心"，淫声、奸声则是乱世的征兆。荀子还指出音乐与礼发挥功用的形式是不同的，音乐能使人彼此沟通，礼则使人有所区别。《荀子·乐论》不仅继承了尧舜时代乐之内容、形式、风格中蕴涵的哲学智慧，而且传承了《尚书》《左传》等经典文本，尤其是孔子关于音乐"尽善尽美"之思想蕴涵，这说明早期儒学中存在着一种开放性、包容性、丰富性的礼乐精神传统，这种精神传统奠定了中华民族对音乐艺术的善美内涵、教化功能、最高境界的理想构筑。

　　在音乐艺术繁荣昌盛、影响愈加广泛与深入的时代，我们应进一步探讨、研究《荀子·乐论》，申明其思想主旨与理想境界，积极倡导"雅乐""正声"的价值效应，在正视音乐的娱乐功能的同时，强化其"移风易俗""管乎人心""美善相乐"等社会教化功能，这对于个人完美人格的陶冶和和谐社会的建构，都有现实的价值与深远的意义。

二、以琴养心

（一）导读概览

　　古琴深沉、浑厚、古朴、淡雅，有着以静制动之美。这种美寄寓了古代文人超凡脱俗的处世心态，使之成为文人雅士们不可或缺的修身养性的伴侣。唐甄《潜书》中提到："君子之道，修身为上，苟能修身，虽终为布衣，其贵于宰相也远矣。"《素问·病机气宜保命集》云："神太用则劳，其藏在心，静以养之。"所谓"静则藏神""静以养之"是指神静，不妄思，防止用神太过。古代文人重视以琴修身养性。《礼记》云"士无故不撤琴瑟"，就是要以琴为手段去达到修身养性的目的。礼是乐之本，琴因而被用于帮助士人达到"克己复礼"的修身目的。因此，琴被古人当作圣人之器。

　　琴乐圣洁飘逸，可以载道，可以象德，可以明志，可以修身，可以静心，可以

乐动山河：
以琴养心

启智，可以养生。古琴音乐对清、幽、淡、远的追求，是"修身律己，万事离心"的体现。古人抚琴，不单单将其当作一种技艺，而是用心体味琴中意趣，气定神闲，温和舒心。太和之气鼓荡宣畅，心中、指下悠然自得，以一种中正平和的状态来抚琴，静心品味各家各派的不同风格，静心以破执。沐浴更衣、净手焚香，一张古琴横放于案几之上，抚琴听琴，心静如水，气定神闲，感受琴声与天地山水的合二为一。体会这种意趣，可以逐步达到音与乐和，乐与心和，心与自然通融、畅和的境界，从而领悟圣人之道，舒畅身心。

（二）经典选粹

1. 孔子学鼓琴师襄子 ①

孔子学鼓琴 ② 师襄子 ③，十日不进 ④。师襄子曰："可以益矣。"孔子曰："丘已习其曲矣，未得其数也。"有间，曰："已习其数，可以益矣。"孔子曰："丘未得其志 ⑤ 也。"有间 ⑥，曰："已习其志，可以益矣。"孔子曰："丘未得其为人也。"有间，有所穆然 ⑦ 深思焉，有所怡然高望而远志焉。曰："丘得其为人，黯然而黑，几然而长，眼如望羊 ⑧，如王四国 ⑨，非文王其谁能为此也！"师襄子辟席 ⑩ 再拜，曰："师盖云文王操 ⑪ 也。"

——《史记·孔子世家》

作品选注

① 选自［汉］司马迁撰，［南朝宋］裴骃集解，［唐］司马贞索隐，［唐］张守节正义：《史记》，中华书局1982年版。

② 鼓琴：弹琴。琴，古琴。

③ 师襄子：鲁国乐师。

④ 进：前进，此指学习新的曲子。

⑤ 志：志趣，意旨。

⑥ 有间：过了一段时间。

⑦ 穆然：沉静深思的样子。

⑧ 望羊：亦作"望洋"，远视的样子。

⑨ 四国：四方，天下。

⑩ 辟席：古人席地而坐时离座而起，表示敬意。"辟"，通"避"。

⑪ 文王操：周文王作的琴曲。

品悟赏析

孔夫子不仅是古代的一位圣哲，而且是当时第一流的音乐家、琴学家。孔子有很好的音乐素养，既能演奏，如鼓琴、击磬、鼓瑟，又能歌咏，"三百五篇，孔子皆弦歌之"，更为重要的是，孔子的正乐、乐教还体现着他自己独特的乐感、乐论。

师襄子是鲁国的掌乐太师，他熟悉宫廷礼乐，琴也弹得很好。孔子跟从师襄子学琴，师襄子教了他一首曲子后，他每日弹奏，丝毫没有厌倦的样子，手法从生疏渐至熟练，一段时间以后，琴艺大有长进。师襄子很满意，就对他说："这首曲子你已经弹得很不错了，可以再学一首新曲子了。"孔子说："我在技巧上还没有做到融会贯通。"

过了一段时间，师襄子对孔子说："现在你的指法、技巧已经没有问题了，可以继续往下学习了。"孔子说："我还在进一步领悟这首乐曲深刻的意境。"

又过了一段时间，师襄子对孔子说："现在你已经将乐曲弹得意境深远，可以继续往下学习了。"孔子说："我正在揣摩，究竟是一个什么样的人，才能抒发如此深邃的思想感情。"

过了一段时间，孔子豁然开朗。他似乎从音乐中看到了一个人，魁梧的身躯，黝黑的脸庞，他有着远大的目光，有着普济天下、包容四方的胸怀。孔子对师襄子说："如此人物，除了周文王，还有可能是谁呢？"师襄子听了，离席对孔子施礼道："这首琴曲的名字正是'文王操'。"

孔子除了曾学琴于师襄子，还曾问乐于苌弘，会鼓瑟、吹笙、击磬，并以之表情状物。相传他学习周代的经典乐舞《韶》，如醉如痴，以至"三月不知肉味"。他晚年鉴于"周室微而礼乐废，《诗》《书》缺"，整理夏、商、周古乐，收集周朝民歌，精选了305篇，辑成《诗经》。其中的诗篇都可以用琴乐伴奏歌唱，是保存至今最古老的琴歌选集。据说他还创作了《龟山操》《将归操》《获麟操》《猗兰操》等琴曲。现存的琴曲中，还能见到同名的曲目。

通过孔子学琴的故事，我们不难发现认知音乐作品的方法。"曲""数""志"三种不同的感知深度和对"人"的体悟，体现了对琴曲的音乐从表层的乐音到"弦外之音"的理解，再依据这种理解深化到对某一个具体的人的形象进行联想。

2.高山流水①

伯牙善鼓琴，钟子期善听。伯牙鼓琴，志在高山。钟子期曰："善哉，峨峨兮若泰山！"志在流水。钟子期曰："善哉，洋洋兮若江河！"伯牙所念，钟子期必得之。

伯牙游于泰山之阴②，卒③逢暴雨，止于岩下；心悲，乃援琴而鼓之。初为霖雨之操，更造崩山之音。曲每奏，钟子期辄穷④其趣。伯牙乃舍琴而叹曰："善哉，善哉，子之听夫！志想象犹吾心也。吾于何逃声⑤哉？"

——《列子·汤问》

作品选注

① 选自杨伯峻：《列子集释》，中华书局1979年版。
② 阴：山的北面。
③ 卒（cù）：通"猝"，突然。
④ 穷：穷尽。
⑤ 逃声：隐藏自己的声音，在这里可以理解为隐藏自己的心声。逃，逃避。

品悟赏析

　　《荀子·劝学》云"伯牙鼓琴，六马仰秣"，意思是伯牙弹琴的时候，连马儿都会扬起脖子倾听他的琴声，可见其出神入化的境界。

　　伯牙的琴可以弹到如此境界，并非一蹴而就的，《乐府题解》载，伯牙学琴于成连，学了三年，琴技突飞猛进，但是伯牙觉得自己的琴声始终无法传神，无法达到忘我的境界。一天，成连对伯牙说："如果你的琴技想要上升到一个新的高度，吾师方子春能帮助你。"于是伯牙随成连一起前往东海的蓬莱山，去拜访方子春。两人来到蓬莱山下，成连让伯牙在此等候，然后驾船而去，许久没有音讯。伯牙一人闲来无事，观赏风景，发现一边面朝大海，惊涛拍岸，另一边山谷幽冥，能听到鸟儿的鸣叫声、风声和沙沙的树声，这些自然之声交融在一起，使伯牙心旷神怡。他立刻拿出琴来开始抚奏。这自然的声音和他的琴声融汇在一起，产生一种奇妙的音响，给他带来极大的精神享受。伯牙忽然悟到，这就是他一直苦苦追寻的至高境界。成连一番苦心，正是要告诉自己，自然才是真正的老师。伯牙顿悟了，成为一代著名的琴师。

　　伯牙后在晋国为官，受晋王的嘱托到楚国去做国事访问。途中伯牙乘船至汉江口，由于风浪很大，船便停泊在一座小山下。待风平浪静之后，望着头上的明月，他兴致大发，便抚起琴来，正弹得投入的时候，忽然琴弦中断。伯牙猜想有人在侧听琴，就让自己的随从四下去看一看，不一会儿随从便带来了一个樵夫。伯牙心中颇为怀疑：这个樵夫能听懂自己的琴声吗？他会是自己的知音吗？这种疑虑不无道理，因为琴在古代是身份和品位的象征，具备一定的知识、修养和审美的能力，才懂得听琴。伯牙试探性地弹奏，当伯牙志在高山时，这个樵夫就感慨道："峨峨兮若泰山！"伯牙志在流水时，他就说："洋洋兮若江河！"伯牙心里一惊，发现这个樵夫居然能将自己的心声一语道破。在畅谈之后，伯牙心悦诚服，跟樵夫成为知音，这个樵夫就是钟子期。后当伯牙得知子期的死讯，他将自己心爱的琴摔碎了，伯牙绝弦，就是感慨知音难觅。从这个故事中可以看到中国古人对于音乐的一种情怀、一种敬畏之心。伯牙当时为子期弹奏的曲子就是琴曲《高山流水》，在唐宋之后被分成两曲，一曲《高山》，一曲《流水》。

　　今天，《流水》这支琴曲影响更广泛一些。1977年，《流水》代表中国音乐被送入太空，这体现了中国音乐的情怀和魅力，它可以使人忘却世俗，全身心地投入自然的怀抱。《流水》是传统古琴曲中极具代表性的一首作品，它以一种渐入式的方式将听者带入其中，在相对自由的时间、空间中延展。《流水》生动地描绘了流水的各种情态。旋律起首时隐时现，犹如置身高山之巅，云雾缭绕；继而转为清澈的泛音，节奏逐渐明快，好似山泉于山涧中鸣响；随后开始跌宕起伏、风急浪涌，"宛然坐危舟过巫峡，目眩神移，惊心动魄，几疑此身已在群山奔赴，万壑争流之际矣"；而后音势大减，恰如"轻舟已过，余波激石"；曲末流水之声复起，缓缓收势。整首乐曲一气呵成，极具表现力。

古琴之音淳和淡雅，清亮绵远，温柔敦厚，中正平和。抚琴作为修身养性的方式之一，令历代文人雅士为之沉醉。弹奏之人在古琴朴实低缓而又沉静旷远的声音中，由躁入静，进而物我两忘，顺乎自然，其境界耐人寻味。

3. 九霄环佩琴

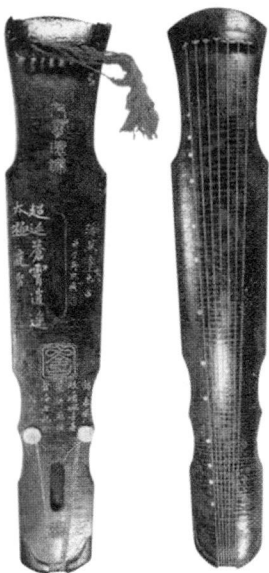

九霄环佩琴（唐）

品悟赏析

古琴有七弦十三徽，所以也称七弦琴，其别名还有瑶琴、玉琴等。古琴有四千多年的历史，是一种非常古老的乐器。

九霄环佩琴相传为盛唐雷氏的作品，以梧桐作面，杉木为底，通体紫漆，纯鹿角灰胎，面、底多处以大块朱漆补髹，龙池、凤沼均作扁圆形，蚌徽，红木轸，白玉足镂刻精美，紫檀岳尾，护轸亦为紫檀木。琴底龙池上方有篆书"九霄环佩"，下方有篆文"包含"大印一方，池右有行书"冷然希太古。诗梦斋珍藏"及"诗梦斋印"一方。池左行书为"超迹苍霄，逍遥太极。庭坚"，琴足上方楷书为"霭霭春风细，琅琅环佩音。垂帘新燕语，沧海老龙吟。苏轼记"。凤沼上方有"三唐琴榭"篆书椭圆印一方，下方有"楚园藏琴"印一方。

古琴造型丰富，主要以琴腰的变化来区分，最常见的是仲尼式，其外形非常简洁，此外还有伏羲式、师旷式、落霞式等。九霄环佩琴形制浑厚，作圆首与内收双连弧形腰，为伏羲式，比明刻本《古琴图式》多一内收弧形。

古琴的制作非常讲究，木材的选料、环境的干湿、木料的纹理等都对古琴的声音有着至关重要的影响。琴漆的上制、打磨同样讲究，不同的工艺、配料、干湿度、时间最终会形成古琴表面不同的断纹，所谓牛毛断、流水断、鱼鳞断等，都能够对古琴的音色产生影响。音质不凡的古琴多选用青桐、梓木制作。琴的声音讲求深厚、松透、饱满，追求细腻的表达，时而若即若离，时而饱满苍劲。琴往往是独奏，最多是琴箫合奏，声音清晰明朗。九霄环佩琴声音温劲松透，形制浑厚古朴，清末以来即为古琴家所仰慕的重器，被视为"鼎鼎唐物"和"仙品"，在传世唐琴中最为独特、古老，声音更是完尽。

历史上有四大名琴：号钟琴、绕梁琴、绿绮琴、焦尾琴。号钟琴的拥有者是齐桓公，此琴声如洪钟，非常沉稳。绕梁琴的藏者是楚庄王，其因"余音绕梁，三日不绝"而得名。绿绮琴则成就了司马相如和卓文君的姻缘。司马相如用绿绮琴弹奏《凤求凰》，得到了卓文君的芳心。焦尾琴的制作者是蔡邕，《后汉书》记载，蔡邕路过一农家，忽然听到燃烧的柴堆里有木头的爆裂声，感到一定是制琴的上好材料，从燃烧的柴堆里将这截木头抢救下来，制成了一把古琴，因烧焦的部分放在琴尾处，故名焦尾琴。

4. 无弦琴

渊明不解音律，而蓄无弦琴一张。每酒适，辄抚弄以寄其意。①

——［南朝梁］萧统《陶靖节传》

性不解音，而畜素琴一张，弦徽不具，每朋酒之会，则抚而和之，曰："但识琴中趣，何劳弦上声！"②

——《晋书·隐逸列传》

欲留君以陈遵投辖之饮，不如送君以陶令无弦之琴。酒嫌别后风吹醒，琴惟无弦方见心。③

——［北宋］黄庭坚《送陈萧县》

作品选注

① 选自［宋］王质等：《陶渊明年谱》，中华书局 1986 年版。

② 选自［唐］房玄龄等：《晋书》，中华书局 1974 年版。

③ 选自［宋］黄庭坚撰，［宋］任渊、史容、史季温注：《黄庭坚诗集注》，中华书局 2003 年版。

品悟赏析

陶潜，字元亮，又字渊明，浔阳柴桑人，是历史上一位非常有代表性的隐士。隐士文化在魏晋时期的兴起与当时的政治环境有关，也与这些隐士自身的遭遇和性格有关。琴在当时就成为文人隐士的一种精神寄托。

据史书及时人的记述，陶渊明用的是一架"素琴"，而且"弦徽不具"，没有弦，没有指示音阶的标识，陶渊明却珍爱有加，凡饮酒，必"抚弄以寄其意"，弹着弹着，就完全沉醉在酒香琴韵中了。他常约三五好友一起听琴吟诗，在友人前弹奏无弦琴，并云"但识琴中趣，何劳弦上声"。陶渊明是在追求一种意趣，不去计较琴上是有弦还是无弦，这是符合陶渊明"得其意，忘其形"的处世之道的，体现了老子提出的"大音希声"（即至乐无声）的音乐观，否定人为的音乐。他认为天下最美的音乐是自然之声，这也是音乐的最高境界。陶渊明就是这种"大音希声"的音乐观的身体力行者，崇尚、追求意趣。后人则将陶渊明抚无弦琴以自寄其意、自得其乐用作咏闲适情趣的典故。李白的《赠临洺县令皓弟》云"大音自成曲，但奏无弦琴"，就是以陶渊明弹奏无弦琴之事来表明自己的志趣。在中国古琴史上，陶渊明弹奏无弦琴代表着文人、琴家对于古琴的文化理解，故而有着不同凡响的意义。

第五节 巧夺天工

中国有五千年文明史，劳动人民在长期的生产生活实践过程中，为艺术创造积累了大量的素材与经验。随着时间的推移，各种手工艺便作为一种抽象的"日记"延续到了今天，沉淀的记忆被唤醒，古人的智慧、精神以艺术为载体再次焕发出鲜活的生命力，为增强民族自信提供源源不断的价值滋养。

中国古代手工艺是社会生活生动形象的反映，是作者的思想感情以独特方式得到的充分展现，也是华夏儿女社会生产和精神生活的具体体现。中华民族在悠久的历史中积累了丰富的艺术审美经验，创造了瑰丽多姿的艺术作品，并由此形成了独特的手工艺传统。中国古代的手工艺与其他古代文化形态一样，有着自身独特的理论思维方法、审美概念和范畴，极富东方艺术魅力。了解、学习中国古代的手工艺文化，是了解中国传统文化艺术的重要途径，也有助于增强自身的艺术修养和审美能力。

在经济、文化、科技飞速发展的现代社会，了解中国古代手工艺有重要的现实意义。首先，可以提升审美品位和生活愉悦感，生活中一些原本不曾注意的细小之处，也可以成为幸福、快乐的源泉；其次，了解工艺品本身和其产生的时代背景，

以及与之相关的其他艺术形态，在拓展眼界的同时，可以训练、提升自己感知世界的能力；最后，工艺美术是典籍之外的一种活态文化，承载了人民的造物智慧，是民族文化的生动象征，是民族乡愁的载体。习近平总书记指出"文化自信是更基本、更深沉、更持久的力量"，我们要在自觉、自信的基础上，留存工艺匠心，守望文化乡愁。

走进中国传统手工艺的走廊，如同仰望璀璨的星空，这里有纯净的瓷器、温润的玉石、凝重肃穆的青铜器，积淀着中华民族最深沉的精神追求，包含着中华民族最根本的精神基因，代表着中华民族的独特精神标识，是中华民族生生不息、发展壮大的丰厚滋养。希望大家能够跟随教材的步伐，透过具体的作品和人物，以及它们构筑起的艺术史，开展一场审美之旅，解读这些传世佳作背后隐藏的故事，去品味这些艺术品背后极具中国特色的气质、意趣，发现其中隐藏的人文精神。

一、青铜饕餮

（一）导读概览

古代青铜器文化源远流长，在我国文明发展历程中占据非常重要的地位，它是中国悠久文明的缩影，是中国历史的见证者，是中国文明的瑰宝，对于世界文明而言也是不可或缺的。

浓厚的宗教色彩是早期青铜文化的一个显著特点。任何古老的文明都具有自己独特的祖先神灵意识，而这种祖先神灵意识往往反映出这个文化的民族性，与时代的发展密切相关，这是人们早期思想发展的共同表现。

青铜器是殷商先民精神意识的集中体现，周代发展为敬天法祖意识，形成宗教、政权、族权三位一体的特点，成为中国早期文明敬畏鬼神和追求尚武精神的载体。周公制礼使周代形成了完善的礼仪制度，将青铜文化纳入了礼制的范畴。礼是奴隶主贵族的特权，但等级不同，所践之礼也不一样，等级明确森严。周代礼器文化呈现出双重性，一方面被纳入礼制的规范，另一方面又成为礼制的载体。《左传·成公二年》记载："惜也，不如多与之邑。唯器与名，不可以假人。"作为礼乐制度的载体之一，礼器是不可乱用的，应被用以"明尊卑，别上下"，彰显、维护等级制度，不同级别的人有相应的青铜礼器的使用数量。

鼎是古人用以烹煮和盛贮肉类的器具，是古代最重要的青铜器种类之一。商周时期，鼎是重要的青铜礼器。周代的礼制中有着明确的用鼎制度，根据不同身份及礼仪规格，有着严格的限制。天子用九鼎，诸侯用七鼎，卿大夫用五鼎，士用三鼎或一鼎。除此之外，它也明确了墓葬的陪葬品数量，以此展现等级的不同。

除了作为礼制的重要组成部分，大型青铜鼎也是传国重器，是国家和权力的象征。其中最为典型的是"九鼎"。传说夏禹铸九鼎以镇九州，夏灭，鼎归于商，商灭，又归于周。"毁其宗庙，迁其重器"成为一个国家被毁灭的标志，国灭则鼎迁。

商周时期，把定都或建立王朝称为"定鼎"。

《左传·宣公三年》记载，楚庄王伐陆浑之戎，一直打到洛水边，"观兵于周疆"，在周都洛阳前陈兵示威。周天子派王孙满去慰劳，庄王问"鼎之大小轻重"，意欲移鼎于楚。九鼎作为传世重宝，是周王室权威的象征，它的迁移代表政权的迁移。楚庄王的问题透露出欲取周而代之的野心。王孙满非常明白楚庄王的野心，于是以天下"在德不在鼎"的妙论让楚庄王无话可说。

战国时期，战国七雄逐鹿中原，源源不断地向周王"问鼎、求鼎"，甚至还出现了秦武王"举鼎绝膑"的事情，而周王为了自保，不断神化天子九鼎，使它成为禹之所铸、迁于三国的传国宝器。秦王嬴政统一天下之时，九鼎已尽数消失，据说秦始皇曾专门派人去彭城附近打捞过，但最终一无所获。后世帝王非常看重九鼎的权力象征与意义，亦曾屡次重铸九鼎，《资治通鉴》记载："则天顺圣皇后中之下神功元年……铸九鼎成，徙置通天宫。"以此作为对其政治合法性的支持。北宋崇宁四年（1105），宋徽宗听信方士之说，备百物之象，再次铸造九鼎，可见九鼎对于传统礼制依旧存在极大的影响力。如今"一言九鼎""鼎鼎大名""三足鼎立""钟鼎之家"等词语依然活跃在人们的日常生活中。

青铜礼器制度是青铜时代的缩影，是青铜文化的重要体现。青铜器在中华民族的文化发展历史上占有重要地位，为后世留下了极其深刻的文化遗产，具有深远的文化意义、重要的历史价值和现实价值。

（二）经典选粹

1.后母戊鼎

后母戊鼎（商）

品悟赏析

后母戊鼎，高133厘米，口长110厘米，口宽79厘米，重832.84千克，是商后期铸品，形制巨大，雄伟庄严，工艺精巧。器厚立耳，折沿，腹部呈长方形，下承四柱足。器腹四转角、上下缘中部、足上部均置扉棱。器耳上饰浮雕式鱼纹，耳外侧饰浮雕式双虎食人首纹，腹部周缘饰饕餮纹，柱足上部饰浮雕式饕餮纹，下部饰两周凸弦纹，线条清晰，威武凝重。器腹部内壁铸铭"后母戊"，这是商王之母的庙号，笔势雄健，形体丰腴。器身与四足为整体铸造，鼎耳则是在鼎身铸成之后再装范浇铸而成的。后母戊鼎是已知的中国古代最重的青铜器，体现了中国古代青铜铸造工艺的超高水平。

1939年3月，河南安阳武官村的吴培文和堂兄吴希增在野地里探宝，探杆探到13米时，碰上了坚硬的东西，拔出来一看，杆头上带着铜锈。当晚，他们找了十七八个人，趁着夜间动工挖掘，为防备日本人发现，天亮时再用原土封住洞口。第二天晚上，挖掘队伍扩大到40多个村民，连挖了三个晚上，抬上来一个铜锈斑斑的庞然大物，正是震惊后世的青铜器国宝——后母戊鼎。1937年11月，安阳已被日寇占领。大鼎出土没多久，日本人得到消息，便借参观的名义妄图将之据为己有。吴培文从古玩商处买了一个青铜器赝品，藏在自己家炕洞里。日本兵和伪军进村后直扑吴家后院，扒开吴培文的睡炕，抢走了那个赝品青铜器。之后，日本人仍旧紧盯吴培文的行踪。为了保护大鼎，吴培文将大鼎秘密托付给兄弟，远离家乡避难，直到抗战胜利才回到安阳。

青铜纹样是集中体现青铜文化的载体之一，它体现的是当时阶级权力的威严与力量，以及当时的社会风俗、宗教观念、审美情趣等，带有浓厚的宗教色彩。在众多青铜纹样中，最为典型的应该是商周时期的饕餮纹。饕餮纹是青铜器上常见的花纹之一，盛行于商代至西周早期，也称为兽面纹，有的有躯干、兽足，有的仅有兽面。饕餮是古人融合了自然界各种猛兽的特征，又加上自己的想象而形成的，兽面巨大而夸张，装饰性很强，常作为器物的主要纹饰。

《吕氏春秋·先识》云："周鼎著饕餮，有首无身，食人未咽，害其及身。"《左传·文公十八年》云："缙云氏有不才子，贪于饮食，冒于货贿，侵欲崇侈，不可盈厌；聚敛积实，不知纪极。不分孤寡，不恤穷匮。天下之民以比三凶，谓之饕餮。"杜预注："贪财为饕，贪食为餮。"饕餮纹的诞生体现出当时统治者对于宗教的态度，统治阶级依靠人们对于天地神灵的敬畏，以及渴求祖先庇佑的观念来达到控制民众的目的。饕餮纹对于大多数青铜器来说属于装饰纹样，一般来说，具有上下均衡、左右对称的基本特征，再加上云雷纹，会产生不同的效果。

饕餮纹

商代社会动荡不安，重神敬鬼是商王朝的重要风气，在这种社会背景之下，商代青铜器的纹饰和部落图腾的关系密不可分。对于商代统治者而言，粗犷凌厉的饕餮纹所给予人的恐怖感可以用来表现王权的神秘威严。

在当时，青铜器的主要功能是作为祭祀的礼器，以此表示对于祖先及天地、神灵的尊敬。饕餮本身的凶兽特征正好与当时统治阶级的思想吻合。对于商朝统治者而言，他们希望能够借助青铜器与祖先和神灵沟通，求得庇佑，以此维护自身的统治，所以商王朝统治者喜用有威慑力的饕餮纹。

饕餮纹的神秘也表现出当时的社会文化特征，成为那个时代的缩影，浓重的历史感奠定了其宗教地位及历史地位。饕餮纹的狰狞面相具备独特的审美特征。大量的饕餮纹也被作为商王朝武力的象征，具备多种猛兽特征的强大的饕餮也被视为胜利的标志。在"国之大事，在祀与戎"的时代，饕餮纹融合了统治者对于祖先崇拜和宗教信仰的两种追求，成为青铜文化中中国人早期的宗教意识和时代特征的重要载体。

2. 莲鹤方壶

莲鹤方壶（周）

品悟赏析

　　青铜器从产生到发展，经历了夏代青铜器的素朴单纯、商代青铜器的庄严肃穆、西周的飘逸华美。到春秋战国时期，青铜器铸造工艺达到了顶峰，被誉为"青铜时代的绝唱"。莲鹤方壶是典型代表。

　　莲鹤方壶，春秋中期青铜制盛酒或盛水器，1923年在河南新郑李家楼春秋郑国国君大墓出土，经学者考证，其主人可能是郑国国君子婴。该壶通高116厘米，宽54厘米，重64.28千克，壶身是春秋时期非常流行的一种方形构造，装饰着蟠龙纹，最上面是壶盖，由十组双层并列的镂空莲瓣组成，中央有一仙鹤，傲然立在绽放的莲花之上。方壶的制作者将在中国文化中象征高洁精神追求的莲花和仙鹤两种意象完美结合，表现出清新自由、活泼轻松的感觉，形神俱佳，栩栩如生。壶颈两侧各有一只回首反顾的龙形怪兽，构成铜壶的双耳。壶体的四面各有一只神兽，兽脚弯曲，背生双翼，长尾上卷，似乎展翅欲飞。壶底有两只鹿角卷尾兽，身作鳞纹，头转向外侧，负重而行，形状灵动可喜。各种兽形的动势相互呼应，造型灵动。

壶盖上的莲瓣和仙鹤　　　　　　　　　　　壶体兽形

　　莲鹤方壶不仅造型生动细腻，而且结构复杂，铸造极其精美，堪称青铜器中的典范之作。莲鹤方壶的装饰采用平面、立体、浮雕、圆雕、镂空等多种手法，采用失蜡、模印、分铸、合铸及焊接的冶铸工艺完成，制作过程极其复杂，但是莲花、仙鹤、神兽杂而不乱，与夏商周时期厚重庄严的青铜器风格形成了极其鲜明的对比。

　　莲鹤方壶是春秋时期时代精神的象征，反映了一种新的生活观念与艺术观念，是活跃升腾的精神力量的形象体现。莲鹤方壶顶端展翅欲飞的仙鹤改变了殷商时期神秘肃重的艺术氛围，显示出新时代的气息。郭沫若赞云"此鹤初突破上古时代之鸿蒙，正踌躇满志，睥睨一切，践踏传统于其脚下，更欲作更高更远之飞翔"，既肯定了莲鹤方壶的艺术价值，又归纳总结了夏商周以来青铜礼器风格的走向。面对春秋时期"礼崩乐坏"的现实情况，新的观念也正在形成，在艺术追求上，莲鹤方壶展现了一种新的选择、新的方向，中国青铜艺术的风格在这里又有了一个崭新的开端。

3. 青铜神树

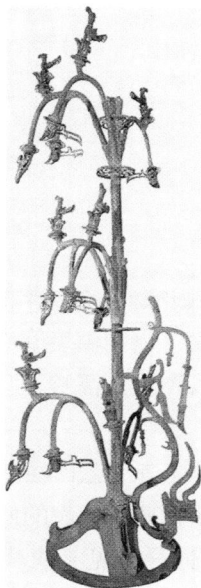

青铜神树（一号）（商）

品悟赏析

青铜神树为商代祭祀品，1986年在四川省广汉市三星堆遗址祭祀坑中出土，现藏于三星堆博物馆。三星堆古遗址位于四川省广汉市西北，占地面积超过10平方公里，距今约5 000至3 000年，它的发现被称为20世纪人类最伟大的考古发现之一。三星堆遗址的发现，将我国的历史向前推到了4 800年前。

商青铜神树共有八棵。一号大神树高达3.96米，树干残高3.84米，由基座和主体两部分组成，树顶已残缺，基座仿佛三座山相连，主干三层，于山顶节节攀升。树的树枝分为三层，每层三枝，树枝上分别有两条果枝，一条向上，一条下垂，果托硕大。全树上共有九只鸟，站立在向上果枝的果实上。一条龙沿主干旁侧而下，蓄势待飞。

关于青铜神树的内涵，在学术界尚存在不同看法，但将铜树界定为"神树"则是共识。《山海经·海外东经》中记载："汤谷上有扶桑，十日所浴，在

黑齿北。居水中，有大木，九日居下枝，一日居上枝。"《淮南子·地形训》载"若木在建木西，末有十日，其华照下地""建木在都广，众帝所自上下，日中无景，呼而无响，盖天地之中也"。高大的树木是古人崇拜的对象，认为其可以通达神灵。人们通过神树寻求和神联系的渠道。古人还认为，太阳神就居于神树之上。传说中的扶桑、建木、若木都是这样的神树。

据说，扶桑树上有十个太阳，每天轮流上天值班，剩下的九个就继续待在扶桑树上。这其实是对太阳神的崇拜。世界范围内有许多古代文明都表达了对太阳的崇拜。

二、瓷中繁花

（一）导读概览

中国是世界上最早生产瓷器的国家。7 000 年前新石器时代时已有陶器生产，陶器的制作原料以黏土（陶土）为主，烧制温度在 1 000 摄氏度以下。商代，中国人开始烧制原始青瓷，瓷器的原料以瓷土（高岭土）为主，烧制温度在 1 200 摄氏度以上。

三国两晋南北朝时期，青瓷的烧造工艺已经达到很高水平。唐代制瓷业有了飞速发展，形成了以南方越窑和北方邢窑为代表的两大瓷窑系统。秘色瓷是唐代一种带有神秘色彩的瓷器。"秘色"一词最早见于唐代诗人陆龟蒙的诗篇《秘色越器》，诗云："九秋风露越窑开，夺得千峰翠色来。好向中宵盛沆瀣，共嵇中散斗遗杯。"秘色瓷因其制作工艺秘而不宣得名，为唐五代之际越窑青瓷中的上乘之作。宋瓷代表了中国瓷器的最高水平，出现了汝窑、官窑、哥窑、钧窑、定窑五大名窑。汝窑所产的汝瓷位居五大官窑瓷器之首，有"纵有家财万贯，不如汝瓷一片"的说法。除了五大名窑，还有北方的磁州窑、耀州窑，南方的龙泉窑、景德镇窑等庞大窑系，其地域特色鲜明，工艺水平极高。

元代最突出的成就是釉下青花和釉里红等品种的烧制成功。中国瓷器个个举世无双，青花瓷却尤受民众喜爱，成为中国瓷器的代表。明清两代是我国陶瓷艺术的集大成时期，瓷釉装饰工艺产生了巨大创新和突破，青花、斗彩、五彩、粉彩、珐琅彩等彩绘品种层出不穷、异彩纷呈，被称为"彩绘时代"。明清时期还在景德镇设立御窑厂，陶瓷逐渐为社会上各个阶层的人们所追捧。

陶瓷是中国文化对外的一张名片，它们出身平凡，来源于大地，却或亭亭玉立、楚楚动人，或挺拔刚威、极尽豪华。面对一件件精美绝伦的艺术珍品，我们仿佛正在与中国传统文化进行一次直达灵魂深处的对话，灯下的古瓷仿佛一位故人，诉说着前世今生。

素坯彩釉

（二）经典选粹

1. 唐三彩载乐驼俑

唐三彩骆驼载乐俑（唐）

品悟赏析

唐三彩骆驼载乐俑是盛唐时期的三彩釉陶器，1959年在陕西省西安市西郊中堡村唐墓出土，现藏于陕西历史博物馆。

唐三彩骆驼载乐俑高58厘米，长43厘米，骆驼高48.5厘米，施蓝、绿、黄等单色釉。载体骆驼昂首站立于一长方形底座上，驼背上七个乐俑环坐在中间站立的女俑外围，他们身穿圆领窄袖长衣，手拿笙、箫、箜篌、琵琶、笛子，正在演奏。中间站立的女俑高11.5厘米，体型丰腴，她梳着唐朝妇女典型的发型，身着宽衣长裙，袒胸，目视前方，左臂前举，右臂后撤，做歌舞状。整个乐队于驼背之上神情自若，已然沉浸其中，外面的世界仿佛和他们无关。"骆驼载乐"被妙思工巧的匠人塑造出来，现实的舞台被搬到了驼背上小小的空间，艺术与现实完美融合，使我们仍然有幸从吉光片羽中瞻仰大唐的国风。

唐三彩骆驼载乐俑为研究唐代雕塑艺术、音乐舞蹈、人物提供了宝贵资料，它既是唐代文化艺术、制作工艺发达昌盛的重要物证，又见证了丝绸之路上的文化交流与融合。乐俑手持乐器基本上都是胡乐乐器，舞乐者均着汉人衣冠，所奏应是盛行于开元、天宝时的"胡部新声"（胡地乐器奏出的有着浓烈异域风情的乐曲，由于受到官方的追捧和推崇风靡一时）。漫长丝路，驼铃声声，黄沙漫天，西域艺术不远万里来到中土，与华夏的"雅乐""古乐"相融合，成为那个时代的流行音乐，这是对天下大同理念的最好诠释。舞乐者在大唐这片自由的土地上尽情享受太平盛世，优雅的神态和自信的神气让人动容，彰显着

盛世大唐独有的艺术精神，与金钱无关，与热闹无关，只与人心深处最柔软的真情有关。

唐三彩，全名唐代三彩釉陶器，是一种多色彩的低温釉陶器。唐三彩本质上是一种陶器，但是普通陶器无釉，而它有釉，不单有釉，还有多彩釉。"三彩"并不单单指三种颜色，而是泛指多种颜色，包括黄色、绿色、红色、褐色、紫色、白色等。唐三彩常将黄、绿、白或黄、绿、蓝、赭、黑等基本釉色交错使用，交相辉映，绚丽多彩，气象万千，看起来粗犷豪迈而又憨态可掬，像极了大唐的风情，隐约透出难得的精细和鲜艳，让人心驰神往。

盛唐时期社会稳定，经济繁荣，玄宗之后，奢靡之风渐盛，唐三彩常被用作随葬品。官府明文规定了不同品级的官员可以随葬唐三彩的件数，但是达官显贵并不满足于明文的规定，于是形成了一种厚葬之风。为迎合厚葬之风，马、骆驼、男女俑、文武官俑等三彩器一时风光无两。作为冥器，众多唐三彩随逝者长眠尘土，沉睡千年。

日常生活也是唐三彩的常见主题。它是那个辉煌时代的符号，延续了中国秦汉而来的写实传统，充满了浓厚的生活气息，闪耀着人性的光辉。匠人们创造性地运用低温铅釉，使得世界上诞生了独一无二、绚丽斑斓的神奇陶器，大唐的浪漫气息和异域风情的情调在三彩器中得以一览无余。

唐三彩诞生在中国古代历史上最繁盛的时代，虽被匿藏千年，但散发的光芒难以遮挡。唐三彩骆驼载乐俑勾勒出长安城的花锦世界，舞姿曼妙的女俑晕染出那个年代的雍容华贵，气定神闲的乐者诉说着强大帝国的气象开明、文化繁荣……盛唐的色彩，也许用三彩的绚丽来形容最合适不过。

2. 汝窑青瓷奉华纸槌瓶

汝窑青瓷奉华纸槌瓶（宋）

　　传说千余年前，宋徽宗赵佶做了一个梦，梦里下了一场大雨，雨过天晴，云破之处，天空中出现了一抹神秘的青色，现实中好像从未见过，他醒后吟诗赞叹："雨过天青云破处，这般颜色做将来。"随后，宋徽宗下旨要求工匠仿照雨后天空的颜色烧造瓷器。徽宗的这道圣旨不知难倒了多少工匠，最后，河南汝州的工匠技高一筹，终于烧制出了"雨过天青云破处"的色彩。徽宗一梦，成就了中国陶瓷史上最完美的青瓷。千年的烟雨浸润着一抹天青的绝代风华。此后，宋徽宗钦定汝瓷成为宫廷御用瓷。汝窑青瓷细洁纯净、色调雅正、温润如玉、韵味悠长，让人见之忘俗。汝瓷的这种清淡含蓄之美很可能与宋徽宗崇信道教有密切关系。徽宗在位期间，举国上下掀起了一场狂热的信奉道教之风。道家崇尚自然朴素的审美境界，与宋徽宗的文人雅趣不谋而合。因此，出现能够超越以往审美的带绿的梅子青、带蓝的粉青、淡雅的天青色亦不足为奇。北宋汝窑被誉为"青瓷之魁"，自南宋开始就弥足珍贵。宋代有五大名窑汝、官、哥、钧、定，汝窑为五大名窑之冠。明清时期就已经有谚云："家有千金，不及汝瓷一片。"前无古人，后无来者，是为顶峰。

　　汝窑的釉面一般纹路细碎，抚之若绢，似玉非玉，具有"梨皮、蟹爪、芝麻花"的特点。"梨皮"说的是汝窑的釉，釉面上散布的点状颗粒是釉中的玛瑙结晶体，看起来像梨皮一样。"蟹爪"说的是汝窑釉面的开片局部产生的微细裂纹，它的形状如螃蟹爬过留下的蟹爪印痕，十分生动有趣，不但形象逼真，而且用过的器物裂纹的颜色与蟹爪的颜色极为相似，真是妙不可言。"芝麻花"说的是汝窑的支钉，汝瓷器采用满釉支烧工艺，汝窑烧成后支钉会断裂在器物表面，并且留下芝麻状的白色断口。芝麻支钉是辨别汝窑的重要特征。

　　据说，宋徽宗有一位颇为宠爱的刘贵妃，居住在德寿宫配殿奉华堂，宋徽宗便把书画、瓷器等珍品藏于奉华堂，并以奉华堂印钤之。汝瓷与奉华堂有一段难以割舍的缘分，奉华堂中的汝瓷有着特别的"奉华款"。可惜北宋王朝风雨飘摇，后南宋偏安，奉华堂也成废墟，风华绝代的汝瓷在烧制了二十余年后，湮灭在历史的长河中。

　　今天的台北故宫博物院，一件北宋汝窑青瓷奉华纸槌瓶静静垂立，瓶底正钤着"奉华"二字。乾隆帝曾对其爱不释手，时时把玩，还赋诗一首刻于瓶底："定州白恶有芒形，特命汝州陶嫩青。口欲其坚铜以锁，底完而旧铁余钉。合因点笔意为静，便不簪花鼻亦馨。当日奉华陪德寿，可曾五国忆留停。"这首诗探讨了汝窑瓷器的胎质、釉色及支钉等专业问题。还有一种说法，乾隆帝题这首诗于瓶底是为了隐藏这件绝世珍瓷的瑕疵——撇口碎了。他命令工匠在圈口镶上铜圈也是为了让口变得结实一些，以便更好地保存。

汝窑瓷器体现了古代中国哲学和审美的境界。汝瓷的造型古朴大方，通常以名贵玛瑙为釉，并且色泽独特，所以受到了"玛瑙为釉古相传"的赞誉。碧峰翠色、云破天青的天青色给人清新脱俗、内敛素雅的感觉，与中国人"出淤泥而不染"的高洁情操不谋而合。

3. 青花四爱图梅瓶

青花四爱图梅瓶（元）

品悟赏析

青花四爱图梅瓶高 38.7 厘米，口径 6.4 厘米，底径 13 厘米。梅瓶腹部设有四个开窗，分别绘制王羲之爱兰、陶渊明爱菊、周敦颐爱莲、林和靖爱梅鹤，故名"四爱图"。这一梅瓶釉色白中泛青，色彩青翠艳丽，为元青花瓷器中的精品之作。

局部纹样

青花瓷器的烧制盛于元、明、清三代，属于釉下彩瓷。青花瓷有三个特点。

第一，素坯。青花瓷是釉下彩瓷器，釉下彩是陶瓷器的一种主要装饰手段，用色料在已成型晾干的素坯（即半成品）上绘制各种纹饰，然后罩以白色透明釉或者其他浅色面釉，一次烧成。第二，青花。第三，笔锋由浓转淡，具备淡雅的风格。

青花是蓝色的。为什么不说蓝花瓷，要说青花瓷?《荀子·劝学》云："青出于蓝而胜于蓝。"在传统文化里，青色是一个抽象的概念，包括蓝色、绿色和黑色，比如"青天""青草""青丝"。这就意味着蓝色可以称作青色。东汉许慎在《说文解字》里说："青，东方色也。"青色是最具东方文化韵味的颜色。青花的学名叫作"釉里蓝"，因为"釉里蓝"的蓝料经常被用来描绘花卉图案，所以叫青花。加之唐宋的诗性文化熏陶，人们在面对"釉里蓝"这种瓷器时，很自然地从文人诗性的角度去为它命名，"蓝花瓷"过于直接，又无美感，既然青色包含了蓝色，叫青花瓷，既准确，又诗意十足。陶瓷体现的不仅仅是匠人文化，更是中国特有的审美文化。

元青花的人物图案一般都是完整的故事，比如西厢记、三顾茅庐、昭君出塞、鬼谷子下山等，都是这样的通景。所谓通景，简单地说就是从头画到尾，瓷器是圆的，画起来必须首尾衔接。这件梅瓶的不同之处就是它并没有起点、终点之分，而是四面开光。开光，也叫"开窗"，就是在画片上开一个类似窗户的空间。"四爱图"被分别画在了四个窗户内。

"四爱图"彰显了古代名士的风雅情趣和高洁的精神追求。东晋书法家王羲之喜爱兰花，古人以"幽谷兰花"来比喻隐逸的君子；北宋理学家周敦颐酷爱莲花，莲花纹饰象征着身居高位而清正廉洁，而且"莲"与"廉"同音，有"一品清廉"之意；人称"梅妻鹤子"的北宋诗人林和靖一生未婚，痴爱高雅的梅花和飘逸的白鹤；东晋诗人陶渊明深爱菊花的傲霜品性，并且淡泊名利，向往美好的田园生活。这件青花瓷纹饰中陪衬的景物与主题紧密结合，四组画面情景交融，造型秀美，线条流畅，色泽浓艳，为我们了解元代青花瓷制造工艺及人物图案纹饰提供了十分重要的实物资料。

4.斗彩鸡缸杯

斗彩鸡缸杯（明）

品悟赏析

斗彩鸡缸杯是明代成化皇帝的御用酒杯，高3.4厘米，口径8.3厘米，足径4.3厘米。此鸡缸杯以新颖的造型、清新可人的装饰、精致的工艺而备受赞赏，堪称明成化斗彩器之典型。

据相关资料记载，万贞儿幼年入宫，服侍孙皇后，因为办事干练，被派去照顾两岁的太子朱见深。明朝正统十四年（1449），明英宗朱祁镇北征瓦剌兵败被俘，史称"土木堡之变"。随后，在孙太后和兵部尚书于谦的主导下，朱见深的叔叔明代宗朱祁钰即位。朱祁钰即位后，废朱见深太子之位，改立自己的儿子为太子，并且把朱见深软禁起来。据说，在这段软禁生涯中，朱见深恐惧害怕，只有万贞儿寸步不离，陪伴、守护在幼年的朱见深身边，衣食住行都小心周全，护他安全。八年后，明英宗发动夺门之变，重新登基，朱见深也被重新立为太子。后来英宗驾崩，朱见深登上皇位，就是明宪宗。十八岁的宪宗少年英姿，虽然此时万贞儿已经三十五岁，但是宪宗执意册立万贞儿为贵妃。明朝文人沈德符在《万历野获篇》中对万贵妃所受的恩宠曾感慨道："自古妃嫔承恩最晚，而最专最久者，未有如此。"据说鸡缸杯就是明宪宗为了取悦万贵妃而令人烧造的。

一天，明宪宗在欣赏宋代名画《子母图》时，看到母鸡带着小鸡觅食的场景，触景生情，就想到自己的幼年岁月，于是下令烧造鸡缸杯。这只鸡缸杯线条流畅，精巧雅秀，温婉内敛。口沿设计为敞开之口，既保留了饮用方便的实用性，又兼顾了审美效果。圈足底部有一圈没有上釉，露出洁白的胎骨色。底款用青色撰写"大明成化年制"六字楷书款，外围双方框。

鸡缸杯外壁以牡丹、湖石和萱草、湖石将画面分成两组，一组绘雄鸡昂首傲视，一雌鸡与一小鸡在啄食一蜈蚣，另有两只小鸡玩逐；另一组绘一雄鸡引颈啼鸣，一雌鸡与三小鸡啄食一蜈蚣，画面形象生动，情趣盎然。萱草是中国古典诗词中的重要意象，代表母亲，元代王冕有诗云："灿灿萱草花，罗生北堂下。南风吹其心，摇摇为谁吐？慈母倚门情，游子行路苦。甘旨日以疏，音问日以阻。举头望云林，愧听慧鸟语。"这首诗的主题思想就是母子情深。明宪宗朱见深和妃子万贞儿的爱情中也包含着浓浓的亲情。

图案局部

斗彩又称逗彩，是中国传统制瓷工艺。需要预先在坯胎上用青花料勾出图案纹饰的轮廓，入窑经过高温烧造，出窑之后，在留白处上填上相应的低温釉色彩，再入窑低温烘烤。因为釉下青花与釉上彩争奇斗艳，故称之为斗彩。繁复的烧造工艺体现了中国古代匠人的高超技艺。

一只小小的鸡缸杯承载了太多前尘往事，它身上凝聚的是中国艺术的智慧和中国人的审美品位，传承百代，经久不衰。

三、玉润华光

图案局部

（一）导读概览

什么是玉？《说文解字·玉部》云："玉，石之美者，有五德。润泽以温，仁之方也。䚡理自外，可以知中，义之方也。其声舒扬，专以远闻，智之方也。不挠而折，勇之方也。锐廉而不忮，洁之方也。""玉，石之美者"，即美丽的石头。玉有"五德"，可以归纳为仁、义、智、勇、洁。从玉的本质出发，玉可以被定义为细腻、温润、坚硬、纯净的美石。

玉在中国具有悠久的历史，学术界公认1992年中国社会科学院考古队在内蒙古敖汉旗兴隆洼村考古出土、距今8200年的兴隆洼文化玉玦是世界上最早的玉器。专家们认为，从成熟的兴隆洼文化玉器看，中国的治玉历史至少有一万年，并且据考证，一万年以来，中国玉文化就像中国文化一样从未中断，堪称世界奇迹。曾有西方史学家说："不了解玉文化，就不会了解中国人。"中国人赋予了玉非常丰富的文化内涵——以玉通神、以玉比德、以玉喻礼。本节我们进入玉的世界，品味玉石带给我们的心灵颤动。

（二）经典选粹

1. 七璜联珠组玉佩

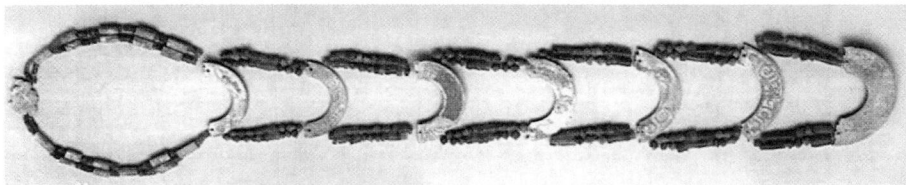

七璜联珠组玉佩（周）

品悟赏析

七璜联珠组玉佩是西周的玉器，通长约87厘米，七件大小递增的玉璜由上到下、由小到大依次排列，各璜之间以左右对称的双排两行玛瑙与琉璃串珠连缀。上部由一件人龙合纹玉佩、十八件玉管与一百零三颗红玛瑙珠相间串连

而成；下部由七件玉璜与二十件红色圆形玛瑙管、一百一十七颗红色玛瑙管形珠、一百零八颗浅蓝色菱形料珠相间串连而成。

组佩，又名杂佩，指春秋战国时盛行的由多件玉器串连组成的悬于身上的佩饰。从广义上来讲，由两件或两件以上玉器组合成的玉佩，都可称为玉组佩。最早的组佩当属石器时代以石珠、石管、蚌壳、兽骨等物经钻孔串连而成的佩饰。现今所知的玉组佩最早见于春秋早期，战国达到极盛，汉代逐渐消亡。其后南北朝、唐、元等朝代虽偶有出土，但在当时社会中并不具有较大的影响力。

春秋、战国时期的组佩一般由璜、环、珑、琥、觿、珠等组成，通常用玉环、玉璜做主体，以珑、琥、觿为悬饰。战国、秦汉时，人们经常用丝线将十多个各式各样的小玉佩串成杂佩，来显示佩戴者的身份。人们佩玉不只是出于装饰目的，更是由于玉具有坚硬、润泽、纯净、美观等属性，孔子曾评价"玉之美，犹如君子之德"，因此，玉被当时的士人看成君子高尚品德的象征。《礼记·玉藻》云"古之君子必佩玉""君子无故，玉不去身"。自古以来，佩玉就寄托了佩戴者对君子之风的崇尚。如《礼记·经解》云"行步则有环佩之声"，君子常佩戴玉组佩，在走路时玉佩间相互撞击，发出玉声，从而提醒其行止得当，不失礼节，"玉步"一词由此而来。玉石温润、内敛、低调的特质与中国人中庸、低调、与世无争的为人处世方式不谋而合。中国人喜爱玉石温润内敛的气质，彰显了高尚的精神追求。

从考古发掘所得的几套组佩的复原图中可知，龙形佩在春秋战国组佩中最具特色。龙形佩为片状，多数镂刻成"S"形身躯，腹部上拱，中间有孔的悬挂在组佩正中，头部有孔的身形较长，有的作钩形，应是悬挂在侧翼的饰件。龙的身形雕刻得健劲有力，首、爪、尾刻琢精细，身上雕刻图案纹饰，春秋早中期以蟠螭纹、蟠虺纹为主，战国时则普遍施以谷纹、涡纹、勾云纹等，或者以几种纹饰交织，变化丰富。

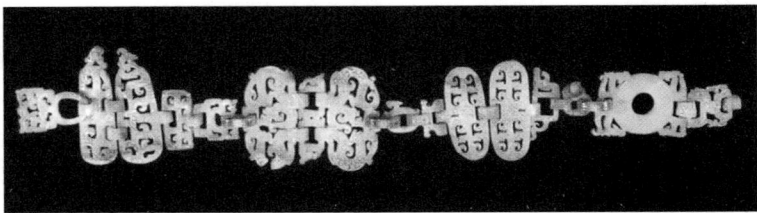

十六节龙凤玉挂饰（周）

如十六节龙凤玉挂饰，整体为一条大龙。全器用5块玉料、1个玉环和一根玉锁钉组成可以活动卷折的16节，采用透雕、浮雕、阴刻等技法雕成37条龙、7只凤和10条蛇，并饰有谷纹、云纹、斜线纹等，布局严谨，对称考究。除龙形佩外，还常见有虎形佩、鸟形佩和冲牙等。这些玉件的特点与龙形佩基本相同。

不同阶级在各种场合佩玉时有明确规定。《礼记·玉藻》云："天子佩白玉而玄组绶，公侯佩山玄玉而朱组绶，大夫佩水苍玉而纯组绶，世子佩瑜玉而綦组绶，士佩瓀玟而缊组绶。"不同身份的人佩玉也是等级有差的，如天子佩白玉，用黑色丝带为绶；公侯佩山玄色的玉，用朱红丝带为绶；大夫佩水苍色的玉，用黑中带红的丝带为绶；世子佩美玉，用五彩的丝带为绶；士佩瓀玟（一种次于玉的石），用赤黄色的丝带为绶。佩玉等级有差，才算贯彻了礼。

玉之"五德"与孔子所提倡的君子的品质极为相似，从某种程度上来看，玉被人格化了。人们赋予玉道德，此后，玉就走下了神坛，从早期的神玉文化、礼玉文化，发展到春秋战国时期的德玉文化。《礼记·聘义》曰："夫昔者，君子比德于玉焉。温润而泽，仁也；缜密以栗，知也；廉而不刿，义也；垂之如队，礼也；叩之，其声清越以长，其终诎然，乐也；瑕不掩瑜，瑜不掩瑕，忠也；孚尹旁达，信也；气如白虹，天也；精神见于山川，地也；圭、璋特达，德也；天下莫不贵者，道也。《诗》云：'言念君子，温其如玉。'故君子贵之也。"西汉刘向《说苑·杂言》云玉有"六美"，并指出君子比德于美的正确关系："玉有六美，君子贵之。望之温润；近之栗理；声近徐而闻远；折而不挠；阙而不荏；廉而不刿；有瑕必示之于外。是以贵之。"即玉有六种天然美，所有正派的、有修养的士大夫都重视玉。玉看上去温和润泽；拿到手上，可以看到它严缜紧密的纹理；闻其声近则徐缓，在很远的地方仍可听到；坚韧刚强，折而不屈；视之不柔，棱角虽锐利但不至于伤物；玉内有瑕疵而露出在外，不加隐讳。《论语·子罕》中记载了孔子与学生子贡之间关于玉的一次谈话。子贡曰："有美玉于斯，韫椟而藏诸？求善贾而沽诸？"子曰："沽之哉，沽之哉！我待贾者也。"孔子把自己比作美玉，等着识货的人委以重任，一展抱负。

2. 玉覆面

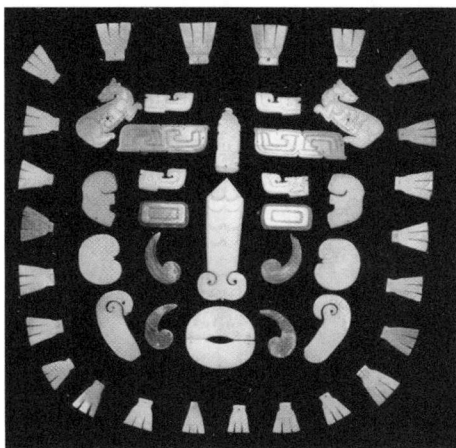

玉覆面（周）

品悟赏析

玉覆面有缀玉面罩和整玉面具两种，流行于西周至汉代。所谓玉覆面，是指用玉片对应人面部的眼睛、鼻子、耳朵、嘴的位置，缝在丝绸或麻布等织物上，再盖在死者的脸上。出土的玉覆面上玉片的数量不等，最多的一组有79块。这一组玉覆面于晋侯墓出土，置于墓主晋穆侯夫人头部，由48件形制不一的玉片组成，眉眼处用碧玉，质地上乘。

古人认为玉石具有各种奇特的性能，其中最神异的一项是能使尸体保持鲜活状态，久存不腐。古人认为玉是致密温润的，有特殊的防腐功能，能保证肉体不腐，还可以防止灵魂出窍。正是缘于这种说法，西周时期，一种特殊的丧葬用玉——玉覆面出现了。玉覆面后形成了一种丧葬文化，延续到后来。比如辽代的人很喜欢用金属做一个覆面盖在脸上，也有的用整玉盖在脸上，就是要保证尸身不朽。

用玉殓葬也是古代厚葬制度的一个重要组成部分。古人以玉殓葬，一是期望玉可以防止死者尸体腐败，不被邪魔侵犯，并引导死者步入仙界，以荫子孙；二是以玉夸耀财富，显示地位、等级。《周礼·春官》曰："驵圭、璋、璧、琮、琥、璜之渠眉，疏璧琮以敛尸。"郑玄注曰："圭在左，璋在首，琥在右，璜在足，璧在背，琮在腹，盖取象方明神之也。"刘恕注曰："王者之孝，莫大于严父配天，故其敛也以礼天地四方之玉器为之。"不同的玉器要按规定放在相应的位置，这种玉器的摆法是按天地四方的祭祀方位设计的。

3. 翠玉白菜

翠玉白菜（清）

品悟赏析

　　这棵翠玉白菜为清光绪年间出品，只有手掌大小，长约18厘米，宽9厘米，厚5厘米，质地为翡翠。工匠利用玉料本身的特点，巧施妙手，将绿色的部分雕成菜叶，灰白的部分雕成菜帮，绿色的叶子上面还落了两只小虫，一只是蝗虫，一只是螽斯，俗称蚱蜢、蝈蝈。整个作品看起来与真实的白菜极其相似，白茎绿叶，鲜艳欲滴。这种在外在条件的限制下，顺应玉料自然天成的外形或色泽设计玉器形制，协调天然与人为的创作理念，体现了中国艺术的最高审美——尊重事物的本性。

　　为何翠玉白菜有两个底座，而且放置姿势不同？清宫中将翠玉白菜归类为宝石盆景，底座原是一只铜胎掐丝珐琅花盆，上有一个木雕灵芝，灵芝上顶着翠玉白菜，整体为直立放置。但是，这使作品整体看起来极不搭调。后来出于保护文物和提升审美效果的目的，玉器专家便为它换了一个底座，使其呈斜倚在木座上的模样。

翠玉白菜与原底座

　　翠玉白菜据说是清光绪皇帝的妃子瑾妃的嫁妆，原来摆放在瑾妃所居住的永和宫。白菜寓意清白，象征新妇的纯洁；昆虫则象征多产，祈愿新妇能子孙众多。自然色泽、人为形制、象征含意，三者搭配和谐，遂成就了一件不可多得的珍品。

思辨启发

1. 为什么中国书法被称为"一笔书"？
2. 魏晋南北朝时期绘画的风格及特点是怎样的？
3. 中国宫殿建筑的特点是什么？
4. 南北方园林各有何特色？体现了怎样的文化观念？
5. 你怎么理解"诗、乐、舞一体"的观点？
6. 商朝的青铜文化有什么特点？
7. 从陶瓷的造型、装饰、釉色等方面着手，并结合当时的社会审美风尚，谈谈宋代陶瓷的主要成就及美学风格。
8. 玉为什么被视为君子之德的象征？

综合实践活动

一、活动主题

中国古代绘画是我们的文化瑰宝，以艺术的形式再现了我们民族的精神与文化。中国画注重情感，注重情与理的统一、诗与画的结合。诗画艺术有着某些共同的特性，都以丰富而奇特的艺术想象作为自己创作的生命力，当我们以诗入画、以画入诗，就可以实现自然美、绘画美和诗艺美的转化与融合。让我们以"笔墨丹青绘诗情"为主题，开展一次为古诗词配画的活动。

二、活动目的与意义

晁以道有云："画写物外形，要物形不改；诗传画外意，贵有画中态。"诗与画的关系非同一般，二者密不可分。画外之意以诗传递才能圆满，诗里具有画中描绘的形态，才做到了形象化、意象化，不至于完全抽象。诗有了画境，画有了诗意，诗意和画境来自情思与景致的融合，关键是把情思加以意象化。诗词的情味、意味、韵味体现着汉语特有的魅力，是世界文学史上独特的表现形式和文学遗产。以绘画的形式展现诗词中所表达的意境，有助于我们培养创新精神、锻炼实践能力，也可以在绘画过程中更加了解中国古代文学、绘画，同时提高个人的审美能力和艺术修养。

三、活动内容

1. 每5～7人为一小组，以小组合作的形式，选择一首古诗词或古诗词中的某一句进行配画。
2. 各组分别展示自己的作品，并请其他小组的同学猜一猜画中所表现的是哪首诗词。
3. 小组展示完成后，参考表5-1进行教师点评和组间互评。

表 5-1　活动评分标准

评分项目	评分标准	分值
主题内容	主题明确，内容符合所绘诗句，画面中心内容突出，情感积极向上	40
技法	构图合理，比例恰当、准确；上色均匀，色彩丰富、鲜明，有层次感，画面生动、和谐；勾线自然、流畅、不粗糙	30
效果	画面干净整洁，表现生动完整，具有较强的感染力	20
创意	内容新颖，富有创意	10
总分		

第六章

古代教育

主题诠释

中华民族有着悠久的历史与灿烂的文化，素以"文明古国""礼仪之邦"著称于世。中国古代教育是中国文化得以存续和发展的重要基础，是中国文化创新发展的不竭源泉。中国古代教育的流变有独特的民族特点和优良传统，形成了较为成熟的教育体制、教学制度、考试制度等，涌现出了众多杰出的教育家，积累了丰富的教育、教学经验。它对中华文化的形成、传播和发展，对民族心理的形成、民族品格的培育、民族精神的凝聚，对保持中华文化的稳固性都产生了巨大而深远的影响。

"教育"一词最早见于《孟子·尽心上》"得天下英才而教育之"。《说文解字》释云："教，上所施下所效也""育，养子使作善也"。据有关史料记载，大约 5 000 年前，伴随着文字的产生，严格意义上的教育形态就已经出现了。"燧人之世，天下多水，故教民以渔""伏羲之世，天下多兽，故教民以猎"。此时的教育以口耳相传和模仿为主要手段，还没有从社会生活中分化出来。随着生产力的发展，我国原始社会末期出现了"成均"，即学校。《周礼·春官·宗伯》云："大司乐掌成均之法，以治建国之学政，而合国之子弟焉。"郑玄在《礼记·文王世子》注中引董仲舒的话说"五帝名大学曰成均"。

夏、商、周时期是我国古代教育雏形的形成阶段。随着文字的发明和学校的产生，学校教育取代了生活教育，成为古代教育活动的主流形态。《古今图书集成·学校部》中记载，"夏后氏设东序为大学，西序为小学"。《孟子·滕文公上》云"序者，射也"。《礼记·明堂位》载："殷人设右学为大学，左学为小学，而作乐于瞽宗。"《孟子·滕文公上》云："夏曰校，殷曰序，周曰庠，学则三代共之。皆所以明人伦也。"朱熹注："庠以养老为义，校以教民为义，序以习射为义，皆乡学也。"这些都说明夏、商已有"庠""序"等学校。夏、商和西周都推行领主贵族政治，垄断文化教育，教育对象是贵族子弟，教育内容是以礼、乐、射、御、书、数为主体的"六艺"，由于"唯官有书而民无书""唯官有器而民无器""唯官有学而民无学"，学在官府、官师合一成为这一时期教育的主要特点，教育带有鲜明的阶级性和等级性。

春秋战国时期是中国历史上第一个大动荡、大变革的时代，也是教育剧变的时代。此时王室衰微，诸侯四起，礼崩乐坏，随着官学教育体制的崩溃，学校教育也从官府移向民间，形成了一个掌握文化知识和技能的特殊群体——士。各国统治者为求生存和扩张，极力网罗和重用贤士，于是私学兴起、养士盛行。诸子百家相互辩驳、相互争鸣，使得这一时期的教育思想呈现出前所未有的广度和深度，一批哲学家、教育家次第涌现，老子、孔子、墨子、孟子、韩非子等一代哲人引领了我国先秦时期教育思潮的变革，奠定了中国古代教育思想的基础。

秦统一六国后推行"尊法排儒"的文化专制政策，以暴力和苛政统一思想，焚书禁学，以法为教，以吏为师，严厉禁止私学在社会上传播，使中国古代教育遭受了重创。汉初去秦苛政，推行道家的"无为而治"、休养生息，虽有效地恢复了经济和民间学术文化，但不利于建立强有力的统治。汉武帝采纳董仲舒的建议，"推明孔氏，抑百家""兴太学以养士""重视选举，任贤使能"，将"三纲五常"等作为教育的主要内容，使得这一时期经学教育盛行，国家专设太学和人才察举制度，教育制度日臻完善，初步确立了统治阶级的官方意识形态，其成为此后延续两千余年的文教政策，为中国古代教育制度的发展和完善奠定了重要基础。

中国古代教育自秦汉奠基以来，历经魏晋南北朝，至隋唐走向了全面繁盛。魏晋南北朝近400年间，战争频仍，社会动荡，官学教育时兴时废，士人流徙迁移，当时社会上佛、道、玄学盛行，文学、史学、自然科学发达，儒学不振，在门阀政治的惯性之下，"九品中正制"这一选士制度应时而生，但也弊病丛生。及至南北朝时期，察举制度又受到人们的关注，科举制度开始萌芽。隋朝统一中国以后，隋文帝正式废除"九品中正制"，依察举制选拔人才。大业二年（606），隋炀帝始置进士科，标志着科举制的创立。唐承隋制，以分科考试选拔人才，逐渐成为定制，宋、元、明、清，历代相袭，在中国历史上推行达1300年之久，对中国教育产生了重大的影响。唐代经济繁荣，政治昌明，文化多元，为唐代教育的发展提供了坚实的基础。唐代是我国古代教育发展最为完备的一个时期，官学系统发达，设有中央官学和地方官学，分属"六馆二院"；成立了教育管理机构国子监，建立了中央和地方分级管理的教育体制和初步完善的教学管理制度；科举制日益完善，将选士制度和育士制度紧密结合起来，中外教育交流丰富多彩，在国际文化交流史上留下了光辉灿烂的一页，对日本等亚洲国家影响弥久深远；儒释道杂糅融合、兼收并蓄，教育思潮推陈出新、异彩纷呈，将我国古代教育推向了一个辉煌的顶峰。

及至宋、元时期，古代教育体系日臻完善。宋代"重文"政策确立、尊孔崇儒、经学教育复兴、儒释道三教合流，都为教育思想的更新和教育的迅速发展提供了重要载体。宋代，历经"庆历兴学""熙宁兴学""崇宁兴学"三次著名的兴学运动，学校教育得到了迅速发展。儒释道三教合流，形成了儒学的新形态——程朱理学，给古代教育思想注入了新的活力，成为后世科举考试的主要内容。宋代国子监是国家最高学府，地方官学只有州、县两级。辽、金学校教育多承宋制。元代除此之外，另设有蒙古国子学、回回国子学，地方成立"社学"，重视社会教化。宋、元时期是我国古代教育的重要完善期，教育制度的最大变化是书院制度的兴起。书院原为藏书、校书或私人治学、隐居之地，宋、元士人耕读于山林乃至寺院，聚徒讲学，行教乡里，蔚然成风，将教育、

教学与学术研究结合起来，将其变为授徒讲学、培养人才的地方，吕祖谦所作的《白鹿洞书院记》称嵩阳、岳麓、睢阳、白鹿洞为"天下所谓四书院"。南宋时岳麓、白鹿洞、丽泽及象山四书院，因张栻、朱熹、吕祖谦和陆九渊的主持与讲学，成为全国最有影响力的理学学术中心。元代书院最显著的一个特征是书院主持人常由朝廷官员担任或批准担任，受政府的节制，为加强官方对学术的控制，中央政府还设立了"太极书院"等，对后世私人办学影响甚巨。

明代广设学校、重视科举，但同时又实行文化专制，古代教育进入高度成熟和渐进衰退期。中央有国子监及宗学，地方有府学、州学、县学，边疆及特殊地方则有卫学。明代的科举只有进士一科。考试分四步：在州、县、府举行的考试叫作"童生试"，考中者称为"秀才"；在各省会举行的考试叫作"乡试"，考中者称为"举人"；在京师举行、由礼部主持的考试叫作"会试"，考中者称为"贡士"；在朝廷举行、皇帝亲自策试的考试叫作"殿试"，考中者称为"进士"。考试内容以经义，当代的诏诰、律令、经史和时务策三方面为主，经义以四书五经为限，而四书以朱熹的《四书章句集注》为标准，后来到永乐年间，颁布了《四书大全》《五经大全》，成为科举取士的唯一教本。而且科举考试有固定的文章模式，即八股文。清多沿袭明制。及至后来，学校教育逐渐沦为科举的附庸，终使科举兴而学校废。随着学校教育的衰落，科举制度也走到了尽头。

第一节　官学教育

一、导读概览

中国几千年的教育从组织结构上来看，大体上可以分为两类：一官，一私。官学教育是指中央朝廷和地方官府所直接创办和管辖、旨在培养各种人才的学校教育体系。前者称中央官学教育，后者称地方官学教育。

夏代已有"庠""序""校"三种学校。商代又增加了"学"和"瞽宗"。"学"有大小之分，除了训练学生祭祀和打仗，还进行读、写、算的教学。西周初步形成了学制系统，分国学与乡学两类，国学是中央官学，乡学是地方官学。国学分大学与小学两级，教育内容包括四个方面——三德、六行、六艺、六仪，其中六艺是最基本的，强调文武兼备，知识与技能并举。乡学有塾、庠、序、校之分，教育内容有六艺、七教、八政等。总之，西周的教育已由殷商的宗教武士教育转变为文武兼备的教育。

秦代实施以吏为师、以法为教的文教政策，这是学校教育的一个倒退。西汉，汉武帝正式制定了博士弟子员制度，兴办了太学。这在教育史上是一件大事。汉代官学受西周影响也分中央官学与地方官学两类。魏晋南北朝时期，封建官学时兴时废。

初唐统治者对教育特别重视，官学达到了相当完善的地步，为以后的官学制度奠定了基础。中央官学中的国子学、太学、四门学、广文馆都专修儒经，是唐代教育的主干。此外，还有专修律学、算学、书学的学校，医学校，卜筮学校，天文、历算、漏刻学校，兽医学校，校书学校等。另外还有一些特殊学校。所有这些学校都是为当时的政治、经济服务的。在教学行政方面，唐承隋制，设立国子监，管理六学。

宋代的官学对学生的入学资格逐渐放宽，教育对象范围不断扩大，学校类型增加了，教学内容也扩大了，增设了武学和画学。元代对我国古代地方官学发展有特殊贡献，创设了诸路阴阳学，发展了天文、历算等科技教育，又创设了社学，以满足农业的需要。明清教育承前朝，稍有改变。

（一）中央官学

西周时"学在官府"。官学分为国学和乡学两种，西周的中央国学设于王城及诸侯的国都，按学生的年龄与程度可分为大学与小学。天子所设的大学规模较大，有"五学"之称，包括辟雍、成均、上庠、东序、瞽宗。其中辟雍是中心，四面环水。诸侯所设的大学规模较小，仅有一学，称"半宫"。当时有"天子曰辟雍，诸侯曰半宫"之说。

汉代的中央官学中最重要的是以传授儒家经典为主的太学，由九卿之一的太常寺卿领导、管理。春秋战国时期，官学废弛，私学兴起。汉武帝时成立太学，令天下郡国皆立学校官。东汉时还为宗室外戚等贵族子弟设立了专门的学校宫邸学，以及研究文学、艺术的专门学校鸿都门学。

魏晋南北朝时期，由于战乱的影响及九品中正制的实行，官学不受重视。

隋文帝时设立国子寺，命国子祭酒专门管理所属各学，开设立专门的教育行政部门和专门教育长官的先河。隋代的中央官学分国子学、太学、四门学、书学和算学五种，统归国子寺管理。

唐朝中央官学的主体是国子监领导下的"六学二馆"，在隋代的基础上增加了律学。弘文、崇文二馆为收藏、校理书籍和研究传授儒家经典的场所。

宋代学制大体沿用唐制。宋代官学中以太学最为重要，形成了以国子监、太学为核心的中央官学。国子监是国家管理学校的主要机构，同时也是国家的最高学府。

辽代中央官学分设于五京（上京、东京、南京、西京和中京），又称"五京学"。

元朝中央官学归大司农寺掌管，大司农寺下设国子学、蒙古国子学和回回国子学，统称国学。

明朝在京师设国子监，此外还有宗学、武学等。

清朝官学制度基本上沿袭明朝旧制，中央设有国子监，此外还有宗学，觉罗学，为重视对旗人子弟的教育设立的八旗官学、景山官学、咸安宫官学、算学、俄罗斯学等。

（二）地方官学

早在西周时期即有乡学。《周礼》云："乡有庠，州有序，党有校，间有塾。"

地方官学正式设立，始于汉代"文翁兴学"和郡国学校的创立。到东汉时，地方官学发展极盛。

魏晋时期多战乱，地方官学均设置时间不长。献文帝天安元年（466），各地普遍设置了州郡学，并建立了郡国学校教育制度。

隋代国家重归一统后，郡县之学有名无实。

唐代地方官学分为三种：由地方教育长官长史管辖的经学、直辖于太医署的府州医学、直辖于中央礼部的府州崇玄学。唐代官学在贞观到开元、天宝年间达到极盛。天宝后，学校益废，生徒流散。李氏王朝一再努力试图振兴官学，但因国势衰落而力不从心。

官学衰败的情况一直持续到五代时期，直至宋朝建立后才有所恢复。宋代地方官学只有州（府、军、监）学和县学两级，经过三次大规模的兴学运动，宋代地方官学有了很大发展。庆历二年（1042）颁布的兴学诏令要求全国所有的府、州都建立学校，并允许建立部分县学。

元代地方官学比较完备，在路、府、州、县四级均设有相应的学校，还有医学、蒙古子学和阴阳学等专科学校。

明清地方官学设置较为健全，在全国诸府、州、县设立府、州、县学，又在防区卫所设卫学，乡村设社学，还在各地方行政机构所在地设置都司儒学、宣慰司儒学等，形成了从地方到中央相衔接的学制系统。

二、经典选粹

国子监

北京国子监

品悟赏析

国子监是隋朝以后的中央官学，为中国古代教育体系中的最高学府，又称国子学或国子寺，主要职责是协助国家举行科举考试，负责国家最优秀学子的教育工作，培养士子的德行、操守，也有一定的监国功能。

古代中国的最高学府，虞舜时称上庠，五帝时称成均，周代称辟雍，汉以后称太学。隋朝初期设立国子寺，不久改称国子监，并赋予其主管全国教育行政工作的职能。而在以前，太常兼有管理全国教育事务的职能。隋朝国子监设祭酒一人，专门管理教育事业，属下有主簿、录事各一，统领各官学，各官学的博士、助教、生员皆有定额，学生则有一百四十人。

唐承隋制，武德元年（618）设国子学，学生三百人，皆为贵族子弟。贞观元年（627）国子学改称国子监，成为独立的教育行政机构。监内设祭酒一人，为最高教育行政长官；设丞一人、主簿一人，负责学生的学习成绩和学籍等具体事宜。《旧唐书·高宗本纪》载："凡六学，皆隶于国子监。"六学即国子学、太学、四门学、律学、书学和算学。

宋沿唐制，分设西京国子监、东京国子监，增辖武学。宋代国子监具有二重性，一是作为官学的最高管理机构，二是作为生徒就学的最高学府。国子监只招收七品以上官员子弟，称国子生或监生。

元代分设国子监管辖国子学，入学者限于公卿大夫及富民子弟，学习内容以文学为主，目的是培养诸官衙译史人才，并以蒙古国子监管辖蒙古国子学，回回国子监管辖回回国子学。元大德十年（1306），北京国子监始建，初称北平郡学，是元、明、清三代的国家最高学府及教育行政管理机构。

明代国学有南北两监之分，盛况空前。当时的邻邦高丽、日本、琉球、暹罗等国"向慕文教"，不断派留学生前来学习。

清因明之旧制，《清史稿·选举志》记载，"世祖定鼎燕京，修葺明北监为太学"，置祭酒、司业及监丞、博士、助教、学正、学录、典簿等官，设六堂为讲习之所。乾隆年间，国子监分经义、治事二斋教学，"严立课程，奖诱备至"，曾使国子监出现"师徒济济，皆奋自镞砺，研求实学"的可嘉景象。但清朝末期日趋腐败，学校成为科举的附庸。后清末改革学制，设置学部，国子监被裁废。

北京国子监横额

第二节　私学教育

一、导读概览

在古代中国社会中，私学是与官学相对而存在的，并在中国教育史上占有重要的地位。古代私学包括家传与师授两种。

私学教育产生于春秋时期，其中以孔子创办的私学为规模最大、影响最深远。孔子在创办私学方面功垂千秋，是中国古代著名的教育家，拥有三千名弟子、七十二位贤人门生，培养了大批掌握文化知识的人才。以孔子为代表的儒家重视教育，以"六经"为教学内容。孔子一生"学而不厌，诲人不倦"，并创造了一套以培养自觉性为中心的因材施教的教学方法，如注意个性差异、善于启发诱导、学习与思考相结合、学习与行动相结合等。孔子所办私学规模之庞大，对后世影响之深远，是其他任何学派所不及的。

汉武帝不禁止私学，私学到东汉末年已取得了压倒官学的地位，在组织形式上可分为"蒙学"和"精舍"两种，前者是小学程度的书馆、学馆，属启蒙教育机构，后者为专攻经学的经馆，属提高教育机构。魏晋南北朝时期官学衰颓，私学却呈现繁荣局面，名儒聚徒讲学仍占重要地位，学生达上百人或几千人。这个时期的私学教学内容突破了传统的儒学，还包括玄学、佛学、道教及科学技术等。隋唐私学极盛，私学弟子遍及天下，其中不乏为官作宰者。宋代书院成为私学的重要类型，甚至数量超过了州、县学，南宋时书院尤多。明清时书院制度发展，蒙学兴盛，学塾有坐馆、家塾、义学三种形式。

二、经典选粹

1. 四大书院

岳麓书院

嵩阳书院

白鹿洞书院

应天书院

品悟赏析

　　书院讲学是私学教育的重要形式。书院是一种独立的教育机构，是私人或官府所设的聚徒讲授、研究学问的场所，是千百年前的高等学府，曾伴着琅琅书声与淡淡墨香，成为名流学者的讲经论道之所、文人学士的向往之地。中国四大书院即湖南长沙的岳麓书院、河南登封的嵩阳书院、江西九江的白鹿洞书院和河南商丘的应天书院。

　　岳麓山上，清溪茂林之间，隐藏着一座雅致的千年庭院，青舍密密，屋宇麻麻，大门前悬挂有一副楹联，上曰"惟楚有材，于斯为盛"。这就是北宋开宝九年（976），潭州太守朱洞在僧人办学的基础上正式创立的岳麓书院。

　　大中祥符八年（1015），宋真宗召见山长周式，并亲书"岳麓书院"匾额，岳麓书院的从学人数和院舍规模都有很大发展。乾道三年（1167），朱熹与张栻在此论学，"一时舆马之众，饮池水立涸"，推动了宋代理学和中国古代哲学的发展。正德二年（1507），王守仁来岳麓讲学，引致了岳麓书院又一个学术繁荣期的到来。清朝廷为褒扬岳麓书院办学之功，颁赐"学达性天""道南正脉"额，大力扶持，诏令岳麓为省城书院。光绪廿九年（1903），岳麓书院与湖南省城大学堂合并，改制为湖南高等学堂。中华民国十五年（1926），湖南高等学堂正式定名湖南大学，仍就书院基址扩建至今。

　　嵩阳书院背靠峻极峰，面对双溪河，因坐落在嵩山之阳而得名。嵩阳书院是中国古代著名的高等学府，在历史上以讲授理学著称于世。北宋儒教洛派理学大师程颢、程颐在此聚众讲学，使书院名声大振。名儒司马光、范仲淹、韩维、李刚、朱熹、吕晦等也曾在此讲学。嵩阳书院一直是重要的儒学传播圣地。

　　嵩阳书院由一个主体院落和周围的多个单体建筑群组合而成，其占地范围比较广。属于书院的建筑物，比较有名的还有位于嵩阳书院东北逍遥谷叠石溪中的天光云影亭、观澜亭、川上亭和位于太室山虎头峰西麓的嵩阳书院别墅——君子亭，书院西北玉柱峰下七星岭三公石南的仁智亭等。

　　白鹿洞书院位于庐山五老峰下。唐贞元年间，洛阳人李渤与其兄李涉在此隐居读书，养一白鹿自娱。此鹿通人性，常跟随左右，故时人称李渤为白鹿先生，其所居为白鹿洞。后李渤任江州刺史，便在读书台旧址建造台榭。到南唐升元中，此地办起学校，称"庐山国学"，也就是白鹿洞书院的前身。

　　朱熹曾在此重建院宇，亲自讲学，吸引众多知名学者，使之成为当时的文化中心之一。白鹿洞书院最盛时，有360余间建筑，屡经兴废，今尚存礼圣殿、御书阁、朱子祠等。书院内，大小院落，交叉有序；亭台楼阁，古朴典雅；佳花名木，姿态各异；碑额诗联，比比皆是。这充分体现了古书院攻读经史、求索问道、赋诗作联、舞文弄墨的特色。

应天书院的前身是后晋时杨悫所办的私学，北宋政权开科取士，应天书院人才辈出，百余名学子在科举中及第的竟多达五六十人。大中祥符二年（1009），宋真宗正式将该书院赐名为"应天府书院"。宋仁宗时，又将应天书院这一府学改为南京国子监，使之成为北宋的最高学府之一。后该书院在晏殊等人的支持下，得到了很大的发展。范仲淹等一批名人名师曾在此任教，显盛一时。

南宋时书院的教学内容多为理学，自由讲学、学术研究、问难论辩等书院制度也完全形成。拒绝成为科举的附庸，使书院成为培养能传道济民的有用人才的场所。元代是书院建设的繁荣时期，共有书院227所，因而有"书院之设，莫盛于元"之说。明初书院处于沉寂状态，中后期，因官学成为科举附庸，一批为解救时弊的士大夫纷纷创办、复兴书院，利用书院培养人才。一批具有久远讲学传统的著名书院（如白鹿洞书院、岳麓书院、武夷书院、石鼓书院）相继复兴，还出现了许多新的书院。清朝书院建设规模发展到历史上的高峰，教育得到全面普及，清代的书院数目超过了以前任何朝代，有1900所，但书院官学化问题更为严重和突出，最终完全成为科举的附庸。

统观中国一千多年来的书院制，可以看到，书院始终是封建教育的一个重要组成部分。书院的特点有五个。

一是教学与科研相结合。书院最初只是学术研究的机关，后来逐渐成为教学机构，教学内容多与每个时代的学术发展密切联系。比如南宋时理学流行，书院就多讲授理学。明代王守仁等讲一种新的理学——心学，于是书院也讲心学。到了清代，汉学与宋学对立，书院就重经学，讲考证。

二是盛行"讲会"制度，提倡百家争鸣。在南宋，朱熹和陆九渊代表两个不同的学派。淳熙二年（1175），两派在鹅湖寺进行公开辩论。朱熹邀请陆九渊到自己主持的白鹿洞书院讲学，传为千古佳话。明代"讲会"之风更盛，王守仁和湛若水代表两大学派，互相争辩。这种提倡自由争辩的讲会制度一直延续到清代。

三是在教学上实行门户开放，一个书院有著名学者讲学，其他书院的师生均可自由来听，不受任何限制。宋、明、清三代都是如此。

四是学习以个人钻研为主，十分注重培养学生的自学能力，非常重视对学生的读书指导。有的编制读书日程，有的把书院的课程分门别类，把每天的课程分成若干节。书院注意学生的全面发展，不提倡学生死记硬背，而是强调要善于提出疑难，鼓励学生争辩，教学采用问难论辩式。朱熹特别强调"读书须有疑""疑者足以研其微""疑渐渐解，以至融会贯通，都无所疑，方始是学"。吕祖谦提出求学贵创造，要自己独立钻研，各辟门径，不能落入古人窠臼。

五是师生关系融洽，尊师爱生的传统在书院教学中得到体现，在官办学校中则十分淡薄。朱熹曾批评太学中的师生关系："师生相见，漠然如行路之人。"他指出，其原因在于学校变成了"声利之场"，教学缺乏"德行道艺之实"。他自己身体力行，循循善诱，对学生有深厚的感情。明代王守仁也注意培养师生感情。明末的东林书院中，师生感情更是特别深厚。

2. 稷下学宫

稷下学宫遗址

品悟赏析

稷下学宫创建于齐威王初年，是世界上最早的由官方创办、私家主持的高等学府。稷门是齐国国都临淄城的一座城门，稷下学宫因建于稷门附近而得名。

春秋战国时期是我国历史上著名的大动荡、大融合时期。创办稷下学宫是齐威王变法的一项重要举措，其创立的初衷是为了巩固田氏政权的统治。齐威王通过稷下学宫广泛聚揽人才，为稷下学者提供优厚的物质待遇，授予他们一定的官职，允许他们"不任职而论国事"，即不要求他们担任具体行政工作，专以议政论政为务，鼓励学术自由、著书立说和参政议政。

稷下学宫在齐威王当政时期进入蓬勃发展阶段，于齐宣王统治时期达到鼎盛，后随着秦灭齐而消亡。稷下学宫的繁盛是齐国政治稳定、经济繁荣的产物，也是当权者思想开放、礼贤下士的结果。稷下学宫在其繁荣时期曾容纳了诸子百家几乎所有学派的人物，汇集天下英才多达千人，著名学者孟子、荀子、淳于髡、邹子、申子等都位列其中，大批学术著作如《宋子》《田子》等也相继问世。各派学术思想家围绕王霸、义利、人性善恶等主题相互切磋论辩，使稷下学宫成为战国时期百家争鸣的学术园地，促进了先秦学术思想的大发展、大繁荣。

稷下学宫具有询议、教育和学术三大功能。齐国君主不遗余力地创办稷下学宫，其根本目的是招揽天下贤士为其所用，利用稷下学者的谋略智慧帮助其实现富国强兵、争霸天下的目标。齐国君主向稷下学者询问政事，稷下学者积极参政议政、高谈阔论、建言献策，使稷下学宫成为统治者的政治咨询中心。稷下学宫也具有教育功能，被后人称为齐国的最高学府，在我国教育史上影响力巨大。稷下学宫校舍规模宏大，师生人数众多，教学活动正规，管理制度规范、严格，具备后代一般学校的特点，而独特的游学方式是稷下学宫作为教育功能主体而体现出的历史独特性。稷下学宫给予教师和学生充分的自由，教师可以在稷下自由讲学，学生可以来稷下自由寻师求学，"来者不拒，往者不追"，这种独特的游学方式使稷下学宫中师生济济一堂，对各种学术思想兼容并蓄，促进了人才的培养和教育的发展。稷下学宫汇聚了诸子百家中的儒家、墨家、道家、法家、阴阳五行家等各学术流派，各派别在政治倾向、思维方式、价值观等方面存在差异，各自形成了自己的思想体系。稷下各家因其强烈的使命感和浓厚的家国情怀展开论辩，努力探索济国良方，使稷下学宫中出现了我国历史上蔚为壮观的"百家争鸣"局面。在论辩中，不同学术思想交流碰撞，各派学者们不断取长补短，吸收、融合新思想，丰富和完善自己的学说。稷下学者著作颇丰，涉及政治、经济、文学、艺术、教育、天文、地理、数学、医学、农学等诸多学科。稷下学者的学术著作促进了我国先秦时期思想文化的大繁荣。

稷下学宫是战国时期百家争鸣的重要阵地，也是中华文化繁荣发展的典型代表。稷下学宫中的诸子百家将目光更多地转向人与社会，引领着社会科学的走向，由此形成的稷下学术精神主要表现为关注现实、明道济世的务实精神，兼容并蓄、交流融合的自由精神，以人为本、重视民生的民本精神，尊道贵德、礼法并重的和谐精神等。稷下学宫不仅促进了中国思想文化的繁荣发展，而且推动了中华民族精神的形成。

第三节　家风家训

中国是礼仪之邦，五千年的文化传承至今，厚重的历史与传统深深铭刻在每一

个中国人的心中，家风家训的传承也是中华文明不可分割的一部分。没有规矩，不成方圆。孔子庭训、曾子杀猪、孟母三迁、岳母刺字，这些典故无不体现着中国人对家庭教育的重视。家风、家训承载了祖祖辈辈对后代的希望与鞭策，也是融入中华民族血脉的精神养料。

家训是一个家庭或家族中长者对后辈的垂诫或训示。我国的家训作为一种独特的家庭教育形式和家庭教育智慧，历史悠久，内容丰富，涉及治国治家、为人处世、修身养性、读书学习等多个方面，对于家庭乃至国家的稳定发挥了重要作用。

一、导读概览

家风家训

早在五帝禅让时期，古代家训就已经萌芽。《论语·尧曰》中有："尧曰：'咨！尔舜！天之历数在尔躬，允执其中。四海困穷，天禄永终。'舜亦以命禹。"这是尧对舜的教诲，舜也是这样告诫禹的。虽然禅让并非父子传承，其中的训诫却蕴含了家训的萌芽。

周公是周朝的开国功臣，也是中国传统家训的开创者。周成王年幼继位，朝政之事便由其叔周公代理。周公主政期间为周王朝制定了一套完备的规章制度，使得政治清明、国泰民安。周成王亲政之后，封周公之子伯禽于鲁。伯禽去鲁前，周公写了《诫伯禽书》，以"德行广大而守以恭者，荣；土地博裕而守以俭者，安；禄位尊盛而守以卑者，贵；人众兵强而守以畏者，胜；聪明睿智而守以愚者，益；博文多记而守以浅者，广"告诫其子，伯禽也没有辜负周公的训诫，把鲁国治理得井井有条。《诫伯禽书》是中国历史上第一则成熟的家训，也成为后世家训效仿的楷模。

《颜氏家训》是北齐颜之推所作，共七卷二十篇，内容丰富，是颜之推个人经历、思想、学识的精华，也是中国古代家训的一座高峰。其中有很多广为流传的格言、典故。

唐太宗李世民的《帝范》作为帝王家训的代表，第一次把我国传统家训中的帝训思想系统化、理论化。《帝范》几乎囊括了做皇帝应该注意的各个方面，包括君体、建亲、求贤、审官、纳谏、去谗、诫盈、崇俭、赏罚、务农、阅武、崇文，共十二篇，是唐太宗作为一代明君对人生和世界的深切感悟。

明清两代出现的《朱子治家格言》和《弟子规》堪称家训中的代表。其警语格言包含着人生的智慧，在今天依然极具教育意义。

作为数千年来的文化传承，家训的传统还在潜移默化地影响着现代家庭。《大学》云："身修而后家齐，家齐而后国治，国治而后天下平。"家庭是社会的基本细胞，是人生的第一所学校。家风、家训是中华民族传承千年的以"家"为核心的道德规范，代代传承的优良家风铸成了中华民族的精神血脉。

二、经典选粹

范仲淹家训百字铭 ①

孝道当竭力，忠勇表丹诚。

兄弟互相助，慈悲无边境。

勤读圣贤书，尊师如重亲。

礼义勿疏狂，逊让敦睦邻。

敬长与怀幼，怜恤孤寡贫。

谦恭尚廉洁，绝戒骄傲情。

字纸莫乱废，须报五谷恩。

作事循天理，博爱惜生灵。

处世行八德，修身奉祖神。

儿孙坚心守，成家种善根。

作品选注

① 选自周鸿度：《范仲淹史料新编》，沈阳出版社 1989 年版。

范仲淹

品悟赏析

　　两宋三百余年间，文化、士林兴盛，其中一个人物被朱熹称为"天地间第一流人物"，被公认为"一代之师，由初迄终，名节无疵"。这位大贤便是以"先忧后乐"享誉后世的范仲淹。范仲淹节俭廉洁、乐善好施，通过言传身教、严修家风泽被子孙，一门之中有众多俊秀英才脱颖而出。范仲淹自书的家训百

字铭概括了范氏一族的家风、家训，所涉甚广，精义颇多，堪称历代优秀家训之范本。

范仲淹治家俭廉有方，德为人先，行为世范。《宋史·范仲淹传》记载他"其后虽贵，非宾客不重肉。妻子衣食，仅能自充"。晚年他回顾自己一生宦海沉浮时曾说："老夫平生屡经风波，惟能忍穷，故得免祸。"这与他早年家境贫苦有关，更离不开其母谢氏的良好教育。范仲淹幼时，因买不起笔墨纸张，母亲谢氏就用树枝在地上教他写字。少年求学时，范仲淹常以颜回"居陋巷，箪食瓢饮，不改其乐"的事迹激励自己发愤苦读，每日用小米煮粥，隔夜粥凝固后，用刀切为四块，早晚各食两块，再切一些腌菜佐食。"昼夜不息，冬月惫甚，以水沃面；食不给，至以糜粥继之，人不能堪，仲淹不苦也。"身居高位后，他依然保持艰苦朴素、清廉节俭的作风，以"俭廉"治家。"公既贵，常以俭约率家人。且戒诸子曰：'吾贫时，与汝母养吾亲，汝母躬执爨，而吾亲甘旨未尝充也。今而得厚禄，欲以养亲，亲不在矣，汝母又已早逝，吾所恨者，忍令若曹享富贵之乐也！'"这段话既表明了孝养有时的道理，又表明他谨奉勤俭持家之理。范仲淹六十一岁镇守杭州时，他的弟子纷纷劝他在洛阳置办房产，用来颐养天年，却遭到范仲淹严词拒绝，他说："人苟有道义之乐，况居室乎？""吾之所患，在位高而艰退，不患退而无居也。"他在家乡苏州倾其全部积蓄购千亩好田，筑屋建舍，创办了历史上第一个多功能私人慈善机构范氏义庄，用以周济穷人、广行善举。宋朝钱公辅《义田记》记载："范文正公，苏人也。平生好施与，择其亲而贫、疏而贤者，咸施之。方贵显时，置负郭常稔之田千亩，号曰'义田'，以养济群族之人。日有食，岁有衣，嫁娶凶葬皆有赡。"其辞世时，"殁之日，身无以为殓，子无以为丧"。他唯一留给后辈的是"两袖清风一束诗"。

在范仲淹家风的熏陶下，他的四个儿子个个贤能，恪守家风，俭朴廉洁。尤其是次子范纯仁，《宋史》说他"性夷易宽简，不以声色加人，谊之所在，则挺然不少屈。自为布衣至宰相，廉俭如一，所得奉赐，皆以广义庄；前后任子恩，多先疏族"。范纯仁由布衣至宰相，始终都保持着清廉节俭的作风。三子范纯礼官至尚书右丞，始终"布衾绝袍，不事表襮沽名誉。饮食不择肥鲜，不役婢妾"。第三代人也严守节俭之风。朱弁的《曲洧旧闻》记："范正平子夷，忠宣公子也。勤苦学问，操履甚于贫儒。与外氏子弟结课于觉林寺，去城二十里。忠宣当国时，以败扇障日，徒步往来，人往往不知为忠宣公之子。"可见范仲淹家风的影响之深远。

人生一世，草木一秋。范公虽逝，但其精神力量永远留在了华夏大地上，与碑文长存，与古木常青，永不泯灭，历久弥芳。

📖 **思辨启发**

1. 简要说说私学兴起的原因及其历史意义。
2. 我国四大书院是哪几所？它们分别有怎样的特点？
3. 根据书院的特点，说说古代书院对当前我国教育而言有什么借鉴价值。
4. 你认为家风、家训在今天是否还有意义？

✏️ **综合实践活动**

一、活动主题

孔子是儒家学派的创始人，他创办的私学打破了"学在官府"的局面，对我国古代教育的发展意义深远。《论语》是记录孔子及其弟子言行及思想的语录文集，集中体现了孔子的道德准则、教育观念、政治主张等。孔子的教育思想历经几千年，仍然影响着现代社会，具有很强的现实意义。让我们通过"《论语》研读"读书沙龙活动，走近伟大的古代思想家、教育家孔子。

二、活动目的与意义

孔子是我国教育史上第一个将毕生精力贡献给教育事业的人，对后世的教育活动产生了深远的影响。其教育思想博大精深，涵盖了教育方法、教育理念、教育对象等诸多方面，丰富多元。共同研读《论语》，可以帮助我们了解孔子基本的教育思想，提升人文素养，培养人文精神，并将孔子的教育理念传递给更多的人。

三、活动内容

1. 根据自己的兴趣自愿组成读书沙龙小组，共同研读《论语》。
2. 在组内谈谈自己对于孔子教育思想的理解，并针对孔子的教育思想在新时代的传承和发展谈谈自己的看法，将小组探讨交流的结果整理、汇总。
3. 在校园里展开随机采访，了解师生对于孔子教育思想的认识，并与之分享自己在读书沙龙会上的交流心得。

第七章

古代科技

主题诠释

中国古代科技有过辉煌的历史，在一个相当长的时期里一直居于世界前列。英国科学史家李约瑟指出，中国在公元3世纪到13世纪保持着令西方望尘莫及的科学和知识水平。中国古代科技的整体观和方法论对现代科技的发展而言具有深刻的借鉴意义。

中国自古就是一个极富创造性的国家，至少明代以前，从世界范围内的生产和科技情况来看，中国首创的项目数量之多、水平之高是当时任何一个国家都无法比拟的。1975年出版的《自然科学大事年表》记载，明以前世界上的重大科技发明约计300项，其中属于中国的就有175项，占一半以上，这说明中国古代科技是中华民族贡献给全人类文明的巨大财富。

本章主要介绍我国古代科学技术的发展过程、代表人物和主要成就。通过本章的学习，可以了解中国古代科技的基本特点、形成原因，全面了解我国古代在中医药学、农学、天文学、数学等领域取得的重大科技成就，领会"四大发明"对人类文化发展的重大贡献，正确分析我国明清时期科技发展缓慢的原因，进一步明确科学技术发展的动力和方向。

第一节　天文历法

一、导读概览

历法是根据天象变化的自然规律来计量较长的时间间隔、判断气候的变化、预示季节来临的法则。根据月相圆缺变化的周期（即朔望月）制定的历法叫阴历，以地球围绕太阳的运转周期（即回归年）为根据制定的历法叫阳历。我国的古代历法把回归年作为年的单位，把朔望月作为月的单位，是一种兼顾阳历和阴历的阴阳合历。

我国的历法起源很早，相传黄帝首创历法。有历史记载的最早的历法出自夏朝，故称夏历。《夏小正》按夏历12个月的顺序，分别记述了每个月的天象、物候和农时节令。这时人们已测定一年分四季，共366天，并有了闰月的设置。

春秋战国时出现了四分历，是当时世界上最先进的历法。它的岁实是365.25日，这是当时世界上所使用的最精密的数值。四分历规定19年7闰，十分精确地调整了阴阳历。

汉武帝太初元年（前104）起实行《太初历》，它是由西汉时期的民间天文学家落下闳创制的，是第一部资料完整的传世历法。它规定以正月为岁首，并首次引入了中国独创的二十四节气，首次计算了日月交食的发生周期。历中所采用的行星汇合周期的数值也较为准确。

南北朝时期的天文学家、数学家祖冲之编制了《大明历》。它首次引入了岁差，虽然数值精度不高，却是我国历法史上的一次重大改革。祖冲之在《大明历》中还采用了在391年中设置144个闰月的新闰周，比古历的19年7闰更为精密。他推算的回归年日数为365.242 81日（现测值为365.242 20日），交点月日数为27.212 23日（现测值为27.212 22日），这些数值与现测值都很相近。

唐代天文学家一行编制了《大衍历》。一行于开元十二年（724）主持了我国历史上第一次规模宏大的天文测量，使我国在子午线长度的实际测定上走在了世界的前列。《大衍历》的成就主要是正确掌握了太阳周年视运动的规律，纠正了过去历法中以二十四节气平分全年的错误。

元代天文学家郭守敬制定了《授时历》。郭守敬经过推算，确认南宋杨忠辅制定的《统天历》所用的回归年长365.242 5日是最为精密的，现今世界通用的格里历的岁实也是这个值，但它比《统天历》和《授时历》晚三百年。郭守敬还大胆废弃了沿用已久的上元积年、日法，并取消了用分数表示天文数据的旧习，将历中所有数据改为小数。他所测定的黄赤大距十分接近近代天体力学公式计算值。

二、经典选粹

1. 金嵌珍珠天球仪

金嵌珍珠天球仪（清）

品悟赏析

　　金嵌珍珠天球仪是清代乾隆年间内务府造办处用黄金做成的模型，由座、支架和天球三部分组成。天球球体上用珍珠镶嵌二十八宿、300 个星座和 2 200 多颗星，并阴刻紫微垣、天市垣和太微垣。围绕球体装有赤道环和地平环，北极处还有时辰盘。九龙环绕的四足金支架支撑着球体。下置四兽足环座，座上有东、南、西、北四象字，座心为罗盘。

　　浑象是一种表现天体运动的演示仪器，类似现代的天球仪；浑仪是用于测量天体球面坐标的观测仪器。从用途上区分，浑象主要用于象征天球的运动、表现天象的变化，浑仪则用于测量天体的运动。浑象和浑仪统称为浑天仪。天球仪又称"浑天仪"或"天体仪"。此器是流传至今的唯一一件以黄金制成的天球仪模型，弥足珍贵。

　　浑象是公元前 2 世纪中叶由天文学家耿寿昌发明的。他在西汉宣帝时曾任大司农中丞一职。耿寿昌把从浑天说中认识到的天球形象化地表现出来，用一个大圆球象征天球，圆球上布满星辰，画有南北极、黄赤道、恒显圈、恒隐圈、二十八宿、银河等，另有转动轴以供旋转，还有象征地平的圈或框、象征地体的块，并可利用大圆球的旋转来模拟天象变化，这就是最原始的浑象模型。只是非常可惜，耿寿昌制造的浑象和著作都未能保留下来，而现存有关浑象的最早记载在东汉张衡的《浑天仪图注》一书中。

　　浑象的发展在宋朝达到了顶峰。宋朝发明家沈括在他的著作《梦溪笔谈》中曾记载："浑象，象天之器，以水激之，或以水银转之，置于密室，与天行相符。"这里说的浑象就是张衡改进过的浑象。张衡在前人制造的浑象的基础上还制作了一架水运浑天仪，以水力推动，与天球转动合拍，这是在我国古代历史上一个非常著名的创造。张衡的仪器由于年代久远无法得见，但所造浑象的式样已被继承下来。

　　浑仪在沈括的《梦溪笔谈》中同样有记载："天文家有浑仪，测天之器，设于崇台，以候垂象者，则古之玑衡也。"浑仪同样是以浑天说为基础制造的，构造相对浑象要复杂一些，它由相应天球坐标系各基本圈的环规及瞄准器构成。浑仪发明最直接的推动者当属西汉天文学家落下闳，他也是浑天说的提出者之一。他所设计的浑仪最基本的构件为四游仪和赤道环。在公元前 4 世纪中叶，中国人就已经使用浑仪观测天象了。

　　2. 二十四节气歌

春雨惊春清谷天，夏满芒夏暑相连。

秋处露秋寒霜降，冬雪雪冬小大寒。

每月两节不变更，最多相差一两天。

品悟赏析

2022 年 2 月 4 日晚，北京冬奥会开幕式拉开帷幕，恰逢"立春"节气。二十四节气倒计时惊艳亮相，从"雨水"开始，到"立春"落定，向全世界普及了中国传统的岁月算法，让中华文化从容走出国门，走向了世界。2016 年 11 月 30 日，中国的二十四节气正式被列入联合国教科文组织人类非物质文化遗产名录。

二十四节气是中国人所特有的时间节令，汉代的《太初历》就已经把二十四节气正式纳入历法。二十四节气起源于黄河流域，古人根据天地运行规律来确定四季循环的起点与终点，并划分出二十四节气。从天文学角度看，太阳与地球的相对位置，从 0 度起，每改变 15 度称为一个节气，每年共经历二十四个节气。千百年来，二十四节气为农事生产提供了科学依据，还与人们的生活、健康密切相关。

节气指一年中地球绕太阳运行到二十四个规定位置上的日期。中国古人根据太阳的位置，在一年的时间中定出二十四个点，每个点就是一个节气，分别被冠以反映自然气候特点的名称。

二十四节气中反映四季变化的节气有八个，分别是立春、春分、立夏、夏至、立秋、秋分、立冬、冬至。反映温度变化的有小暑、大暑、处暑、小寒、大寒五个节气。反映天气现象的有雨水、谷雨、白露、寒露、霜降、小雪、大雪七个节气。反映物候和作物成熟、收成情况的有惊蛰、清明、小满、芒种四个节气。将二十四节气联系起来，就能看出一年中的温、热、凉、寒、雨、雪的变化和物候现象，掌握春夏秋冬、寒来暑往的变化规律，并据以安排农事活动和有关季节、气候的生活事宜。

二十四节气和公历一样，都是"阳历"，也就是按照太阳规律的历法。我国古人把太阳黄经，也就是转一周的 360 度划分成 24 等份，每份 15 度，为一个节气。而传统的农历其实是一种兼顾太阳和月亮运行规律的"阴阳历"。"阴历"是记录月亮盈亏的历法。月亮的圆缺变化一周大约是 29.5 天，12 个月就是 355 天左右。然而地球绕太阳一周大约要 365 天，每年下来，就要差上 10 天，用不了多久，"阴历"就和太阳运行状况完全对不上了。于是，古人在标准的"阴历"中每三年左右插入一个闰月，以保证与太阳的周期大致同步，一年的平均天数与"阳历"相当。所以这种既以月亮运行为基准，又兼顾太阳的传统农历就是"阴阳历"。

二十四节气与农业生产有着密切的关系。"二十四节气农事歌"说："一月小寒接大寒，施肥完了心里安。立春雨水二月到，小麦地里草除完。三月惊蛰又春分，栽种树木灌水勤。清明谷雨四月过，油菜花黄麦穗新。五月立夏小满

来，割麦插秧把棉栽。芒种夏至六月终，玉米晚稻要下种。七月小暑大暑临，稻勤耕耘棉摘心。立秋处暑天渐凉，要割玉米和高粱。十月寒露霜降至，收了大豆收甘薯。立冬小雪天渐冷，响应号召售棉粮。大雪过后冬至到，选种积肥再生产。"二十四节气为农业生产提供了极大的方便，农民参考它可以大致安排自己的农事活动。二十四节气与农事的关系，见证了中华民族五千年来的农耕文化。天人合一的理念、与自然和谐相处的态度、探求自然规律的科学精神，在二十四节气上得到了集中的体现。二十四节气既是人们安排日常活动的参考，又是人们和自然和谐相处的重要依据。

第二节　古代数学

一、导读概览

殷墟出土的甲骨文中有一些是记录数字的文字，包括一至十，以及百、千、万，最大的数字为三万；《史记》提到大禹治水时使用了规、矩、准、绳等作图和测量工具，而且知道"勾三股四弦五"；在湖南发掘出的秦代古墓中，考古人员发现了距今 2 200 多年的九九乘法表。

算筹是中国古代的计算工具，它在春秋时期使用已经很普遍，使用算筹进行计算被称为筹算。中国古代数学的最大特点是建立在筹算的基础之上。

真正意义上的中国古代数学体系形成于西汉至南北朝间。《算数书》成书于西汉初年，是传世的中国最早的数学专著。《周髀算经》编纂于西汉末年，它虽是关于"盖天说"的天文学著作，但包括两项数学成果：一是勾股定理的特例或普遍形式（"若求邪至日者，以日下为勾，日高为股，勾股各自乘，并而开方除之，得邪至日"），是中国最早关于勾股定理的书面记载；二是测太阳高或远的"陈子测日法"。《九章算术》在中国古代数学发展过程中占有非常重要的地位。它经许多人整理而成，大约成书于东汉时期。全书共收集了 246 个数学问题并提供其解法，主要内容包括分数四则和比例算法、各种面积和体积的计算、关于勾股测量的计算等。在代数方面，《九章算术》在世界上最早提出了负数概念及正负数加减法法则。《九章算术》标志着以筹算为基础的中国古代数学体系正式形成。

中国古代数学在三国及两晋时期侧重于理论研究，以赵爽与刘徽为主要代表人物。赵爽是中国历史上最早对数学定理和公式进行证明的数学家之一，其学术成就体现于对《周髀算经》的阐释中。在《勾股圆方图注》中，他还用几何方法证明了勾股定理，已经体现"割补原理"的方法。用几何方法求解二次方程也是赵爽对中国古代数学的一大贡献。刘徽则注释了《九章算术》，其著作《九章算术注》不仅对《九章算术》的方法、公式和定理进行了一般的解释和推导，而且系统地阐述了中国传统数学的理论体系，多有创造。其发明的"割圆术"（圆内接正多边形面积无限逼近圆面积）为圆周率的计算奠定了基础，同时，刘徽还算出了圆周率的近似值3 927/1 250（3.141 6）。他设计的"牟合方盖"的几何模型为后人寻求球体积公式打下了重要基础。在研究多面体体积过程中，刘徽运用极限方法证明了"阳马术"，是计算多面体体积的基础。

南北朝是中国古代数学蓬勃发展的时期，有《孙子算经》《夏侯阳算经》《张丘建算经》等算学著作问世。祖冲之、祖暅父子的工作在这一时期最具代表性。他们着重进行数学思维和数学推理，在前人刘徽《九章算术注》的基础上前进了一步。祖冲之算出圆周率的真值在3.141 592 6和3.141 592 7之间，是世界上第一位将圆周率值计算到小数点后第7位的科学家。祖冲之对圆周率数值的精确推算值对于中国乃至世界而言都是一个重大贡献，后人将这个精确推算值命名为"祖冲之圆周率"，简称"祖率"。祖冲之还写过《缀术》五卷，被收入著名的《算经十书》中，理论十分深奥，计算相当精密，提出了"开差幂"和"开差立"的问题。祖暅则首先提出了祖暅原理：夹在两个平行平面间的两个几何体，被平行于这两个平行平面的平面所截，如果截得两个截面的面积总相等，那么这两个几何体的体积相等。

隋唐时期的主要成就在于建立了中国数学教育制度，这与国子监设立算学馆及科举制度有关。在当时的算学馆，《算经十书》成为专用教材。《算经十书》收集了《周髀算经》《九章算术》《海岛算经》等10部数学著作。当时的数学教育制度对继承古代数学经典是有积极意义的。

宋元时期是以筹算为主要内容的中国古代数学的鼎盛时期，涌现出许多杰出的数学家和数学著作，在世界范围内也是居于领先地位的。北宋时期的贾宪在《黄帝九章算法细草》中提出开任意高次幂的"增乘开方法"。秦九韶是南宋时期数学家，他在《数书九章》中将"增乘开方法"加以推广，论述了高次方程的数值解法，并且列举了20多个取材于实践的高次方程（最高为十次方程）的解法。李冶于淳祐八年（1248）发表《测圆海镜》，该书是首部系统论述"天元术"（一元高次方程解法）的著作，在数学史上具有里程碑意义。尤其难得的是，在此书的序言中，李冶公开批判轻视科学实践活动，将数学贬为"贱技""玩物"等的士风谬论。南宋杨辉在《详解九章算法》中用"垛积术"求出几类高阶等差级数之和，在《乘除通变本末》中叙述了"九归捷法"，介绍了筹算乘除的各种运算法。元代王恂、郭守敬等制订《授时历》时，列出了三次差的内插公式。郭守敬还运用几何方法列出了相当于现在球面三角的两个公式。朱世杰著《四元玉鉴》，把"天元术"推广为"四元术"（四元高次联立方程），并提出消元的解法。朱世杰还对各有限项级数求和问题进行了研究，在此基础上得出了高次差的内插公式。

明王朝建立以后，统治者实行以八股取士为特征的科举制度，在国家科举考试中大幅度削减数学内容，自此中国古代数学便开始呈现全面衰退之势。明代珠算开始普及。万历二十年（1592）程大位编撰的《直指算法统宗》是一部集珠算理论之大成的著作。由于演算天文历法的需要，徐光启应用西方的逻辑推理方法论证了中国的勾股测望术，因此撰写了《测量异同》和《勾股义》。邓玉函编译的《大测》《割圆八线表》和罗雅谷编译的《测量全义》是介绍西方三角学的著作。此外明代在数学方面鲜有较大成就，中国古代数学自此便衰落了。

二、经典选粹

象牙算筹

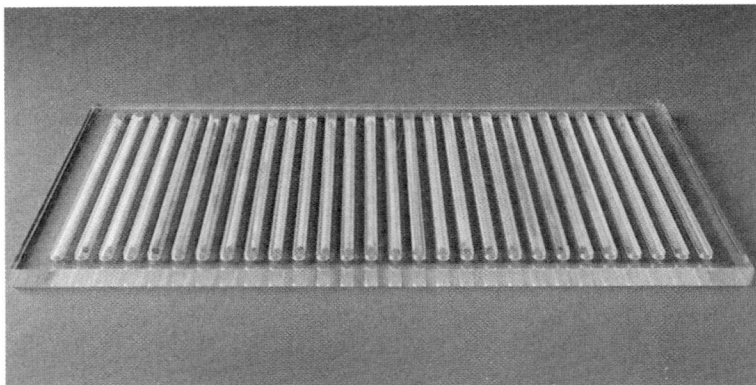

象牙算筹（汉）

品悟赏析

算筹是中国古代的计算工具，在春秋时期就已出现，并被使用了两千多年。算筹是一根根同样长短和粗细的小棍子，一般用竹子制成，也有用木头、兽骨、象牙、金属等材料制成的，大约二百七十枚为一束，放在一个布袋里，可以随身携带。需要的时候，就把它们取出来计算。

算筹经历了一个漫长的历史发展过程。运算时可以用算筹表示数目，有纵、横两种形式。横着的一根代表一，竖着的一根代表五，遇零则空，严格遵从十进位制。以算筹为工具进行的计算叫筹算，计算时纵式表示个位，百位横式表示十位，千位遇零则空一个位置。中国古代数学的最大特点是建立在筹算的基础之上，这与西方及阿拉伯数学是明显不同的。

后来，算筹渐渐被算盘取代。关于算盘起源于何年何月，一直众说纷纭。1921年河北省巨鹿县故城三明寺故址中的宋人故宅中出土了一颗木制算盘珠，证实了宋代已有算盘的推测，而北宋名画《清明上河图》上面，赵太丞家的药铺中就有一副算盘。至此，实物和画卷均充分证实了算盘起源于宋朝或更早。算盘的出现大大地推动了人类相关文明的发展。2013 年，珠算被联合国教科文组织列为人类非物质文化遗产。

算盘由框、梁、档、算珠组成。算盘的四周叫框，也叫边。算盘中间的横条叫梁。算盘从上贯穿横梁至下的小杆叫档，也叫杆。算盘上的珠子叫算珠，也叫算盘子。横梁上的算珠叫上珠，或叫顶珠；横梁下的算珠叫下珠，也叫底珠。明清两代，算盘成为当时工商贸易中不可缺少的工具。算盘携带方便，运算准确迅速，现在仍发挥着巨大作用。

第三节　中华医学

一、导读概览

中医药学是一个伟大的宝库，它建立在严密的理论体系之上，形成了一整套系统化的诊治经验和疗法体系。

中国有句话叫"不吃药是中医"，它的意思并不是中医建议人们有了病不治、不吃药，而是强调重点在于防病，而不是治病。应防病于未然，最好是不生病或少生病，如果等到生了病再寻求治疗，就落到下等了。

中医首先强调人体在能量摄入上的平衡。没有能量，人的生命将无法维持。但中医并不鼓励过分地摄取能量，中医提出"饮食有节"的思想，强调适度获取能量。因为过剩的能量不仅不能给身体带来好处，反而会成为身体的负担。

中医还强调能量消耗要适度，提出了"不妄作劳"的观点，即人不要过分劳累。此外，中医还强调"固本培元"，即注意身体内部根基的培植。中医认为人生病往往与对自身能量无节制的消耗有关，人体能量入不敷出，最终就会破坏身体的内在平衡，形成病症。

中医认为防病的关键在于人与自然的平衡。人生活在自然界之中，是自然界的一部分，自然的变化对人的身体也会产生影响。中医主张人要注意契合自然的节奏，实现人与外在世界的和谐。对此，中医提出"起居有常"的思想，即人的活动要适应自然界的规律。如春天气温上升，人的身体也渐渐形成外张的态势，气血由内部浮向体表，皮肤松弛，汗腺舒张，容易产生湿症，必须防湿；夏天天气燥热，此时人容易急躁不安，要有所抑制；秋天是收缩的季节，人的气血由外部潜向内里，皮

中医济世

肤紧缩，汗腺收紧，这时要注意水的补充，食物要清淡；冬季多有寒症，如伤寒、关节疼痛，由于室外活动少，长期封闭，人的情绪容易消沉，必须注意调节。

注重防病于未病之时，可以减小人患病的概率，但不等于完全消灭疾病。人吃五谷，难免会生病，生了病就要寻求治疗。中医有一套丰富复杂的诊治理论，其基本思想就是整体思想，也就是我们所讲的辨证施治。

中医批评那种不注意整体性的诊治方式，如"头痛医头，脚痛医脚"。中医认为，人体是一个生命整体，这个整体中的各部分是相互关联的。人体以五脏（心、肝、脾、肺、肾）为中心，以六腑（小肠、大肠、胃、膀胱、胆、三焦）为辅助，内在的生命网络将各部分联系为一个整体。所以，诊断人的病症时必须在整体上下功夫。例如，感冒是一种疾病，临床可见恶寒、发热、头身疼痛等症状，但由于引发疾病的原因和机体反应性有所不同，又表现为风寒感冒、风热感冒、暑湿感冒等不同的证型。只有辨清了感冒属于何种证型，才能正确选择不同的治疗方式。辨证施治与那种仅针对某一症状采取具体对策的方式完全不同，也不同于那种用同一个药方治疗所有患同一疾病患者的单纯的辨病治疗。这种从整体上寻求解决问题的方法，可以让我们在对待疑难病症时多一些整体的考量。

二、经典选粹

1. 扁鹊①

扁鹊

扁鹊者，勃海郡郑②人也，姓秦氏，名越人。少时为人舍长③。舍客长桑君过，扁鹊独奇之，常谨遇④之。长桑君亦知扁鹊非常人也。出入十余年，乃呼扁鹊私坐，闲⑤与语曰："我有禁方⑥，年老，欲传与公，公毋泄。"扁鹊曰："敬诺。"乃出其怀中药予扁鹊："饮是以上池之水⑦，三十日当知物⑧矣。"乃悉取其禁方书尽与扁鹊。忽然不见，殆非人也。扁鹊以其言饮药三十日，视见垣一方⑨人。以此视病，尽见五脏症结⑩，特以诊脉为名耳。为医或在齐，或在赵。在赵者名扁鹊。

……

扁鹊过齐，齐桓侯客之。入朝见，曰："君有疾在腠理⑪，不治将深。"桓侯曰："寡人无疾。"扁鹊出，桓侯谓左右曰："医之好利也，欲以不疾者⑫为功⑬。"后五日，扁鹊复见，曰："君有疾在血脉，不治恐深。"桓侯曰："寡人无疾。"扁鹊出，桓侯不悦。后五日，扁鹊复见，曰："君有疾在肠胃闲⑭，不治将深。"桓侯不应。扁鹊出，桓侯不悦。后五日，扁鹊复见，望见桓侯而退走。桓侯使人问其故。扁鹊曰："疾之居腠理也，汤熨之所及也；在血脉，针石之所及也；其在肠胃，酒醪⑮之所及也；其在骨髓，虽司命⑯无奈之何。今在骨髓，臣是以无请也。"后五日，桓侯体病，使人召扁鹊，扁鹊已逃去。桓侯遂死。

使圣人预知微⑰，能使良医得蚤⑱从事，则疾可已，身可活也。人之所病⑲，病疾多；而医之所病，病道⑳少。故病有六不治：骄恣不论于理㉑，一不治也；轻身重财，二不治也；衣食不能适㉒，三不治也；阴阳并㉓，脏气不定，四不治也；形羸不能服药，五不治也；信巫不信医，六不治也。有此一者，则重㉔难治也。

扁鹊名闻天下。过邯郸，闻贵㉕妇人，即为带下医㉖；过洛阳，闻周人爱老人，即为耳目痹医；来入咸阳，闻秦人爱小儿，即为小儿医；随俗为变。秦太医令李醯自知伎不如扁鹊也，使人刺杀之。至今天下言脉者，由扁鹊也。

——《史记·扁鹊仓公列传》

作品选注

① 选自〔汉〕司马迁撰，〔南朝宋〕裴骃集解，〔唐〕司马贞索引，〔唐〕张守节正义：《史记》，中华书局1982年版。

② 郑：据《史记索隐》，渤海郡无郑县，"郑"应为"鄭"。

③ 舍长：供给客人食宿的馆舍的主管人。

④ 遇：接待。

⑤ 闲：通"间"，悄悄。

⑥ 禁方：秘方。

⑦ 上池之水：草木上的露水。

⑧ 知物：能洞察事物。

⑨ 垣一方：墙的那一边。

⑩ 症结：肚子里结块的病，此指病因。

⑪ 腠（còu）理：皮肤和脏腑的纹理，这里指皮肤和肌肉之间。

⑫ 不疾者：没有病的人。

⑬ 功：功绩。

⑭ 闲：通"间"，中间。

⑮ 醪（láo）：浊酒，指药酒。

⑯ 司命：古代传说中掌管人生命的神。

⑰ 微：细微，指症状不明显的疾病。

⑱ 蚤：通"早"。

⑲ 病：忧虑。

⑳ 病道：治病的方法。

㉑ 不论于理：不讲道理。

㉒ 适：适当，妥当。

㉓ 并：交合，指错乱。

㉔ 重：甚，极。

㉕ 贵：重视。

㉖ 带下医：妇科医生。

品悟赏析

扁鹊，姬姓，秦氏，名越人，春秋战国时期名医，从师于长桑君，学得了高超的医术。扁鹊在诊视疾病中，已经应用了中医全面的诊断技术，即后来中医总结的四诊法——望、闻、问、切，扁鹊称之为望色、听声、写影、切脉。他精于望色，擅长内、外、妇、儿、五官等科，能应用砭刺、针灸、按摩、汤

液、热熨等法治疗疾病，能熟练运用综合治疗的方法，并精于外科手术，被尊为"医祖"。

扁鹊十分重视疾病的预防，认为对疾病需要预先采取措施，把疾病消灭在萌芽状态，这样可以达到事半功倍的效果。一日，扁鹊见齐桓侯的气色不好，劝他赶快医治。齐桓侯回应："寡人没有生病。"过了五日，扁鹊对他说："您的病已经发展到肌肉和血脉里面了。"齐桓侯不理睬。又过了五日，扁鹊对齐桓侯说："您的病已经进入肠胃了。"齐桓侯依旧没有理睬。再过五日，扁鹊见到了齐桓侯，一言不发，扭头就走。齐桓侯派人问其故，扁鹊说："病在皮肤纹理之间，是汤熨的力量所能达到的；病在肌肉和皮肤里面，用针灸可以治好；病在肠胃里，用药酒可以治好；如今病已经深入骨髓，医生没有办法医治了。"过了数日，齐桓侯身体疼痛，派人寻找扁鹊，扁鹊已经逃走，齐桓侯因而病死。这充分体现了中医学治未病的原则。

扁鹊认真总结前人和民间经验，结合自己的医疗实践，在诊断、病理、治法上对中医学做出了卓越的贡献，在我国医学史上占有承前启后的重要地位。扁鹊也奠定了我国传统医学诊断法的基础。司马迁云："扁鹊言医，为方者宗。守数精明，后世修序，弗能易也。"

2. 张仲景①

张仲景

论曰：余每览越人入虢之诊，望齐侯之色②，未尝不慨然叹其才秀也。怪当今居世之士，曾不留神医药，精究方术③，上以疗君亲之疾，下以救贫贱之厄，中以保身长全，以养其生，但竞逐荣势，企踵权豪，孜孜汲汲，唯名利是务，崇饰其末，忽弃其本，华其外而悴其内，皮之不存，毛将安附焉？卒然遭邪风之气④，婴非常之疾，患及祸至，而方震栗，降志屈节，钦望巫祝⑤，告穷归天，束手受败，赍百年之寿命，持至贵之重器，委付凡医，恣其所措，咄嗟呜呼！厥身已毙，神明消灭，变为异物，幽潜重泉，徒为啼泣，痛夫！举世昏迷，莫能觉悟，不惜其命，若是轻生，彼何荣势之云哉！而进不能爱人知人，退不能爱身知己，遇灾值祸，身居厄地，蒙蒙昧昧，蠢若游魂。哀乎！趋世之士，驰竞浮华，不固根本，忘躯徇物，危若冰谷，至于是也。

余宗族素多，向余二百，建安纪年以来，犹未十稔⑥，其死亡者，三分有二，伤寒十居其七。感往昔之沦丧，伤横夭之莫救，乃勤求古训，博采众方，撰用《素问》《九卷》《八十一难》《阴阳大论》《胎胪药录》，并平脉辨证，为《伤寒杂病论》合十六卷，虽未能尽愈诸病，庶可以见病知源，若能寻余所集，思过半矣。

夫天布五行，以运万类，人禀五常⑦，以有五脏，经络府俞⑧，阴阳会通，玄冥幽微，变化难极，自非才高识妙，岂能探其理致哉！上古有神农、黄帝、岐伯、伯高、雷公、少俞、少师、仲文，中世有长桑、扁鹊，汉有公乘阳庆及仓公，下此以往，未之闻也。

观今之医，不念思求经旨，以演其所知，各承家技，终始顺旧，省疾问病，务在口给⑨，相对斯须⑩，便处汤药，按寸不及尺⑪，握手不及足，人迎趺阳⑫，三部不参⑬，动数发息⑭，不满五十，短期⑮未知决诊，九候曾无仿佛⑯，明堂阙庭⑰，尽不见察，所谓窥管而已。夫欲视死别生，实为难矣。孔子云：生而知之者上，学则亚之，多闻博识，知之次也。余宿尚方术，请事斯语。

——《伤寒论》

作品选注

① 选自赵燕直、金芬芳、徐世军：《中医四部经典》（第二版），中国医药科技出版社2017年版。

② 越人入虢之诊，望齐侯之色："越人"就是扁鹊。他有一次去看虢国太子的病，太子假死未半日，鼻孔还在扇动，两腿内侧至阴部还温暖，扁鹊认为是"尸厥"（类似休克），就用针灸急救，再给服药，结果治好了，这段故事就是"入虢之诊"。扁鹊从齐桓侯的面色上就能预判病情的发展，即"望齐侯之色"。

③ 方术：用方药治病的技术。

④ 邪风之气：古代对外来病因的总称。

⑤ 巫祝：古代用画符说咒等方法来治病的人。

⑥ 十稔：十年。

⑦ 五常：五行。

⑧ 经络府俞：经和络是对人体血管系统和周围神经系的通称，府和俞是周围神经系的分布区域。

⑨ 口给：用花言巧语敷衍、应付。

⑩ 斯须：一会儿。

⑪ 按寸不及尺：寸和尺是诊脉的部位，在手腕后桡骨动脉部，靠近腕关节后处叫寸，向上一指处叫关，再向上一指处叫尺。"按寸不及尺"是指诊脉不周到、不全面。

⑫ 人迎趺阳：人迎为颈侧动脉，趺阳为足背动脉。

⑬ 三部不参：三部是指人身上、中、下三部分，"三部不参"是指检查身体不全面。也有以桡骨动脉的寸、关、尺为三部的，"三部不参"指诊脉不全面。

⑭ 动数发息：计数脉搏的次数和呼吸的次数。

⑮ 短期：得病时间的长短。

⑯ 九候曾无仿佛：九候的诊治也没做就认定了病情。九候是诊脉的部位。

⑰ 明堂阙庭：明堂就是鼻子，阙在两眉之间，庭为颜面及额部。

品悟赏析

张仲景是我国东汉名医，被后世尊为"医圣"，他的《伤寒杂病论》是我国的医学名著，该书确立并发展了中医辨证论治的基本法则，成为中医理论和临床的经典。张仲景和他的《伤寒杂病论》影响了中国和中医，也同样影响了世界医学界，至今依然闪耀着智慧的光芒。

张仲景幼时便勤奋好学、博览群书，拜当时的名医张伯祖为师。他学医非常用心，无论是外出诊病、抄方抓药，还是上山采药、回家炮制，从来不怕苦、不叫累。张伯祖非常喜欢这个学生，把自己毕生行医积累的丰富经验毫无保留地传给了他。张仲景的父亲曾在朝廷中做过官，所以他希望自己的儿子也能谋得一官半职。张仲景不愿违背父命，以孝廉入仕。建安元年（196），他被朝廷派到湖南长沙做太守，但他仍利用自己的医术为百姓解除病痛。在封建时代，官员不能随便进入民宅，接近百姓。于是张仲景想了一个办法，他让衙役贴出安民告示，择定每月初一和十五两天，大开衙门，不问政事，让有病的百姓自由进入，他则端坐于大堂之上，挨个仔细地为百姓诊治。他的举动在当地产生了强烈的震动，百姓无不拍手称赞。后来人们为了纪念张仲景，就把坐在药铺里给人看病的医生称为"坐堂医生"。

张仲景不拘于定法，创新了多种治疗方式。有个病人大便干结，排不出，吃不下饭，很虚弱。张仲景仔细做了检查，确认这是由高热引起的一种便秘症。当时碰到便秘，一般是让病人服用泻药。但是这个病人身体很虚弱，如果服用泻药，会经受不住。但不用泻药，大便不通，热邪无法祛除。张仲景经过慎重考虑，决定做一种新的尝试。他取来一些蜂蜜并将它煎干，捏成细细的长条，制成药锭，慢慢地塞进病人的肛门。药锭进入肠道后，很快溶化，干结的大便被溶开，一会儿便排了出来。如此一来，病人大便畅通，热邪排出体外，病情很快有了好转。这是世界上最早使用的药物灌肠法。他首创了直肠栓剂并将其运用于临床。此法也被收录到《伤寒杂病论》中，取名为"蜜煎导方"，用来治疗津液亏耗过甚、大便硬结难解的病症，备受后世推崇。

东汉末年流行过大疫十余次。当时张仲景的家乡南阳一带，"家家有僵尸之痛，室室有号泣之哀"。张仲景的家族本来是个大族，人口多达二百余人。建安初年以来，不到十年，有三分之二的人因患疫症而死亡，其中死于伤寒者竟占十分之七。一些庸医趁火打劫，和病人相对片刻，便开方抓药，或师承名医却不思进取，因循守旧，竞相追逐权势、荣耀，忘记了医家的本分。面对瘟疫的肆虐和庸医当道的状况，张仲景十分悲愤，痛下决心，潜心研究伤寒的诊治。他"勤求古训，博采众方"，继承古典医籍的基本理论，广泛借鉴各医家的治疗方法，结合个人临床诊断经验，研究治疗伤寒杂病的方法。建安年间，他游历各地行医，将自己多年来对伤寒的研究成果付诸实践，进一步丰富了经验，充实和提高了理性认识。

多年含辛茹苦，到建安十五年（210），张仲景终于写成了划时代的临床医学名著《伤寒杂病论》，共十六卷，后人整理将其成《伤寒论》和《金匮要略》两本书。清代医家张志聪说："不明四书者不可以为儒，不明本论者不可以为医。"这是一部集秦汉以来医药理论之大成，并广泛应用于医疗实践的专书，也是我国第一部临床治疗学方面的巨著。在方剂学方面，《伤寒杂病论》也做出了巨大贡献，创造了很多剂型，并记载了大量有效的方剂。其所确立的"六经辨证"的治疗原则受到历代医学家的推崇。这是中国第一部从理论到实践、确立辨证论治法则的医学专著，是中国医学史上影响力最大的著作之一，被奉为"方书之祖"。

3. 李时珍[1]

纪[2]称：望龙光，知古剑[3]；觇宝气[4]，辨明珠。故萍实商羊[5]，非天明莫洞[6]。厥[7]后博物称华[8]，辨字称康[9]，析宝玉称倚顿[10]，亦仅仅晨星耳[11]。楚蕲阳李君东璧，一日过予弇山园谒予，留饮数日。予观其人，睟然[12]貌也，癯然[13]身也，津津然谭议[14]也，真北斗以南一人[15]。解其装，无长物，有《本草纲目》数十卷。谓予曰：时珍，荆楚鄙人也，幼多羸疾，质成钝椎，长耽典籍，若啖蔗饴。遂渔猎群书，搜罗百氏。凡子史经传，声韵农圃，医卜星相，乐府诸家，稍有得处，辄著数言。古有《本草》一书，自炎皇及汉、梁、唐、宋，下迨国朝，注解群氏群旧矣。第其中舛缪差讹遗漏，不可枚数。乃敢奋编摩之

李时珍

志，僭纂述之权。岁历三十稔，书考八百余家，稿凡三易，复者芟之，阙者缉之，讹者绳之[16]。旧本一千五百一十八种，今增药三百七十四种，分为一十六部，著成五十二卷。虽非集成，亦粗大备，僭名曰《本草纲目》，愿乞一言，以托不朽。

予开卷细玩，每药标正名为纲，附释名为目，正始也；次以集解、辩疑、正误，详其土产[17]形状也；次以气味、主治、附方，著其体用[18]也。上自坟典[19]，下及传奇，凡有相关，靡不备采。如入金谷[20]之园，种色[21]夺目；如登龙君之宫，宝藏悉陈；如对冰壶玉鉴[22]，毛发可指数也。博而不繁，详而有要，综核究竟[23]，直窥渊海[24]。兹岂禁以医书觏[25]哉？实性理[26]之精微，格物之《通典》[27]，帝王之秘箓[28]，臣民之重宝也。李君用心嘉惠[29]何勤哉！噫，碔玉莫剖，朱紫相

倾㉚，弊也久矣。故辨专车之骨，必俟鲁儒，博支机之石，必访卖卜㉛，予方著《弇州卮言》，恚博古如《丹铅卮言》后乏人也，何幸睹兹集哉。兹集也，藏之深山石室无当，盍锲㉜之，以共㉝天下后世味㉞《太玄》㉟如子云者。时万历岁庚寅春上元日，弇州山人凤洲王世贞拜撰。

——《本草纲目序》

作品选注

① 选自王剑、孙士江：《李时珍医药学全集》(上)，中国中医药出版社2019年版。

② 纪：古籍。

③ 望龙光，知古剑：看到光芒，遂知其为古代的宝剑。龙光，宝剑的光芒。

④ 觇（chān）宝气：看到珠玉、宝器所显现的光彩。觇，看。

⑤ 萍实商羊：刘向《说苑·辨物》云"楚昭王渡江，有物大如斗，直触王舟，止于舟中。昭王大怪之，使聘问孔子。孔子曰：'此名萍实，令剖而食之，惟霸者能获之，此吉祥也'"。后遂以"萍实"指甘美的水果。商羊，传说中的鸟名。

⑥ 洞：判断，洞察。

⑦ 厥：其。

⑧ 博物称华：西晋的张华以学识渊博著称。

⑨ 辨字称康：东汉经学家郑玄字康成，平生潜心著述，曾笺注群经。辨字，辨析文字。

⑩ 析宝玉称倚顿：倚顿以善于鉴别美玉播名天下。

⑪ 亦仅仅晨星耳：这些人才就像晨星一样稀少。

⑫ 睟（suī）然：润泽而有光彩的样子。

⑬ 癯然：清瘦的样子。

⑭ 津津然谭议：谈吐有趣味。谭，通"谈"。

⑮ 北斗以南一人：天下第一人。北斗以南，指普天之下。一，第一。

⑯ 复者芟（shān）之，阙者缉之，讹者绳之：删除重复的，增补缺漏的，纠正讹误的。

⑰ 土产：本土所产之物，指产地。

⑱ 体用：药物的性质和功效。

⑲ 坟典：即"三坟五典"，传说中我国最早的书籍，这里为典籍的泛称。

⑳ 金谷：晋代巨富石崇的园林名。

㉑ 种色：品种。

㉒ 冰壶玉鉴：贮冰的玉壶、玉制的镜子，比喻晶莹剔透。鉴，镜子。

㉓ 究竟：穷极。

㉔ 渊海：深渊与大海，比喻内容深入广博。

㉕ 觏（gòu）：看待。

㉖ 性理：宋明理学家所研究的性命气之学。

㉗ 格物之《通典》：推究药物之理的经典。

㉘ 箓（lù）：簿籍。

㉙ 嘉惠：给人们恩惠。

㉚ 碔（wǔ）玉莫剖，朱紫相倾：碔砆和美玉不能区别，朱色和紫色相混杂。碔，碔砆，像玉的石头。

㉛ 故辨专车之骨，必俟鲁儒，博支机之石，必访卖卜：所以辨别要用一辆车子才载得动的大骨头，必须等待孔子；要认识织女星的支机石，必须访问卖卜的严君平。支机之石，传说汉武帝命张骞寻黄河之源，张乘筏至天河，一浣纱妇以石与之。

张携石归，请教卖卜人严君平，严君平说是织女支垫织机的石块。

㉜ 锲（qiè）：刻，指刻版印刷。

㉝ 共：同"供"，供给。

㉞ 味：体会。

㉟ 《太玄》：西汉学者扬雄模仿《周易》所作的《太玄经》。

品悟赏析

　　李时珍（1518—1593），字东璧，明代医药学家。其父李言闻是当时的名医，曾任太医院吏目。当时的民间医生地位低下，生活艰苦，其父不愿李时珍再学医药。李时珍14岁时随父到黄州府应试，中秀才而归，但他自幼热爱医学，并不热衷于科举，其后曾三次赴武昌应试，均不第，故决心弃儒学医。嘉靖三十五年（1556），李时珍被推荐到太医院工作，任职一年后便辞官回乡。这期间，李时珍积极地从事药物研究工作，经常出入于太医院药房及御药库，饱览了王府和皇家珍藏的丰富典籍，从宫廷中获得了大量的本草相关信息，看到了许多平时难以见到的药物标本。后在行医及阅读古典医籍的过程中，李时珍发现古代本草书中存在不少错误，决心重新编纂一部本草书。嘉靖三十一年（1552），李时珍着手开始编写《本草纲目》，其间多次外出考察，足迹遍及湖广、江西、直隶。

　　在编写《本草纲目》的过程中，最使李时珍头痛的就是药名混杂，往往弄不清药物的形状和生长的情况。过去的本草书虽然做了解释，但是作者没有深入实际进行调查研究，而是在书本上抄来抄去，越解释越糊涂，矛盾百出，莫衷一是。例如药物远志，南北朝医药学家陶弘景说它是小草，像麻黄，但颜色青，开白花，宋代马志却认为它像大青，并责备陶弘景根本不认识远志。又如狗脊一药，有人说它像草薢，有人说它像菝葜，有人说它像贯众，说法很不一致。李时珍对旧有药书的多余、缺漏、讹误一一考证，做了细致的处理。经过27年的长期努力，李时珍终于在万历六年（1578）完成了《本草纲目》的初稿。

　　李时珍具有实事求是的探究精神，并不拘泥于旧书，而是耐心细致地深入实地进行考察。当时的蕲州是白花蛇集聚之地。白花蛇是名贵中药材，所以历代官吏都以向皇宫进贡为借口，挨户摊派，逼着民众上山捉白花蛇。凡不按期如数上缴蛇者，轻则鞭笞，重则杀头。当地流传着一首民谣："白花蛇，谁叫你能避风邪！州中索尔急如火，县官派人只逼我，一时不得皮肉破。"但是，白花蛇"走如飞，牙利而毒"，人一旦受伤，极易送命，很多人便从蛇贩子那

里买来交差。

李时珍当时因考察药物来到蕲州，发现蛇贩子出售的白花蛇与蕲州当地居民所捉的白花蛇有些差异，便留心观察辨认。他和蕲州的捕蛇者一起去盛产白花蛇的龙峰山仔细观察数日，发现蕲州白花蛇最喜欢吃的是石楠藤。之后，他下山调查，才知道蛇贩子们的白花蛇是从江西兴国县的山区捕到的，那个地方的蛇捕食小虫和鼠类为生，而且没有毒。李时珍向蛇贩子和捕蛇者各买了一条蛇，在比较中发现两蛇虽然都是"黑质而白章"，但蕲州蛇肋下有24个斜方格，且比兴国蛇稍短小；蕲州蛇死时不闭眼，兴国蛇死即瞑目；兴国蛇虽有除风湿和除筋骨痛的效果，但其药用效果远不及蕲州蛇好；兴国蛇遍布全国，产量较大，而蕲州蛇仅产自蕲州，外地很少见到。李时珍便把这些鉴别要点写成了《蕲蛇传》。至此，中药材中便有了"白花蛇""蕲蛇"两种药名，既方便了后世医生临床应用，又避免了大量误用蕲州"白花蛇"而引发的中毒现象。

李时珍为了编写《本草纲目》，带着弟子庞宪到各地采集中药。一天，他们来到太和山下，听说山上有"仙果"，想弄清"仙果"究竟是何物及其药用功效，便在山下找客栈住下。原来，明朝嘉靖年间，太和山上有一座道教寺院叫五龙宫，五龙宫的后院有一种奇特的果树，每年都会长出像梅子那样大小的"仙果"，道士们说，果树是真武大帝所种，人吃了"仙果"可以长生不老。皇帝闻讯，降旨令五龙宫道士每年在"仙果"成熟时采摘，作为贡品送到京城，供皇家享用，并不许百姓进入五龙宫后院，谁要是偷看、偷采"仙果"，就有杀身之罪。

次日，李时珍来到五龙宫，对寺院道长说："我是从蕲州来的医生，是专门采集药材、研究药效的，听说贵寺有仙果，能否给我看一看？"道长将李时珍仔细打量一番后说："念你是个医生，不懂这里的规矩，我不想找你什么麻烦，但我要告诉你，这里是皇家禁地，仙果是皇家的御用之品，你还是快快离去为好，不然当心皮肉之苦。"李时珍只好无奈地下山了。

难道让这"仙果"永远成为一个谜吗？夜深人静，李时珍从另一条小道摸上山，五龙宫一片寂静，道士们早已酣然入睡。他绕到后院外，翻墙进入院内，捷步来到果树下，迅速采摘了几枚"仙果"和几片树叶，然后翻墙出寺，连夜赶下山去。回到客栈，李时珍和弟子亲口尝了尝"仙果"，又仔细对其进行研究，终于解开了太和山的"仙果"之谜。原来它只不过是一种榆树果子的变种，名叫榔梅，其药用功效与梅子差不多。李时珍后来在《本草纲目》第二十九卷"五果类"中写道："榔梅出均州太和山，杏形桃核。气味甘酸平，无毒，主治生津止渴，清神下气，消酒。"

李时珍所著的《本草纲目》是一部药典，也是一部自然物典，它深刻地体现了中医的精神和中华文化的精髓。中医的思维方式也是中国文化和中国哲学的思维方式，是整体关联的思维方式。中医理论里有整体的每一个部分都能完整地反映整体的面貌的观念，所以讲究辨证施治，认为自然即合理。既然人从自然中来，医治人的疾病的药也一定来自自然。所以人不能破坏自然，要和自然和谐相处。

4. 天圣针灸铜人

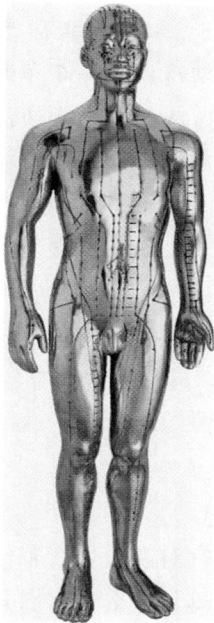

天圣针灸铜人（宋）

品悟赏析

中医有一套独特的针疗体系——针灸。针灸指的是针法和灸法，即在病人身体某一部位用针刺或用温热的火烧烤。早在新石器时代中国就已出现了砭石疗法，到周代时又出现了针灸。隋唐时期名医孙思邈曾绘制大型针灸挂图，明确地标出了人体十二经脉的位置，北宋时王惟一又修编了《新铸铜人腧穴针灸图经》，还制成了模仿人体的针灸铜人以供学习、练习针灸。中国的中医药学绵延数千年，至今仍有顽强的生命力，并且影响力越来越大。

说起针灸铜人，不得不提到我国针灸学家、北宋医家王惟一。王惟一（987—1067），名惟德，曾任翰林医官、殿中省尚药奉御等职，并在太医局教授医学，精于针灸。在宋代以前，医生主要按照唐代《黄帝明堂经》指定的人体经穴进行针灸。后来，《黄帝明堂经》因战乱遗失，致使后来的针灸取穴失

去了标准。为给针灸经穴重新制定国家标准，天圣四年（1026），宋仁宗诏令国家医学最高机构医官院，由医官王惟一负责编撰《新铸铜人腧穴针灸图经》。王惟一经过努力，完成了这个任务，此书便被作为法定教本在全国颁行。后来，为便于保存，它又被分别刻在五块石碑上。其文献学价值很高。

天圣五年（1027），宋仁宗认为"传心岂如会目，著辞不如案形"，便诏命王唯一根据《新铸铜人腧穴针灸图经》铸造针灸铜人。在王惟一主持下，工匠铸成了两个一模一样的针灸铜人。因时年正值宋代天圣年间，这两个铜人又被称为"天圣针灸铜人"。天圣针灸铜人是非常直观、逼真的人体经络腧穴教学模型和人体解剖模型。它由青铜铸成，身高和青年男子相仿，面部俊朗，体格健美。更为奇特的是，铜人的四肢还可以活动，有木雕的五脏六腑，脏器的位置、形态、大小比例都与正常成人的相似。在铜人身体表面还刻有人体十四条经络的循行路线，各条经络的穴位都严格按照人体的实际比例进行详细标注。天圣针灸铜人的总穴位有 657 个，体表标有 354 个穴位，所有穴位都凿穿成小孔。每当医官院进行针灸学会试时，考官便会将铜人体表涂上黄蜡，完全遮盖住经脉穴位，再把水银注入铜人体内，应试者只能凭经验下针，一旦准确扎中穴位，水银就会从穴位中流出。医书把这一奇特的现象称之为"针入而汞出"。

思辨启发

1. 二十四节气分别是什么？它对农业生产有什么作用？
2. 古代最重要的两种计算工具是什么？它们分别有什么特点？
3. 举出一位你认识的古代医学家，谈谈他的医学成就。
4. 中医学体现了怎样的哲学思想？
5. 请举出一个古代科技中的创新事例。

综合实践活动

一、活动主题

《淮南子·天文训》记载："昔者共工与颛顼争为帝，怒而触不周之山，天柱折，地维绝。天倾西北，故日月星辰移焉；地不满东南，故水潦尘埃归焉。"当古人对自然现象的成因不能理解时，他们往往会借助想象创造出各种各样的神话、传说，以表达对自然界发生的各种现象的揣测。让我们走近这些天文理论，了解古人对于自然、天地的奇幻猜想。

二、活动目的与意义

共工与颛顼的这则神话生动地反映了古人对于天地结构的推测。从春秋战国时期开始，人们就围绕着天文问题争论不休，参与问题讨论的有天文学家、哲学家，甚至连一些帝王如梁武帝萧衍、明太祖朱元璋等也加入了争论的行列，涌现出了许多对天地结构的猜想。了解古代天文理论与猜想，有助于加深对我国古代科技发展的了解，增强文化自信，树立开放、多元的文化态度。

三、活动内容

1. 每 5 ~ 7 人为一小组，收集有关天文、宇宙的神话、传说、理论，并进行总结和梳理。

2. 联系当前世界科技成果，结合课堂教学中所学的相关知识，谈谈我国古代天文知识有怎样的意义。

3. 以收集到的古代天文知识为基础做一幅手抄报，并对全班展示。

第八章

古代生活方式

主题诠释

　　林语堂在《生活的艺术》一书中这样写道："美国人是闻名的伟大的劳碌者，中国人是闻名的伟大的悠闲者。"在他看来，中国人以不功利、不急躁的生活方式著称于世，不那么急功近利，乐于在生活中寻找乐趣、享受轻逸，一切都从从容容。

　　清代戏曲学家李渔归隐家乡后，在兰溪建了一座亭子，取名为"且停亭"，即让来往行人走累了，且在这里停一停。李渔还为这个亭子拟了一副对联："名乎利乎道路奔波休碌碌；来者往者溪山清静且停停。"人生匆忙，我们常常迷失自己，如果有一个地方可以让我们暂时歇歇脚，喝一杯清茶，放松一下身心，看看山林之前的清泉白石，惬意地享受一下山间静谧，是多么愉悦自然？其实不一定要一座亭子，一碟清爽的小菜、一件舒服的衣衫、一段悠长的古道、一间简单的小屋，当然也可以是一杯茶、一张琴、一溪云、一片山……只要心绪平和宁静，就可以有一段生命的从容。

第一节　华夏衣冠

一、导读概览

　　中国自古就被称为"衣冠上国""礼仪之邦"，服饰文化是物质文明和精神文明的一面镜子，体现着这个伟大东方民族的审美情趣和创造能量。

　　俗话说："穿衣戴帽，各有所好。"但在古代，服饰问题则不仅是爱好的问题，更是礼节的问题。服饰也体现了一种文化。

　　商代服饰不论尊卑、男女，都采用上下两段的形制，上着衣，下穿裳，后世称服装为"衣裳"便源于此。古代华夏民族上衣下裳，束发右衽的装束特点就是在商代形成的。贵族、平民皆束发。

　　春秋战国的衣服是直筒式的长衫，衣、裳连在一起，叫"深衣"。还有一种"单衣"，是没有里子的宽大衣服。时人头上戴"帻"，即用头巾包住头发，不使之披散。

　　秦统一中国以后建立了各项制度，其中包括衣冠制度。秦代服饰主要沿袭了战国的形制，样式比较简单。因秦始皇崇信"五德终始"说，自认为以土德得天下，所以秦人崇尚黑色。

　　汉承秦制，男女服饰沿袭深衣形式。特别是女子深衣，有直裾和曲裾两种。汉时的男子主要穿着宽衣大袖的袍服，主要分为曲裾袍和直裾袍两类。

魏晋南北朝时期的服饰受到社会政治、经济、思想等方面的影响，风格自然洒脱。时人用巾帛包头，流行在小冠上加笼巾的"笼冠"。男子的服饰袖口宽大，衣带飘飘，飘逸俊俏。女子的发饰也颇具特点，假髻风行。

唐代服饰承上启下，法服、常服并行。法服就是礼服，包括冠、冕、衣、裳等；常服又称公服，是一般性正式场合所着的服饰，包括圆领袍衫、幞头、长筒靴等。唐代女子的髻式繁复，面部妆容夸张，有鹅黄、花钿、妆靥等。襦裙是唐代妇女的主要服饰。

宋代服饰大体上沿袭了隋唐旧制。这一时期理学兴盛，服饰偏向于简朴、严谨、含蓄。男子穿交领或圆领长袍，女子上穿窄袖短衣，外加褙子，下穿长裙。

元朝是中国历史上民族融合的时代，服饰也充分体现了这一特点。元朝服装保留了汉族服装的一些特征，比如交领右衽，但细节和配色上有所变化。本为游牧民族的元人服饰非常简洁，旨在骑射便捷，多为窄袖，腰部有很多衣褶，较为紧束。

明朝大致依唐宋制，男子穿直身的宽大长衣，女子短袄长裙，裙子宽大。朱元璋亲自制定了两种帽式，为六合一统帽和四方平定巾，士庶通用。

清代是个满汉文化交融的时代，清代的男装主要是长袍和马褂，长袍造型简练，立领直身，偏大襟，前后衣身有接缝，下摆有开衩。马褂是旗人男子的制服之一。清代满族女子最具特色的服装是旗袍。

在中国古代，衣冠服饰并非等闲之事，它承载着礼制的观念，具有政治和文化的象征意义。本节我们将通过几件珍贵的国宝，从头到脚话服饰，看看中国人在古代究竟如何穿，又穿出了怎样的时代特色和文化风情。

二、经典选粹

1. 素纱禅衣

素纱禅衣（汉）

品悟赏析

　　1972 年，马王堆汉墓出土了一件仅重 49 克的衣服，就是这件素纱襌衣。它代表了西汉初期丝织技术的最高成就，是世界上最轻薄的衣服。

　　《说文解字》这样解释"襌"："衣而无里，谓之襌。""襌衣"其实就是"单衣"。这件衣服属于墓主人辛追，这位长沙国相夫人两千年后仍尸体未腐，头发光亮。这件襌衣就安静地躺在随葬的竹箱内。这一发现震惊了当年的考古界。

　　素纱襌衣衣长 125 厘米，通袖长 190 厘米，为交领、右衽、直裾，类似汉时流行的上下衣裳相连的深衣，而袖口较宽。除衣领和袖口边缘用织锦做装饰外，整件衣服以素纱为面料，没有衬里，没有颜色，故称为素纱襌衣。它由精缫的蚕丝织造，以单经单纬丝交织的方孔平纹织成，丝缕极细，轻盈精密，孔眼均匀清晰，可谓轻若烟雾，薄如蝉翼。织物的蚕丝纤度的计量单位叫"旦"，指每 9 000 米长的单丝重量，旦数越小，丝越细。让人惊叹的是，这件素纱襌衣的丝只有 10.2 至 11.3 旦，而现在生产的高级丝织物的丝还有 14 旦，用现代技术竟然仿制不出来！秘密藏在蚕身上：今天的蚕变肥了，吐的丝比古代要粗重。

　　这件国宝属于"衣"。在古代，穿在上面的服饰叫衣，穿在下面的服饰叫裳，上衣下裳是传统服装典型的形制。为什么我们的祖先选择了衣裳制？这跟以农耕为主的生活方式有关，上下装分穿是一种方便劳动的选择。

　　即便是上衣下裳这种看似简单的选择，其中也有非常深邃的含义。《史记》曰："华夏衣裳为黄帝所制。"《周易·系辞》云："黄帝尧舜，垂衣裳而天下治，盖取诸乾坤。"最早的服装是上衣下裳，是由黄帝设计的。他是参照了天地的思想来设计的。上衣象征的是天，下裳象征的是地。这样的设计体现了"天人合一"的观念。

　　2. 十二章纹

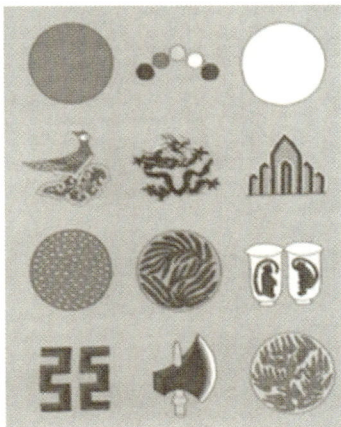

十二章纹

品悟赏析

　　十二章纹，又称十二章、十二纹章，是帝王及高级官员礼服上绘绣的十二种纹饰，即服饰等级标志。十二章纹分别为日、星辰、月、华虫、龙、山、粉米、藻、宗彝、黻、黼、火。华虫可分为花、鸟两章，粉米可分为粉、米两章，宗彝可分为老虎、猴子两章，因此十二章纹实际上有十六章。

　　十二章纹内涵丰富。日、月、星辰，取照临之意，象征着皇恩浩荡，泽被四方；华虫即美丽的花鸟，光彩鲜明，取有文采之意，象征着帝王文采昭著；龙，取神异变幻之意，象征着帝王善于审时度势，处理国家大事；山，取稳重、镇定之意，象征着帝王性格稳重，能治理四方；粉米，取有所养之意，象征着帝王安养人民，安邦治国，重视农桑；藻，取洁净之意，象征着帝王为人正派；宗彝，即宗庙彝器，取供奉、孝养之意，象征着帝王具有忠孝的美德；黻，取辨别、明察、背恶向善之意，象征着帝王能明辨是非，知错就改；黼，取果断之意，象征着帝王干练果敢；火，取明亮之意，象征着帝王光明磊落，火焰向上，也有人民向归上命之意。

黄地缂丝金龙十二章纹龙袍局部——龙（清）

黄地缂丝金龙十二章纹龙袍局部——黼（清）

对十二章纹最早而又全面的记载是《尚书·益稷》中舜帝与大禹的对话："予欲观古人之象，日、月、星辰、山、龙、华虫，作会；宗彝、藻、火、粉米、黼、黻，缔绣，以五采彰施于五色，作服。汝明。"这段记载指明是舜帝制定了礼服制度。

这种服饰符号除了形式美和寓意好，更与政治、文化等方面有着非常紧密的关系，是社会等级的象征。《诗经·秦风·终南》有"君子至止，黻衣绣裳"之句，《左传·桓公二年》载"火、龙、黼、黻，昭其文也"，《荀子·富国》云"黼黻文章，以藩饰之""天子袾裷衣冕，诸侯玄裷衣冕，大夫裨冕，士皮弁服"等，说明十二章纹是代表等级的纹饰。十二章为章服之始，又衍生出九章、七章、五章、三章之别，按品位递减。例如明代服制规定："天子十二章，皇太子、亲王、世子俱九章。"平民百姓的衣服上则不能出现纹饰。

除了纹饰，服饰的颜色也有等级的象征意义。如"白衣""乌衣"是身份地位较低的人所着的服饰，"黄袍"是帝王的专用衣着，"朱绂""紫绶"则是地位较高的人所着的服饰，白居易曾有诗云"朱绂皆大夫，紫绶悉将军"。以唐代为例，官员的服装三品以上为紫，五品以上为绯，六品、七品为绿，八品、九品为青。所以着紫红官服者大都为五品以上，《琵琶行》云"江州司马青衫湿"，白居易所穿的青绿官服多为六品及以下官员所穿。

3. "五星出东方利中国"锦护臂

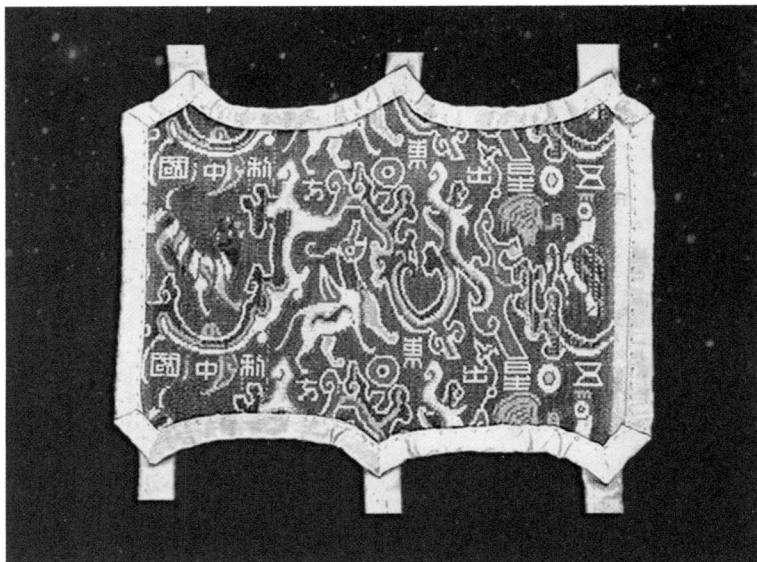

"五星出东方利中国"锦护臂（汉）

品悟赏析

　　"五星出东方利中国"锦护臂被誉为20世纪中国考古学最伟大的发现之一。这件国宝呈圆角长方形，长18.5厘米，宽12.5厘米，面料为织锦，用白绢镶边，两个长边上各缝缀有3条长约21厘米、宽1.5厘米的白色绢带，其中3条残断，上织有八个篆体汉字"五星出东方利中国"。其出土于新疆和田地区民丰县尼雅遗址的一处古墓中。尼雅遗址地处西汉政府控制西域时的西域三十六国之一精绝国，分布在尼雅河下游的三角洲上。严重沙漠化和国王权力旁落是精绝国消失的主要原因。

　　织锦是用染好颜色的彩色经纬线，以提花、织造工艺织出图案的织物。汉代织锦工艺已经非常成熟，专门设有织室、锦署，其产品供宫廷享用。与这块织锦一同出土的还有另外一块织锦，上书三个字"讨南羌"，合起来就是"五星出东方利中国讨南羌"。汉宣帝时期，以先零部为首的南羌各部出现异动，匈奴也蠢蠢欲动，战争一触即发。神爵元年（前61），赵充国毛遂自荐，请战出征，此时他已76岁高龄，烈士暮年，壮心不已。

　　大军浩浩荡荡渡过湟水后，赵充国坚守不出，他在等待时机。在长安的汉宣帝心急如焚，下诏书催战："今五星出东方，中国大利，蛮夷大败。太白出高，用兵深入，敢战者吉，弗敢战者凶。"这并没有改变一个纵横沙场数十年的老将的判断，赵充国上书言明自己不出兵的原因，汉宣帝表示支持。后汉军击败先零部，其他部族主动归降，可谓"不战而屈人之兵"，汉军大捷，举国欢腾。这件锦护臂不仅是中国服饰文物中的瑰宝，更诉说着大汉气象的恢弘雄壮。

　　4. 簪花仕女图

簪花仕女图（唐）

品悟赏析

　　《簪花仕女图》为唐代周昉绘制的一幅粗绢本设色画，纵长46厘米，横长180厘米，描绘了衣着艳丽的贵族妇女及其侍女于春夏之交游园赏花的情景，

不设背景，以工笔重彩绘仕女五人、侍女一人，另有小狗、白鹤及辛夷花点缀其间。

"仕女"指宫廷贵族家庭中的妇女。图中的六个人物都穿着当时被认为最奢侈的衣料——丝绸。丝绸是中国的特产，它开启了历史上第一次东西方大规模的商贸交流。

唐代服饰和那个时代的包容开放是相得益彰的，图中仕女的穿着尽显唐代推崇的丰满健美的身体线条。右起第一人头插牡丹花，身着朱色长裙，外披紫色罩衫，上搭朱膘色披肩，侧身右倾，左手执拂尘引逗小狗。第二人头插红瓣花枝，身披浅色纱衫，朱红色长裙上饰有紫绿色团花，肩膀上也搭着紫色披肩，右手轻提帔子。第三人是侍女，手执团扇，衣饰朴素，表情安详。第四人头插荷花，身披白格纱衫，正凝神观赏面前之鹤。第五人头戴海棠花，身着朱红披风，外套紫色纱衫，双手紧拽纱罩，头饰及衣着十分华丽。最后一人头插芍药花，身披浅紫纱衫，白地披肩上绘有彩色云鹤，右手举着捉来的硕大蝴蝶，身子向左倾斜，回头看着地上的狮子狗和仙鹤，活泼生动。画中的女子所穿的丝绸衣服纹样不同、造型不一，展现了大唐的气象、风情。

5. 孝端皇后六龙三凤冠

孝端皇后六龙三凤冠（明）

品悟赏析

1957 年 10 月，北京明定陵万历皇帝的墓被打开，映入考古人员眼帘的有四顶凤冠。其中六龙三凤冠为明神宗孝端皇后随葬的凤冠，通高 35.5 厘米，冠底直径约20厘米，冠面共嵌宝石128块（其中红宝石71块、蓝宝石57块）、珍珠5449颗。六龙三凤冠是以漆竹丝编成圆形冠胎，表面饰以翡翠丝制成的，正面顶部正中有一龙，口衔珠宝滴，两侧在如意云形云头上各饰一飞龙，口衔珠宝串饰，中层有三凤，口衔珠滴，做展翅飞翔状，下层为大珠花三树。背面为三条飞龙并列，口衔珠宝滴，中下层为大珠花四树。六条龙均用花丝堆累工艺制作，也就是把金拔成细丝，用堆累编制的手艺编结成龙形。六条金龙都是通体镂空的，飞腾在凤冠的珠翠之上。

六龙三凤冠顶部

衔珠宝串饰的飞龙

万历皇帝墓中的另外三件凤冠，分别是孝端皇后所有的九龙九凤冠，以及孝敬太后所有的三龙两凤冠和十二龙九凤冠，其中最为精美的是九龙九凤冠。九龙九凤冠是用漆竹扎成帽胎，以丝帛为面料制作而成的，前面上方装饰有九条金龙，下方有八只凤，全部采用点翠技法制作而成，后部有一只较大的凤，共九龙九凤。龙和凤都口衔珠滴，在人行走的时候，珠滴就会随步摇晃。

九龙九凤冠

九龙九凤冠局部

　　凤冠是中国古代皇帝的后妃及贵族命妇的传统冠饰，其上饰有凤凰样的珠宝。

　　凤钗等凤形首饰当是凤冠的前身。宫中嫔妃插凤钗之俗起于秦。《中华古今注》云，秦始皇的嫔妃以"金银作凤头，以玳瑁为脚，号曰凤钗"。到汉代，太皇太后、皇太后谒庙的礼服已经开始用凤凰作为头部的装饰。魏晋南北朝时期的步摇、钗也会采用口衔珠滴的凤鸟形装饰，佩戴者行走时，凤鸟在云鬓上摇曳生姿。东晋王嘉的《拾遗记》中第一次出现了"凤冠"一词，而唐代已有宫女戴凤冠。宋代女子戴冠之风很盛，凤冠被正式定为礼服的一部分，纳入后妃冠服制度。北宋的后妃在受册或朝贺等隆重场合都要戴上凤冠。

　　明代的皇后祭祀、朝会时也戴凤冠，明人参照宋代皇后的龙凤花钗冠设计皇后的凤冠，作为皇后受册、谒庙、朝会时戴用的礼冠，其形制比宋代有所发展和完善，因而更显雍容华贵之美。在明代摹绘的容像中，亦可见凤冠的形象。如明代皇后半身像中，每位皇后都头戴凤冠，凤冠形象较为突出，结构特征也较为鲜明。从画像中可见，明代早期的凤冠冠体较小，只能罩住头上的发髻部分，而后冠体逐渐变大，至明中后期几可罩住整个头部，凤冠上的装饰也日益繁复，大量镶嵌宝石、珍珠。

　　清朝后妃的凤冠上不再饰龙。乾隆朝的《钦定大清会典·礼部·冠服》记载，皇后"冠施凤，顶高四重，上用大东珠一，下三重贯东珠三，刻金为三凤，凤各饰东珠三，冠前左右缀金凤七"。

6. 旗袍

身穿各式旗袍的清代宫廷贵妇

　　1616年，努尔哈赤建立了后金政权，推行八旗制度，满族人因此被称为旗人。旗人所穿的服装统称为旗装，旗袍则是对旗人所着之袍的泛指。

　　早期的旗袍样式比较简单，不分上下，宽身直筒，与汉族人上衣下裳的两截衣裳有明显区别。旗袍的基本款式是圆领、大襟、窄袖，带纽扣，束腰带。袖口窄小是此时旗袍最明显的特征，其袖头形状与马蹄类似，又称"马蹄袖"，也称"箭袖"。冬季或作战时，袖子能罩住手背，既保暖，又不影响拉弓射箭，平时绾起来，还能作为装饰。旗袍四面开衩，便于骑马；束腰带，既可以起到御寒作用，又可以在前襟内存放干粮。

孝庄文皇后常服像（清）

　　《孝庄文皇后常服像》中，孝庄文皇后所着的袍服就是旗袍的早期形态。这幅画像反映了清代初期旗袍的基本款式，圆领、大襟，左右开衩，但衣身已变得宽松，衣摆掩足，边饰十分简洁，只在衣摆处加黑色镶边。

　　满族人进入中原后，生活方式发生了很大的变化，由游牧、狩猎变为稳定的农耕，再加上满汉文化的不断交流和互相影响，满族的服饰也悄然发生着变化。清朝末年，旗袍的风格由简洁变得繁复，讲究装饰，还采用刺绣工艺和吉祥纹样，在衣襟、袖口、衣摆等部位都会有刺绣，颜色、品种、图案都十分丰富。

　　到民国时期，旗袍经改良，融合了中国南方服饰及西洋晚礼服的特点，表

现为直领、紧腰身、两边开衩等。现代的旗袍充分显示了女性的体态美和曲线美，这种具有东方神韵的服装样式像一缕清风吹到了世界上的很多角落，受到国际社会的广泛赞誉。

现代的旗袍

第二节　中华饮食

一、导读概览

饮食文化在中国文化中具有非常重要的地位。中国人不但创造了举世闻名的中国美食，而且把"吃"作为一种不可替代的生活享受，乃至生活的艺术。中国的饮食文化是由中国民族文化积淀而形成的，反映了中国人的生活方式、文化心理、审美情趣和民族精神。

中国人的"吃"中满含着人们对家庭的情感回归和对劳动的热爱。"吃"对我们的文化、心理结构有深刻的影响，存在于潜意识之中。这一点从我们的日常语言和词汇构成中都可以看出。如见面打招呼是"吃了没有"，赞扬时说"脍炙人口"，情况紧急叫"吃紧"，形容生活艰辛是"尝遍酸甜苦辣"等。在食器、食材、食系、食艺上，中国人展现出了超乎寻常的智慧。

餐饔膳食

中国饮食重"味"，中国人对饮食追求的是一种难以言传的"色、香、味、形、器"的意境的完美融合，颇有"只可意会，不可言传"的意味。中国饮食有其独特的魅力，关键就在于它的味。而美味的产生在于调和，要使食物的本味、加热以后的熟味、配料和辅料之味及调料的调和之味交织融合，协调在一起，使之互相补充、互相渗透、水乳交融，你中有我，我中有你。中国烹饪讲究的调和之美，是中国烹饪艺术的精要之处。这种饮食观与中国传统的哲学思想也是吻合的。中国菜的制作方法是调和鼎鼐，最终是要调和出一种美好的滋味。这讲究的是分寸，是整体的配合。它包含了中国哲学丰富的辩证法思想。

在中国人看来，吃饭重要的是吃出气氛，吃出感情。一家人在一起吃饭，尤其是在节日，应该围坐在一起，那是团圆的象征。在吃饭的过程中，长幼有序，有说有笑，长辈给晚辈夹菜，晚辈给长辈敬酒，能营造出一种温情、和谐的气氛。这种进餐习惯对中国人的性格也有影响。热热闹闹的饮食习俗在一定程度上增强了中国人的群体性。每个人都要首先考虑群体的需要，吃饭的过程也是谦让和照顾别人的过程。

中国地域广大、民族构成复杂，造就了饮食习惯的地域性差异，总体来说呈现出南甜、北咸、西辣、东酸的特点。明清之后形成了八大菜系。每道菜背后都有一段往事。中国人也喜欢给食物取一些富有诗意的名字。

中国人对饮食的热爱和精雕细琢，体现了生活的智慧及对生活的无限热爱。《舌尖上的中国》这样说道：中华美食中流淌着中国人顺应、改造、升华自然的智慧，从舌尖一路绵延而下，在每个时刻的胃腹里传递着怀念与感恩的温情，它们是源于自然的，也是来自心灵的。本章我们选取古人对于饮食的记忆，来寻找美食所折射出的文化之根。

二、经典选粹

1. 金錾花筷

金錾花筷（清）

品悟赏析

　　这副金錾花筷是清宫旧藏。筷子由赤金制成，顶端以细链相连，上部呈方形，錾刻细密花纹，下部略细，呈圆柱形，方便夹取。虽只是一件实用餐具，但其细节一丝不苟，工艺精益求精。

　　中国人很早就已经使用筷子了。筷子在先秦时称"梜"，汉代时称"箸"，明代开始称"筷"。吴地的船家忌讳说"箸"，因其"住"谐音，故见了"箸"反其道而叫"筷"，与"快"谐音，以图吉利。明人李豫亨在《推蓬寤语》中说："世有讳恶字而呼为美字者，如立箸讳滞，呼为快子。今因流传已久，至有士大夫间亦呼箸为快子者，忘其始也。"

　　我国是筷箸的发源地。《韩非子·喻老》载："昔者纣为象箸而箕子怖。"司马迁在《史记·宋微子世家》亦云："纣为象箸，箕子叹曰：彼为象箸，必为玉杯；为玉杯，则必思远方珍怪之物而御之矣。舆马宫室之渐自此始，不可振也。"纣为商末的君主，以此推算，我国在三千多年前已出现了精致的象牙箸。但筷子在我国的使用记录长期以来有文字的记载，而缺乏实物的佐证，在一个汉灶中发现的筷子的浮雕弥补了筷子实物佐证的空白，具有极高的历史研究价值。

　　一双小小的筷子传承了中国精神，是中华民族智慧的象征。对于中国人来说，筷子不仅是一种饮食用具，更代表了对家的态度、对生活的定义、对民族的爱与尊重。"莫言筷箸小，日日伴君餐。千年甘苦史，尽在双筷间。"这双筷子传递的是浓浓中国味和深深中国情。

　　筷子有深厚的文化内涵。第一，古人将筷子的形状与人的品格相联系。据记载，唐玄宗在一次御宴上将手中的金箸赏给宰相宋璟，道："非赐汝金，盖赐卿以箸，表卿之直耳。"第二，筷子一头圆，一头方。圆的象征天，方的象征地，对应天圆地方。第三，中国人遵守太极和阴阳的理念。筷子一分为二，代表万事万物都是由两个对立面组成的；合二为一，这是阴与阳的结合，也意味着一个完美的结果。

2. 饮中八仙歌 ①

［唐］杜甫

知章 ② 骑马似乘船 ③，眼花落井水底眠。

汝阳 ④ 三斗始朝天 ⑤，道逢曲车 ⑥ 口流涎，恨不移封 ⑦ 向酒泉 ⑧。

左相 ⑨ 日兴费万钱，饮如长鲸 ⑩ 吸百川，衔杯 ⑪ 乐圣 ⑫ 称避贤。

宗之 ⑬ 潇洒 ⑭ 美少年，举觞 ⑮ 白眼 ⑯ 望青天，皎如玉树临风前 ⑰。

苏晋 ⑱ 长斋绣佛 ⑲ 前，醉中往往似逃禅 ⑳。

李白一斗诗百篇，长安市上酒家眠。天子呼来不上船，自称臣是酒中仙。

张旭三杯草圣传，脱帽露顶王公前，挥毫落纸如云烟。

焦遂㉑五斗方卓然㉒，高谈雄辩惊四筵。

作品选注

① 选自〔清〕吴瞻泰：《杜诗提要》，黄山书社 2015 年版。

② 知章：即贺知章，官至秘书监，嗜酒，性旷放纵诞，自号"四明狂客"，又称"秘书外监"。

③ 似乘船：形容贺知章骑马时的醉态，摇摇晃晃，像乘船一样。

④ 汝阳：汝阳王李琎，唐玄宗的侄子。

⑤ 朝天：朝见天子。

⑥ 曲车：酒车。

⑦ 移封：改换封地。

⑧ 酒泉：郡名，在今甘肃酒泉。传说郡城下有泉，味如酒，故名酒泉。

⑨ 左相：李适之，天宝元年（742）八月为左丞相，天宝五载（746）四月为李林甫排挤而罢相。

⑩ 长鲸：鲸鱼。古人以为鲸鱼能吸百川之水，故用来形容李适之的酒量之大。

⑪ 衔杯：贪酒。

⑫ 圣：酒的代称。《三国志·魏志·徐邈传》云尚书郎徐邈酒醉，校事赵达来问事，邈言自己"中圣人"。达复告曹操，操怒，鲜于辅解释："平日醉客，谓酒清者为圣人，酒浊者为贤人。"李适之罢相后，尝作诗云："避贤初罢相，乐圣且衔杯。为问门前客，今朝几个来？"此处化用李适之诗句，说他虽罢相，仍豪饮如常。

⑬ 宗之：崔宗之，吏部尚书崔日用之子，袭父封为齐国公，官至侍御史，与李白交情深厚。

⑭ 潇洒：洒脱，无拘束。

⑮ 觞（shāng）：大酒杯。

⑯ 白眼：晋阮籍能作青白眼，青眼看朋友，白眼视俗人。

⑰ 玉树临风前：形容醉后摇晃之态。崔宗之风姿秀美，故以玉树为喻。

⑱ 苏晋：开元进士，曾为户部和吏部侍郎。

⑲ 绣佛：画的佛像。

⑳ 逃禅：这里指逃出禅戒，即不守佛门戒律。佛教戒饮酒，苏晋长斋信佛，却嗜酒，故曰"逃禅"。

㉑ 焦遂：布衣之士，以嗜酒闻名。

㉒ 卓然：神采焕发的样子。

品悟赏析

李白、贺知章、李适之、李琎、崔宗之、苏晋、张旭、焦遂在当时号称"酒中八仙人"，《饮中八仙歌》别具一格，用追叙的方式、人物速写的笔法，勾勒出了一幅栩栩如生的酒仙图，语言凝练，生动活泼，把大唐的包容气象和潇洒文人的嗜酒、豪放、旷达表现得淋漓尽致。

贺知章是"八仙"中资格最老、年事最高的一个，曾"解金龟换酒为乐"（李白《对酒忆贺监序》）。诗中说他喝醉酒后，骑马的姿态就像乘船那样摇来

晃去，醉眼蒙眬，眼花缭乱，跌进井里，竟会在井里熟睡不醒。汝阳王李琎是唐玄宗的侄子，宠极一时，"主恩视遇频""倍此骨肉亲"（杜甫《赠太子太师汝阳郡王琎》），因此，他敢于饮酒三斗后才上朝拜见天子。他的嗜酒心理也与众不同，路上看到酒车竟然流起口水来，恨不得把自己的封地迁到酒泉去。李适之于天宝元年（742）代牛仙客为左丞相，雅好宾客，饮酒日费万钱，豪饮的酒量有如鲸鱼吞吐百川之水，一语点出他的豪华奢侈。好景不长，天宝五载（746），李适之为李林甫排挤，罢相后在家与亲友会饮，酒兴未减，赋诗道："避贤初罢相，乐圣且衔杯。为问门前客，今朝几个来？"崔宗之是一个倜傥洒脱、少年英俊的风流人物。他豪饮时高举酒杯，用白眼仰望青天，睥睨一切，旁若无人，喝醉后，宛如玉树迎风摇曳，不能自持。杜甫用"玉树临风"形容宗之的俊美风姿和潇洒醉态，很有韵味。苏晋一面耽禅，长期斋戒，一面又嗜饮，经常醉酒，处于"斋"与"醉"的矛盾斗争中，但结果往往是"酒"战胜"佛"，所以他只好"醉中往往似逃禅"。短短两句诗，幽默地表现了苏晋嗜酒而得意忘形、放纵而无所顾忌的性格特点。杜甫是李白的挚友，他把握了李白思想性格的本质，并加以浪漫主义的夸张，"天子呼来不上船"，将李白塑造成一个桀骜不驯、豪放纵逸、傲视封建王侯的艺术形象，神采奕奕，形神兼备，焕发着美的理想光辉，令人难忘。这正是千百年来人民所喜爱的富有浪漫色彩的李白形象。张旭"善草书，好酒，每醉后，号呼狂走，索笔挥洒，变化无穷，若有神助"，当时人称"草圣"。张旭酒醉后，豪情奔放，绝妙的草书就会从他笔下流出。"脱帽露顶王公前"，这是何等的倨傲不恭、不拘礼仪！它酣畅地表现了张旭狂放不羁、傲世独立的性格特征。袁郊在《甘泽谣》中称焦遂为布衣，可见他是个平民。焦遂喝酒五斗后方有醉意，那时他更显得神情卓异，高谈阔论，滔滔不绝，惊动了席间在座的人。诗里刻画焦遂的性格特征时，集中在渲染他的卓越见识和论辩口才上，用笔精确、严谨。

　　《饮中八仙歌》以唐代八位著名饮者为主题，展现了唐朝酒文化的丰富多彩。据有关资料记载，世界上最早的酒应是落地的野果自然发酵而成的。酒的出现不是人类的发明，而是天工的造化，有几分神秘色彩。晋人江统在《酒诰》里载："酒之所兴，肇自上皇。……有饭不尽，委余空桑，郁积生味，久蓄气芳，本出于此，不由奇方。"煮熟了的谷物被丢在野外，在一定自然条件下，可自行发酵成酒，人们受这种自然发酵成酒的启示，发明了人工酿酒。

　　历史上，儒家学说被奉为治国安邦的正统观点，关于酒的习俗同样也受儒家观点的影响。儒家讲究"酒德"两字。"酒德"两字，最早见于《尚书》和《诗经》，是说饮酒者要有德行，不能像纣王那样，"颠覆厥德，荒湛于酒"。《尚书·酒诰》中集中体现了儒家的酒德，这就是"饮惟祀"（只有在祭祀时才能饮酒）、"无彝酒"（不要经常饮酒）、"执群饮"（禁止民众聚众饮酒）、"禁沉湎"

（禁止饮酒过度）。儒家并不反对饮酒，用酒祭祀敬神、养老奉宾，都是符合"酒德"的。

在远古时代，我国就形成了关于饮酒的礼节，如果在重要的场合不遵守，就有犯上作乱的嫌疑。明代的袁宏道看到酒徒在饮酒时不遵守礼节，从古籍中采集了大量的资料，专门写了一篇《觞政》，对于饮酒者而言有一定的意义。

我国古代饮酒时礼节众多。古代饮酒的礼仪有四步：拜、祭、啐、卒爵。就是先做出拜的动作，表示敬意，接着把酒倒一点在地上，祭谢大地生养之德，然后尝尝酒味，并加以赞扬，令主人高兴，最后仰杯而尽。主人和宾客一起饮酒时，要相互跪拜。晚辈在长辈面前饮酒，叫侍饮，通常要先行跪拜礼，然后坐入次席。长辈命晚辈饮酒，晚辈才可举杯。长辈酒杯中的酒尚未饮完，晚辈也不能先饮尽。在酒宴上，主人要向客人敬酒（叫"酬"），客人要回敬主人（叫"酢"），敬酒时还要说上几句敬酒词，客人之间相互也可敬酒（叫"旅酬"），主人有时还要依次向客人敬酒（叫"行酒"）。敬酒时，敬酒的人和被敬酒的人都要"避席"，即起立，普通的敬酒以三杯为度。

酒在人类文化的历史长河中，已不仅仅是一种客观的物质存在，更是一种精神的象征，为中华灿烂的文化增添了无限光彩。

3. 走笔谢孟谏议寄新茶 ①

[唐] 卢仝

日高丈五睡正浓，军将打门惊周公。

口云谏议 ② 送书信，白绢斜封三道印。

开缄宛见谏议面，手阅月团 ③ 三百片。

闻道新年入山里，蛰虫惊动春风起。

天子须尝阳羡 ④ 茶，百草不敢先开花。

仁风暗结珠蓓蕾，先春抽出黄金芽。

摘鲜焙芳旋封裹，至精至好且不奢。

至尊之余合王公，何事便到山人家？

柴门反关无俗客，纱帽笼头自煎吃。

碧云 ⑤ 引风 ⑥ 吹不断，白花 ⑦ 浮光凝碗面。

一碗喉吻润，两碗破孤闷。

三碗搜枯肠，惟有文字五千卷。

四碗发轻汗，平生不平事，尽向毛孔散。

五碗肌骨清，六碗通仙灵。

七碗吃不得也，唯觉两腋习习清风生。

蓬莱山，在何处？玉川子乘此清风欲归去。

山上群仙司⑧下土，地位清高隔风雨。

安得知百万亿苍生命，堕在颠崖受辛苦。

便为谏议问苍生，到头合得苏息⑨否？

作品选注

① 选自〔宋〕蔡正孙撰，常振国、降云点校：《诗林广记》，中华书局1982年版。

② 谏议：言官名，此指谏议大夫孟简。

③ 月团：茶饼，因作圆形，故名。

④ 阳羡：地名，以产茶著称。北宋沈括《梦溪笔谈》云"古人论茶，唯言阳羡、顾渚、天柱、蒙顶之类"，《茶事拾遗》云"有唐茶品，以阳羡为上"。

⑤ 碧云：形容茶汤的色泽碧绿。

⑥ 风：煎茶时的滚沸声。

⑦ 白花：煎茶时浮起的泡沫。

⑧ 司：统治，掌管。

⑨ 苏息：在困乏之后得以休息。

品悟赏析

卢仝，唐代诗人、文学家，自号玉川子。卢仝著有《茶谱》，被世人尊称为"茶仙"，常常将之与"茶圣"陆羽相提并论。

卢仝的好朋友谏议大夫孟简派人把得到的新茶送给卢仝，卢仝饮用之后，即兴而作此篇。关于"七碗茶"的一段因为太过精彩，所以常常被人取出来单列成篇，也被称为《七碗茶诗》或《七碗茶歌》，朗朗上口，文字优美，境界深远，可以说是历代茶诗中最为著名的一首。

第一碗一喝下去，喉咙就被滋润了。这不仅仅是茶水本身的滋润，更是喝茶带来的回甘生津，令喉咙润泽而舒适。

哪怕自己一个人喝茶，喝到第二碗，也能打破孤寂郁闷的心境。因为茶就像一个老朋友，与茶交谈，让人感觉越来越畅快。

第三碗下肚，越发感到心潮澎湃，恨不得"搜枯肠"，把心中的所感所想全部都表达出来，仿佛有几千卷文字想要书写。正是茶激发了这么多的情绪与灵感。

喝到第四碗，不免让人感慨良多。人生在世，需要扮演很多角色，承担很多责任。有时候想一想，就觉得很不容易。但不管有多难，只要能喝上一杯茶，心也能渐渐平静下来，所有的不顺心仿佛都会随着汗液从毛孔中散去。

脱离了世俗的烦恼之后，喝下第五碗，心境又上了一个层次。肌肤与筋骨仿佛都被荡涤，只觉得神清气爽，从内到外都焕然一新，超脱世俗，宛若新生。

"灵"是一种高妙的状态，所谓"心有灵犀一点通"。喝下第六碗，心境变得清明而透亮，身心与自然融为一体，仿佛可以与神明对话，感知天地万物，达到一种逍遥自在的境界。

要是喝下第七碗，腋下就会徐徐升起清风，化作羽翼，人乘着风张开翅膀，就像大鹏鸟一样逍遥遨游去了。第七碗茶恐怕是喝不得了，喝了便会进入如梦如幻的世界，仿佛离开人间，羽化登仙，简直妙不可言！

读了卢仝此诗，喝茶的时候常常就会想起"喉吻润、破孤闷、搜枯肠、发轻汗、肌骨清、通仙灵"的七碗茶，这七碗茶，就是七个境界。茶会让人越喝越开阔，越喝越豁达，不管能达到几重境界，这杯茶都足以让我们暂时忘却世间的纷纷扰扰，找回心灵的一片净土。苏轼诗云："何须魏帝一丸药，且进卢仝七碗茶。"哪里需要服什么仙丹，只要有七碗茶，人生何处不是仙境？

我国是茶树的原产地，被誉为"茶的故乡"。制茶、饮茶都源于我国，在茶几千年的发展过程中，形成了特有的茶文化，其已成为中华民族物质文明和精神文明不可分割的一部分。

魏晋时天下动乱，文人无以匡世，渐兴清谈之风。这些人终日高谈阔论，必有助兴之物，于是多兴饮宴，所以最初的清谈家多酒徒，如竹林七贤。后来清谈之风蔓延到一般文人中，能豪饮终日不醉的毕竟是少数，而茶则可长饮且始终保持清醒，于是清谈家们就转向了好茶。

品茗问道

到南北朝时，几乎每一个文化、思想领域都与茶产生了关系，在政治家那里，茶是提倡廉洁、对抗奢侈之风的工具；在辞赋家那里，茶是引发思考、以助清兴的手段；在释家那里，茶是禅定入静的必备之物。茶的文化、社会功能已超出了它的自然使用功能，中国茶文化初现端倪。

唐朝茶文化的形成与当时的经济、文化发展相关。唐朝疆域广阔，注重对外交往。长安是当时的政治、文化中心，中国茶文化正是在这种大环境下形成的。茶文化的形成还与当时佛教发展，科举制度、诗风大盛，贡茶兴起，禁酒有关。唐朝陆羽自成一套的茶学、茶艺、茶道思想及其所著《茶经》是一个划时代的标志。《茶经》非仅述茶，而是把诸家精华及诗人的气质和艺术思想渗入其中，奠定了中国茶文化的理论基础。

中国传统茶文化是一种以茶为媒的生活礼仪，也被认为是一种修身养性的方式，融合了儒、释、道三家思想，而突出了道家"自恣以适己"的随意性，以和、静、怡、真"四谛"为总纲。

"和"是中国茶文化的灵魂，是中国儒、道、佛三家思想杂糅的具体体现。儒家重视礼义引控的"和"，道家倡导纯任自然的"和"，佛家推崇超越现世、四大皆空的"和"。儒家的"和"体现中和之美，道家的"和"体现无形式、无常规的自然之美，佛教的"和"体现规范之美。

中国茶文化是修身养性之道，"静"是修习中国茶文化的必由之路，可谓

"欲达茶道通玄境，除却静字无妙法"。茶事活动常常营造一种宁静的氛围，进入虚静的空灵心境，在虚静中升华精神，与自然融和交汇，乃至达到"天人合一"的最高境界。

"怡"是美妙的人生顿悟和心境感受。王公贵族追求"茶之珍"，炫耀权贵，展现风雅。文人学士偏爱"茶之韵"，托物寄怀，激扬文思。释家看重"茶之德"，去乏提神，参禅悟道。道家讲究"茶之功"，品茶养生，羽化成仙。普通老百姓讲茶道，重在"茶之味"，去腥除腻，享受人生。无论何人，都可以在品茶中获得怡悦。

"真"是中国茶文化的初心，更是中国茶文化的终极追求。"真"是人生真善美的真，"真"是参悟，是透彻，是从容，是淡定，是自然，"真"不单纯是真茶、真香、真味、真山、真水、真迹，更是真心、真情、真诚、真悠闲，是道家"道法自然"的完美呈现。

"茶引文人思"，茶与中国文人士大夫结下了不解之缘。"仁者乐山，智者乐水"，中国历代文人皆有以山水自娱的超凡情趣。茶"清灵玄幽"的秉性与历代文人脱俗的情趣和淡泊的心态相一致，所以文人雅士皆钟情于茶，茶也成为落魄文士获得精神解脱的一种手段。他们将饮茶的"茶趣"与人生的"雅趣"结合起来，并陶醉其中，以之作为人生的寄托。在唐诗、宋词、元曲、明清小说等中，都留下了不少关于茶的佳篇，也留下了许多饮茶的佳话。

第三节　古代水陆交通

文化传播与交通状况紧密相连，社会历史的发展进步与交通密切相关。中国疆域辽阔，古代经济的高度发展带动了陆路的开拓、运河的开凿，以及驿路系统的建设和完善。水陆交通便利通畅，车船的制造成就辉煌，中国古代交通水平曾长期位居世界前列。我国古代的交通可以分为陆路交通和水路交通。

第一，陆路交通。在远古尧舜时，道路被称作"康衢"。西周时期，人们把可通行三辆马车的称作"路"，可通行两辆马车的称作"道"，可通行一辆马车的称作"途"，"畛"是牛车行的路，"径"是仅能走牛、马的乡间小道。秦始皇统一中国后，实行"车同轨"制度，兴路政，把最宽阔的道路称为"驰道"，即天子驰车之道。唐朝时筑路五万里，称为"驿道"。元朝将路称作"大道"。清朝称作"大路""小路"等。清朝末年，我国建成第一条可通行汽车的路，被称作"汽车路"，又称"公路"，一直沿用至今。

中国陆路交通网络的形成始于秦朝。早在秦国出兵剿灭六国时，秦王就开始命人拆除私建的高墙、壁垒和阻碍交通运输的关卡。秦始皇统一中国后，实现了"车同轨"。全国各地的车辆使用相同的轨距，这就意味着所有车辆的主要部件有统一的标准，在更换的时候更加方便快捷。这种标准化的要求和方法在当时是非常先进的，满足了秦代开展土木工程和战争中长途运输的需要，同时也对道路建设提出了更高的要求，具有巨大的经济价值和社会效益。

建元元年（前140），汉武帝刘彻即位，张骞任郎官，两次出使西域，加强了中国和西域诸国的联系。张骞出使西域还到达了中亚和西亚的一些国家。从此，汉朝和这些国家不断相互派遣使者往来，政治、经济和文化交流日益频繁。当时通往中亚、西亚各国的道路有南、北两条，皆东起长安，中国的丝织品被当时的中亚各国视为珍品，大量的丝绸经南、北两路被运往中亚各国，甚至再经这些国家的商人被转运到欧洲。因此，历史上称这两条道路为"丝绸之路"。除丝绸外，中国的冶铁技术、铁器和井渠法等也沿丝绸之路传往中亚、西亚各地。

隋唐时期形成了以长安和洛阳为中心的全国内陆交通网络。当时，京城长安不仅有水路运河与东部地区相通，而且是国内与国际的陆路交通枢纽，已经成为世界上最大的都市之一。出了长安城，交通线向四面延伸，逐渐构成了四通八达的陆路交通网。不仅如此，中外交通往来也比较频繁。像洛阳、扬州、泉州和广州等城市，随着唐朝政治、经济和文化的发展，也相继成为国内外交通的重要中心。

两宋时期虽然疆域较小，但经济高度繁荣，以经济都会为交通枢纽的交通线大为发展。这个时期，我国的道路建设进入一个新的发展阶段，特别是在城市道路建设与交通管理方面，与隋唐时期有着明显的区别。这一时期的城市建设实现了街和市的有机结合，城内大道的两旁第一次成为百业汇聚之区。

元代是陆路交通发展的繁荣时期。元朝疆域广阔，为了巩固统治，在四大汗国与中原之间及各省之间建立了发达的驿道，并在各省与各府之间、各府与各县之间修建了道路，逐步形成了三级交通网络系统，奠定了明清的交通格局。

明清时期是中国古代内陆交通的完善时期。元朝交通的发展使全国的内陆交通网络逐渐清晰，明清统治者所做的是修整道路、开辟方便行走的小路。这一时期的道路有官马大路、大路和小路。官马大路是首都通往各个省会的路，大路是从省会到地方城市的道路，小路是从城市到城镇的支路。

第二，水路交通。中国境内流域面积超过1 000平方公里的河流多达1 500余条，为水运提供了得天独厚的天然条件。但长江、黄河均由西向东流入大海，也形成了地理上南北水运的局限。中国与南海以西的沿海各国的海上交通和贸易往来始于汉代。随着造船技术和航海技术的不断提高，海外贸易日益频繁，逐渐开辟出了一条"海上丝绸之路"。这一海上通道东起中国的广州、泉州、扬州等沿海港口，途经东南亚，过马六甲海峡，到达天竺，越印度洋、阿拉伯海，最后到达大食（阿拉伯帝国）。"海上丝绸之路"的开通便利了中国文化在中亚和西亚的传播，举世闻名的中国古代四大发明（造纸术、印刷术、火药、指南针）就是先传入阿拉伯，再

传入欧洲的。

三国时期加快了江南水运开发的进程。经东晋及南朝，长江中下游、湘水流域、赣江流域、珠江流域，长江以北的淮河、汉水流域和四川的中部、北部，农业相继得到深度开发。与北方相比，南方较少受到战乱的威胁，其丰饶的物产对于支撑国家庞大的开支具有举足轻重的作用。隋朝的建立结束了长达300余年的分裂和动荡，为了解决漕运问题，南北大运河的开凿便被提上了议事日程。

隋唐时期，中国的水陆交通进入了一个新的历史阶段。隋朝，贯通南北的大运河建成，是世界上建立最早、规模最大、运行时间最长的运河。唐代，海上贸易逐渐发展，新的海上航线逐步被开发，拉近了东西方的距离。

宋元时期，古代交通发展达到顶峰。宋代航海家将指南针应用于海船上，大大提高了航海技术的水平。元代的沿海航运最为发达。元朝除了继续开挖运河，使京杭大运河通航，还开辟了以海上为主的水运路线。元朝政府设立的驿站遍布全国水陆通道，形成了以大都为中心，通往全国和海外的密集驿道交通网络。

明清时期，我国海陆交通发展日趋衰落。但明代造船业规模最大，出现了造船高峰。这一时期交通史上最重要的事件是郑和下西洋，把我国古代的航海活动推向了高峰。但是不久后国家实施海禁，航海事业从此一蹶不振。

便捷的海陆交通对中国文化的对外传播十分有利。8世纪中叶，唐人杜环因战争而流落中亚，回国后著《经行记》一书，谈到他在中亚见到了不少大唐工匠，如绫绢匠、金银匠、画匠等，说明中国的这些手工业技术早就传入了中亚。唐代孙思邈的《千金方》在元代被译为波斯文。在蒙古人统治时期，中国式的帽子、服装风行伊朗。中国画的题材也成为伊朗画家常用的题材，其画风酷肖中国。

不管是国内交通还是对外交通，都对每个历史时期的政治、经济、文化产生了重要影响。"陆行乘车，水行乘船，泥行乘橇，山行乘樏"是对古代几种主要交通工具性能的总结。交错纵横的道路、姿态各异的桥梁、功能多样的馆驿、各具特色的舟车都展示了中国古代交通的风采。本节我们将通过不同时期、不同类型的文物，一起见证中国古代的交通工具、交通规则、交通方式，以及丝绸之路的前世今生。

一、古代陆路交通

（一）导读概览

马是古代重要的交通工具之一。历朝历代的驿站都有许多马匹供传递文件的人或过往官员骑用。马速度快，跑得远，不管是出兵打仗还是递送加急文件都离不开马。中国是世界上养马的历史最悠久的国家之一，也是马文化相对发达的国家之一。早在5 000年前，马就被用来驾车。殷朝开始建立"马政"，即对官用马匹的牧养、训练、使用、采买的管理制度。周代将马分为六类，即种马、戎马（军用）、齐马（仪仗用）、道马（驿用）、田马（狩猎用）、驽马（杂役用）。秦汉时期建立了比较完备的马政机构，开始大规模经营马场。汉代在西北边疆地区养马30万匹，唐初养马70多万匹，规模和经营管理方面都大有改善，还从西域引进改良军马。当时，畜牧业的繁荣不仅在国防上发挥了重要作用，而且进一步促进了中原和西域的文化交流。

我国是世界上最早发明和使用车的国家之一，相传黄帝是车辆的发明者，因此号为"轩辕氏"。但由于车是一种形制较为复杂的交通工具，在生产力低下的远古时期，它的发明不仅不可能是一人所为，也不可能是一日之功，在其创制之前，必然有一个漫长的萌发和完善过程。

战国以前，车不仅是重要的交通工具，而且是主要的作战工具。由于战车机动性强，进攻时具有很强的破坏力，防守时战车排成一排，可以说是铜墙铁壁，敌人很难穿越。战车很适合用于在宽阔的平原上进行大规模作战。春秋时期，为了赢得兼并战争，各诸侯国都将先进的造车技术应用于战车的制造。战车的规模和一个国家军事力量的强弱息息相关。《周礼·春官》将战车分为戎路、广车、阙车、苹车、轻车"五戎"。就其用途而言，主要有用于战场输出的攻车和用于后勤保障、物资运输的守车两类。

古代用于载人或运输的主要有栈车、辎车、安车、温车、轿车等。《说文解字》云："栈，棚也，竹木之车曰栈。"段玉裁注："谓以竹若木散材编之为箱，如栅然，是曰栈车。"栈车是一种用竹木制成的马车，上面用篾席制成卷棚，前后无档，双直辕，以一匹马作为驱动，可以载货、载人，是民间广泛使用的常见交通工具。

辎车和辀车都是有帷幔的坐卧车，可并称为"辎辀"。车上装有窗帘，可以遮阳、遮风和挡雨，坐卧两用，装饰典雅，是舒适豪华的带篷车。

安车是小型坐车，比较安适，年长者和妇孺多乘坐安车。战国以后，安车常驾四马，秦始皇陵二号铜马车即是四马驾的安车，车上一条辔绳末端书云"安车第一"，专用以征聘天下贤臣。为了使安车行走更加安稳，人们常用蒲草裹轮，《汉书·儒林传·申公》云："于是上使使，束帛加璧，安车以蒲裹轮，驾驷迎申公。"安车蒲轮，征聘贤士，对君王而言可以表示礼贤下士，对被征聘者而言则是一种殊荣。

传车是驿站专用的车子。古代驿站又称"传"，驿站专用的车子就叫"传车"，有时也简称"传"，用以传递消息、命令，也被用作过往官员的备乘之车。传车用于递送紧急公文，要求轻便，一般速度很快，有用四马拉的，也有用二马或一马拉的。

温车又称"辒辌车"，是古代的一种卧车，设有帷幔和车窗，可以根据气温开闭车窗，以调节车内温度。《史记·李斯列传》云："李斯以为上在外崩，无真太子，故秘之，置始皇居辒辌车中。"裴骃集解引孟康语曰："如衣车，有窗牖，闭之则

温，开之则凉，故名之辒辌车也。"后来，温车常被用作丧车。

轿车是一种用马或骡拉的客车，有车顶，四周有帐幔，车的形状像轿子。古代以马拉车最为常见，所以车和马并称为"车马"。魏晋以后，士人多追求任性放达的名士风度，乘坐牛车一时成为时髦的风尚。唐宋时仍有乘坐牛车的习惯，但历史上，牛车主要被用作货车。明清时则多用一骡或二骡拉车，统称"骡车"。用骡牵挽的轿车成为重要的代步工具之一。

独轮车出现于两汉之交，是一种手推车，中间只有一轮，由一人推行，既能载人，又能装货，在平原、山地、大路、小路上皆可灵活便捷地推行，至今仍在部分农村地区使用。三国时诸葛亮所创制的木牛流马车，据考证就是独轮车。独轮车的发明是中国交通史上的一件大事，其制作和使用比欧洲早了 10 个世纪。

辇车是人力推拉的车，《说文解字》云："辇，挽车也。"段玉裁注："谓人挽以行之车。"秦汉以后其特指皇帝、皇后或嫔妃乘坐的车，又称"帝辇""凤辇"等。"辇下"即指皇帝所居之地，即京师。

肩舆就是轿子，起初只被作为山行的代步工具，并未普遍流行。宋以后出门盛行坐轿，轿子便成为陆行的重要代步工具。轿的种类多样，设帷幔的称"暗轿"，不设帷幔的称"亮轿"，皇家乘坐的称"皇轿"，官员乘坐的称"官轿"，用于婚礼的称"花轿"。抬轿的少则两人，多则数人。清代有"八抬大轿"，是高级官员乘坐的轿子。

（二）**经典选粹**

1.彩绘打马球俑

彩绘打马球俑（唐）

品悟赏析

　　吐鲁番地处丝绸之路东部，是唐代西部的重要门户。吐鲁番高昌古城的阿斯塔那古墓群中出土了相当数量的彩绘泥人，是极其珍贵的文物和艺术品。阿斯塔那唐墓出土的几件彩绘泥马俑具有独特的艺术风格和地域特色，是研究古代雕塑艺术的珍贵资料。阿斯塔那墓中出土的这件唐代彩绘打马球俑通高30.5厘米，长38厘米。马上人物头戴黑色幞头，身穿唐代流行的圆领褐色长袍，脚蹬马靴，紧踩马镫，身体微微向前倾，扬起右臂，作执杖击球状。坐骑为一匹骏马，络头、鞍鞯、马镫齐备。骏马四蹄腾空，作迅猛奔驰状。雕塑用夸张的手法向人们展示了马球场上骏马奔腾、争相追逐的激烈竞争场面，是不可多得的艺术瑰宝。

　　在现代交通工具发明之前，马在中国古代起着重要的作用，具有很高的社会地位。无论是交通、狩猎、战斗，还是宴请、旅游、唱歌、舞蹈，都离不开马。因此，在古墓葬中，随葬的马俑很多。

　　马球又称"波罗球"，源于波斯。马球是古代丝绸之路上文化交流的见证，在唐代非常流行，甚至还出现了专门的马球场。打马球是唐太宗提倡的运动，起初在长安流行，后来传到日本和韩国。该俑对于研究丝绸之路上古代西域和中原的文化交流及体育运动史等均具有重要价值。

2.驿使图画像砖

驿使图画像砖（晋）

驿使图画像砖出土于嘉峪关新城魏晋墓葬群 5 号墓前室北壁东侧，为米色底、黑色轮廓线，上绘一信使，头戴黑帻，着皂缘领袖中衣，左手持棨传文书，跃马疾驰，马身为黄色，上有红色的斑块。画师在这块砖上投入了很多精力，把写实与写意融合，完美再现了生活情景。其对一人一马进行了传神写照，是中国古典绘画中"以形写神"的经典之作。画像砖中的马为驿马，只见其四足腾空，信使稳坐马背，可见其业务精熟。

古代称快递为邮传、急传等。秦汉时，快递多为短途，一般都是徒步送件。政府有规定，平均速度为每小时五里，必须当日送达。如有紧急情况，会启用马车。唐时规定，陆驿最快日行五百里，最慢为一百八十里。宋朝快递行业日趋成熟，出现了一种新的运输形式——急脚递，一般只在战事期间使用，马日行四百里以上。到了清代，由于战火不断、军情紧急，出现了"红旗报捷"，日速度达到八百里。

古代出行也有交通法规。唐代最具权威性的法典《唐律疏议》规定："诸于城内街巷及人众中，无故走车马者，笞五十；以故杀伤人者，减斗杀伤一等。"唐代的交通法叫《仪制令》，距今已有 1 300 多年的历史，宋代依旧十分盛行。宋太宗曾经下诏，令京都开封及各州在城内主要交通路口悬挂木牌，将《仪制令》写在上面，作为交通规则。有些路碑上面还写有"尊老敬长必让道，来往应先后有序，讲究礼让"等内容，体现了我国悠久的礼仪传统。

3. 秦始皇陵铜车马

秦始皇陵铜车马一号车（秦）

秦始皇陵铜车马二号车（秦）

品悟赏析

　　1980 年，在陕西临潼秦始皇陵的埋葬坑中出土了两套大型青铜车马。据考证，该铜车马最晚是在陵墓建造时期，也就是公元前 210 年之前制作的。

　　一号车前驾着四匹青铜马，车辆平面为横长方形，前角为弧形，车厢两边的门板较低，四面裸露。车上竖立着一把高杠铜伞，伞下站着一位面容严肃的御官。马车还装备有青铜弩、铜盾、青铜箭等武器。一号车是秦始皇座驾中的立车，也被称为高车。车上的大伞是秦始皇出行时候的必备物件，它撑开时遮挡范围很大，能够为皇帝遮风挡雨。伞柄内部为中空设计，配有暗器和兵刃，关键时刻可以用作自卫的兵器。蔡邕在《独断》中记述秦始皇法驾卤簿的车马仪仗时曾说"又有戎立车以征伐"，说明了立车在皇帝车队中开道、警卫和征伐的作用。

　　二号车的缰绳末端有朱书"安车第一"字样，可以认定二号车就是古代的安车。车分前后室。前室很小，只能容车夫坐下。后室是主人乘坐的主舆，主舆四周封闭，后面留门，门上配备有可关合的门板；前、左、右侧设有窗户，前窗设有可向上抬起的菱形中空窗扇，左、右窗夹层设有推拉式菱形中空窗板。马车底部有一块绘有几何线条的铜板及坐垫。车内和车外都有精美的纹饰，足以显示出主人的身份之尊贵。二号车的出土使人进一步了解了秦代的卤簿制度和古代的马车陪葬制度，更对古代安车的形制结构有了明确认识。

　　秦始皇铜车马是目前发现的年代最早、规模最大、保存最完整的铜车马，它的出土为人们更深入地了解古代车制，尤其是战车的系驾方式提供了宝贵的研究史料，同时也为进一步推动中国古代美术、车制及宫廷舆服制度等方面的历史研究奠定了基础。

4. 釉陶肩舆与舆夫

釉陶肩舆与舆夫（宋）

品悟赏析

秦朝以前，马车是主要的交通工具。轿子作为一种人力交通工具出现较晚，到了汉代才有关于"辇舆""步辇"的记载。

最初的轿子是一块长方形的木板被固定在两根木杆上，这就是所谓的板舆，因为需要有人来扛，所以也叫肩舆。到了北宋时期，随着椅子的出现和广泛使用，肩舆得到了改进。北宋后期出现了轿子，是当时达官贵人的短途交通工具。

1978年2月江苏省溧阳县（今江苏省溧阳市）出土的釉陶肩舆与舆夫高17.5厘米，长32厘米。舆是一把大椅子，简单宽大，两边绑竹竿，没有帐幔。舆夫两人，高22厘米，一前一后，呈抬舆姿态。舆夫着右衽短衣，腰束巾带，脸型饱满，体态矫健，衣着简单方便，看上去很精干。釉陶肩舆与舆夫不仅展示了宋代的制陶技艺，而且对北宋的现实生活和风俗习惯做出了一定程度的真实反映，为研究当时的交通工具和平民服饰提供了实物例证。

二、古代水路交通

（一）导读概览

中国以船为水运工具，起始于新石器时代。最早的船是筏和独木舟。筏又称"泭""桴"，《说文解字》云："泭，编木以渡也。"《国语·齐语》云："方舟设泭，乘桴济河。"韦昭注："编木曰泭，小泭曰桴。"筏构造简单，只需捆扎起几根竹木即可制成。早期的舟为独木舟，《周易·系辞》云："伏羲氏刳木为舟。""刳"是剖挖的意思，将一段圆木劈挖出小舱，人可坐于其中划行。1977年在浙江河姆渡新石器时代遗址中出土了一柄用整木削制的桨，表明 7 000 年前，先民已开始使用独木舟。

最迟从商代起，人们便开始用木板造船。木板船的出现，是造船史上的一大进步。甲骨文中多次出现"舟"字，据字形推测，商代中晚期的船几乎都是平头小木板船的形制。生产力的发展和春秋战国时期频繁的水战，使木板船的制造得到了长足的发展。当时，南方的吴越诸国都有了专业的造船工场，所造之船的类型、性能和用途各有不同。有船体长大而速度极快的"大翼""中翼""小翼"，有冲击力很强的"突冒"，有因于船上置戈矛而得名的"戈船"等。1935 年于河南省汲县（今河南省卫辉市）战国墓出土的"水陆攻战纹鉴"上，图案中的战船分作两层，下层为划手，上层为作战武士，船身长，首尾翘起，无尾舵。另外，四川成都百花潭战国墓出土的"嵌错金铜壶"、故宫博物院所藏的东周"宴乐渔猎攻战铜壶"等，都刻画有战船交战的场景。据《越绝书》载，勾践灭吴后，水师已达到"戈船三百艘"的规模。

秦的统一使航运和造船业的发展相互促进。秦汉时期，沿江、沿海有许多造船工场，以南方的广州和北方的山东为主要基地。1974 年，广州发现一处秦汉造船工场遗址。根据计算，它的船台足够建造一艘载重 60 吨的大型木船。汉代的独木舟虽仍以桨代舵，但发明了橹，大型船只还配有舵和锚。巨船在汉代称"楼船"，高十余丈，因其甲板上建楼数十层而得名，船体高大稳定，能在大江、近海中乘风破浪。

唐宋是中国造船史上的又一个发展期。轻舟巨舸种类多，结构合理。人们根据不同水域的航道特点及用途来设计、制造不同的船只。中国古代的三大船型沙船、福船、广船至此均已定型。沙船是流行于江苏、山东沿海的一种帆船，大型沙船的船帆可多达数十幅，载货量可达万斛（唐时一斛为十斗），其船型或方头平底，或尖头尖底，结构牢固。平底船吃水浅，在沙滩上搁浅时不易损坏或倾覆，尖头尖底的船体两侧下削，呈 V 字形，"上平如衡，下侧如刀"，船面和船底的比例约为 10∶1，阻力小，速度快。唐舟宋船不仅种类多，结构合理，而且工艺先进。整体由龙骨贯穿，船舱和船底采用钉榫结构，并用桐油和灰涂缝。唐代已掌握了水密舱的技术，船舱经分割和密封，大大提高了抗沉性。唐朝刘恂在《岭表录异》中提到："贾人船不用铁钉，只使桄榔须系缚，以橄榄糖泥之，糖干甚坚，入水如漆也。"宋代还发展了始于南朝的车船制作工艺，在车船上装置轮形桨，船工用脚踏轮激水，船行飞快似箭。唐代车船于两舷各置一个螺旋叶片轮子，用人力踏动两轮。到了宋代，车船已向多轮发展，"脚踏而行，其速如飞"。唐、宋、元时内河航运繁盛，海上交通也很频繁，推动了中外的贸易和文化交流。唐宋海船体大而安稳，"舟大载重，不忧巨浪而忧浅水"，其结构之坚固、性能之优良，于当时独步世界。

中国的造船业发展在明代达到了新的高峰。明代的造船工场分布广，规模大，配套齐全，仅淮南清江造船场就有总部 4 处，分部 82 处，工匠 3 000 余人。船场所造船舶种类齐全，规格和用料统一，结构坚固，性能良好。广船和福船因分别始造

于广州、福建而得名。广船船头尖，船体长，上宽下窄，形如两翼，吃水深，利于破浪远航。福船船体高大而坚固，戚继光抗倭时，大型福船作为主力战船发挥了决定性作用。后来郑和下西洋第七次远航后不久，明朝政局动荡不稳，停止建造远洋帆船。国家的造船业日渐衰落。

（二）经典选粹

1. 木桨和陶舟

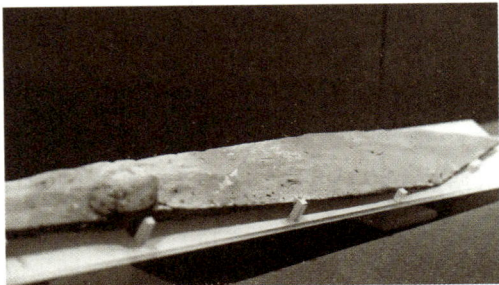

木桨（新石器时代）

陶舟（新石器时代）

陶舟（新石器时代）

品悟赏析

　　河姆渡遗址出土了8支木桨，都是用整块的硬木制作的。木桨的手柄粗细适中，可以牢牢握住。木桨的手柄大多是圆的，但也有少数几个是方的。桨叶多为扁柳叶形，自上而下逐渐变细，形状基本和现在我国南方村船上用的木桨一致。河姆渡遗址发现的木桨制作精美，叶片轻薄，属于较为成熟的类型，是中国乃至世界上最古老的木桨。

　　一般来说，船的发明早于桨的发明。资料记载，制作独木舟的方法比较简单，先把选好的粗木头切成两半或把一面砍平整，然后在平面的中间部位用火烤，再用石锛、石凿等工具挖凿。在烧的同时船舱会逐渐变大、变深，直到完全挖透，再稍加修整就完工了。但是，由于河姆渡遗址的两个发掘点都位于村落中间，并非船只停泊的河湖岸边，所以至今未发现独木舟等真正的水上交通工具。不过，擅长陶塑的河姆渡人给我们留下了两件当时以独木舟为原型的陶塑艺术品。其中一个为长方槽形，长 8.7 厘米，宽 2.6 厘米，高 3 厘米，是一个方头矩形独木舟的模拟品。另一个侧视呈半月形，俯视略呈纺锤形，中间镂空，两端略尖略上翘，头下附穿孔扁耳以系绳索，两端削尖。

浙江余姚河姆渡遗址中发现的木桨及陶舟对中国古代舟船的研究来说是一次重大的突破。紧接着，辽宁大连的郭家村新石器遗址中也发现了模仿舟船的陶器，为水路交通工具的研究提供了新的证据。

2. 木板船

木板船正射影像图（汉）

品悟赏析

人们普遍认为木船最晚出现于殷商，甲骨文也为我们揭示了早期木船的奥秘。甲骨文中的"舟"字写作 ，是象形字，在一定程度上能够反映商周时期船只的结构。此时的船已经不是独木制成的舟，而是用多块木板组装的木板船。这说明我国的船只早在 3 000 多年以前就已经完成从独木舟向木船的转变，并且已经形成了完整的船型。

汉代船模上的木板不断增加，让我们得以了解中国舟船发展到木船的许多迹象，但至今还没有发现更为完整的木船。2014 年，考古学家在汉长城陕西北渭桥遗址中发掘出一艘折断为两截的汉式木船，这艘木船相当简陋，只是在独木舟的上面加了一块木板，用来增加重量。此船长约 10 米，宽约 2 米，深度为 70 厘米，载重在 3 至 5 吨之间。据考证，它是国内发现最早的成熟的木板船。这艘船已经具备很成熟的木板船形式，填补了汉代以来的实物木船的空白。从独木舟到木船，体现了中国古代造船史上的一次重要跨越。人们已经不再受大自然提供的木材形状和体积的约束，可以随心所欲地对木材进行加工处理了。在此基础上，出现了许多宏舸巨舰、楼船方舟，为我国古代的水运、交通、水战赋予了鲜艳的色彩。

3. 漕船

漕船（明）

漕船是我国明代运粮的平底船。漕船在航行中，如果河面狭窄、转弯困难，或过浅滩时搁浅，船体可以从中间断开，由长变短，分别操纵、移动。内河一年四季水位变化较大，漕船就是为适应这种情况而设计的。当时，运送粮食的官船大多为漕船，一船可载粮食 20 多万斤，是古代重要的交通工具。在山东博物馆一楼展区一个独立的展厅里，陈列着 1956 年出土于山东省梁山县宋金故河道内的一艘明代漕船。这只船为木质，船身呈柳叶形，全长 21.8 米，船身中部宽 3.44 米，有舱 13 间，铁锚上刻有铭文"洪武五年造"，船舱内遗留有各种兵器、马具、货币及生活用具等。此船形体巨大，保存完好，实属罕见，是了解和研究明代水上运输情况的重要资料。

三、丝绸之路

（一）导读概览

丝绸之路是古代的贸易交流路线，包括陆上丝绸之路和海上丝绸之路。陆上丝绸之路分为两条路线：一条由黄河流域以北通往蒙古高原，经西伯利亚大草原，抵达咸海、黑海、里海沿岸，乃至东欧地区；一条始于中原地区，西经河西地区、塔里木盆地，到达西亚、小亚细亚等地，并南下至今阿富汗、印度、巴基斯坦等地。海上丝绸之路则始于中国沿海地区，经今东南亚、斯里兰卡、印度等地，抵达红海、地中海沿岸和非洲东海岸。

西汉时期，汉武帝派遣张骞两次出使西域，开辟了陆上丝绸之路，这两次出使史称"凿空之旅"。此后，中国与中亚和欧洲的商业往来日趋活跃。通过这条贯穿亚欧的道路，来自中国的丝、绸、绢、缎等产品被源源不断地运往中亚和欧洲，也促进了中国与西域的文化交流。通过这条路，汉武帝派遣的使节最远到达了犁轩（今埃及亚历山大港），这是汉朝官方使节到达的最远的地方。天凤三年（16），西域诸国断绝了与新莽政权的联系，丝绸之路被迫中断。

东汉永平十六年（73），班超克服重重困难出使西域，中原与隔绝了58年的西域重新开始交流，西域各国再次与汉朝建立联系。此时罗马人已经征服了叙利亚的塞琉古帝国和埃及的托勒密王朝，通过安息帝国、贵霜帝国和阿克苏姆帝国获得了中国丝绸。与此同时，罗马帝国也第一次沿着陆上丝绸之路到达东汉的都城洛阳。在这条漫长的道路上交易的众多货物中，中国的丝绸最具代表性，这条路因此得名"丝绸之路"。

丝绸是中国古代沿贸易路线出口的代表性商品，而交换中的主要商品，也形成了陆上丝绸之路的别称，如"毛皮之路""玉石之路""珠宝之路"和"香料之路"。隋唐时期，国家经济、文化高速发展，政府大力开放对外交流，陆上丝绸之路空前繁荣。此时，大量外国商贩聚集在首都长安，定居者多达数万人。唐朝中期，受频繁的战乱影响，陆上丝绸之路被封锁，规模远不如以前，慢慢地，海上丝绸之路逐渐取代了它的位置。

丝绸之路是古代中国与外部世界联系的重要人文纽带，见证了陆上"使者相望于道，商旅不绝于途"的盛况，也见证了海上"舶交海中，不知其数"的繁华。丝绸之路所经过的西域诸国如罗马、安息、贵霜等欣欣向荣，中国也迎来了盛世。可以说，丝绸之路创造了地区的大发展、大繁荣。

（二）经典选粹

1. 鎏金铜蚕

鎏金铜蚕（汉）

品悟赏析

鎏金铜蚕为西汉文物，1984年在陕西安康石泉县出土。鎏金铜蚕通长5.6厘米，胸围1.9厘米，胸高1.8厘米，重约10克。其全身首尾共计九个腹节，胸脚、腹脚、尾脚均完整，体态为昂首吐丝状，颈背部刻出凸线纹，腰背部横刻两道凸纹，尾部向背部翘起，腹部素面无纹，刻工精致，大部分的鎏金还保存完整，侧面与腹部因刮削稍有剥蚀。

鎏金铜蚕是国内首次发现的鎏金蚕，它的发现说明在汉代，石泉地区的养蚕活动已经形成了相当的规模。鎏金铜蚕是汉代的蚕桑生产状况和丝绸之路的重要象征和实物见证，同时也体现了丝绸在中国古代中西方贸易中的重要地位，且将安康市石泉县这一养蚕圣地的历史推前到了汉代。这只铜蚕见证了2 000多年前古人开辟丝绸之路的历史。

中国是蚕桑文化的起源地。相传轩辕黄帝之妻嫘祖"养天虫以吐经纶，始衣裳而福万民"，可以说是中国养蚕的第一人。安康在西汉时期就是丝绸的重要产区和丝绸的外贸出口基地，制作精良的丝织品通过子午古道被运往长安，再由丝绸之路被送往中亚和西欧国家。丝绸传入西方后，逐渐成为王公贵族、大户人家争相追逐的对象。

2. 黄釉伶俑

黄釉伶俑（唐）

品悟赏析

丝绸之路在唐朝进入最繁荣的阶段。唐朝疆域辽阔，奉行对外开放政策，极大地促进了中外文化交流，服饰文化交流也进入鼎盛时期。

黄釉伶俑出土于洛阳安菩墓中，高40厘米，头戴黑色高冠，穿翻领长袖袍服，衣服施黄绿色釉，左手下垂，右手握拳平伸，斜身扭臀，足穿尖履，立于前宽后窄的底板之上，露出满脸笑容，造型生动有趣，色泽鲜艳亮丽，富有强烈的艺术气息。这件黄釉伶俑身着的是男性胡服，如果不是脸上有面靥的痕迹，很难确定这是一名女性，其形象俊朗洒脱而又不失俏丽。

　　丝绸之路促进了中原地区和西域之间的文化交流，"胡文化"随之传入，发生了"胡服骑射""孝文改制"等事件。唐朝疆域辽阔，国力强盛，随着对外交流的进一步发展及胡舞的流行，异国服饰涌入中原，很快就在百姓的日常生活中流行起来，从而导致了唐代服饰的变异。据说唐玄宗、杨贵妃都"善胡舞"。由于统治者的提倡，胡舞在民间也非常盛行，用白居易的话来说，一时间"臣妾人人学圜转"。对胡舞的崇尚发展到对胡服的模仿，进而出现了"胡妆"盛行的情况。元稹《和李校书新题乐府十二首·法曲》一诗称："女为胡妇学胡妆，伎进胡音务胡乐。"当时，胡服各领风骚，服装款式极为丰富。

　　唐人衣冠的"胡化"十分普遍，"胡服""胡帽"等是常见的着装，足以证明唐朝人对西域服饰文化的效仿。上至皇室贵族，下至平民百姓，几乎无人不胡服。追求胡服的时尚潮流迅速形成。唐天宝三载（744），回鹘人在蒙古高原建立回纥汗国，接受唐朝册封，回鹘人的服装曾在宫廷妇女中广为流行。花蕊夫人在《宫词》中就曾写道"明朝腊日官家出，随驾先须点内人。回鹘衣装回鹘马，就中偏称小腰身"，体现了当时对回鹘服饰的追捧。凡此种种，无不体现了丝绸之路对我国传统文化和古代人民日常生活的影响。

　　3. 海兽葡萄纹镜

海兽葡萄纹镜（唐）

品悟赏析

　　历史上，很多农作物都是通过丝绸之路传入中原的，其中就包括葡萄。《汉书》和《太平御览》记载，带回葡萄的是汉朝的"贰师将军"李广利。李广利曾经奉汉武帝之命三征大宛，大获全胜后带着缴获的宝马和当地的特产回到长安，其中就有葡萄的种子。

海兽葡萄纹镜局部

　　这件海兽葡萄纹镜给我们展示了丰富的异域色彩。镜中占据重要位置的这种动物当时被称为"海狮"或"狻猊"，其实就是狮子，也是古代中西文化交流的产物。汉武帝派遣张骞出使西域以后，汉朝引进了来自西域的葡萄、石榴、胡萝卜、胡椒等十余种农作物，很多西域的珍稀物种比如汗血马、狮子等也被相继引进。《尔雅·释兽》记载："狻猊，如彪猫，食虎豹。"郭璞注："即狮子也，出西域。"这证明狮子的确是通过丝绸之路传入我国的。唐代，人们把自己的国土称为"海内"，国土之外、人们没有认知的地方被统称为"四海"。葡萄、狮子等动植物是从西域传来的，不是本土物种，所以古代人就在名称前面加个"海"字，意思是这些东西是外来的。唐代实行全方位的对外开放，此镜背面的异域特色纹饰正是中国接纳西域文化的实物例证。葡萄蔓延的枝条和丰硕的果实在中国文化中有富贵长寿之意，而且葡萄果实繁多，也包含了多子多福的寓意，非常符合中国人的传统观念。这就表明了唐代人们对波斯文化的认同。而唐代的铸镜匠师也极具创造性地将通过丝绸之路传来的海兽、葡萄巧妙结合，形成了民族风和异域风相融合的图案。海兽葡萄纹是唐朝比较有代表性的纹饰，具有很高的艺术欣赏价值。

4. 兽首玛瑙杯

兽首玛瑙杯（唐）

品悟赏析

　　唐兽首玛瑙杯长 15.6 厘米，口径 5.9 厘米。杯上口近乎圆形，下部为兽首形，兽头圆瞪着大眼，目视前方，兽头上有两只弯曲的羚羊角，面部却似牛，所以不能认为造型完全出自写实，但看上去安详典雅，并无造作感。兽首的口鼻部有笼嘴状的金帽，能够卸下，突出了兽首的色彩和造型美。其选材精良，利用玉料的俏色纹理巧妙雕琢而成，眼、耳、鼻皆刻画准确，是唐代中外文化交流的产物。

　　这种玛瑙杯的形状是一种称为"来通"的西式酒具。"来通"出自希腊语，有"流出"的意思，多为动物角的形状。一般来说，这种酒杯底部有一个孔，液体可以从孔中流出。它就像一个漏斗，用来注入烈酒。当时，人们认为用它注酒可以防止中毒。又因为人们认为举起"来通"一饮而尽可以体现敬意，所以在这种酒器在礼仪和祭祀活动中也很常用。

　　这种类型的酒具在中亚、西亚，特别是今伊朗非常常见，也出现了中亚等地的壁画上。在中国，唐代以前，这种酒具经常出现在胡人的宴会场景中。唐代贵族追求新潮，而这件器物也是唐代贵族崇尚胡式、模仿新潮的宴席方式的见证。从玛瑙的材质和形状上，我们也可以找到中西文化交流的痕迹。根据这些现象分析，这只珍贵的玛瑙杯很可能是作为文化交流的使者通过丝绸之路从西域来到中国的，但也不排除这是居住在长安的中亚或西亚工匠的作品，或是唐代工匠学习外国工艺后的杰作。

5. 郑和宝船

郑和宝船模型

品悟赏析

　　郑和的远洋船队中有宝船（大中型船只）、粮船（装载粮食的船只）、马船（运输马匹和物资的船只）、坐船（军用船只）、战船（护航船只）等。这样庞大的混合船队需要通信联系，尤其是在夜晚漆黑的大海上，船只之间保持联系、协调航向有相当的难度。在没有电子通信技术的情况下，郑和船队成功地做到了这一点。

　　郑和船队不仅在航海技术上体现出高水平，在船只的设计上，也可以看出六百多年前的技术和工艺水平。郑和宝船中，大者长约150米，宽约60米，设12樯、12帆、20橹，每橹需橹手10～15人，排水量约3100吨，载重约1500吨，可以容纳上千人。整个船队由60艘以上的宝船和各类辅助船只组成，随行人员最多时达到将近2.8万人。宝船用标有24个方位的罗盘针导航，借助地图探索未知海域，用铅锤测量水深，能昼夜计算航程。郑和下西洋这一壮举充分反映了明初造船技术的水平及远航能力。在明代中期以前，中国造船业的发展水平在世界上是首屈一指的。

　　郑和下西洋是明代永乐、宣德年间开展的一场海上远航活动，始于永乐三年（1405），结束于宣德八年（1433），共出航七次。郑和率领船队从南京出发，在江苏太仓的刘家港集结，至福建福州的长乐太平港驻泊，后远航至西太平洋和印度洋，到访了30多个国家和地区，其中包括爪哇、苏门答腊、苏禄、彭亨、真腊、古里、暹罗、榜葛剌、阿丹、天方、左法尔、忽鲁谟斯、木骨都束等，最远曾到达东非、红海。郑和下西洋的航线是长期存在与不断发展的海上丝绸之路的一部分。

郑和下西洋是中国古代史上规模最大、船只和海员最多、时间最久的海上航行，也是 15 世纪末欧洲的地理大发现以前世界历史上规模最大的海上探险。在外交及军事方面，郑和下西洋颇有建树，使明王朝在东南亚全面建立起"华夷"政治秩序。这种政治秩序基于传统的"王者无外""怀远以德"的观念，是非侵略性的。在下西洋的过程中，郑和船队展示了明帝国的政治和军事优势，加之经济利益的刺激，使明廷主导的朝贡体系大为扩展。因此，郑和也被视为明朝的和平使者。

郑和下西洋也在一定程度上改变了明太祖朱元璋以来的禁海政策，开拓了海外贸易，包括朝贡贸易、官方贸易和民间贸易等形式。朝贡贸易以奢侈品（如香料）为大宗。官方贸易在官方主持下展开，遵循平等自愿、等价交换等原则。民间贸易则由私人自发展开，据考证，郑和船队中的官兵便可以携带商品，在沿线国家展开贸易。

郑和下西洋为中国带回了新的工艺、产品、原料、技术，从而影响了中国的手工业生产。例如，性坚质细的海外硬木因郑和下西洋而进入中国，使中国匠师们对于硬木操作逐渐积累了丰富的经验。在陶瓷生产方面，明朝工匠使用因郑和下西洋而进口的苏麻离青（又称"苏勃泥青"）作为呈色剂，形成了永宣青花颜色浓重、晕散的风格，又因吸收伊斯兰文化、波斯文化的因素，产生了新器型（如扁壶、花浇）和新纹样。

郑和下西洋也增进了明朝对外界的了解。航海的参与者中，马欢留作有《瀛涯胜览》，费信作有《星槎胜览》，巩珍作有《西洋番国志》，均介绍下西洋时途经诸国的情况。郑和下西洋还留下了《郑和航海图》。原图为一字形长卷，明代中晚期，茅元仪将之收录在《武备志》中，改为书本式，有图 20 页，共 40 幅，最后附"过洋牵星图"二幅。海图中记录了 530 多个地名，其中外域地名有 300 个，还标出了城市、岛屿、滩、礁、山脉和航路等。《郑和航海图》是世界上现存最早的航海图集，制图范围广，内容丰富，实用性强。

郑和下西洋已过去六百余年，它给中国人留下了一个重要的历史经验和启示，那就是文明的建设需要开放的心胸，若没有开放的心胸，就没有民族的未来。

思辨启发

1. "冠冕堂皇"这个成语体现了中国服饰文化的什么特点？

2. 你认为中国传统服饰过时了吗？如何看待在现代社会，古风服饰成为新时尚？

3. 中国的很多历史事件都与酒有关系，如鸿门宴、杯酒释兵权、兰亭雅集。为什么中国人对酒这么看重？

4. 你如何理解"茶禅一味"的观点？

5. 通过对中国古代交通工具的研究，你认为是经济影响交通还是交通影响经济？

6. 京杭大运河是历经世界上里程最长、工程最大的古代运河，也是最古老的运河之一。京杭大运河的开通对当时的经济、文化、政治有什么影响？

7. 丝绸之路对中外文化交流产生了怎样的影响？

综合实践活动

一、活动主题

习近平总书记指出，文化自信是更基础、更广泛、更深厚的自信。在中华文化中，美食是一道独特的风景。地理、气候、习俗、特产的不同形成了不同的地方风味，单就汉族的特色饮食而言，就有四大菜系、八大菜系、十大菜系之说，而且仍有继续增加的趋势。各大菜系交相辉映，各有千秋，成为中华民族珍贵的文化瑰宝。今天，我们以"寻味家乡传统美食"为主题开展综合实践活动，弘扬中华饮食文化。

二、活动目的和意义

在文化艺术成就、饮食审美风尚、民族性格特征等诸多因素的影响下，中国人民创造出了丰富多彩的烹饪技艺，形成了博大精深的中国饮食文化。通过本次活动，我们可以从每一道美食中获得幸福感、满足感，并将其传递给其他人，在探索发现的同时，在美食文化中感受中国传统文化之美，感受中华民族的血脉传承，不断增强文化自信。

三、活动内容

1. 每 5 ～ 7 人为一小组，选择一种地方特色美食，如北京豆汁儿、东北锅包肉、山西刀削面、内蒙古牛肉干等，通过走访了解其制作流程。

2. 对选定的美食进行资料查询，了解其来源、发展，探索其背后的美食文化故事。

3. 进行全班讨论交流，各小组轮流上台展示本组的成果，采用丰富多彩的形式，向全班介绍本组选择的美食。

第九章

传统民俗

主题诠释

　　中华民俗是中华民族在长期的生产实践和社会生活中，逐渐形成并世代相传、较为稳定的民间文化，同时又因为自然环境、经济方式、社会结构、政治制度等诸多因素的制约，呈现出多样性的特点。中华民俗是中国传统文化的重要组成部分。

　　中国历史悠久，民族众多，每个民族都有各具特色的文化，再加上幅员辽阔，地理环境大不相同，"十里不同风，百里不同俗"，由此形成了不同的民俗文化。在中国传统文化中，民俗文化最为形式多样、内涵丰富，其中以节日文化、婚俗文化、丧葬文化最具特色，直到今天在我国和世界上都还有着深远的影响。

　　现今，中华民俗的传承越来越受到重视，其作为中国传统文化的重要组成部分和直接外化形态，对于文化自信的展现和增强具有深远影响。

第一节　传统节日

一、导读概览

　　中国传统节日随着中华民族在历史长河中走过了上千年的历程，它们根植于中国古代农耕文化中，凝结着中华民族的民族精神和民族情感，承载着中华民族的文化血脉和思想精华，是源远流长的中华文化的重要组成部分。它们从远古走来，流传至今，体现了强大的文化凝聚力与生命力，在社会发展进程中具有非常重要的作用。

　　中国的传统节日有很多，如春节、元宵、清明节、端午节、中秋节、重阳节、腊八节等，每个节日都在长期流传的过程中形成了自身独特的文化内涵。这些节日的来源与对自然、祖先的崇拜有关，核心都是祈福团圆、祭祖敬老。

　　冯骥才曾说："如果年轻一代对传统节日不了解，没有记忆、没有感情，预示的是我们深厚的文化根基的消失，文化记忆与传承的中断。"中国传统节日以家庭为主体，以家人团圆为期盼，传递出农耕文化所特有的深深乡土之恋，承载了华夏民族的文化根基、家国意识，以及对文明的致敬与传承。中国传统节日中凝结着中华民族深厚的文化内涵，作为中华民族文化的重要组成部分和表现形态，千百年来绵延不绝，历久弥新。它是中华民族历史文化的缩影，寄托了深厚的民族情感，集中展示着中华民族团结统一、爱好和平、勤劳勇敢、自强不息的精神世界。以传统

佳节同庆

节日为载体，传承民族精神，发扬民族文化，为中国的发展、中华民族的发展凝心聚力，共同推动民族复兴、国家富强，是我们当代中国青年义不容辞的责任。

（一）新春佳节

春节即中国农历新年，又称新春、新岁、岁旦等，俗称"年节"，是每年的农历正月初一，意味着新一年的开始，是对中华民族而言最隆重、最热闹、影响最深远的传统佳节。

春节历史悠久，由上古时代的岁首祈岁祭祀演变而来。万物本乎天，人本乎祖，祈岁祭祀、敬天法祖，是报本反始的意思。春节蕴含着深邃的文化内涵，在传承发展中承载了丰厚的历史文化底蕴。在春节期间，全国各地均会举行各种庆贺新春的活动，以除旧布新、驱邪攘灾、拜神祭祖、纳福祈年为主旨，形式丰富多彩。

在早期观象授时的时代，人们依据斗转星移定岁时，以"斗柄回寅"为岁首。斗柄回寅，大地回春，终而复始，万象更新，新的轮回由此开启。在传统的农耕社会，立春岁首具有重要的意义，衍生出大量相关的岁首节俗。在历史发展中其节庆框架及许多民俗沿袭了下来，成为集拜神祭祖、祈福辟邪、亲朋团圆、欢庆娱乐为一体的民俗大节。

百节年为首，春节是中华民族最隆重的传统佳节。受到中华文化的影响，世界上一些国家和地区也有庆贺新春的习俗。春节与清明节、端午节、中秋节并称为中国四大传统节日。春节民俗经国务院批准，已被列入第一批国家级非物质文化遗产名录。

（二）上元佳节

"元"为第一，故农历正月又称元月；"宵"就是夜晚。正月十五是一年中的第一个月圆之夜，叫作"元宵节"，又称"上元节""灯节"。

据史料记载，元宵节是汉文帝时为纪念"平吕"而设的。汉惠帝刘盈死后，吕后篡权，吕氏宗族把持朝政。周勃、陈平等人在吕后死后，平除吕后势力，拥立刘恒为汉文帝。因为平除诸吕的日子是正月十五，此后每年正月十五之夜，汉文帝都微服出宫，与民同乐，以示纪念，并把正月十五定为元宵节。而在汉武帝时，对"太一神"（也就是北极星）的祭祀活动也定在了正月十五。古人认为北极星是星空中的主宰，掌管大自然，祭拜是为了祈求风调雨顺、减少自然灾害。在这个祭祀活动中，放灯是必不可少的一个环节。所以，每逢元宵，到处张灯结彩、灯火通明。汉朝时就已有各式各样的彩灯布满大街小巷。到了国力空前强盛的唐朝，赏灯活动更是盛极一时。

（三）清明时节

清明本是二十四节气之一，此时天气转暖，风和日丽，"万物至此皆洁齐而清明"，清明节由此得名。在这一时节，我国大部分地区气候温暖、草木萌茂，大地呈现春和景明之象，农民开始忙于春耕春种。

清明对于我们来说不仅仅是一个节气。现在的清明是古代上巳、寒食、清明这

三个节日的合并。上巳历史悠久，周代即有，是日需赴水边清洗。《论语》中的"浴乎沂，风乎舞雩，咏而归"即上巳风俗。魏晋以后，上巳节改为三月三，传说是为了纪念黄帝。三月三是黄帝的诞辰，中原地区有"二月二，龙抬头；三月三，生轩辕"的说法。自此，三月三上巳节被后代沿袭，遂成为水边饮宴、郊外游春的节日。杜甫《丽人行》中的"三月三日天气新，长安水边多丽人"，其实讲的就是上巳春游的事情。宋代以后理学盛行，礼教渐趋森严，上巳节风俗渐渐衰微。

寒食是清明节的前一或两天。这一天最重要的风俗就是禁烟火，大家都只吃冷饭，所以叫寒食节，据说是为了纪念春秋时期被烧死在山西绵山的介子推。春秋时期，晋公子重耳为逃避迫害而流亡国外，颠沛流离，备尝辛苦。一次，重耳一行人几天粒米未进，眼看就要饿死了，介子推偷偷从自己腿上割下一块肉给重耳吃。19年后，重耳做了国君，也就是历史上"春秋五霸"之一的晋文公。执政后的晋文公对和他共患难的臣子大加封赏，唯独忘了介子推。很多人为介子推鸣不平，劝他面君讨赏。然而介子推最鄙视那些争功讨赏的人，他打点好行装，同母亲悄悄地到绵山隐居去了。晋文公听说后羞愧莫及，亲自带人去请介子推，然而绵山山高路险，树木茂密，找寻两个人谈何容易？有人献计，从三面火烧绵山，逼出介子推。火熄后，人们才发现背着老母亲的介子推已坐在一棵老柳树下死了。晋文公见状恸哭。为纪念介子推，晋文公下令将这一天定为寒食节。后来寒食这个节日又增加了祭祀这个重要内容。从汉到唐，寒食一直是民间的第一大祭日，历朝历代都要放假，让人回乡祭祖扫墓。白居易说"棠梨花映白杨树，尽是死生别离处"，讲的就是寒食节扫墓的情景。

古代的清明本来不是节日。它是一个节气，因为气清景明，万物皆显，所以叫作清明。但因为这个节气与农业生产有着密切的关系，清明的地位从唐朝开始逐渐提升，宋朝之后，干脆合并了上巳、寒食两个节日，从上巳那儿接受了游春的内容，从寒食那儿接受了祭扫的内容，才演变成了今天的清明节。

除了踏青和祭祀，清明还有一个重要习俗，就是放风筝。清人潘荣陛《帝京岁时纪胜》记载："清明扫墓，倾城男女，纷出四郊，提酌挈盒，轮毂相望。各携纸鸢线轴，祭扫毕，即于坟前施放较胜。"古人认为清明的风很适合放风筝。《清嘉录》中说："春之风自下而上，纸鸢因之而起，故有'清明放断鹞'之谚。"古人认为放风筝可以放走自己的秽气。等风筝放高时剪断风筝线，让风筝随风飘逝，象征着自己的疾病、秽气被风筝带走了。从科学角度来看，清明节放风筝确实是一项有益于身心健康的娱乐活动：在春暖花开的季节，人们踏青、放风筝，沐浴阳光，舒展筋骨，引颈远眺，极目云天，伴以徐步疾行，冬天久居室内、内热积聚、气血瘀积的人们尽情地呼吸新鲜空气，可以改善血液循环和加强呼吸，起到清除内热和吐故纳新的功效。

清明节俗丰富，归纳起来有两大节令传统：一是礼敬祖先，慎终追远；二是踏青郊游，亲近自然。其兼具自然与人文两大内涵，既是节气，又是节日，有祭扫、缅怀、追思的主题，也有踏青郊游、愉悦身心的主题。在这里，"哀而不伤"的中庸之道、"天人合一"的传统理念得到了生动体现。

（四）五月端阳

端午节为每年农历五月初五，"端"意为初，"午"即五，故名端午节。此外，端午节还称"端阳节""五月节""五日节"等。

在春秋之前，端午节是祛病防疫的节日，后因爱国诗人屈原在此日殉国明志而演变成祭奠屈原的节日，沿袭至今。屈原之名流芳百世，其爱国精神也传播至华夏各地。但有例外，东吴一带的端午节纪念的是五月五日被投入大江的伍子胥，且吴越地区龙舟竞渡及在此日举行部落图腾祭祀的习俗更是早于春秋。端午节有赛龙舟、吃粽子、佩香囊、悬艾、悬钟馗像、挂荷包、拴五色丝线、喝雄黄酒等习俗。

赛龙舟是端午节的主要习俗。相传楚国人因舍不得贤臣屈原投江死去，许多人划船追赶搭救，追至洞庭湖时不见踪迹，遂于每年五月五日划龙舟，借划龙舟驱散江中之鱼，以免鱼吃掉屈原的尸体。竞渡之习盛行于吴、越、楚。

端午食粽是中国人的又一传统习俗。粽子又叫"角黍""筒粽"，由来已久，花样繁多。端午节的早晨家家吃粽子，一般是前一天把粽子包好，在夜间煮熟，早晨食用。包粽子主要是用河塘边盛产的嫩芦苇叶，也有用竹叶的，统称粽叶。粽子的传统形式为三角形，有米粽、豆粽、枣粽、肉粽等。枣粽谐音"早中"，所以吃枣粽的最多，意为读书的孩子吃了可以早中状元。过去读书人参加科举考试的当天早晨都要吃枣粽。

端午节小孩佩香囊，有避邪驱瘟之意。香囊内有朱砂、雄黄、香药，外包以丝布，清香四溢，再以五色丝线做成绳索，将各种不同形状的香囊结成一串，形形色色，小巧可爱。

民谚说："清明插柳，端午插艾。"在端午节，人们把插艾和菖蒲作为重要内容之一。家家户户都要洒扫庭院，以菖蒲、艾条插于门楣、悬于堂中，并用菖蒲、艾叶、榴花、蒜头、龙船花制成人形或虎形，称为艾人、艾虎；制成花环、佩饰，美丽芬芳，妇人争相佩戴，用以驱瘴。端午节也是自古相传的"卫生节"，人们在这一天洒扫庭院，挂艾枝，悬菖蒲，洒雄黄水，饮雄黄酒，激浊除腐，杀菌防病。这些活动也反映了中华民族的优良传统。端午节上山采药也是我国多个民族共同的习俗。

悬钟馗像也是端午节习俗。在江淮地区，家家都悬钟馗像，用以镇宅驱邪。传说唐明皇自骊山讲武回宫，疟疾大发，梦见一大一小两只鬼，小鬼穿大红无裆裤，偷杨贵妃的香囊和明皇的玉笛，绕殿而跑。大鬼则穿蓝袍戴帽，捉住小鬼，挖掉其眼睛，一口吞下。明皇喝问，大鬼奏曰："臣姓钟馗，即武举不第，愿为陛下除妖魔。"明皇醒后，疟疾痊愈，于是令画工吴道子照梦中所见画成钟馗捉鬼之像，通令天下于端午时一律张贴，以驱邪魔。

应劭《风俗通》记载："五月五日，以五彩丝系臂，名长命缕，一名续命缕，一名辟兵缯，一名五色缕，一名朱索，辟兵及鬼，命人不病瘟。"中国古代以五色为吉祥色，因而节日清晨，各家大人起床后第一件大事便是在孩子手腕、脚腕、脖

子上拴五色线。五色线不可任意剪断或丢弃，只能在夏季第一场大雨或第一次洗澡时抛到河里。据说，戴五色线的儿童可以避开蛇蝎类毒虫的伤害；扔到河里，意味着让河水将瘟疫、疾病冲走，儿童由此可以保安康。

孟元老的《东京梦华录》记载："端午节物：百索、艾花、银样鼓儿花、花巧画扇，香糖果子、粽子、白团、紫苏、菖蒲、木瓜，并皆茸切，以香药相和，用梅红匣子盛裹。自五则一日及端午前一日，卖桃、柳、葵花、蒲叶、佛道艾，次日家家铺陈于门首，与粽子、五色水团、茶酒供养，又钉艾人于门上，士庶递相宴赏。"陈元靓的《岁时广记》引《岁时杂记》，提及"端午以赤白彩造如囊，以彩线贯之，搐使如花，或带，或钉门上，以禳赤口白舌，又谓之搐钱"，以及一种"蚌粉铃"，"端五日以蚌粉纳帛中，缀之以绵，若数珠。令小儿带之以吸汗也"。这些随身携带的袋囊内容物几经变化，从吸汗的蚌粉，驱邪的灵符、铜钱，辟虫的雄黄粉，发展成装有香料的香囊，制作也日趋精致，成为端午节特有的民间工艺品。

雄黄是一种药材，据说能去百毒。所以在端午节时，人们会将雄黄泡在酒中，在小孩的耳朵、鼻子、脑门、手腕、脚腕等处抹上雄黄酒，据说，这种做法可以使蚊虫、蛇、蝎、蜈蚣、壁虎、蜘蛛等不上身。

（五）中秋月夕

中秋节，又叫"月夕""八月节""团圆节"，是每年农历八月十五。中秋节的源头一可以追溯到远古的敬月习俗和秋祀活动。据《周礼》记载，周代已经有"中秋夜迎寒""秋分夕月（拜月）"的活动。《礼记》中则有"天子春朝日，秋夕月；朝日以朝，夕月以夕"的记载，意思是天子春天祭祀太阳，秋天祭拜月亮，而且是早晨拜日，晚上拜月。由此可见，古人对大自然始终怀有敬畏之心。明朝对祭月更加重视，修建月坛供天子于秋分之夜祭祀月神。清朝则较为完整地继承了明朝祭月仪规，又专门设立了夕月坛祠祭署，专管祭祀之事，掌典守神库、按时巡视、督役洒扫、修理墙宇、管理林木等。随着时间的推移，皇家的祭神习俗逐渐流传到民间，祭月的日子也由秋分移到了离秋分最近的满月日——中秋。其源头二则和农业生产有关。秋天是收获的季节，"庄稼成熟曰秋"。中国是农耕社会，八月中秋，农作物和各种果品陆续成熟，人们为了庆祝丰收，表达喜悦的心情，就以中秋这天作为节日。

围绕着中秋节形成了丰富多彩的节庆活动，比如赏月、吃月饼等。为何人们钟情于中秋赏月？"十二度圆皆好看，就中圆极在中秋。"从科学的角度来说，秋季地球与太阳的倾斜角度加大，我国上空的暖湿空气逐渐消退，天空非常明净，月亮看上去既圆又大，更兼此时不冷不热，气候宜人，所以是赏月的最佳时节。民间中秋赏月活动大约始于魏晋。至明清时，赏月活动盛行不衰，中秋节成为我国的主要节日之一。

除了赏月，中秋节还有吃月饼的习俗。据说，唐代已经有了中秋吃月饼的习俗，月饼作为食品名称并同中秋赏月联系在一起，则是宋代的事情。北宋正式定八月十五为中秋节，皇家会专门做一种叫宫饼的节令食品，民间称为"小饼"，苏轼有诗云："小饼如嚼月，中有酥与饴。"孟元老《东京梦华录》中也已经提到"月饼"的名称。相传元末，抗元起义军用月饼来传递信息，相约在八月十五夜起义。到了八月十五日晚上，各路义军一起响应，如星火燎原，推翻了元朝的统治。这说明当时月饼已走入寻常百姓家，成为中秋佳节的必备食品。此后，月饼的制作越发精细，品种更多。到了明清时期，人们已经积累了丰富的制作月饼的经验，饼师们已经把嫦娥奔月等神话故事印在月饼上。富察敦崇《燕京岁时记》称："中秋月饼，以前门致美斋者为京都第一，他处不足食也。至供月月饼，到处皆有。大者尺余，上绘月宫蟾兔之形。"月饼作为吉祥、团圆的象征，寄托着人们的美好愿望，而吃月饼和送月饼的习俗也一直延续至今。

在中秋节的夜晚，家家户户团团圆圆，吃着香甜的月饼，看着皎洁的明月，温馨甜蜜。漂泊在外的游子，也会"举头望明月，低头思故乡"，感慨"露从今夜白，月是故乡明"，产生"不应有恨，何事长向别时圆""明月何时照我还"的疑问。"人有悲欢离合，月有阴晴圆缺，此事古难全"，这是自然规律。但好在只要"人长久"，就能"千里共婵娟"。

（六）重阳踏秋

重阳节，又称重九节、"踏秋"，是汉族传统节日，有出游赏景、登高远眺、观赏菊花、遍插茱萸、吃重阳糕、饮菊花酒等活动。重阳节是每年的农历九月初九，也是中国传统的祭祖节日，重阳这天，所有亲人都要一起登高"避灾"。《易经》把九定为阳数，九月九日，日月并阳，两九相重，故曰重阳，也叫重九。重阳节早在战国时期就已经形成，魏晋开始节日气氛日渐浓郁，到了唐代被正式定为节日，此后历朝历代沿袭至今。

重阳节有什么风俗呢？

第一，登高。在古代，民间在重阳有登高的风俗，故重阳节又叫"登高节"。相传此风俗始于东汉。杜甫的《登高》就是写重阳登高的名篇。对登高所到之处没有统一的规定，一般是登高山、登高塔。

第二，吃重阳糕。重阳糕又称花糕、菊糕、五色糕。九月九日天明时，父母以糕搭儿女额头，口中念念有词，祝愿子女百事俱高。讲究的重阳糕要做成九层，像座宝塔，上面还做出两只小羊，以符合"重阳"之义。有的还在重阳糕上插一小红纸旗，并点蜡烛灯，这大概是用"点灯""吃糕"代替"登高"，用小红纸旗代替茱萸的意思。

第三，赏菊并饮菊花酒。重阳节正是一年的金秋时节，菊花盛开。据传赏菊及饮菊花酒起源于晋朝诗人陶渊明。陶渊明以隐居出名，以诗出名，以酒出名，也以爱菊出名，后人效之，遂有重阳赏菊之俗。旧时文人士大夫还将赏菊与宴饮结合，以求和陶渊明更接近。民间把农历九月称为"菊月"。在菊花傲霜怒放的重阳节里，观赏菊花成了一项重要内容。清代以后，赏菊之习尤为昌盛，不限于九月九日，但仍然是重阳节前后最为繁盛。

第四，插茱萸和簪菊花。重阳节插茱萸的风俗在唐代就已经很普遍。古人认为在重阳节这一天插茱萸可以避难消灾，或将之佩戴于臂，或做香袋把茱萸放在里面佩戴，还有插在头上的。重阳节佩茱萸，在晋代葛洪《西京杂记》中就有记载。除了佩戴茱萸，人们也有头戴菊花的。唐代就已经如此，历代盛行。宋代还有将彩缯剪成茱萸、菊花来相赠佩戴的。清代的习俗是把菊花枝叶贴在门窗上，"解除凶秽，以招吉祥"，这是头上簪菊的变俗。

二、经典选粹

1. 年 ①

年，谷孰也。（《尔雅》曰："夏曰岁。商曰祀。周曰年。唐虞曰载。"年者，取禾一孰也。）从禾，千声。（奴颠切。古音在十二部。）《春秋传》曰："大有年。"（宣十六年经文。《穀梁传》曰："五谷皆孰为有年。五谷皆大孰为大有年。"）

——［清］段玉裁《说文解字注》

作品选注

① 选自李传书《说文解字注研究》，湖南出版社 1997 年版。

品悟赏析

关于春节的由来，较为普遍的说法是它起源于周代的腊祭活动，是人们庆祝岁末丰收、感谢神明保佑而举行的祭祀活动。每逢腊尽春来，先民便杀猪宰羊，祭祀鬼神与先祖，祈求新的一年风调雨顺。

清代段玉裁《说文解字注》中的这段话说明"年"与谷物成熟有关。甲骨文的"年"字上部是一束穗子向下垂的禾谷的象形，下部是一个弯着腰、臂向下伸的人的象形，二者合起来像人负禾之形，表示农人载谷而归，有"丰收""收获"等义。"过年"这一中华民族最重要的习俗，本意就是庆祝丰收。

甲骨文	金文	战国文字	篆文	隶书	楷书

"年"字的演化过程

汉代以前的春节习俗带有浓厚的祭祀色彩。到了魏晋南北朝时期，春节的活动内容变得丰富起来，燃爆竹、换桃符、饮屠苏酒等都在这一时期出现。

2. 元日 ①

[宋] 王安石

爆竹声中一岁除②，春风送暖入屠苏③。

千门万户瞳瞳④日，总把新桃⑤换旧符。

作品选注

① 选自刘成国：《王安石年谱长编》，中华书局 2018 年版。

② 一岁除：一年已尽。除，逝去。

③ 屠苏：屠苏酒。饮屠苏酒是古代过年时的一种习俗，古人认为这样可以驱邪避瘟，求得长寿。

④ 瞳瞳：日出时光亮而温暖的样子。

⑤ 桃：桃符，古代过年时挂在门旁的桃木板。

品悟赏析

《元日》一诗提到了燃爆竹、饮屠苏酒、换桃符的古代年节习俗。除此之外，春节重要的习俗还有守岁和吃饺子。

中国民间有"开门炮仗"一说，即在新的一年到来之际，家家户户开门后做的第一件事就是放爆竹，以示除旧迎新。《通俗编·俳优》记载："古时爆竹皆以真竹着火爆之，故唐人诗亦称'爆竿'。后人卷纸为之，称曰'爆竹'。"放爆竹的原始目的是迎神与驱邪，后来其因强烈的喜庆色彩发展为辞旧迎新的象征。放爆竹可以创造出喜庆热闹的气氛，可以给人们带来欢愉和吉利。每年除夕，家家贴红对联、燃放爆竹、户户烛火通明、守更待岁。

《山海经》记载，神荼和郁垒住在度朔山的桃树下。他们时常守候在万鬼出没的地方，一旦有恶鬼出没，就把恶鬼用苇索捆起来喂老虎。所以从周朝起，每逢年节，百姓就用两块桃木板画上两位神将的图像或题上他们的名字，悬挂在大门或卧房门的两侧，以镇邪驱鬼、祈福纳祥，这就是桃符。

五代时期已有在桃板上书写文字的记载。至宋则大盛，桃板之上既画或写神荼、郁垒之神，又题写诗篇或联语。宋代以后，以驱邪之神为内容的桃板仍称"桃符"，而以题写联语为主的桃板逐渐为色笺纸所替代，贴于门旁，称"春帖"或"春联"。桃符继续承担辟邪驱灾的原始使命，并且演变成了如今的门神画。春联则渐脱符箓属性，而被用于祈祥纳福、抒写情

桃符

志，具有了文学审美的功能。而在粘贴的时候，春联贴在左右门框上，门神贴在两扇门扉上。门神除了前面提到的神荼、郁垒，到了唐代，又多了名将秦叔宝和尉迟敬德。

唐代韩鄂《岁华纪丽》云："屠苏酒起于晋。昔有人居草庵，每岁除夕，遗闾里药一帖，令囊浸井中，至元日取水置酒尊，合家饮之，不病瘟疫，谓曰'屠苏酒'。屠，割也；苏，腐也。言割腐草为药也。晋海西令问议郎董勋曰：'正月饮酒先小者，何也？'勋曰：'小者得岁，故先贺之。老者失岁，故后也。'"这段话说到了屠苏酒的来历和饮用习惯。梁朝人宗懔的《荆楚岁时记》说，屠苏酒里面放的是花椒焙成的药末。所谓屠苏酒，其实是一种椒酒。饮屠苏酒的习惯是一家人中年纪小的先喝，年纪越大的越后喝。原因是小孩过年增加了一岁，所以大家要祝贺他；而老年人过年则是生命又少了一岁，拖一点时间后喝，含有祈求长寿的意思。这个习惯也可以从苏辙的《除日》诗"年年最后饮屠苏，不觉年来七十余"中得到印证。

春节期间必不可少的节日食品是饺子。民间流传，吃饺子的民俗与女娲造人有关。传说女娲抟土造人时，由于天寒地冻，黄土人的耳朵很容易冻掉。为了使耳朵固定不掉，女娲在人的耳朵上扎了一个小眼，用细线把耳朵拴住，线的另一端放在黄土人的嘴里咬着，这样才把耳朵做好。人们为了纪念女娲的功绩，就用面捏成人耳朵的形状，内包有馅，作为年节食物。也有人传说饺子是医圣张仲景发明的。相传张仲景任长沙太守时，常为百姓除疾医病。张仲景从长沙告老还乡后，见很多穷苦百姓忍饥受寒，耳朵都冻烂了，就搭起医棚，架起大锅，向穷人舍药治伤。张仲景的药名叫"祛寒娇耳汤"，其做法是将羊肉和祛寒的药材在锅里煮熬，煮好后再捞出来切碎，用面皮包成耳朵状的"娇耳"。人们吃下祛寒汤后浑身发热，血液通畅，两耳变暖。人们为纪念张仲景，就仿照"娇耳"的样子做过年的食物，在初一早上吃。

吃饺子的习俗一直流传至今。饺子一般要在年三十晚上12点以前包好，待到半夜子时吃，这时正是农历正月初一的开始，吃饺子取"更岁交子"之意，"子"为"子时"，"交"与"饺"谐音，有喜庆团圆、吉祥如意的意思。

百节年为首，春节是中华民族最隆重的传统佳节，是团圆相聚、共享天伦、欢乐祥和的日子，祭祀神鬼、祭奠祖先、除旧布新、迎禧接福、祈求丰年等活动，表达出人们对新一年生活的美好祝福。

从古至今，春节的内容不尽相同，但它所传承的文化内涵是一致的，祭祖敬老、祈福团圆的初心始终没有变。无论相隔多远，远方的游子都渴望回到家乡与亲人一起过年，这已成为一种难以割舍的民族情结。

3. 正月十五夜 ①

［唐］苏味道

火树银花 ② 合，星桥 ③ 铁锁开。暗尘随马去，明月逐人来。

游骑皆秾李，行歌尽落梅 ④。金吾不禁夜 ⑤、玉漏 ⑥ 莫相催。

作品选注

① 选自［宋］陈元靓撰，许逸民点校：《岁时广记》，中华书局 2020 年版。

② 火树银花：灿烂绚丽的灯光和焰火，指上元节的灯景。

③ 星桥：星津桥，天津三桥之一。

④ 落梅：曲调名。

⑤ 金吾不禁夜：金吾卫取消了宵禁。金吾，掌管京城戒备，禁人夜行的官名。唐时京城每天晚上都要戒严，对私自夜行者处以重罚。一年只有三天例外，即正月十四、十五、十六。

⑥ 玉漏：古代用玉做的计时器皿，即滴漏。

品悟赏析

这首诗大约作于神龙元年（705）正月，描写的是武则天时期神都洛阳上元节的景象。诗中提到了上元节的两个习俗。一个是赏灯。"火树银花合，星桥铁锁开。"明灯错落，在大路两旁、园林深处映射出灿烂的辉光，像明艳的花朵一样。黑洞洞的城门与黑沉沉的城河在节日的夜晚也点缀着无数的明灯，远远望去犹如天上的星桥、银河。《大唐新语》和《唐两京新记》记载，每年这天晚上，洛阳城里都要大放花灯，前后三天，人山人海。豪门贵族的车马喧阗、市民的歌声笑语汇成一片，通宵都在热闹的气氛中度过。由此可见隋唐时元宵节的观灯盛况。另一个习俗则是不宵禁。唐朝时，京城每天晚上都要戒严，对私自夜行者处以重罚。而宵禁的政策在上元节前后三天不必遵守，人们可以彻夜狂欢，不用再害怕金吾卫来抓人了。

元宵节还是一个浪漫的节日。在古代，这一天，平日里大门不出、二门不迈的年轻女孩们可以出门游玩。年轻男女月下邂逅，留下许多佳话。欧阳修有词云："去年元夜时，花市灯如昼。月上柳梢头，人约黄昏后。"诗情画意，唯美浪漫。

作为春节后的第一个节日，元宵节以团圆为宗旨，其标志性食物元宵象征着全家团团圆圆、和睦幸福，人们借此怀念分离的亲人，寄托对未来生活的美好愿望，同时也祝愿当年风调雨顺、五谷丰登。

4. 清明日对酒 ①

[宋] 高翥

南北山头多墓田，清明祭扫各纷然。

纸灰飞作白蝴蝶，泪血染成红杜鹃。

日落狐狸眠冢上，夜归儿女笑灯前。

人生有酒须当醉，一滴何曾到九泉。

作品选注

① 选自 [明] 冯梦龙编著，乐保群点校：《古今谭概》，中华书局 2018 年版。

品悟赏析

清明是中国传统节日之一，因其强大的影响力形成了鲜明的节日文化。从古至今，清明节基本上有两大主题：祭祀祖先和出游踏青。

高翥，字九万，号菊磵，是江南诗派中的代表人物。他出身布衣，一生游荡江湖，有"江湖游士"之称。也许正是因为他最接近市井生活，他的诗作《清明日对酒》被后人评价为最真实的清明之作。诗作首联一句写物景，一句写人景，描写了清明这一天到处都是忙于上坟祭扫的人群的景象。对这种描写，如果参加过祭扫，就会感同身受，有身临其境之感。紧接着颔联两句将镜头拉近，细节刻画物景与人景。"纸灰飞作白蝴蝶，泪血染成红杜鹃"，冥纸成灰，灰飞漫天，好似白色的蝴蝶；相思成泪，泪滴成血，仿佛杜鹃的血泪。颈联承接上句，依照时间发展续写诗人的所见所想："日落狐狸眠冢上，夜归儿女笑灯前。"日薄西山，一天的祭扫结束了，人们各自归家，只有狐狸睡在野外的荒冢上。尾联做了总结，也发表了对人生的感悟和感慨："人生有酒须当醉，一滴何曾到九泉。"诗句告诫人们，活着时有福就应该享，人死之后，祭祀的酒哪有一滴流到过阴间呢？整首诗给人一种伤痛之感：有祭扫祖先坟墓的伤痛，有"狐狸眠冢上，儿女笑灯前"对比的反差之痛，也有人生无常、珍惜当下的人生之痛。

5. 浣溪沙·端午 ①

[宋] 苏轼

轻汗微微透碧纨 ②，明朝端午浴芳兰。流香涨腻 ③ 满晴川。

彩线轻缠红玉臂，小符斜挂绿云鬟 ④。佳人相见一千年。

作品选注

① 选自谭新红、萧兴国、王林森编著：《苏轼词全集》，崇文书局 2015 年版。

② 碧纨：绿色的薄绸。

③ 流香涨腻：女子梳洗时，香粉、胭脂随水流入河中。

④ 小符斜挂绿云鬟：妇女们在发髻上挂着祛邪驱鬼、保佑平安的符箓。

品悟赏析

宋哲宗绍圣元年（1094），苏轼被贬到惠州任宁远军节度副使。惠州地处岭南，农历五月已非常炎热。苏轼见朝云为迎接端午而准备了兰花香草，用以沐浴，用彩线缠臂以期祛病除灾，触景生情，写下了这首词。

这首词描写了很多端午习俗，如沐浴熏香、五彩线缠臂、小符簪头等。上片预示端午节日将开展浴兰活动，节日气氛十分浓郁。端午处于初夏季节，妇女们的穿着自然秀丽，衬托出参与者的身份。朝云身穿绿色细绢衣裳，与她的雅静性格相符。天气稍热，易出"轻汗"，"透"字用得贴切，将半明半暗的朦胧美衬托了出来。"明朝端午浴芳兰"，显得有愉悦的审美性，反映了节俗的淳朴、纯真。参与者人山人海，气氛热烈，正如词中所写"流香涨腻满晴川"。下片写词人偕朝云参与具体的端午节俗活动。词人着重写了两项端午节俗。一是"彩线轻缠红玉臂"，以五彩丝系臂，辟邪驱鬼。二是"小符斜挂绿云鬟"，以此祈求康健。词人着重描写缠线、挂符活动，为的是"佳人相见一千年"，愿祈求得到验证，体现了苏轼希望一直这样相依相扶生活下去的愿望。全词充满了浓郁的古老民俗气息，是研究端午民俗形象而珍贵的资料。

朝云原本只是一个侍妾，但是一直在苏轼被贬谪期间陪伴苏轼，不离不弃。苏轼写完这首词几个月后，朝云突患重病，不久二人便阴阳两隔。朝云病逝后，苏轼一直鳏居。他在朝云墓旁的亭子上题写了"不合时宜，惟有朝云能识我；独弹古调，每逢暮雨倍思卿"伤心联句。

6.一剪梅·中秋无月①
[宋]辛弃疾

忆对中秋丹桂丛②，花也杯中，月也杯中。今宵楼上一尊同，云湿纱窗，雨湿纱窗。

浑欲③乘风问化工④，路也难通，信也难通。满堂唯有烛花红，杯且从容，歌且从容。

作品选注

① 选自［宋］辛弃疾著，邓红梅、薛祥生注：《稼轩词注》，齐鲁书社2009年版。

② 丹桂丛：汉淮南小山《招隐士》云"桂树丛生兮山之幽，偃蹇连蜷兮枝相缪"，又传说月中有桂树，因此古代以"丹桂"为月的代称。

③ 浑欲：简直要。

④ 化工：自然的创造力，亦指自然之造物主。

品悟赏析

　　辛弃疾是南宋豪放派词人，被称为"词中之龙"。他出生在金国境内，自幼即有行侠仗义之气、报国许家之志。面对南宋朝廷的软弱，辛弃疾只得把自己的一腔抱负写进词中。

　　这首《一剪梅·中秋无月》委婉惆怅，笔调清新，韵味悠长。该词作于宋孝宗淳熙九年（1182）到宋光宗绍熙三年（1192）辛弃疾闲居带湖期间。上片写景，用对比的手法写中秋无月之遗憾。起首二句逆入，因今思昔，回忆先年中秋之夜，碧霄无云，皓月当空，桂影婆娑，桂花飘香，伴桂倚花，把酒赏月，"花也杯中，月也杯中"，怡然自得。"今宵"三句折转写今宵中秋楼台赏月，人酒依旧，却不见明月。原因是"云湿纱窗，雨湿纱窗"，今晚是个雨夜，以曲笔写出赏月而无月的沉闷、遗憾。

　　下片写无月之夜的孤寂愁怀。换头紧承上片。"浑欲"三句写企盼中秋之月的心情。"浑欲乘风问化工"写出盼月心情之急切，可见其遗恨之深。此句暗中透出词人被朝廷闲置不用、报国无门之恨，他"浑欲乘风"去质问君王为何如此对待他，但"路也难通，信也难通"，写出愿望难以实现的无可奈何之情状，其怨恨之情显而易见。末三句以景作结，写中秋无月之夜的寂寞愁情。词人在无奈之下，只得以红烛为伴，借酒浇愁，慢歌独饮，聊以自慰，以此打发这个无月的漫漫长夜。其孤苦之状历历在目。

　　辛弃疾自投南宋以来，从未获得朝廷信任、重用，相反屡遭权奸弹劾，一贬再贬，直至削职闲居，无法实现自己的救国理想。辛弃疾在此中秋无月之时，将自己那种欲"问化工"却"路也难通，信也难通"的怨恨，那种报国无门、济世无望、壮志难酬的悲愤，全都倾注于问"月"之中，通过该词表达出来。在这首词中，作者明伤"中秋无月"，实则有英雄末路之叹。全词写景、抒情融为一体，语言明白晓畅，婉曲蕴藉，韵味无穷。

7. 醉花阴·重阳 ①

[宋] 李清照

薄雾浓云愁永昼 ②。瑞脑 ③ 销金兽 ④。佳节又重阳，玉枕纱厨，半夜凉初透。东篱把酒黄昏后。有暗香盈袖。莫道不销魂，帘卷西风，人似黄花瘦。

作品选注

① 选自唐圭璋：《全宋词》，中华书局 1965 年版。

② 永昼：漫长的白天。

③ 瑞脑：龙涎香，又称龙脑。

④ 金兽：兽形的铜香炉。

品悟赏析

　　这首词是李清照前期的怀人之作。婚后不久，丈夫赵明诚便"负笈远游"，李清照深闺寂寞，深深思念着远行的丈夫，时届重九，便写了这首词寄给赵明诚。中国的传统节日，都有一层思念的情感在其中。全词从字面上看并没有写离愁之苦及相思之情。然而仔细品味，是每句话里都包含着相思离别之情。

　　上片写深秋时节，此时秋高气爽，是不可能有"薄雾浓云"的。但因为丈夫不在家，她想念丈夫，所以内心愁云密布。百无聊赖之中点上些香，"瑞脑"就是龙涎香，又叫龙脑，非常珍贵。"佳节又重阳"，重阳节是中国古代非常重要的节日，是个团圆节。李清照本应该和丈夫赵明诚一起登高的，如今却一个人独守空闺。"玉枕纱厨，半夜凉初透。"一切都是冷冰冰的，没有一点生机，思念之情溢于言表。下片，"东篱把酒黄昏后，有暗香盈袖"。何以消愁？只能暂且饮酒。正喝着，一股暗香拂面而来，西风卷帘之时，人如菊花般消瘦憔悴。

　　据说赵明诚看了此词之后，先是感慨赞叹，又生出几分惭愧，于是废寝忘食，辛辛苦苦写了五十首词。写完之后，他把李清照的《醉花阴》掺到这五十首词中，拿给好友陆德夫看。陆德夫说，其中三句写得最好，即"莫道不销魂，帘卷西风，人似黄花瘦"。

　　全词开篇点"愁"，结句言"瘦"。"愁"是"瘦"的原因，"瘦"是"愁"的结果。贯穿全词的愁绪因"瘦"而得到了最集中、最形象的体现，可以说是全篇画龙，结句点睛，巧妙结合，相映成辉。酒、西风、黄花可以使我们想到一桌、一椅、一花、一人、一壶酒、一抹斜阳，创设出了"情深深、愁浓浓"的情境。

第二节　民间礼俗

一、导读概览

（一）传统婚俗

婚俗相传始于三皇五帝时代的太昊。传说上古时男女结婚的时候并没有什么仪式，太昊就在结婚的时候将一块兽皮披在了新娘身上，从此部落里面结婚都按照太昊的方式来办。这是最原始也是最简单的婚礼。

从部落时代开始，婚礼往往在黄昏的时候举行，因为古人认为，天地分阴阳，黄昏的时候阴阳之间的差别不大，阴阳调和，顺应天意。部落时代的婚礼过程虽然简单，却依然有条有理，从中可以看出古人对于婚礼的重视。

1. 婚龄

成婚的年龄各朝代并不相同。春秋时期，男子二十岁加冠，女子十六岁及笄后即可结婚。《汉书·惠帝纪》中明文记载："女子年十五以上至三十不嫁，五算。""五算"就是要缴纳五倍的赋税。中国古代早婚的现象很普遍，宋代曾有"凡男年十五，女年十三，并听婚嫁"的规定。《女诫》中记载，班昭"年十有四，执箕帚于曹氏"。《汉书·孝昭上官皇后传》中甚至有"月余遂立为皇后，年甫六岁"的记载。但普遍而言，古代男女的成婚年龄一般都是在二十岁前后。

2. 非媒不娶

古代婚姻中介称"媒妁"。《说文解字》云："媒，谋也，谋合二姓者也""妁，酌也，斟酌二姓者也"。《礼记·曲礼》郑笺注："媒者，通二姓之言，定人家室之道。"《周礼》中更是定了一个媒官的职位，其职责为"掌万民之判，凡男女自成名以上，皆书年、月、日、名焉。今男三十而娶，女二十而嫁，凡娶判妻入子者皆书之，中春之月，令会男女，于是时也。奔者不禁。若无故而不用令者，罚之。司男女之无夫家者而会之"。这体现了早期官方对婚姻的管理。

后来，官方机构被民间的媒婆所取代。《礼记》云："男女无媒不交，无币不相见。"《战国策》更是言："处女无媒，老且不嫁；舍媒而自衒，弊而不售。"如果没有媒人，男女双方不能交往。这一开始是道德规定，后来上升为法律规定。《唐律》云："为婚之法，必有行媒。"

3. 六礼

传统婚俗，在议婚到完婚的过程中有六种仪节，又称"六礼"。

第一步，纳采。由男家请媒人向女家提亲。《仪礼·士昏礼》规定，纳采用雁作礼物。古人认为，雁是候鸟，冬去春来，从不逾时，象征信义，因此适合做婚姻的赘礼。

第二步，问名。由男家托媒人问女方的姓名及生辰，俗称"八字"。问名后，男家将男女双方的八字放在一起进行占卜，卜得吉兆，婚议继续进行，否则便不再进行。《仪礼·士昏礼》郑玄注："归卜于庙，得吉兆，复使使者往告。"

第三步，纳吉。纳吉为正式订婚的仪式，男家将占卜合婚的吉兆报告女家，男女双方交换定帖，确定婚姻关系。

第四步，纳征。纳征又称纳币，由男家向女家赠送聘礼，内容多为金银、布帛、茶酒等，数目要成双成对。《仪礼·士昏礼》郑玄注："征，成也，使使者纳币以成婚礼。"

第五步，请期。请期为选择结婚日期，多由男家卜得吉日，请女家商定，故曰请期。

第六步，亲迎。亲迎是在结婚之日，由新郎亲自去女家迎娶新娘，归来举行结婚典礼。

六礼在先秦时代就已制定，后世有简化的趋势，如《宋史·礼志》规定士庶婚礼为四礼：纳采、纳吉、纳成（纳征）、亲迎。《朱子家礼》进一步简化为三礼：纳采、纳成、亲迎。

4. 哭嫁

迎亲队伍吹吹打打，等着新娘上轿出嫁，新娘却哭着、唱着、闹着，同喜庆的气氛很不协调，此即哭嫁。其中最富特色的是土家族的哭嫁。婚期决定后，姑娘便开始哭嫁。当时，是否会哭是衡量女子才智和德行的标准。哭嫁的时间一般是7～10天，也有长达一月的。哭嫁期间，家族亲友要请新娘吃一顿饭，叫"送嫁饭"。哭嫁时则有亲友陪伴，互诉衷情，进行"陪哭"。男方须送"哭脸粑粑"，让参与哭嫁者分吃。内容一般有"哭父母""哭哥嫂""哭姐妹""哭叔伯""哭媒人""哭百客""哭扯眉毛""哭梳头""哭穿露水衣""哭辞祖宗""哭上轿"等，内容长短不一，很有韵律。结婚前一日下午，男方派花轿来迎娶，当晚，新娘的哭嫁也达到了高潮。相好的姐妹和姑嫂都来陪着新娘哭，哭成一团。鸡叫头遍，新娘在哭唱中穿上露水衣、露水鞋，吃完"离娘席"，在堂屋中哭拜祖先、辞别父母，然后由"红花儿"（未婚的兄弟）背上喜轿，鸣炮启程。迎亲队伍往回走，新娘在花轿里哭得更响，一直哭到男家能听到的地方才算了事。

5. 传代

传代又称"传席""踏青布条"，指新妇入门时双脚不可着地，而要踩着男家铺设的麻袋或青布条而行。清王棠《知新录》说："今人娶新妇入门，不令足履地，以袋递相传，令新妇步袋上，谓之传代。代、袋同音也。"这种婚仪主要取传宗接代之吉兆，在唐代已流行于民间。白居易《和春深》诗云："何处春深好，春深嫁女家。……青衣传毡褥，锦绣一条斜。"此即指这种风俗。当时富贵之家以毡褥相

递传，贫寒之家则用布条。至宋元时改用青布条或毡席。孟元老《东京梦华录·娶妇》云："新人下车檐，踏青布条或毡席，不得踏地。"

6. 撒帐

撒帐即新婚夫妇交拜后并坐于床沿，由妇女各以金钱、糖果散掷。撒帐之俗一般认为始于汉代。《戊辰杂抄》云："撒帐始于汉武帝。李夫人初至，帝迎于帐中共坐，饮合卺酒，预戒宫人，遥撒五色同心花果，帝与夫人以衣裙盛之，云得多得子多也。"此既祝新人相亲相爱，又预祝新人"得子多"。另有一说见于清王棠《知新录》："汉，京房之女，适翼奉之子。房以其三煞在门，犯之，损尊长，奉以麻豆谷米禳之，则三煞可避。"此有驱邪避煞之意，撒的是麻豆谷米。至宋代，撒帐之俗在民间广为流行。孟元老《东京梦华录·娶妇》云："凡娶妇，男女对拜毕，就床。男向右，女向左坐。妇以金钱彩果散掷，谓之撒帐。"北方后多用枣栗撒帐，枣子谐音"早子"，栗子谐音"利子"或"立子"，有"早立子"之意，和汉代的"得子多"寓意一致。

7. 见舅姑

此是旧时婚俗中新妇拜见公婆的一种仪式，舅姑即公婆。这种仪式一般在迎亲次日举行。《仪礼·士昏礼》云："质明，赞见妇于舅姑。"此日新妇要早早起床，沐浴盛装，恭恭敬敬地等着拜见公婆。《仪礼·士昏礼》云："夙兴，妇沐浴，纚笄、宵衣以俟见。"《礼记·檀弓下》云："妇人不饰，不敢见舅姑。"新妇拜见时奉上栗、枣之类，以示恭敬。

（二）传统葬俗

中国儒家重视孝道，丧葬礼是最能体现孝道精神的，因而在古代礼俗中占有重要地位。"丧"指哀悼死者的礼仪，"葬"指处置死者遗体的方式。中国古代的丧葬制度包括埋葬制度、丧礼制度、丧服制度，等级分明，形式极其复杂，其中许多内容由国家法典规定，还有许多内容在民间相沿成俗。

1. 葬俗的产生

远古时期，人类处于蒙昧状态，并不懂得人死后要建造坟墓来安葬。那时，死者的尸体被弃于原野和山谷，而"他日过之，狐狸食之，蝇蚋姑嘬之"。进入氏族社会以后，血亲关系相对明确，人们经常梦见死去的亲人，于是相信人死后灵魂不会死，会到另一个世界去生活，而且具有生人不具备的神秘力量，逐渐形成对死者的崇拜，开始有意识地埋葬死去的亲人，并对尸体加以保护。丧葬习俗由此产生。母系氏族初期，人们一般把自己居住的山洞深处作为公共墓室，以土覆盖尸体，在尸体上撒上赤铁矿粉屑，并以工具及简单装饰品作为随葬品。随着生产工具的进步，到了新石器时代，掘地土葬逐渐成为普遍的葬法，有单人葬、同性多人葬、母子合葬及专门埋葬儿童的瓮棺葬。原始社会末期，出现了一男一女合葬、一男二女合葬，男子仰身直肢，女子侧身屈肢。进入阶级社会以后，丧葬习俗逐渐礼仪化。西周时期，传统丧葬仪制已经定型。

2. 墓葬制度

古时坟和墓是有区别的。墓又叫茔，指埋棺之处；坟又叫冢，指埋棺之处地面上堆积而成的土丘。《礼记·檀弓上》云"古也墓而不坟"，《周易·系辞下》也说上古墓葬"不封不树"，墓与地平，并不起坟种树以设标记。据文献记载，中原地区的土丘坟出现于春秋时期。土丘坟一经出现，便很快流行起来，而且坟头的高低大小、种树的多少或为死者生前身份的一种标志。战国时期，起坟植树成为普遍现象。秦汉以后，坟墓等级越加分明，典章对不同品官员和庶人的墓地大小、高度都做了具体规定。

早期的封土以方形为贵，下大上小，整个坟丘像是一个被截去顶部的方锥体，又像一个倒着置放的斗。高大的方丘坟经雨淋风蚀易损毁，所以自五代起，帝王的坟丘逐渐改为圆形或半圆形。从明代开始，帝陵的封土正式变方为圆，称为"宝顶"，又称"独龙阜"，其上满栽树木，以求产生郁郁葱葱、佳气笼罩的神秘感。

坟墓的地下部分是墓穴，称为"圹"，有竖穴、横穴之分。竖穴是从地面一直往下挖掘而成的土坑，横穴是先掘到地下一定深度，再横向掏挖而成。战国晚期起，出现了用大块空心砖砌筑的墓室。这种用空心砖筑成的洞室墓颇适于一夫一妻制下的夫妻合葬，所以很快流行开来，西汉时期尤为盛行。汉魏之际，中原和关中地区出现了一种用小型砖建筑的墓，称为"砖室墓"。当时还有一种雕刻着画像的石室墓，后世称为"画像石墓"。入唐以后，官僚贵族多施绘壁画于墓室中。

古代墓地建筑主要有寝、祠堂、墓碑和神道。寝是供墓主灵魂起居，继续享受生前生活的建筑。早期的寝一般坐落于墓室之上，秦汉以后往往设于墓侧。祠堂是用来祭祀死者的，祠堂中除了祭祀的场所外，还有供上坟的族人休息和祭后宴饮的地方，往往建成有几进房屋的大院落。南宋以后，祠堂多不建在墓地。墓碑最初是下葬时用来悬棺的，有木质、石质之分。西汉中期以后，有人把石制的碑立在墓前，既不埋于墓中，也不在下葬后撤除，而是在石碑上刻下墓主的官爵、姓名，从而成了墓碑。帝王及贵族的墓碑由碑首（又叫碑额）、碑身、碑座（又叫趺座）组成，碑文以介绍墓主家世生平事迹及颂扬墓主功德的长篇文字为主。庶人之墓碑一般只有碑身，刻有"亡故显考（妣）某某府君之墓"类字样。神道是帝王贵族墓前竖向的甬道，神道两侧排列有石雕人像、动物像和传说中的神兽像等。

盛放死者遗体的器具称作"棺"。《说文》云："棺，关也，所以掩尸。"最早的棺是新石器时代瓦制的瓮棺，商代以后才用木棺。周时形成了棺椁制度。《庄子·天下》云："天子棺椁七重，诸侯五重，大夫三重，士再重。"由《礼记·檀弓上》可知，天子为五棺二椁，诸侯为四棺一椁或三棺二椁，大夫为二棺一椁，士为一棺一椁。棺是一层一层套在一起的，中间没有空隙，棺或套棺之外隔较大的空隙再加一层，就叫作椁，棺椁之间的空隙用来放置随葬品。大型墓葬中的木椁一般是用长方木卯榫相扣，直接安放在墓室内的，规模巨大，故称椁室。

古代埋葬死者时，还要随埋大量的随葬品。最初的随葬品都是死者生前使用过

的武器、工具，以及少量生活用品和装饰品。商周时期厚葬习俗逐渐形成，帝王显贵纷纷用能显示其身份、地位的专用品、大量的生活资料和珍奇之物随葬，大到车马，小到金玉珠玑、货币、玺印、简册、丝绸、衣物，无不尽有。安阳殷墟的妇好墓中随葬的有各种青铜器 210 多件，玉器 750 多件；成都的战国船棺墓中，随葬品有数以百计的陶器、漆器、竹木器、青铜器，其中包括相当数量的艺术珍品；长沙马王堆一号汉墓的墓主是一个封邑仅 700 户的列侯夫人，随葬品也数以千计。至于古代帝王陵墓，更是一座座地下宝库。如秦始皇陵"宫观百官奇器珍怪徙臧满之。令匠作机弩矢，有所穿近者，辄射之。以水银为百川江河大海，机相灌输，上具天文，下具地理。以人鱼膏为烛，度不灭者久之"。汉代规定，新君即位一年，即以天下贡赋的三分之一"充山陵"。厚葬之俗由此可见一斑。

3. 丧葬礼仪

中国古代丧葬礼的基本程式源于《仪礼》《礼记》，其中浸透了儒家精神，儒家精神构成了中国传统丧礼的基调。孔子说："慎终追远，民德归厚矣。"儒家认为丧仪、丧礼的重要作用是教化后人。后世，随着佛教、道教的流行，丧俗中增添了佛道两教的仪式，请和尚、道士来做道场，为死者超度亡灵。

"孝"是丧礼的核心。"事生，饰始也；送死，饰终也。终始具，而孝子之事毕，圣人之道备矣。"（《荀子·礼论》）丧葬的礼仪完全、彻底地把"孝"给体现出来了。死者的孩子叫"孝子"，丧服叫"孝服"，穿上丧服叫"戴孝"。倡导孝道，以孝道敦厚人心，强化代际联系，进而促进社会治理，这就是中国传统的丧礼文化的核心。

敬鬼事神是丧葬习俗中的一个主要特色。灵魂不灭的观念使人相信人死后，其魂化为鬼。为了祈求死者的鬼魂保佑生人一生平安，就要尽力把丧事办得隆重、周到、细致。"事死如生"是丧葬习俗的又一个重要特色。人活着的时候，要讲究礼仪，人死了，丧葬、祭祀也都要合乎礼仪。入殓前要给死者沐浴，为死者梳理头发、穿上新衣服，棺材里面要铺上被子，一切都按死者活着的时候的情景办理。

中国古代的丧葬活动基本上是在宗族范围内进行的，殡葬礼仪是以家族为基本单位办理的，丧礼的规定也因人们之间血缘关系的远近而各有不同。而周代丧礼中的"五服"及居丧时间的长短也是根据亲疏关系的远近制定的。这一切都在显示人们之间的血缘关系。

中国传统的丧葬仪式分为停尸仪式、报丧仪式、招魂仪式、吊唁仪式、入殓仪式、丧服仪式、出丧择日仪式、哭丧仪式、下葬仪式、做"七"仪式、服丧仪式等。在长期的演变中，一些仪式简化了，比如丧服仪式；有的仪式则消失了，比如做"七"仪式、服丧仪式。整个仪式的时间跨度也大大缩短。各地丧葬风俗不尽相同，主要包括以下内容。

（1）初终。

古代讲究"寿终正寝""善终"，所以将死之人要居于正室。亲属要守在周围，

"属纩以俟绝气"。"纩"是质地很轻的丝绵新絮，用以放在临终者口鼻上，察验其是否还有呼吸。如确已断气，则由家人拿着死者的衣服，朝着幽冥世界所在的北方高呼死者的名字，呼唤死者回来，叫"复"，俗称"招魂"，意为为挽回死者做最后的努力。"复"后，再验纩，确已断气，则开始哭丧。之后将"复"的衣服为死者穿上，然后用殓巾覆盖尸体，叫作"帹殓"。在尸体东侧设酒食，供死者的鬼魂饮食，明清时称"倒头饭"。死者家属着素服，开始居丧。

派人向亲友报知死讯叫"报丧"。亲友闻讯前来吊唁，并赠送死者衣被，称"致襚"，死者家属要陪哭，并跪拜答谢。在堂前西阶树一旗幡，上书"某某之柩"，目的是让人知道死者是谁，叫"铭旌"，旗幡的长短表明死者的身份。用烧热的洗米水为死者洁身，并为死者修剪头发、指甲，叫"沐浴"。沐浴之后，要在死者口中放入珠、玉、米、贝等物，称"饭含"。周制天子饭黍含玉，诸侯饭粱含璧，大夫饭稷含珠，天子之士饭粱含贝，诸侯之士饭稻含贝。唐制天子饭粱含玉，三品以上官员饭粱含璧，四、五品官员饭稷含碧，六品以下官员饭粱含贝。明代规定五品以上官员饭稷含珠，九品以上官员饭粱含小珠，庶人饭粱含钱。在堂前庭中设一块木牌，暂时代替神主，叫"设重"。晚上在堂上和庭中燃烛，称"设燎"，以便死者的亡灵享用供品。以上这些初终礼仪须在一日之内完成。

（2）入殓。

入殓分"小殓"和"大殓"。小殓是指为死者穿上入棺的寿衣，小殓之前，先把各种殓衣连同亲友所致之襚全部陈列开来。平民通常在死后次日小殓，诸侯五日小殓，天子七日小殓。古代衣服有里曰"复"，无里曰"单"，小殓用的所有寿衣必是夹衣、棉衣。小殓时，所有参加者都要不停地号哭，以示悲痛至极。小殓后用衾被裹尸，用绞布收束。周制国君用锦衾，大夫用缟（白色细绢）衾，士用缁（黑色布）衾。清代一、二品官员殓衾用绛色，三、四品官员用黑色，五品官员用青色，六品官员用绀色，七品官员用灰色。民间殓衣多用绸子，以福佑后代多子多孙，忌用缎子，因其谐音"断子"，恐致"断子绝孙"。

大殓指死者入棺仪式，一般在小殓次日举行。这是死者与亲人最后一别，所以仪式非常隆重。入棺前要为死者着衣祭奠，小殓时着常衣，大殓时着官服，女子则凤冠霞帔。主人主妇在执事人的帮助下，铺席执衾，亲自奉尸入棺。民间习俗，要在棺底铺上一层谷草，再铺一层黄纸，祈求死者灵魂能够升入天堂。棺中要用黄绫绣花棉褥，俗称"铺金"，褥子上绣八仙过海等图案，目的是超度死者的灵魂升天成仙。棺内还要放金银、铜钱等，富家讲究死者左手执金，右手握银，平民放铜钱。盖棺之后，再次祭奠。已盛尸之棺称"柩"，停柩称"殡"。此后，死者家属分别按血缘关系的远近穿着不同等级的丧服，叫"成服"。

（3）下葬。

下葬是指埋葬死者的礼仪。《礼记》载："天子七日而殡，七月而葬；诸侯五日而殡，五月而葬；大夫、士、庶人三日而殡，三月而葬。"墓地是死者的最终归宿，

墓地的选择是头等大事。墓地要选在地势宽广、山清水秀的地方，以使死者安息于地下，庇佑子孙。下葬前一天，先举行"迁柩"仪式，即把灵柩迁入祖庙停放。第二天，灵车启行，前往墓地，叫"发引"，后世称"出殡"。发引队伍由丧主带领，边哭边行，亲友牵引灵车的绳索，走在灵车之前。富贵之家仪仗繁多，往往由方相氏开道，乐队前导，旗幡高树，冥器浩荡，纸钱飘飞，僧尼道士随行念经。出丧队伍经过之处，亲友可设"路祭"搭棚祭奠。

灵柩到达墓地后，先行祭奠，然后由孝子执锹挖土，众亲友打墓穴。打好墓穴后，在墓穴的底部铺垫两根竹子或者剥了皮的杉树，把灵柩推进墓穴后再抽掉。下柩时亲属男东女西肃立默哀。灵柩安放平稳后，主人及亲属痛哭，并抓起泥土扔向灵柩，叫作"添土"。最后，筑土成坟。下葬完毕，丧主还要"反哭""虞祭"。西汉以后，受佛教的影响，又有"做七"和"百日"的习俗，每逢七天一祭，以"五七"为重。至百天，家人再次对死者进行祭奠。至此，丧礼基本结束。

以上是流行于中原汉族地区的"土葬"。由于自然条件和人文因素的差异，各地区、各民族的葬法不尽相同。除土葬外，云南普米族实行"火葬"，认为火葬可以把人带入光明世界。唐宋时期，受佛教影响，火葬也曾一度盛行。南方一些少数民族还流行"崖葬"，选择悬崖绝壁上的崖洞安葬死者。悬棺葬也是崖葬的一种形式，即利用绝壁上的天然平台（也有人工打凿的）放置棺木。西北地区流行"天葬"，又叫"鸟葬"，即把尸体让鹰啄食，食尽为吉利，不尽则不吉。东北和内蒙古则有树葬、风葬风俗。

（4）丁忧与守制。

"丁忧"与"守制"在宗法制社会占有极特殊的地位。《孝经·三才章》云："夫孝，天之经也，地之义也，民之行也。"《孝经·孝治章》称："明王以孝治天下。"总之，孝是天地的自然法则，是人们行为的根本准则，也是治理天下的核心原则。"丁忧""守制"就是宗法制下子女行孝的一种重要方式。"丁忧"又称"丁艰"，即遭父母之丧。《晋书·袁悦之传》载："（袁）始为谢玄参军，为玄所遇，丁忧去职。""守制"即长辈死后，儿子或长房长孙自闻丧日开始，不得任官、应考、嫁娶，要守孝 27 个月（不计闰月）。

（三）冠礼

成年礼是对一个人产生深远影响的礼俗之一。《礼记·昏义》云："夫礼始于冠，本于昏，重于祭丧，尊于朝聘，和于乡射，此礼之大体也。"一个人成年，意义不仅在于其自身心理、生理的成熟，更在于这是社会新陈代谢的重要环节，其重要性不亚于生命的诞生。即使原始社会阶段的氏族也有正规的成年礼。《仪礼》中所记载的冠礼正是这种成年礼的遗留，后来经过统治者的加工改造，具有了更完备的仪式过程。虽然它后来已不作为一种制度被推行，但已经成为风俗习惯而被保存下来。

民间所流行的成年礼与古制有所不同。一是举行成年礼的年龄提前了，大多是在十六岁的时候，这可能与民间婚龄提前有关。二是成年礼的仪式简化了不少，不再像以前那样烦琐，例如嘉靖《宁波府志》记宁波士、农、商贾所行的成年礼"一从简朴，仅取成礼"。

成年礼在不同的地区流行时，往往会带上各自的民俗色彩。例如《嘉禾志》记元代时桐乡一带风俗云："男子十六始冠，亦有婚而冠者。女子于归乃笄，聚族张筵。凡冠、笄，皆炊大糕，馈遗亲里，始讳其名而字之。"

民间流行的成年礼虽然在形式上与《仪礼》所记载的古制有很大区别，但在精神上还是一贯的。这种授予新的地位又委以新的义务的仪式就像地位和义务本身一样受文化的制约。在中国，成年礼受儒家传统文化的影响和制约，明显地体现了儒家文化的要求。"以成人见"的礼仪之后是"责成人之道"的要求。唐代柳宗元在《答韦中立论师道书》中云："古者重冠礼，将以责成人之道，是圣人所尤用心者也。"《国语》记载，赵文子行冠礼之后去见韩献子，献子告诫他，人行了冠礼就是成人了，不能只求洁身自好，还要担当驱除不善的责任。"成人之道"就是指成年人所应当承担的社会责任。这种社会责任是与儒家思想联系在一起的，具体地说，就是在家里要尽孝悌的义务，在社会上承担起为子民、人臣的责任。

（四）祭礼

祭礼与丧礼一样，自《仪礼》以来沿袭不衰。在不同的历史时期或表现为鬼神信仰，或表现为祖先崇拜。从《仪礼》及《礼记》中可以看出，早在夏、商、周时就已经有了比较完备的祖先信仰体系。

对祖先的崇拜是儒家伦理思想的一个特征。孔子虽从不谈论鬼神之事，对祭祀祖先却十分重视。民俗文化中表达祖先崇拜的方式是祭祀，包括立宗庙、祖宗祠堂及一系列祭祖礼仪。这种祭祖礼仪非常复杂，名目繁多，有"家祭""节祭""村祭""族祭"等。家祭所祭祀的对象通常是祖父母、父母，主要是在先人的生日、忌日时祭祀，仪式相对简单。节祭是家祭的另一种表现形式，对象仍以祖父母、父母为主，范围又可扩大到曾祖、高祖，一般是在清明节、中元节、送寒衣节、冬至、除夕等节令举行祭祀活动。村祭、族祭的范围则更广了，祭祀的对象上推到同一村寨或同一族成员的共同祖先，一般以祠堂为祭祀活动的场所。种种仪式都是对慎终追远的伦理观念的体现。

在中国人的心目中，宗族的血亲祖先是最重要的、最该供奉的祖先，因为整个社会的伦理是以己身为出发点来构筑社会关系的。中国人对祖先怀着现实而深厚的感情，混杂着自觉的敬仰与本能的折服和归依感。因此，中国民俗中，祭祖常常是最热闹、最隆重的活动。

从民俗文化的角度看，祭祖是人们的意识趋向、内心追求和精神寄托的反映，表现了人们对家族关系的重视。祭祖虽是祭死去的人，但其实质仍是指向现世中的人，其精神是和睦亲好。从这个意义上说，祖先崇拜是从维系家族、氏族甚至民族利益出发的一种对于祖先的追念，这种崇拜有利于调动家族之间、氏族之间乃至民族之间所有成员彼此和睦团结的情感，这是祖先崇拜的深刻内涵和意义。

二、经典选粹

1. 士昏礼 ①

记士昏礼，凡行事必用昏昕 ②，受诸祢庙 ③，辞无不腆，无辱 ④。挚 ⑤ 不用死，皮帛必可制 ⑥。腊必用鲜，鱼用鮒 ⑦，必肴全 ⑧。女子许嫁，笄而醴之，称字。祖庙未毁，教于公宫，三月。若祖庙已毁，则教于宗室。

——《仪礼·士昏礼》

作品选注

① 选自［清］阮元：《十三经注疏》（清嘉庆刊本），中华书局 2009 年版。

② 昏昕：黄昏和清晨。

③ 祢（mí）庙：父庙，《礼记·祭法》所称的五庙之一。

④ 辞无不腆，无辱：省去一般的谦逊、客套话。

⑤ 挚：礼物，这里指大雁。

⑥ 皮帛必可制：帛和鹿皮必须已经加工好，可直接用以制作衣物。

⑦ 鮒：鲫鱼，因其有喜欢成群游动、互相依附的习性，又被称为鮒鱼。婚礼上用鲫鱼作为礼物，表示祝愿新夫妇彼此依偎、扶持。

⑧ 必肴全：必须是完整的。

品悟赏析

《仪礼》为儒家十三经之一，是中国春秋战国时代的礼制汇编，共十七篇，记载了周代的冠、婚、丧、祭、乡、射、朝、聘等各种礼仪，以记载士大夫的礼仪为主。据《仪礼》载，天子、诸侯、大夫、士日常所践行的礼有士冠礼、士昏礼、士相见礼、乡饮酒礼、乡射礼、燕礼、大射礼、聘礼、公食大夫礼、觐礼、士丧礼、丧服、既夕礼等。

《仪礼》文字艰涩，是"三礼"中成书较早的一部。商周统治者有名目繁多的典礼，其仪节日益繁缛复杂，非受过专门职业训练并经常排练演习者不能经办这些典礼。《仪礼》中记载的礼仪带有极其明显的阶级烙印，其中也有一些是氏族制时期传袭下来的礼俗。通过《仪礼》可以了解周代各国贵族生活的一些侧面，还可以从中窥探远古的史影。

《仪礼·士昏礼》是我国关于婚礼的最早记载，但并不仅适用于士这一阶层。《仪礼·士昏礼》记载了完整的婚姻礼节步骤。士昏礼始于周，是我国较早的古代礼仪之一。士昏礼有六礼：纳采、问名、纳吉、纳征、请期、亲迎。纳采用雁，取其顺阴阳往来之意。《周礼·大宗伯》云："以禽作六挚，以等诸臣：孤执皮帛，卿执羔，大夫执雁，士执雉，庶人执鹜，工商执鸡。"《周礼》为不同等级的人群规定了不同的挚礼，但在实践中往往不问尊卑，用大夫的等级行礼，以雁作为挚礼。问名亦用雁，问女名，以占卜。如果得到吉的结论，则向女家告吉，这就是纳吉。纳征就是送聘礼，多用锦帛、鹿皮等。"挚不用死，皮帛必可制。腊必用鲜，鱼用鲋，必肴全"就体现了士昏礼所用礼品的种类、规格和具体要求。请期则是向女家请问婚期，表示谦虚、不敢自专之意。亲迎的时间为黄昏。古人认为，黄昏是阴阳交接之时，所以象征着阴阳结合的婚礼在黄昏举行。

2. 送葬之礼 ①

故曰："辟踊 ② 哭泣，哀以送之。送形而往，迎精 ③ 而反也。"其往送也望望然、汲汲然，如有追而弗及也；其反哭也皇皇然，若有求而弗得也。故其往送也如慕，其反也如疑。求而无所得之也，入门而弗见也，上堂又弗见也，入室又弗见也。亡矣丧矣！不可复见已矣！故哭泣辟踊，尽哀而止矣。心怅焉怆焉，惚焉忾焉，心绝志悲而已矣。

——《礼记·问丧》

作品选注

① 选自［清］阮元：《十三经注疏》（清嘉庆刊本），中华书局 2009 年版。

② 辟踊：捶胸顿足，悲哀的样子。

③ 精：魂魄。

品悟赏析

　　《礼记》又名《小戴礼记》《小戴记》，成书于汉代，相传为西汉礼学家戴圣所编，是中国古代一部重要的典章制度选集，共二十卷四十九篇。《礼记》主要写先秦的礼制，体现了先秦儒家的哲学思想、教育思想、政治思想、美学思想等，是研究先秦社会的重要资料。《礼记》章法谨严，映带生姿，文辞婉转，前后呼应，语言整饬而多变。自东汉郑玄作注后，《礼记》地位日升，至唐代时被尊为"经"，宋代以后位居"三礼"之首。

　　《礼记·问丧》是《礼记》中的第三十五篇，记载了人去世、治丧、送葬、居丧的整个过程，这里所选的内容是对孝子送葬的描写。孝子在送葬的路上哭泣不止，葬毕返回，又像担心亲人的灵魂不能跟着一道回来一样迟疑不前。回到家里，怎么也见不到亲人的影子，孝子不禁痛哭流涕、捶胸顿足，尽情发泄心中的悲哀。这种种描写均体现了儒家所倡导的孝道观。

3．士冠礼①

凡人之所以为人者，礼义也。礼义之始，在于正容体，齐颜色，顺辞令。容体正，颜色齐，辞令顺，而后礼义备，以正君臣，亲父子，和长幼。君臣正，父子亲，长幼和，而后礼义立。故冠而后服备，服备而后容体正，颜色齐，辞令顺。故曰："冠者，礼之始也。"

——《礼记·冠义》

作品选注

① 选自［清］阮元：《十三经注疏》（清嘉庆刊本），中华书局 2009 年版。

品悟赏析

《礼记》指出，人所以成其为人，在于有礼义，应从举止得体、态度端庄、言谈恭顺做起，使君臣各安其位、父子相亲、长幼和睦。古人认为，只有行过冠礼才算服装齐备，才能做到举止得体、态度端庄、言谈恭顺。所以说冠礼是礼的开始。

冠礼起源于周代，已有几千年的历史。冠礼表示男子已经成年，可以婚娶，并从此可以作为成年人参加各项活动。按周制，男子二十岁行冠礼，然而天子、诸侯为早日执掌国政，多提早行礼。传说周文王十二岁而冠，成王十五岁而冠。古代冠礼在宗庙内举行，冠前十天内，冠者要先卜筮吉日，十日内无吉日，则筮选下一旬的吉日，然后将吉日告知亲友。冠礼前三日，又用筮法选择主持冠礼的大宾，并选一位赞冠者协助。

行礼时，主人（一般是冠者之父）、大宾及冠者都穿礼服。先为冠者加缁布冠，次授以皮弁，最后授以爵弁。每次加冠毕，皆由大宾对冠者读祝辞。然后，冠者拜见其母，再由大宾为他取字。主人送大宾至庙门外，敬酒，同时以帛五匹、鹿皮两张作为报酬，另外再馈赠牲肉。冠者则改穿礼帽、礼服去拜见君王，又执礼赞拜见乡大夫等。若父亲已殁，冠者需向父亲的神主祭祀，表示在父亲的面前完成冠礼。祭后拜见伯、叔，然后飨食。加冠、取字、拜见君长之礼，后世因时因地而有变化。民间在十五岁至二十岁间举行冠礼，各地不一。清中期以后，多移至娶妇前数日或前一日举行。宋代以来，冠礼的仪式逐渐简易，不宴请宾客，仅在自家范围内进行。朱熹《朱子语类》说冠礼"是自家里事，有甚难行？关了门，将巾冠与子弟拥戴，有甚难？"就是这个意思。

冠者受冠后，就已受到了成人的尊重。三次加冠，加的冠一次比一次尊贵，这是要启发冠者立志向上。行过冠礼以后，对冠者要称字而不称名，因为他已经是个成人了。冠者加冠以后拜见母亲，母亲答拜；去见兄弟，兄弟对他再拜，都是因为他已是成人。既然冠者已经是成人，就要以成人的礼数来要求他做一个合格的儿子、兄弟、臣子，具备种种德行。

4. 祭黄帝文 ①

维中华民国二十六年四月五日，苏维埃政府主席毛泽东、人民抗日红军总司令朱德恭遣代表林祖涵 ②，以鲜花束帛之仪，致祭于我中华民族之始祖轩辕黄帝之陵。

赫赫始祖，吾华肇造；胄衍祀绵 ③，岳峨河浩。

聪明睿智，光被遐荒；建此伟业，雄立东方。

世变沧桑，中更蹉跌；越数千年，强邻蔑德。

琉台不守，三韩为墟 ④；辽海燕冀，汉奸何多！

以地事敌，敌欲岂足；人执笞绳，我为奴辱。

懿维我祖，命世之英，涿鹿奋战，区宇以宁。

岂其苗裔，不武如斯，泱泱大国，让其沦胥。

东等不才，剑屦俱奋 ⑤，万里崎岖，为国效命。

频年苦斗，备历险夷。匈奴未灭，何以家为！

各党各界，团结坚固，不论官民，不分贫富。

民族阵线，救国良方，四万万众，坚决抵抗。

民主共和，改革内政，亿兆一心，战则必胜。

还我河山，卫我国权，此物此志，永矢勿谖。

经武整军，昭告列祖，实鉴临之，皇天后土。

尚飨。

作品选注

① 选自萧少秋：《延安时期毛泽东著述提要》，陕西人民教育出版社1993年版。

② 林祖涵：林伯渠。

③ 胄衍祀绵：子孙繁衍，社稷绵延。胄，帝王、贵族的子孙，这里指中华民族。社，社稷。

④ 琉台不守，三韩为墟：琉球群岛和台湾被日本侵占，华北地区成为一片废墟。三韩，泛指华北地区。韩是周代的国名。

⑤ 剑屦俱奋：楚庄王被宋国人杀害了自己派去的使者，急于报仇，来不及穿鞋、佩剑。

品悟赏析

1937年4月5日清明节之际，为进一步营造中国共产党和中国国民党联合抗日的社会舆论，国共两党分别派出代表，共赴位于陕西省黄陵县的黄帝陵，

举行国共两党共同公祭黄帝陵仪式，这是国共两党自成立以来首次在同一地点、同一时间共同公祭中华民族祖先黄帝。中国共产党派出的公祭代表是林伯渠，中国国民党派出的公祭代表是张继。两党公祭代表在公祭仪式上，分别宣读两党的《祭黄帝文》，中国共产党的《祭黄帝文》系毛泽东亲笔撰写。

共同公祭黄帝陵几个月后，中国共产党提出抗日救国十大纲领，制定了中国共产党坚持全面抗日的正确路线。1937年8月25日，中共中央军委发布命令，中国工农红军正式改编为国民革命军第八路军，朱德任总指挥。朱德、彭德怀、任弼时一行人从洛川县出发，前往黄陵县拜谒了黄帝陵。朱德一行来到黄帝陵拜谒时，毛泽东亲笔手书的《祭黄帝文》原稿还原封不动地陈列在供案上。任弼时领会祭文的深刻思想后，言简意赅地指出："这是我们共产党人奔赴前线誓死抗日的《出师表》。"如今毛泽东撰写的《祭黄帝文》已被刻写成碑，耸立在黄帝陵所在的轩辕庙内西侧。

这篇《祭黄陵文》采用传统祭文的撰写形式，开头说明致祭时间、致祭人、致祭人委派代表、致祭祭品等情况。正文采用四言古体，共56句，可分三个部分：第一部分为前8句，高度概括了轩辕黄帝建立华夏民族的丰功伟业；第二部分为第9句至第28句，追溯了1894年中日甲午战争以来，日本帝国主义不断发动和扩大对中国的侵略，中华民族正面临亡国灭种的危险境界；第三部分为第29句至篇尾，毛泽东昭告明志，誓死保卫祖国江山，与日本侵略者血战到底，直到"还我河山，卫我国权"，取得抗日战争的最后胜利，同时提出"民族阵线，救国良方"的抗日主张，呼吁各党各界团结坚固，同仇敌忾，共御外侮，使赫赫始祖之伟业如凤凰之再生。视毛泽东《祭黄帝文》为中国共产党及其军队奔赴抗日前线的《出师表》，是准确的定位，其发挥的巨大鼓舞作用毋庸置疑。

思辨启发

1. 你知道哪些传统节日和习俗？举出身边的例子具体谈谈。

2. 在现代化的今天，你认为传统节日和习俗还是否有意义？说说你的想法。

3. 中国日益开放，工业化逐步实现，我国传统节日也必须适应时代变化。你认为"增加当代价值"与"保留传统内涵"是否矛盾？

综合实践活动

一、活动主题

"如果年轻一代对传统节日不了解，没有记忆、没有感情，预示的是我们深厚的文化根基的消失，文化记忆与传承的中断。"中华文明五千年延绵不绝，靠的就是文化的传承和教育的延续。举办"我们的节日"主题实践活动，可以让传统节日入脑、入心。

二、活动目的与意义

习近平总书记在中国共产党第二十次全国代表大会上的报告中指出："坚持和发展马克思主义，必须同中华优秀传统文化相结合。只有根植本国、本民族历史文化沃土，马克思主义真理之树才能根深叶茂。"开展"我们的节日"系列实践活动，经典诗文朗诵、传统节俗与名人介绍、民族技艺表演等活动，可以让我们在文化寻根中增强文化自信，积极传承中华优秀传统文化，让传统在今天闪耀光彩。

三、活动内容

1. 每 5～7 人为一小组，搜集与节日有关的经典诗词，开展诵读活动，感受诗词中蕴含的情感。

2. 各小组寻找与传统节日有关的名人，在课堂上讲述搜集到的名人故事。

3. 以民乐、民舞、民族技艺表演等形式，向全班简要介绍一个传统节日，帮助同学加深对传统节日的了解。

主要参考文献

［1］冯天瑜，何晓明，周积明．中华文化史［M］.3版．上海：上海人民出版社，2010.

［2］范晔．后汉书［M］.北京：长城出版社，1999.

［3］杨伯峻．孟子译注［M］.北京：中华书局，2010.

［4］杨伯峻．论语译注［M］.北京：中华书局，1980.

［5］班固．汉书［M］.北京：中华书局，2012.

［6］阴法鲁，许树安．中国古代文化史［M］.北京：北京大学出版社，1989.

［7］司马迁．史记［M］.长沙：岳麓书社，2019.

［8］张国举．唐诗精华注译评［M］.长春：长春出版社，2010.

［9］崔富章．诗经［M］.杭州：浙江古籍出版社，1998.

［10］《唐诗鉴赏大全集》编委会．唐诗鉴赏大全集［M］.北京：中国华侨出版社，2010.

［11］萧涤非．杜甫诗选注［M］.北京：人民文学出版社，1996.

［12］周汝昌，唐圭璋，俞平伯．唐宋词鉴赏辞典：唐·五代·北宋［M］.上海：上海辞书出版社，2011.

［13］梁启超．梁启超论中国文化史［M］.北京：商务印书馆，2012.

［14］费孝通．中华民族多元一体格局［M］.北京：中央民族大学出版社，1999.

［15］郭齐家．中国教育思想史［M］.北京：教育科学出版社，1987.

［16］陈桂芝，马跃，王立云．中国传统文化教程［M］.北京：中央文献出版社，2005.

［17］李宗桂．中国文化概论［M］.广州：中山大学出版社，1988.

［18］莫真宝．中国文化概论［M］.上海：上海交通大学出版社，2011.

［19］冯友兰．中国哲学史［M］.北京：商务印书馆，2011.

［20］张岱年．中华的智慧：中国古代哲学思想精粹［M］.上海：上海人民出版社，1989.

［21］葛兆光．古代中国文化讲义［M］.上海：复旦大学出版社，2012.

［22］郭齐勇．传统道德与当代人生［M］.武汉：武汉大学出版社，1998.

［23］朱恩义．中国传统文化［M］.大连：大连理工大学出版社，1998.

郑重声明

高等教育出版社依法对本书享有专有出版权。任何未经许可的复制、销售行为均违反《中华人民共和国著作权法》，其行为人将承担相应的民事责任和行政责任；构成犯罪的，将被依法追究刑事责任。为了维护市场秩序，保护读者的合法权益，避免读者误用盗版书造成不良后果，我社将配合行政执法部门和司法机关对违法犯罪的单位和个人进行严厉打击。社会各界人士如发现上述侵权行为，希望及时举报，我社将奖励举报有功人员。

反盗版举报电话　（010）58581999　58582371
反盗版举报邮箱　dd@hep.com.cn
通信地址　北京市西城区德外大街 4 号　高等教育出版社法律事务部
邮政编码　100120

高等教育出版社

教学资源服务指南

感谢您使用本书。为方便教学，我社为教师提供资源下载、样书申请等服务，如贵校已选用本书，您只要关注微信公众号"高职素质教育教学研究"，或加入下列教师交流QQ群即可免费获得相关服务。

最新目录
样书申请
资源下载
写作试卷
线上购书

"高职素质教育教学研究"公众号

师资培训　　教学服务　　教材样章

资源下载：点击 "**教学服务**" —"**资源下载**"，或直接在浏览器中输入网址（http://101.35.126.6/），注册登录后可搜索下载相关资源。（建议用电脑浏览器操作）

样书申请：点击 "**教学服务**" —"**样书申请**"，填写相关信息即可申请样书。

样章下载：点击 "**教材样章**"，可下载在供教材的前言、目录和样章。

师资培训：点击 "**师资培训**"，获取最新直播信息、直播回放和往期师资培训视频。

联系方式

高职人文素质教师交流QQ群：167361230
联系电话：（021）56961310　电子邮箱：3076198581@qq.com